QUANQIUHUA YU ZHONGGUO JINGJI

全球化与中国经济

（第五辑）

邓 达 黄立君 主编

首都经济贸易大学出版社
Capital University of Economics and Business Press
·北 京·

图书在版编目（CIP）数据

全球化与中国经济．第五辑 / 邓达，黄立君主编．-- 北京：首都经济贸易大学出版社，2021.9

ISBN 978-7-5638-3249-1

Ⅰ.①全…　Ⅱ.①邓…　②黄…　Ⅲ.①中国经济-经济发展-研究　Ⅳ.①F124

中国版本图书馆 CIP 数据核字（2021）第 143479 号

全球化与中国经济（第五辑）
邓　达　黄立君　主编

责任编辑　彭伽佳
封面设计　风得信·阿东 FondesyDesign
出版发行　首都经济贸易大学出版社
地　　址　北京市朝阳区红庙（邮编 100026）
电　　话　（010）65976483　65065761　65071505（传真）
网　　址　http://www.sjmcb.com
E-mail　publish@cueb.edu.cn
经　　销　全国新华书店
照　　排　北京砚祥志远激光照排技术有限公司
印　　刷　北京建宏印刷有限公司
成品尺寸　170 毫米×240 毫米　1/16
字　　数　487 千字
印　　张　23.5
版　　次　2021 年 9 月第 1 版　2021 年 9 月第 1 次印刷
书　　号　ISBN 978-7-5638-3249-1
定　　价　69.00 元

图书印装若有质量问题，本社负责调换

前　言

全球化是当今时代的基本特征，也是未来人类社会无法阻挡的历史发展趋势。自古以来，人类社会就不乏远距离的经济往来和文化交流。有人把古代中国的“丝绸之路”视为东西方跨区域联系的典范；也有人把15和16世纪的“地理大发现”看作全球化的开端，因为在随后的几个世纪里，全球范围的人员流动、商品贸易以及思想文化的传播呈现出加速发展的态势。19世纪初期，蒸汽机的发明和应用、铁路的修建以及通信技术的进步大大缩短了全球交往的空间距离。20世纪初期以后，因为汽车和飞机等交通运输工具的使用，世界范围的交往速度大为提高；80年代以来，随着电子通信技术的广泛应用，特别是移动电话和互联网的普及，数以亿计的芸芸众生以一种全新的方式被裹挟着进入全球化的新时代。

无论愿意与否，支持还是反对，全球化都是一个现实的发展状态，已不同程度地渗透到我们日常生活的方方面面，这是任何个人、民族、国家以及经济体都无法回避的现象和问题。因此，无论是从现实还是理论层面，全球化都是一个正在“进行时”的时代，需要我们全方位地了解和认识。

全球化问题是一个国际性的研究课题，吸引了国内外众多研究者前赴后继的跟踪研究，也吸引了不同国家的政治家和环保人士的关注。1897年，美国学者查理·泰兹·罗素把当时美国的大企业和大型垄断公司看作全球化的主要载体。1930年，在一本有关新教育的出版物中，“全球化”作为一个名词概念而使用。1951年，美国的词典中第一次提及全球化问题。20世纪60年代，“全球化”这一术语开始被经济学家和社会学家所使用。不过，直到20世纪80年代中后期，这一概念才被主流媒体广泛关注，有关全球化的思想才得到了真正的传播。20世纪90年代初期，关于全球化问题的学术研究论著在美国国会图书馆的分类目录中也不过几十本，但是到了2000年以后，每年出版的相关图书都超过1 000本。各国政治学家、历史学家、社会学家以及经济学家等都参与了这一问题的研究和讨论。

美国经济学家米尔顿·弗里德曼认为，全球化的力量是无法抵挡的，因为他无法想象政府除了能够调控货币供应量和保护私有产权之外，还能做什么更有用的事情。而另一个弗里德曼（即美国新闻工作者托马斯·弗里德曼）则通过其畅销书——《世界是平的》（2007）使全球化问题的讨论传播得更广、更远。他后来的新作《世界又平又热又挤》（2008）更是用另一种笔调谈论全球化中的环境和能源问题。美国哈佛大学教授潘卡吉·盖马沃特认为全球化有三个版本，即世界1.0、2.0和3.0。在世界1.0时期，国家之间是互相孤立的，3.0时期的世界则是彻头彻尾的全球化，但是目前的全球化远未达到这样的水平，我们目前的现实是一个“半全球化”的状态，即2.0时期，离完全的全球化还有很长一段距离。

过去的一年多时间里，新冠肺炎疫情席卷全球，成为百年不遇的全球公共卫生危机，给世界经济带来了前所未有的巨大冲击。疫情初期，很多分析家指出，“后疫情时代”最大的改变将是全球化的全面逆转，逆全球化的因素会因这场疫情而变本加厉。但随着时间的推移，我们也看到，全球疫情大流行让各国更深刻地认识到人类社会高度祸福相依，没有国家能成为独善其身的孤岛。同时，人们的经济活动与社会活动越来越多地依托互联网与数字化，加速了数字经济的创新与发展，引爆全球范围5G基础设施建设的需求，有效追踪与控制病毒扩散的社会治理创新模式也在加速推广。

这场百年不遇的疫情更彰显“人类命运共同体”的倡议是符合时代潮流的。新冠肺炎疫情带给世界真正的教训并非全球化流动带来的卫生、社会与经济方面的风险，而是当前全球治理机制与共同体意识严重落后于经济全球化。真正的未来趋势不是让经济全球化逆转，而是更加深刻地认知全人类命运的祸福相依，克服狭隘的国家和地区本位思维。

中国在成功控制新冠疫情的同时，在“一带一路”倡议下积极探索应对逆全球化挑战的策略，尝试经济融合的新路径，为全球化注入新的动力，也有助于世界经济走出新冠肺炎疫情导致的严重衰退。在这样复杂的背景下，作为最大的发展中国家，中国面临怎样的新问题？中国经济将以什么样的方式才能获得可持续发展？新经济对我们又有怎样的机遇和挑战呢？……凡此种种，都是我们所关注的，这也是我们编辑这一本论文集——《全球化与中国经济》的初衷。中国政法大学商学院的师生们从不同的角度对这些问题开展了持续研究，试图用不同的理论加以解释，并提出相应的政策建议。编者将论文集分为七个部分：宏观经济改革与发展、数字经济理论与实践、公有经济与企业发展、产业发展与结构调整、乡村振兴与城市化、法与经济学，以及他山之石。

“全球化与中国经济”是一个长期的动态发展课题，难有最终的答案，构建人类命运共同体的理念，为本课题打开了更加开放和广阔的研究前景。我们的研究观点和成果权且当作抛砖引玉。由于知识水平和研究领域所限，偏颇之处或陋见在所难免，恳请各方专家和读者批评指正。

编者

2021年3月

目 录

宏观经济改革与发展

数字经济理论与实践

公有经济与企业发展

产业发展与结构调整

乡村振兴与城市化

法与经济学

他山之石

宏观经济改革与发展

影子银行业务对中国货币政策传导机制的影响*

黄立君　晋同祥**

摘要：影子银行业务的大规模发展会弱化一国货币政策的调控效果，因此有必要准确界定影子银行业务范围，测算其规模，分析影子银行业务如何从信贷、利率、资产价格等方面影响中国货币政策的传导机制。本文运用结构向量自回归（SVAR）模型对影子银行业务如何影响我国货币政策传导进行实证研究，结果表明：目前，影子银行信贷传导机制是影响我国货币政策效果的主要渠道，影子银行利率传导机制不畅通，影子银行资产价格传导机制作用不明朗。

关键词：影子银行；货币政策；传导机制

一、引言

自2008年金融危机以来，中国影子银行业务在监管套利、金融创新、金融脱媒、技术进步、金融抑制和资金供求失衡等因素的共同驱动下开始大规模发展。研究发现，影子银行对一国货币政策具有逆周期性的特征，会削弱货币政策的调控效果。比如，金融危机爆发后，仅2008年美联储就降息7次，联邦基金利率区间降低到0~0.25%，依然没有遏制经济衰退的趋势，直到2015年，美国经济才逐渐恢复。中国则推出4万亿元救市计划。到2018年，总共调整大型存款类金融机构存款准备金率34次①，如此频繁的货币政策调控也从侧面反映出影子银行业务对货币政策的影响。目前，中国影子银行业务大多处于不透明状态。期限错配、信用违约、高杠杆等现象的存在，一旦引发系统性金融风险，将对我国经济产生不可估量的影响。因此，准确测定我国影子银行业务规模，并深入研究影子银行业务对货币政策传导机制的影响，对完善我国货币政策体系、提高货币政策对宏观经济的调控效果以及防范化解系统性金融风险具有重要意义。

从国内外已有相关学术研究成果来看，中国影子银行业务范围的界定无论是学

* 本文感谢国家社科基金后期资助项目（19FJLB006）的资金支持。本文为中国政法大学第一批“课程思政示范课”（2019）阶段性研究成果。

** 黄立君，副教授，中国政法大学商学院；晋同祥，政治经济学专业硕士，中关村发展集团。

① 数据来源：根据wind数据库公布的“人民币存款准备金率：大型存款类金融机构存款准备金率（变动日期）”指标数据整理所得。

术界还是实务界，都没有形成一致意见，官方也没有公布权威的业务规模数据，这对影子银行的进一步研究造成极大阻碍。本文尝试在重新界定影子银行业务范围、准确测算中国影子银行规模的基础上，定性分析影子银行业务对我国货币政策传导机制的影响，并建立结构向量自回归（SVAR）模型对该影响进行实证研究。

二、影子银行业务范围再界定

（一）国外学者和机构对影子银行业务范围的界定

国外学者或金融监管机构对影子银行业务范围的界定比较一致，基本做法是在 McCulley（2008）[1]提出的概念基础上，从参与实体、监管、功能和业务行为等角度进行详细界定，即参与主体以传统商业银行之外的非银行金融机构为主[2]，承担与商业银行流动性和信用创造类似的职能（Ricks，2010[3]；Pozsar et al，2013[4]），游离于监管体系之外的金融工具、金融活动和金融市场业务（Gorton & Metrick，2012）[5]。譬如，国际货币基金组织（IMF，2014）[6]界定影子银行的三个标准为：第一，参与实体是游离于监管体系之外的非银行金融中介机构；第二，具备信用、流动性和期限转换功能，但无法向中央银行融资；第三，主要使用金融创新工具，参与证券化市场或金融衍生品市场。纽约联邦储备银行（FRBNY）的 Pozsar 等（2013）认为，传统银行系统之外的具备流动性转换、期限转换和信用创造功能，缺少公共部门信贷和央行流动性担保的金融中介，包括结构化投资主体、资产支持商业票据发行方、融券机构、信用对冲基金、财务公司、货币市场基金和政府特许机构等都属于影子银行。美国金融危机调查委员会（FCIC）的 Angelides 和 Thomas（2011）[7]认为，任何传统商业银行之外的具备期限转换功能并且没有监管或监管较少的金融机构、工具和事项都是影子银行。金融稳定理事会（FSB，2012）[8]则从广义和狭义的角度界定了影子银行，认为广义的影子银行是指发挥信用中介作用的传统银行之外的金融机构和业务；狭义的影子银行是指具有流动性和期限转换作用，但高杠杆和信用风险转移不完善，容易引发系统性金融风险，并损害金融监管有效性的金融机构和业务。

（二）国内学者和机构对影子银行业务范围的界定

“影子银行”这一概念引入中国之后，学者们对于中国影子银行业务范围存在一定分歧。大多数学者认为银行理财产品、委托贷款、信托业务等构成了中国影子银行的主体，不过对于互联网金融、民间融资等是否纳入影子银行的范围意见不一。比如，孙国峰和贾君怡（2015）[9]、王浡力和李建军（2013）[10]、裴平和印文（2014）[11]等认为，影子银行业务指的是发挥了银行核心功能（即信用创造功能）并且符合法律规定、具备从事借贷业务的资格，但金融监管力度不及银行借贷活动或者没有相关金融监管的金融业务。这种定义范围最大，基本包含了金融市场中发挥社会融资功能的主要业务活动，以银行表外业务和非银行金融机构业务为主，非银行金融机构业务包括信托理财产品、证券理财产品、基金产品、融资担保、小额贷款公司、典当行等。朱慈蕴（2017）[12]则认为，影子银行业务是指那些丰富了融资渠道、提高了融资效率，并且符合法律规定，但基本没有相关监管的金融业务，以非银行金融机构业务为主，如小额贷款公司、融资担保公司等。还有人认为影子银行业务是指那些绕开现有法律规定，游离在监管之外的金融业务。这种定义范围最窄，包括的金融业务活动有互联网金融公司业务、第三方理财公司业务、民间借贷活动等。

国内政府部门和监管机构也对中国影子银行的范围进行了界定，如中国人民银行金融稳定分析小组（2013）[13]把影子银行概括为“正规银行体系之外，由具有流动性和信用转换功能，存在引发系统性风险或监管套利可能的机构和业务构成的信用中介体系”。《国务院办公厅关于加强影子银行监管有关问题的通知》（国办发〔2013〕107号文）把我国影子银行划分为三类：一是不持有金融牌照、完全无监督的信用中介机构，包括新型网络金融公司、第三方理财机构等；二是不持有金融牌照，存在监管不足的信用中介机构，包括融资性担保公司、小额贷款公司等；三是机构持有金融牌照，但存在监管不足或规避监管的业务，包括货币市场基金、资产证券化、部分理财业务等。中国银行业监督管理委员会（2013）[14]认为，信托公司、财务公司、汽车金融公司、金融租赁公司、货币经纪公司、消费金融公司六类非银行金融机构已经纳入监管体系，因此不属于影子银行范畴。

（三）本文对中国影子银行业务范围的再界定

金融稳定理事会（FSB，2013）[15]曾指出，“对于影子银行包含的业务类型并不存在统一的国际口径，不同经济体的影子银行业务要根据其金融体系和监管体系来确定”。在中国，影子银行的构成与发达国家相比存在较大区别（周小川，2011）[16]。在发达国家，影子银行主体是非银行金融机构。在我国，影子银行主体则以银行为主导，其他金融机构主要充当银行规避监管的通道。

在综合考量众多学者和监管机构界定的中国影子银行范围的基础上，本文发现，中国影子银行业务在功能、监管、风险三个方面具有以下三个特征：①普遍具有一定的信用货币创造功能，同时可以实现期限转换和流动性转换；②缺少政府监管或监管不足；③容易引发系统性金融风险。基于此，本文将中国影子银行业务界定为“具备信用货币创造、期限转换和流动性转换功能、缺少政府监管或监管不足、容易引发系统性金融风险的金融业务”。其业务模式主要包括银信合作、银银合作、银证合作、银基合作等；参与主体主要包括信托公司、基金资产管理子公司、证券公司、保险公司、融资性担保公司、小额贷款公司、私募基金等；业务类型涉及商业银行表外业务，包括银行理财产品、同业业务、委托贷款、银信合作、银证合作、银基合作、民间借贷、互联网金融等业务；资金来源主要包括客户受托资金、银行理财资金、同业存款、企业存款、散户资金等；资金投向则主要包括基建行业、房地产行业、非标资产、权益类产品、金融市场、企业等。

三、中国影子银行业务规模的测算

对中国影子银行业务进行重新界定后，下面可以对其规模进行测算。

（一）测算方法

1. 已有研究对中国影子银行业务规模的测算方法及存在的不足

在已有的测算中国影子银行业务规模的文献中，不同学者和机构对中国影子银行业务范围的界定差别较大，所使用的测算方法也不相同，再加上部分影子银行业务官方也没有公布权威的统计数据，这就导致已有测算结果差别很大。目前学术界和监管机构使用的测算方法主要有四种：

一是分项加总法（王妍等，2019[17]；Sheng & Soon，2015[18]；Chen，2017[19]；王振和曾辉，2014[20]），即将影子银行所包含的业务直接加总。但大部分学者在使用加总法时并没有考虑到一些资管产品的交叉持有问题，导致影子银行规模被高估。也有部分学者采用剔除重复比较彻底的传统表外三项（未贴现银行承兑汇票、委托贷款、信托贷款）相加，但是中国影子银行业务经过近十年的发展已经越来越复杂，业务类型也越来越多样化，仅以这三项之和作为影子银行规模会存在严重低估的问题。

二是负债核算法（孙国峰和贾军怡，2015；任泽平，2017[21]；李文喆，2019[22]），即从影子银行的资产负债表结构入手，借助“有借必有贷、借贷必相等”的思想，以负债减去非影子银行资产核算影子银行规模。也有学者在此基础上通过构建影子银行的资产负债表，负债端资产运用更加清晰，通过核算影子银行负债规模即可间接测算出影子银行的资产总规模。但这种方法只考虑了银行主导的影子银行业务，导致影子银行规模被低估。

三是比例核算法（毛泽盛和万亚兰，2012[23]；封思贤、居维维和李斯嘉，2014[24]；李锦成，2016[25]），即用假定的影子银行单位 GDP 贷款系数与 GDP 的乘积当作影子银行的规模。但这个系数的合理性难以保障，使得测算结果总是存在误差。

四是总额扣除法（张蕾、浦正宁和傅佳莎，2019[26]），即从中国人民银行统计的社会融资规模中扣除人民币贷款、外币贷款等作为影子银行的规模。但由于社会融资规模仅包含人民币贷款、企业债券等在内的 9 个指标，低于实际发生的社会融资总额，因此最终结果也会存在低估问题。

2. 本文使用的测算方法

本文综合考虑不同测算方法的利弊，在测算中国影子银行业务的规模时，按孙国峰和贾军怡（2015）的方法，将其分为“银行影子”和“传统影子银行”两部分。“银行影子”包括商业银行主导的各种影子银行业务，如银信合作、银证合作、银银合作、银基合作、委托贷款等，使用负债核算法（资产负债表法）

（李文喆，2019）测算其规模；“传统影子银行”包括私募股权基金和民间影子银行业务，使用分项加总法测算其规模，最后将“银行影子”和“传统影子银行”规模相加即得到中国影子银行业务的总规模。

（1）银行影子业务。银银合作发生的票据类买入返售和同业代付业务在中国人民银行编制的《其他存款性公司资产负债表》中记账时，规范的会计操作是买卖双方分别计入“对其他存款性公司债权”和“其他存款性公司负债”科目，但银行为了规避监管，会存在一方记账而另一方不记账的情况，因此二者之差即为银银合作的规模（李文喆，2019）：

银银合作规模=对其他存款性公司债权 - 对其他存款性公司负债①

银信合作、银证合作、银基合作等通道类业务，资金来源一部分是银行表内资金，资金投向主要是非标资产、股权投资等，则这部分对应的影子规模等于中国人民银行编制的《金融机构人民币信贷收支表》中“股权及其他投资”对应的数据②；另一部分资金来源是发行理财产品募集的资金，资金投向主要是信托贷款和委托贷款（李文喆，2019），这部分对应的影子规模即为二者之和。

银信/银证/银基合作规模=股权及其他投资 +信托贷款 +委托贷款

未贴现银行承兑汇票直接采用中国人民银行公布的社会融资规模的数据③，因此，银行影子规模即为三者之和。银行影子业务涉及的数据时间跨度较长，因为 2008 年之后银行影子业务才大规模发展，故本文仅测算了 2008 年 1 月到 2019 年 12 月的月度数据。

银行影子规模=银银合作规模+银信/银证/银基合作规模+未贴现银行承兑汇票
=对其他存款性公司债权- 对其他存款性公司负债+股权及其他投资 +
信托贷款 +委托贷款+未贴现银行承兑汇票

（2）传统影子银行业务。传统影子银行业务繁多，透明度极低。基于数据的可获得性，本文选取典当行④、小额贷款公司⑤、融资担保公司⑥、P2P 网贷公司⑦和私募基金管理机构⑧作为传统影子银行的代表，其他机构业务规模较小，

---

① 数据来源：http：//www. pbc. gov. cn/diaochatongjisi/116219/116319/3013637/3013641/index. html，中国人民银行官网，wind 数据库，访问日期：2020 年 2 月 1 号。

② 数据来源：http：//www. pbc. gov. cn/diaochatongjisi/116219/116319/3013637/3013643/index. html，中国人民银行官网，wind 数据库，访问日期：2020 年 2 月 1 号。

③ 数据来源：http：//www. pbc. gov. cn/diaochatongjisi/116219/116319/3959050/3959051/index. html，中国人民银行官网，wind 数据库，访问日期：2020 年 2 月 1 号。

④ 数据来源：wind 数据库，访问日期：2020 年 2 月 1 号。

⑤ 数据来源：http：//www. pbc. gov. cn/goutongjiaoliu/113456/113469/3864964/index. html，中国人民银行官网，wind 数据库，访问日期：2020 年 2 月 1 号。

⑥ 数据来源：wind 数据库，访问日期：2020 年 2 月 1 号。

⑦ 数据来源：https：//shuju. wdzj. com/platdata-1. html，网贷之家，wind 数据库，访问日期：2020 年 2 月 1 号。

⑧ 数据来源：http：//www. amac. org. cn/index/，中国证券投资基金业协会官网，wind 数据库，2020 年 2 月 1 号。

对总体影响不大。

在选择的几家代表性业务类型中，涵盖的数据时间跨度仅为 2014 年 1 月到 2017 年 12 月，其他月份会涉及部分业务数据的缺失，一方面是因为部分业务（如 P2P）在 2014 年才大规模发展，另一方面是因为没有官方监管机构统计相关数据。但缺失的数据主要是 2014 年以前的，此时传统影子银行业务发展缓慢，其规模相对于总量数据相差 2 个数量级以上，对总量数据影响较小，因此，出于尽量拉长时间跨度的考虑，本文测算的传统影子银行规模依然涵盖了 2010 年 1 月到 2019 年 12 月的数据。

传统影子银行规模＝小额贷款公司贷款余额+融资担保公司担保余额+典当行典当总额+P2P 待还余额+私募基金管理机构资产管理业务规模

（二）规模测算

将测算出的银行影子规模和传统影子银行规模相加即得到 2008 年 1 月到 2019 年 12 月份总共 12 年的中国影子银行业务规模的月度数据，其中 2008 年 1 月到 2009 年 12 月，传统影子银行业务数据缺失，但此阶段传统影子银行业务规模极小，对总量数据的影响可以忽略不计。因此，这一阶段中国影子银行业务的规模可以用银行影子业务规模替代。具体测算结果见表 1。

表 1　2008 年 1 月至 2019 年 12 月中国影子银行业务规模

（单位：亿元）

时间	规模	时间	规模	时间	规模	时间	规模
2008-01	56 197.53	2011-01	158 108.26	2014-01	344 058.75	2017-01	614 867.83
2008-02	57 285.43	2011-02	160 334.92	2014-02	350 931.17	2017-02	620 589.40
2008-03	59 701.07	2011-03	178 271.76	2014-03	366 264.24	2017-03	631 122.27
2008-04	61 867.33	2011-04	183 903.48	2014-04	370 041.36	2017-04	635 219.16
2008-05	64 114.04	2011-05	187 778.97	2014-05	375 815.56	2017-05	628 208.61
2008-06	66 804.66	2011-06	195 355.48	2014-06	387 786.40	2017-06	630 226.74
2008-07	65 461.76	2011-07	192 111.39	2014-07	379 344.38	2017-07	635 403.13
2008-08	66 944.64	2011-08	195 393.08	2014-08	377 977.59	2017-08	638 874.30
2008-09	69 777.09	2011-09	192 419.75	2014-09	378 135.63	2017-09	639 727.87
2008-10	69 159.45	2011-10	191 807.43	2014-10	376 633.31	2017-10	643 019.95
2008-11	67 684.15	2011-11	192 020.45	2014-11	379 002.27	2017-11	647 503.99
2008-12	67 726.07	2011-12	199 309.43	2014-12	410 214.77	2017-12	645 118.43
2009-01	61 455.16	2012-01	198 348.49	2015-01	400 459.86	2018-01	660 518.02
2009-02	62 437.66	2012-02	203 774.84	2015-02	404 708.26	2018-02	662 805.36

续表

时间	规模	时间	规模	时间	规模	时间	规模
2009-03	65 022.18	2012-03	219 172.81	2015-03	415 523.98	2018-03	658 665.25
2009-04	63 101.64	2012-04	219 834.53	2015-04	427 053.45	2018-04	660 481.57
2009-05	68 971.53	2012-05	225 271.39	2015-05	448 000.45	2018-05	655 918.45
2009-06	72 936.14	2012-06	239 138.90	2015-06	461 555.41	2018-06	644 062.46
2009-07	74 216.11	2012-07	237 911.15	2015-07	462 723.23	2018-07	636 118.14
2009-08	74 145.04	2012-08	238 363.39	2015-08	470 041.60	2018-08	632 444.58
2009-09	77 218.14	2012-09	247 556.72	2015-09	472 123.02	2018-09	626 781.45
2009-10	77 761.78	2012-10	246 520.50	2015-10	469 058.07	2018-10	626 001.68
2009-11	82 680.06	2012-11	249 482.46	2015-11	471 825.61	2018-11	625 722.23
2009-12	88 777.88	2012-12	262 682.80	2015-12	495 233.93	2018-12	624 537.97
2010-01	98 825.02	2013-01	273 652.13	2016-01	516 101.63	2019-01	639 628.73
2010-02	103 507.39	2013-02	276 392.66	2016-02	521 139.36	2019-02	639 853.93
2010-03	115 646.69	2013-03	296 587.73	2016-03	535 631.11	2019-03	643 350.02
2010-04	121 174.64	2013-04	302 982.83	2016-04	538 213.09	2019-04	643 018.40
2010-05	124 565.89	2013-05	309 848.74	2016-05	542 490.03	2019-05	640 752.75
2010-06	129 137.85	2013-06	310 194.23	2016-06	552 833.36	2019-06	634 869.60
2010-07	131 840.96	2013-07	308 828.53	2016-07	554 528.00	2019-07	624 628.53
2010-08	139 786.94	2013-08	317 427.01	2016-08	559 322.91	2019-08	623 055.76
2010-09	143 798.99	2013-09	322 263.30	2016-09	558 980.79	2019-09	619 125.04
2010-10	145 091.40	2013-10	320 463.85	2016-10	564 886.55	2019-10	616 338.84
2010-11	149 758.51	2013-11	323 116.69	2016-11	576 536.20	2019-11	614 093.97
2010-12	157 150.69	2013-12	333 965.30	2016-12	592 851.69	2019-12	611 050.11

数据来源：笔者测算所得。

根据测算结果绘制的堆积图如图 1 所示。

从图 1 可以看出：第一，中国影子银行业务在 2008 年之后呈现快速增长的趋势，在 2018 年初达到峰值，约为 66.3 万亿元，这十年的增长主要归因于商业银行主导的银行影子业务的快速发展，其规模一直占据着中国影子银行业务规模的 75%以上。第二，自 2018 年之后，中国影子银行业务规模有下降的趋势，主要是因为银行影子业务受到的监管越来越严格，业务范围开始萎缩，但近两年传统影子银行业务也快速发展，其规模已经占据中国影子银行业务规模的 1/4，发

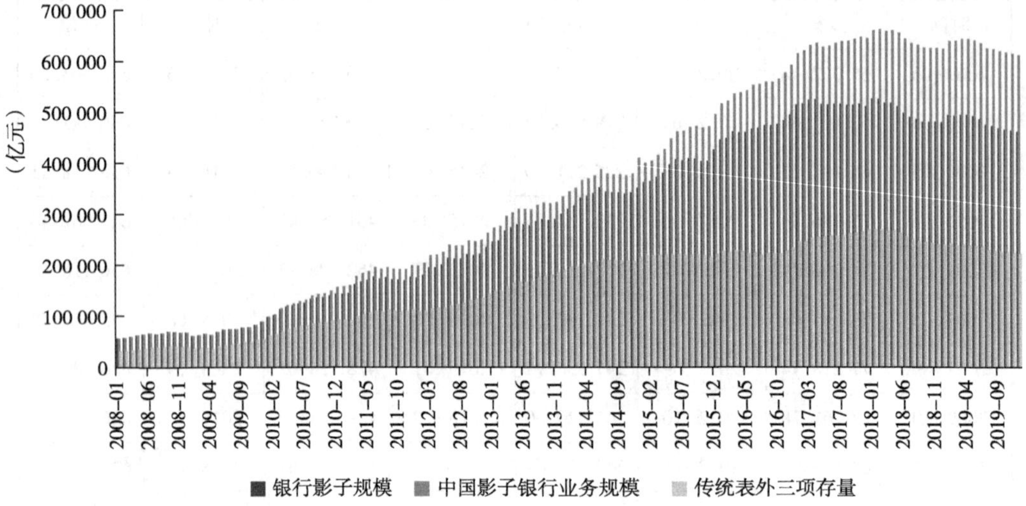

图 1 中国影子银行业务规模

挥的作用不容小觑；第三，近年来，传统表外三项规模在中国影子银行业务规模中所占的比重越来越小，基本在35%左右，因此，再将传统表外三项的规模作为中国影子银行规模的替代数据会存在严重的低估。

四、影子银行业务对我国货币政策传导机制影响的理论分析

货币政策是我国进行宏观经济调控的重要手段，经过多年的演变和发展，我国货币政策逐渐形成“中国人民银行──→货币市场──→金融机构──→企业”的传导体系，建立起“货币政策──→操作目标──→中介目标──→最终目标”的传导机制。其中，《中国人民银行法》（1995）第三条将货币政策目标明确为保持币值稳定和促进经济增长。但周小川（2016）认为，央行货币政策具有“多目标性”的特点，即“4+2 模式”。其中，“4”指的是维护价格稳定、促进经济增长、促进就业、保持国际收支平衡；“2”指的是推动改革开放和金融市场化。[27] 2003年修订的《中国人民银行法》第二条将货币政策目标确定为“防范和化解金融风险，维护金融稳定”。货币政策操作目标是指中央银行利用货币政策工具直接影响的目标变量，现阶段我国货币政策的操作目标是基础货币。中介目标是中央银行为了解决最终目标无法立即实现、难以掌控货币政策执行效果的问题而设立的过渡性目标。根据中介目标的不同，货币政策可以分为数量型货币政策和价格型货币政策，数量型货币政策以广义货币供应量（M2）为中介目标，价格型货币政策以利率为中介目标。现阶段我国主要实行的是数量型货币政策，中介目标为广义货币供应量（M2）。

货币政策传导机制是指中央银行操作一项或多项货币政策工具时，逐渐影响

操作目标、中介目标、最终目标的传导途径。理论上，货币政策传导机制主要有五种：利率、信贷、资产价格、汇率、预期。由于汇率传导机制和预期传导机制在金融市场化程度较低的情况下发挥的作用较小，因此本文主要从利率、信贷、资产价格三个方面分析影子银行业务对货币政策传导机制的影响。

（一）影子银行业务对货币政策中介目标的影响

根据信用货币创造理论，货币供给量（Ms）可以表示为基础货币（B）与货币乘数（m）的乘积，即

$$Ms = B \times m \tag{1}$$

基础货币是货币当局直接投放的货币，是银行实现信用扩张派生新存款的基础，可以表示为存款准备金（R）和流通中的货币（C）之和，即：

$$B = C + R = C + RR + ER \tag{2}$$

其中，ER 表示存款准备金，包括超额准备金；RR 表示法定存款准备金。

货币供应量（Ms）可以表示为流通中的货币（C）、活期存款（D）、定期存款（T）之和，即

$$M_s = C + T + D \tag{3}$$

由此可以推断出：

$$m = \frac{M_s}{B} = \frac{C + D + T}{C + R} = \frac{C + D + T}{C + RR + ER} \tag{4}$$

等式上下同除活期存款 D，可得到：

$$m = \frac{C + D + T}{C + RR + ER} = \frac{c + 1 + t}{c + r_D + r_T t + r_E} \tag{5}$$

其中，c 为流通中现金与活期存款的比率，经济学上称为现金漏损率；t 为定期存款与活期存款的比率；r_D 为活期存款准备金率；r_T 为定期存款准备金率；r_E 为超额存款准备金率；$r_D + r_T + r_E < 1$。

影子银行可以通过改变 r_E、c、t 进而对货币乘数 m 产生影响，并最终影响货币供应量。

（1）超额存款准备金率。式（5）对 r_E 求一阶导数可得：

$$\frac{\partial m}{\partial r_E} = \frac{c + 1 + t}{c + r_D + r_T t + r_E} = -\frac{c + 1 + t}{(c + r_D + r_T t + r_E)^2} < 0 \tag{6}$$

从式（6）可以看出，货币乘数与超额存款准备金率负相关，超额存款准备金率的降低会引起货币乘数的增加。现实中，商业银行选择在央行存放超额存款准备金，一方面是为了应对流动性不足的情况，另一方面也可以赚取相应的利息收入。影子银行的大规模发展对银行存贷款业务会产生一定的分流，并且出于赚取高额利润的考虑，商业银行也会开展一些通道类“银行影子”业务，减少超额准备金存放，从而引起超额存款准备金率的降低和货币乘数的增加，使得实际货币供应量超出理论预期，弱化了货币供应量的中介目标职能。

（2）现金漏损率。式（5）对 c 求一阶导数可得：

$$\frac{\partial m}{\partial c}=\frac{c+1+t}{c+r_D+r_Tt+r_E}=\frac{r_D+r_Tt+r_E-1-t}{(c+r_D+r_Tt+r_E)^2}=\frac{(r_T-1)t+r_D+r_E-1}{(c+r_D+r_Tt+r_E)^2}<0 \quad (7)$$

从式（7）可以看出，现金漏损率与货币乘数负相关，当现金漏损率降低时，货币乘数会相应增加。现实中，一方面，影子银行业务的快速发展为投资者提供了更多的投资选择，影子银行可以通过高收益率吸引部分风险容忍度较高的投资者手中的闲置资金；另一方面，影子银行中的第三方支付业务也在一定程度上降低了公众对现金的使用。上述两个方面的原因使得流通中的现金减少，从而降低现金漏损率，增加货币乘数，最终同样会导致实际货币供应量超出货币当局预期，弱化货币供应量的中介目标职能。

（3）定期存款与活期存款比率。式（5）对 t 求一阶导数可得：

$$\frac{\partial m}{\partial t}=\frac{c+1+t}{c+r_D+r_Tt+r_E}=\frac{c+r_D+r_E-r_Tc-r_T}{(c+r_D+r_Tt+r_E)^2}=\frac{c(1-r_T)+r_E+r_D-r_T}{(c+r_D+r_Tt+r_E)^2}>0 \quad (8)$$

我国活期存款和定期存款的法定存款准备金率是相同的，可以得出式（8）大于零的结论，因此，定期存款与活期存款的比率与货币乘数正相关，定期存款与活期存款比率的提高会引起货币乘数的增加。现实中，影子银行吸收的资金以及从商业银行分流的存款会有一部分以协议存款的形式流入商业银行，使得商业银行定期存款总量的增加，进而引起与活期存款的比率和货币乘数的增加，最终同样会导致实际货币供应量超出货币当局预期，弱化货币供应量的中介目标职能。

总体来看，影子银行业务提高了货币乘数，导致实际货币供应量超出货币当局预期，从而弱化货币供应量的中介目标职能，在一定程度上放大了央行货币政策调控的力度。

（二）影子银行业务影响货币政策目标的传导机制

1. 影子银行信贷传导机制

银行信贷传导机制是我国货币政策发挥作用最主要的机制，其基本传导路径为：货币供给⟶银行存款⟶贷款⟶投资⟶总产出，央行通过调整法定存款准备金率、基础货币等影响银行可贷资金，进而影响企业投资（I）和总产出（Y）。

影子银行业务对银行信贷传导机制的影响表现在三个方面：第一，影子银行（SHB）具备信用扩张功能，可直接影响货币供应量（M2），实际货币供应量大于银行创造的信用货币；第二，影子银行利用高回报率吸引投资者的资金，一方面分流银行存款（D），使得银行存款量降低，另一方面所吸收资金的一部分又会以协议存款的形式流入银行，使得银行存款量出现一定程度的回调，总的来说，分流作用占主导地位；第三，影子银行业务中的私募股权基金、民间借贷、P2P 网贷等也是企业融资的重要方式，会分流一部分银行贷款（$LONE$），不过从企业的角度来看，企业之所以选择通过影子银行融资，很重要的原因在于本身就难以获得银行贷款，银行出于避免高风险的考虑并不倾向于向此类企业贷款，所以对贷款的分流只是非常小的一部分。

总体来看，在银行信贷传导机制中，影子银行通过影响货币供应量、银行存款、银行贷款发挥作用，形成影子银行信贷传导机制，具体路径如下：

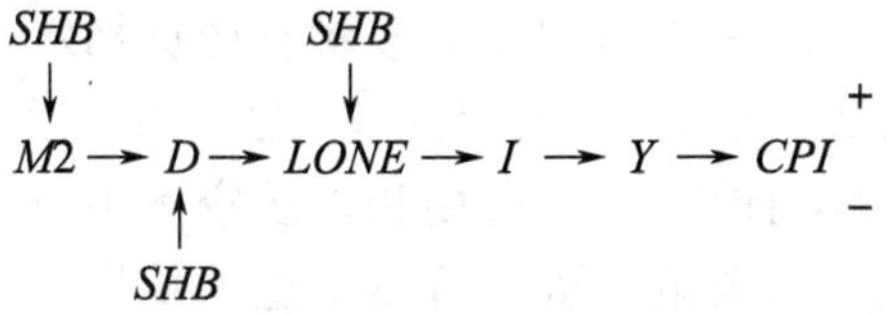

其中：+表示正向影响，-表示负向影响（下同）。

2. 影子银行利率传导机制

由于我国还没有形成价格型货币政策的中介目标，目前利率传导机制主要还是通过货币供应量影响利率水平发挥作用，其基本传导路径为：货币供给──→利率──→投资──→总产出，央行通过调整法定存款准备金率、基础货币等影响货币供给量，进而引起市场利率水平变化，最终导致企业投资和总产出的变化。

影子银行业务对利率信贷传导机制的影响主要有两个方面：第一，影子银行通过信用扩张功能直接影响货币供应量，商业银行存贷利差降低，利润空间遭受压缩，因此会增加资金期限错配和囤积流动性，使得货币市场利率波动加大；第二，影子银行业务可直接作用于市场利率（r），一方面相对于银行信贷市场，影子银行业务的市场化程度更高，参与主体的利率弹性也更高，可以疏通利率传导的作用；另一方面，部分影子银行业务存在隐性的刚性兑付行为，在一定程度上提高了市场的无风险利率，不利于利率市场化的进展，也会弱化利率对实体经济的指导作用。

总体来看，在利率传导机制中，影子银行通过影响货币供应量间接影响利率或直接作用于利率发挥作用，形成影子银行利率传导机制，具体路径如下：

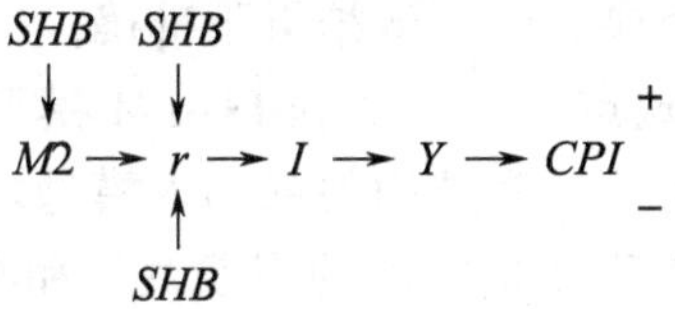

3. 影子银行资产价格传导机制

货币政策资产价格传导机制的基本传导路径为：货币供给──→股票等金融资产价格──→投资或消费──→总产出，央行通过调整法定存款准备金率、基础货币等影响货币供应量，股票等金融资产价格随货币供应量相应变化，进而影响社会投资、消费和总产出水平。

影子银行业务对资产价格传导机制的影响主要有两点：第一，通过信用扩张功能影响货币供应量，间接影响股票等金融资产的价格，一方面可通过托宾 q 效应影响企业投资决策，另一方面可通过资产负债表效应，影响企业现金流和间接融资能力，进而影响企业投资和社会总产出，不过其资金流向的不可控性也会导致金融资产价格波动的不确定性，使得托宾 q 效应和资产负债表效应更加模糊；第二，影响居民消费水平，一方面加剧了金融资产价格水平变化的不确定性，通过财富效应导致居民消费水平的波动，另一方面，部分影子银行业务的隐形刚性兑付行为也可能会分流投向银行信贷市场和传统资本市场的资金，挤占投向实体经济的资金，从而弱化货币政策在资产价格渠道的传导。

总体来看，资产价格传导机制中，影子银行通过影响货币供应量间接影响资产价格或直接作用于资产价格发挥作用，形成影子银行资产价格传导机制，具体路径如下：

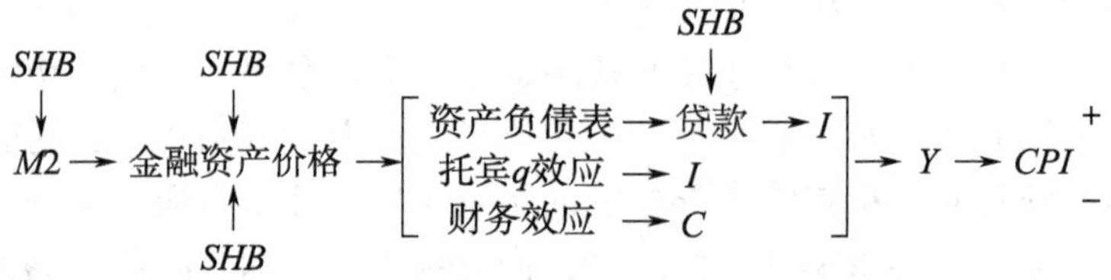

五、影子银行业务对货币政策传导机制影响的实证分析

（一）模型设定

关于货币政策传导方面的实证研究，除去避开数据测算的 DSGE 模型，多数学者采用的是向量自回归（VAR）模型。但 VAR 模型有两个缺点：一是模型没有考虑各变量之间的经济结构含义，各个变量之间不存在当期关系，仅仅是滞后期与当期的关系；二是模型设立中各个变量排序的不同会使得方差分解和脉冲响应分析的结果不同。因此，在使用 VAR 模型解释影子银行影响货币政策传导时，可能就会因为模型的这两个缺点而导致结果不准确。

为了克服 VAR 模型的缺点，可以根据 IS-LM 模型、菲利普斯曲线、泰勒规则等经济理论将各变量之间的经济结构关系纳入模型之中，建立结构向量自回归（SVAR）模型，不仅可以表明变量之间的当期关系和经济含义，也可以有效避免变量排序不同带来的结果差异（张成思，2013）[28]。

本文建立 5 个内生变量，滞后项 p 阶的向量自回归模型 SVAR（p）为：

$$B_0Y_t = \Gamma_1Y_{t-1} + \Gamma_2Y_{t-2} + \cdots + \Gamma_pY_{t-p} + u_t \tag{9}$$

其中：B_0 是一个主对角线元素为 1 的 5×5 阶矩阵，反映的是同期变量之间的结构关系；u_t 为结构随机项，表示不可观测到的结构信息，满足

$$E(u_tu'_t) = I_5 \tag{10}$$

$$u_t = (u_{1t},\ u_{2t},\ u_{3t},\ u_{4t},\ u_{5t})^T \tag{11}$$

$$\Gamma_i = \begin{bmatrix} \gamma_{11}^{(i)} & \gamma_{12}^{(i)} & \cdots & \gamma_{15}^{(i)} \\ \gamma_{21}^{(i)} & \gamma_{22}^{(i)} & \cdots & \gamma_{25}^{(i)} \\ \vdots & \vdots & & \vdots \\ \gamma_{51}^{(i)} & \gamma_{52}^{(i)} & \cdots & \gamma_{55}^{(i)} \end{bmatrix},\ i = 1,\ 2,\ \cdots,\ p \tag{12}$$

（二）指标选取与数据说明

货币政策中介目标、最终目标和传导机制中间指标的代理变量在数量级上存在较大差别，因此在具体操作时，将代理变量均取月度同比增长率（见表2）。

我国货币政策调控的最终目标是物价稳定和经济增长，选择CPI月度同比数据作为物价水平的代理变量，GDP月度同比数据作为经济水平的代理变量。但是国家统计局公布的GDP只有季度数据，参照高然等[29]的做法，借助宏观经济景气指数将季度GDP数据转换为月度数据。

数量型货币政策调控的中介目标是货币供应量，选择广义货币供应量M2的月度同比数据作为其代理变量。

银行信贷传导机制的中间指标选择银行贷款同比数据作为其代理变量；利率传导机制的中间指标选择银行间同业拆借利率；资产价格传导机制的中间指标选择沪深300指数对数收益率作为其代理变量。

表2　代理变量选择与处理

货币政策变量	指标名称	代理变量	符号表示
最终目标	物价稳定	居民消费价格指数月度同比数据	RCPI
	经济增长	GDP月度数据同比增长率	RGDP
中介目标	货币供应量	广义货币供应量月度同比数据	RM2
传导机制	利率	银行间同业拆借加权平均利率	SHIBOR
	银行信贷	人民币贷款月度同比增长率	RLONE
	资产价格	沪深300指数对数收益率月度数据	RSTOCK
——	影子银行	测算出的影子银行规模月度同比数据	RSHB

（三）结果解释

1. 平稳性检验和协整关系检验

序列平稳性是进行时间序列分析的前提，虽然平稳性并不是建立VAR模型的必要条件，但为了估计的准确性，仍需对各变量序列进行稳定性检验，可以看出RCPI、RGDP、RM2都是一阶单整，即一阶差分数据是平稳的，SHIBOR、

RLONE、RSTOCK、RSHB 都是 0 阶单整，即原数据序列是平稳的（见表 3）。

表 3 ADF 平稳性检验结果

变量	单整阶数	置信水平	临界值	ADF 值	P 值	平稳性
RCPI	I（1）	1%	-3. 481 217	-14. 491 82	0. 000 0	平稳
RGDP	I（1）	1%	-3. 481 217	-7. 369 7	0. 000 0	平稳
RM2	I（1）	1%	-3. 481 217	-10. 586 45	0. 000 0	平稳
SHIBOR	I（0）	1%	-3. 481 217	-4. 300 089	0. 000 7	平稳
RLONE	I（0）	1%	-3. 481 217	-7. 434 273	0. 000 0	平稳
RSTOCK	I（0）	1%	-3. 481 217	-10. 566 54	0. 000 0	平稳
RSHB	I（0）	10%	-2. 578 884	-2. 605 879	0. 094 44	平稳

数据来源：根据 Eviews8. 0 检验结果整理所得。

协整检验可以判断变量之间的长期均衡关系，避免伪回归的问题。相对于单序列平稳，VAR 模型更注重序列之间的协整关系，对变量之间进行 Johansen 检验结果表明存在 1 个协整关系，说明变量之间具备长期的均衡关系（见表 4）。

表 4 Johansen 协整检验结果

原假设下的协整关系个数	特征值	Trace 统计量	0. 05 临界值	Prob.
None	0. 310 683	146. 376 400	125. 615 400	0. 001 5
At most 1	0. 243 093	99. 125 550	95. 753 660	0. 028 7
At most 2	0. 194 562	63. 754 220	69. 818 890	0. 138 5
At most 3	0. 123 512	36. 275 390	47. 856 130	0. 382 6
At most 4	0. 107 573	19. 532 730	29. 801 070	0. 466 1
At most 5	0. 034 572	5. 078 668	15. 501 710	0. 801 8
At most 6	0. 005 205	0. 651 231	3. 841 466	0. 419 7

数据来源：根据 Eviews8. 0 检验结果整理所得。

2. 影子银行信贷传导模型

（1）格兰杰因果和模型稳定性检验。选择 RSHB、RM2、RLONE、RGDP、RCPI 五项指标建立影子银行信贷传导模型，以分析影子银行通过银行信贷传导机制对货币政策的影响。通过检验，发现模型最优滞后阶数为 3，所有特征根的倒数均位于单位圆内（见图 2），通过了 AR 检验，说明模型是稳定的。指标之间的格兰杰因果检验可以看出，RSHB 与 RM2 之间存在明显的双向格兰杰因果关系，RSHB 与 RLONE 之间存在明显的双向格兰杰因果关系，RM2 与 RGDP、RCPI 之间存在明显的双向格兰杰因果关系，RGDP 和 RCPI 都是 RSHB 的格兰杰原因。因此，可以通过脉冲响应和方差分解分析影子银行通过信贷传导机制对货币政策的影响。

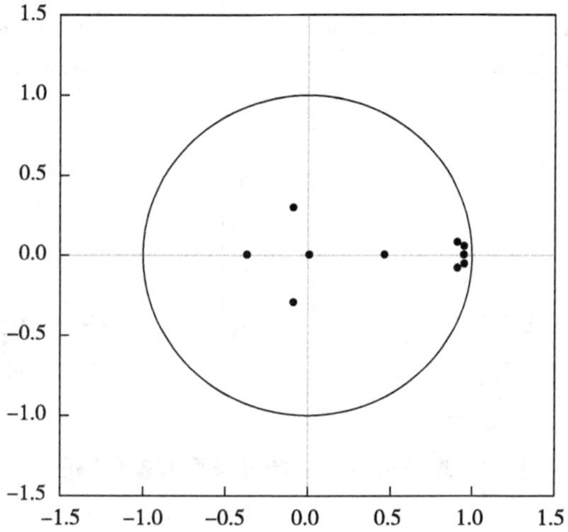

图 2　影子银行信贷传导模型的 AR 检验结果

（2）方差分解。对影子银行信贷传导模型的方差分解结果如图 3 所示，通过方差分解可以辨别各变量在每一期受到其他变量冲击的影响程度，即由其他变量解释的比例，由此可以判定每个变量在每一期冲击中占据的重要程度。对货币供应量的冲击中，除却其自身的因素，影子银行在第 1 期的影响程度显著高于其他变量，这也证明了影子银行对货币供应量影响的即时性；对银行贷款的冲击中，除却其自身的因素，货币供应量一直是影响其变化的主要因素，影子银行对其变化也有一定的影响，但影响程度远不及货币供应量；对经济增长 GDP 的冲击中，除却其自身因素，银行贷款在长期内对其冲击最大，表明银行贷款在银行信贷传导机制中发挥了重要的传导作用；对物价水平 CPI 的冲击中，除却其自身因素，GDP 发挥了主要的冲击作用。

（3）脉冲响应分析。对影子银行信贷传导模型的脉冲响应分析结果如图 4 所示，通过脉冲响应分析可以辨别一个变量在收到其他变量冲击时的动态变化路径。

从中介目标来看，根据脉冲响应分析的结果，影子银行对货币供应量一直具有正向的冲击效应，并且冲击效应在当期即可达到最大，随后冲击作用越来越小，这符合信用货币创造理论，影子银行在这个过程中扮演了信用货币创造的职能，增加了整个社会的货币供应量，随着时间的推移，与银行信贷信用创造的机理相同，后期能够产生的信用货币是逐渐减少的，因此冲击效应会逐渐趋近于零。

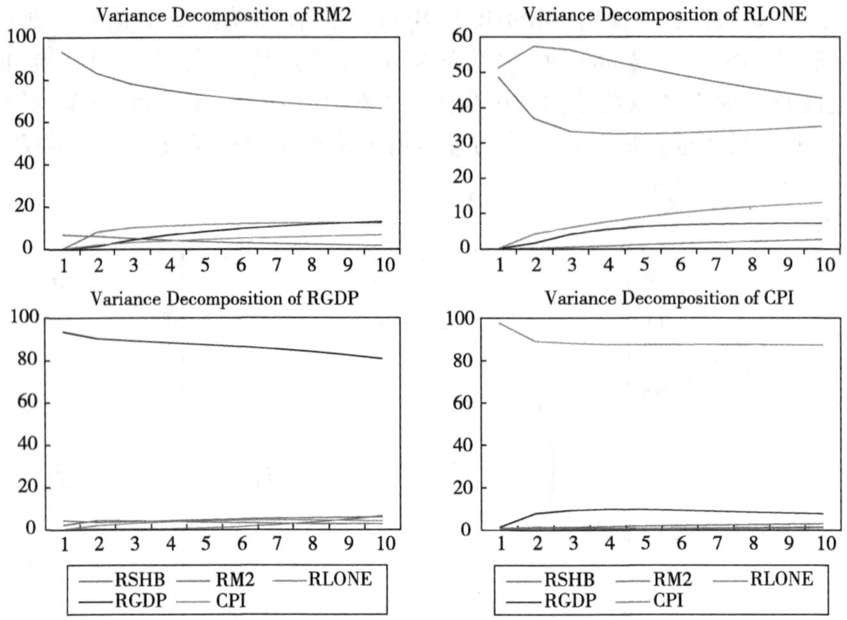

图 3　影子银行信贷传导模型方差分解图

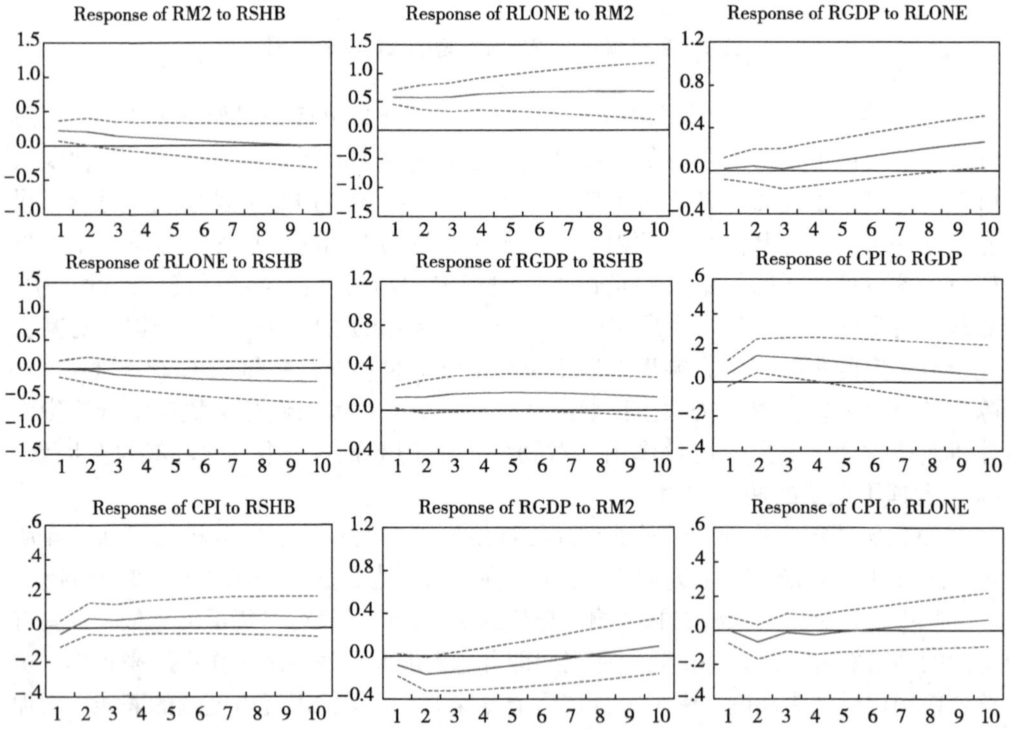

图 4　影子银行信贷传导模型脉冲响应

从信贷传导机制的指标来看，影子银行对银行贷款会产生两方面的影响。一方面，对银行贷款造成直接的负向冲击，因为以商业银行为主导的“银行影子”业务实际上是银行实现信贷出表的通道，民间借贷、网络借贷等业务也是银行信贷的替代品，会对银行贷款产生一定的替代效应，导致银行信贷减少。另一方面，通过货币供应量对银行信贷产生正向冲击，但从方差分析的结果可以看出，货币供应量对银行贷款的影响程度要远大于影子银行，所以银行贷款的变化路径应以货币供应量造成的冲击变化为主。因此，银行贷款受到影子银行冲击后，会呈现逐渐上升的趋势，不过变动的幅度相对较小，因为银行信贷审核需要经过复杂的程序，并且在放贷过程中还可能因为优质项目的短缺或者符合贷款条件的客户风险较高等问题而产生“惜贷”行为，不会因为货币供应量或者银行存款的增加而发生贷款的短期大幅度增加。

从最终目标来看，影子银行并不是 GDP 的格兰杰原因，但方差分解表明，银行贷款在长期内对 GDP 冲击作用较大，因此影子银行可以通过银行贷款对 GDP 产生正向冲击，这也符合学者得出的影子银行在经济增长方面发挥的顺周期调节作用；经济增长会进一步对 CPI 产生正向的冲击作用，在滞后 2 期冲击效应达到最大，这主要是价格黏性的原因，随后对 CPI 的冲击作用逐渐减弱，在 10 期之后逐渐趋近于 0。

3. 影子银行利率传导模型

（1）格兰杰因果和模型稳定性检验。选择 RSHB、RM2、SHIBOR、RGDP、RCPI 五项指标建立影子银行利率传导模型，分析影子银行通过利率传导机制对货币政策的影响。通过检验发现，模型最优滞后阶数为 5，所有特征根的倒数均位于单位圆内（见图 5），通过了 AR 检验，说明模型是稳定的。从指标之间的格兰杰因果检验可以看出，RSHB 与 RM2 之间存在双向格兰杰因果关系，RSHB 是 SHIBOR 的格兰杰原因，RM2 是 SHIBOR、RGDP 的格兰杰原因，RM2 与 RCPI 之间存在双向格兰杰因果关系，SHIBOR 是 RGDP 的格兰杰原因，RGDP 和 RCPI 存在双向格兰杰因果，且都是 RSHB 的格兰杰原因。因此，可以通过脉冲响应和方差分解分析影子银行通过利率传导机制对货币政策的影响。

（2）方差分解。对影子银行利率传导模型的方差分解结果如图 6 所示，对货币供应量的冲击中，除却其自身的因素，影子银行在前 3 期的影响程度显著高于其他变量，表明货币供应量变化在前期受影子银行影响较大；对银行同业拆借利率的冲击中，除却其自身的因素，货币供应量在第 1 期是影响其变化的主要因素，随后影子银行和货币供应量都会对其产生较大的影响，这符合此前理论分析的结论；对经济增长 GDP 的冲击中，除却其自身因素，SHIBOR 在长期内对其冲击最大，表明银行同业拆借利率在利率传导机制中发挥了一定的传导作用；对物价水平 CPI 的冲击中，除却其自身因素，GDP 从第 2 期开始发挥了主要的冲击作用。

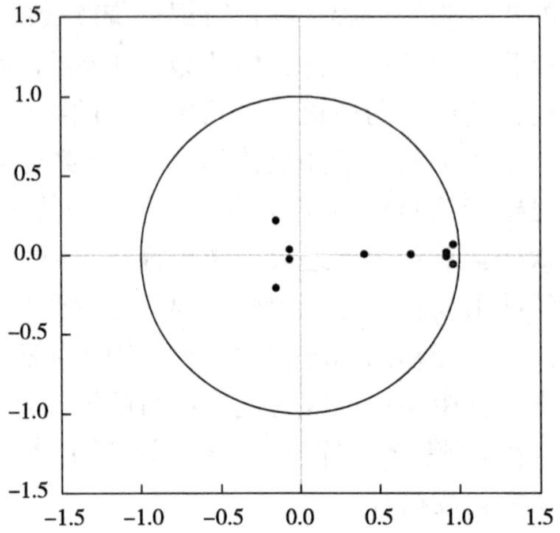

图 5　影子银行利率传导模型的 AR 检验结果

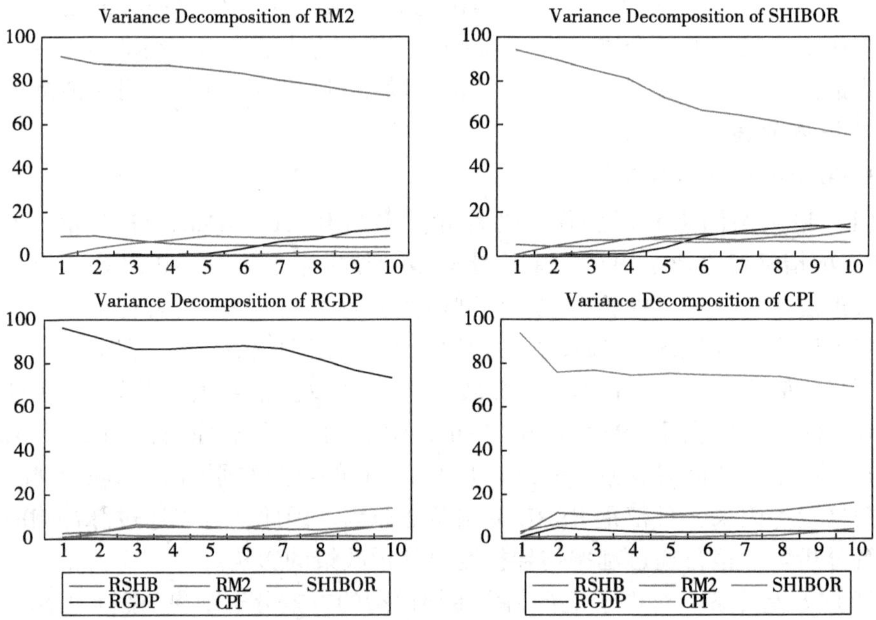

图 6　影子银行利率传导模型的方差分解图

（3）脉冲响应分析。对影子银行利率传导模型的脉冲响应分析结果如图 7 所示，从中介目标来看，影子银行短期内货币供应量的冲击效应较大，随后冲击作用越来越小，这与影子银行信贷传导模型的分析相同。

从利率传导机制的指标来看，影子银行对银行同业拆借会产生两方面的影响。一方面，在当期即可通过货币供应量对银行同业拆借利率造成负向冲击，另一方面，第二期开始，影子银行和货币供应量同时发挥作用，但总体来看，冲击作用都比较小，因为我国的利率市场化程度较低，无法准确反应市场变化的真实状况。

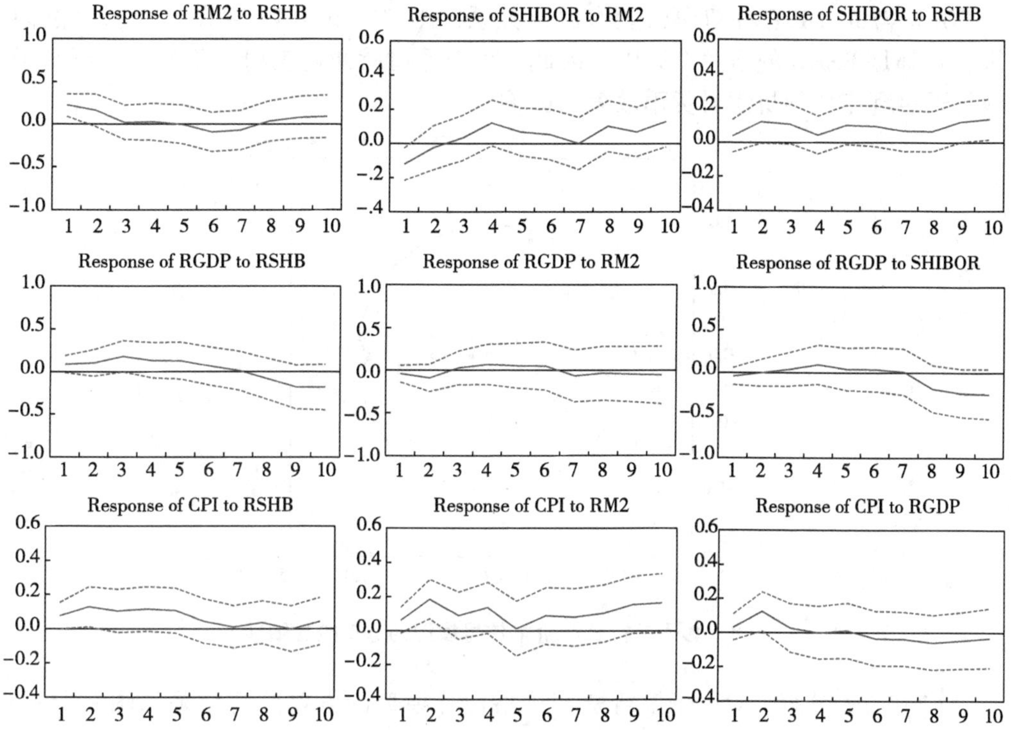

图 7　影子银行利率传导模型脉冲响应

从最终目标来看，一方面影子银行短期内对经济增长产生正向的冲击，GDP在短期内会出现小幅度增长，但从长期来看，正向的冲击会逐渐降低并转为负向冲击，也就是说，影子银行的发展在长期内会导致经济衰退，为经济危机的爆发埋下隐患。另一方面，方差分解表明，银行同业拆借利率长期内对 GDP 冲击作用较大，因此影子银行可以通过银行同业拆借利率对 GDP 产生正向冲击，但实际上从 RGDP 对 SHIBOR 冲击的脉冲响应结果来看，变化程度较低，主要原因在于我国货币政策传导仍以银行信贷为主，利率传导渠道不通畅。

影子银行带来的短期经济增长会进一步对 CPI 产生正向的冲击作用，在滞后 2 期冲击效应达到最大，这主要是价格黏性的原因，随后对 CPI 的冲击作用逐渐减弱，长期冲击作用逐渐趋近于 0。

4. 影子银行资产价格传导模型

（1）格兰杰因果和模型稳定性检验。选择 RSHB、RM2、RSTOCK、RGDP、RCPI 五项指标建立影子银行资产价格传导模型，以分析影子银行通过资产价格传导机制对货币政策的影响。通过检验发现，模型最优滞后阶数为 4，所有特征根的倒数均位于单位圆内（见图 8），通过了 AR 检验，说明模型是稳定的。从指标之间的格兰杰因果检验可以看出，RSHB 与 RM2 之间存在双向格兰杰因果关系，RSHB 是 RSTOCK 的格兰杰原因，RM2 是 RSTOCK、RGDP 的格兰杰原因，RSTOCK 与 RGDP 存在双向格兰杰因果关系，RGDP 和 RCPI 存在双向格兰杰因果，且都是 RSHB 的格兰杰原因。因此，可以通过脉冲响应和方差分解分析影子银行通过利率传导机制对货币政策的影响。

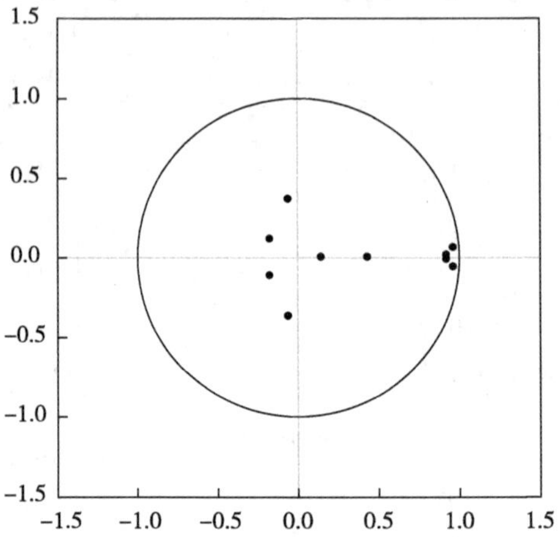

图 8　影子银行资产价格传导模型的 AR 检验结果

（2）方差分解。对影子银行资产价格传导模型的方差分解结果如图 9 所示，对货币供应量的冲击中，除却其自身因素，影子银行在前 5 期的影响程度一直高于其他变量，表明货币供应量变化在前期受影子银行影响较大；对沪深 300 指数收益率的冲击中，除却其自身的因素，货币供应量在前 3 期是影响其变化的主要因素，随后 GDP 和货币供应量都会对其产生较大的影响；对经济增长 GDP 的冲击中，除却其自身因素，RSTOCK 在短期内对其冲击最大，表明股票市场在资产价格传导机制中发挥了一定的传导作用；对物价水平 CPI 的冲击中，除却其自身因素，GDP 在第 1 期发挥了主要的冲击作用，随后 M2 和 GDP 共同对 CPI 产生冲击。

（3）脉冲响应分析。对影子银行利率传导模型的脉冲响应分析结果如图 10 所示，从中介目标来看，影子银行短期内会使货币供应量增加，第 4 期达到峰值，随后冲击作用越来越小，这与影子银行信贷传导模型的分析相同。

从资产价格传导机制的指标来看，影子银行对股票市场价格会产生两方面的影响。一方面，可直接作用于股票市场，使其价格出现一定幅度的增长，在第 4 期达到峰值，随后正负冲击交替；另一方面，通过货币供应量间接影响股票市场，在第 5 期达到峰值，随后正负冲击交替。出现正负交替的原因可能是我国金融市场化程度与发达国家相比仍然较低，除市场因素外，政府干预在其中也会发挥重要的作用，此外，影子银行资金流向的不确定也加剧了资产价格波动的不确定性。

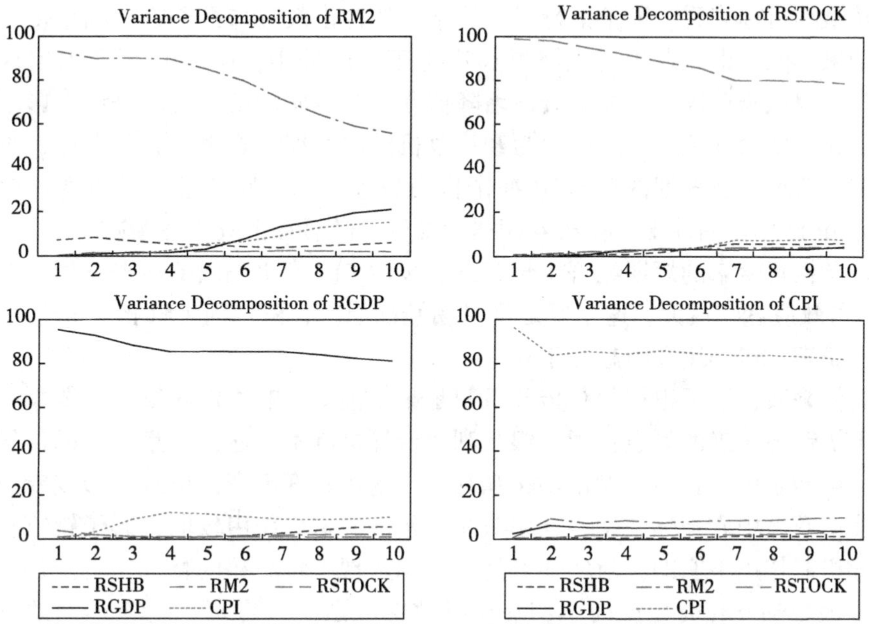

图 9　影子银行资产价格传导模型的方差分解图

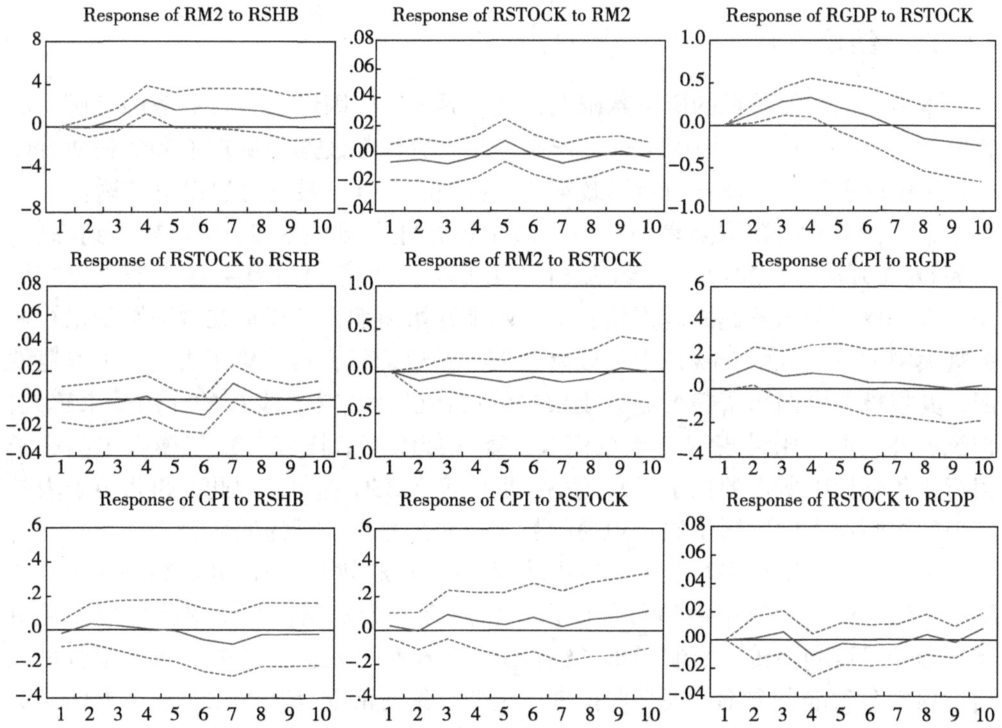

图 10　影子银行资产价格传导模型脉冲响应

从最终目标来看，影子银行对经济增长的冲击效应与影子银行利率传导模型分析结果相同，即短期内对经济增长产生正向的冲击，GDP 在短期内出现小幅度增长，但从长期来看，冲击会逐渐降低并转为负向冲击。也就是说，影子银行的发展在长期会导致经济衰退，为经济危机的爆发埋下隐患。另一方面，方差分解表明股票市场在短期内对 GDP 冲击作用较大，因此影子银行可以通过股票市场对 GDP 产生正向冲击，在第 4 期达到峰值，随后冲击效应逐渐减弱。

影子银行带来的短期经济增长会进一步对 CPI 产生正向的冲击作用，在滞后 2 期冲击效应达到最大，这主要是价格黏性的原因，随后对 CPI 的冲击作用逐渐减弱，长期冲击作用逐渐趋近于 0。

总体来看，影子银行信贷传导机制是影子银行影响货币政策的主要渠道，也是作用机制最明确的渠道；影子银行利率传导机制不畅通，利率发挥的传导作用较小，可能是由于我国金融市场化和利率市场化程度不高，也没有形成专门的价格型货币政策中介指标，使得利率对实体经济的指导作用较弱；影子银行资产价格传导机制作用不明朗，对实体经济的影响呈现正负交替的特征，可能是由于我国影子银行业务的资金流向不明显，导致对股票等金融资产价格影响的不确定性，另外，我国金融市场也多有政府干预的因素，金融资产价格波动的市场化程度不足，从而弱化了金融资产价格对货币政策目标的传导作用。

六、结论

本文在国内外学者的研究基础上，重新界定了中国影子银行业务的范围，测算出 2008 年至 2019 年中国影子银行业务规模的月度数据，从理论和实证两方面分析了中国影子银行业务对货币政策传导机制的影响，最终得出以下结论：

第一，本文测算结果表明，中国影子银行业务规模在 2018 年初达到峰值，约为 66.3 万亿元，2019 年底约为 61.1 万亿元。下降的原因主要在于“银行影子”业务受到的监管越来越严格，业务范围开始萎缩，其规模在中国影子银行业务规模中的占比也由 95%以上逐渐降至 75%。近两年，传统影子银行业务快速发展，其规模在中国影子银行业务规模中的占比已达 25%，发挥的作用越来越大，传统表外三项（未贴现银行承兑汇票、委托贷款、信托贷款）规模在中国影子银行业务规模中所占的比重越来越小，目前仅在 35%左右，因此，再将传统表外三项的规模作为中国影子银行规模的替代数据会存在严重的低估。

第二，中国影子银行业务对货币政策传导机制影响的理论分析结果表明，中国影子银行业务对货币政策传导的影响主要有三大机制：影子银行信贷传导机制、影子银行利率传导机制和影子银行资产价格传导机制。首先，影子银行可以通过超额存款准备金率、现金漏损率、定期存款与活期存款的比率三个方面对货币政策中介目标产生影响，使实际货币供应量超出央行预期，对中介目标的影响可进一步通过三大传导机制影响货币政策最终目标（物价稳定和经济增长）。其次，从信贷传导机制看，影子银行可以直接影响银行存款和贷款两个中间环节，并传导至最终目标；从利率传导机制看，影子银行可以对市场利率施加正反两方面的影响，并传导至最终目标。一方面，参与主体的利率弹性更高，可以疏通利率传导机制；另一方面，部分业务的隐形刚性兑付行为又会提高市场无风险利率，影响利率市场化，不利于利率对实体经济的指导作用。从资产价格传导机制看，影子银行可以影响股票等金融资产价格，并传导至最终目标。一方面，加剧了金融资产价格水平变化的不确定性，通过资产负债表效应和财富效应影响企业投资和居民消费水平；另一方面，部分影子银行业务的隐形刚性兑付行为也可能会分流投向银行信贷市场和传统资本市场的资金，挤占投向实体经济的资金，从而弱化资产价格渠道对货币政策的传导作用。

第三，中国影子银行业务对货币政策传导影响的实证分析结果表明，三大传导机制中，影子银行信贷传导机制是影响货币政策效果的主要渠道；影子银行利率传导机制不畅通，可能是由于我国金融市场化和利率市场化程度不高，也没有形成专门的价格型货币政策中介指标，使得利率对实体经济的指导作用还较弱；影子银行资产价格传导机制作用不明朗，对实体经济的影响呈现正负交替的特征，可能是由于我国影子银行业务的资金流向不明显，导致对股票等金融资产价格影响的不确定性。另外，我国金融市场也多有政府干预的因素，金融资产价格波动的市场化程度不足，从而弱化了金融资产价格对货币政策目标的传导作用。

参考文献：

[1] MCCULLEY P. The paradox of deleveraging will be broken [Z]. PIMCO, Global Central Bank Focus, 2008.

[2] ACHARYA V V, KHANDWALA H, ÖNCÜ T S. The growth of a shadow banking system in emerging markets: Evidence from India [J]. Journal of International Money and Finance, 2013, 39 (12): 207-230.

[3] RICKS M. Shadow banking and financial regulation [Z]. Columbia Law and Economics Working Paper, No. 370, 2010.

[4] POZSAR Z, ADRIAN T, ASHCRAFT AB. et al. Shadow banking [J]. Economic Policy Review, 2013, 19: 1-16.

[5] GORTON G, METRICK A. Securitized banking and the run on repo [J]. Journal of Financial Economics, 2012, 104(3): 425-451.

[6] IMF. Risk taking, liquidity, and shadow banking: curbing excess while promoting growth [Z]. Global Financial Stability Report, 2014(10): 65-73.

[7] ANGELIDES P., THOMAS B. The financial crisis inquiry report: final report of the national commission on the causes of the financial and economic crisis in the United States [Z]. FCIC Staff Reports, 2011.

[8] FSB. Global shadow banking monitoring report [Z]. FSB Staff Reports, Nov. 18, 2012.

[9]孙国峰,贾君怡．中国影子银行界定及其规模测算:基于信用货币创造的视角[J]．中国社会科学,2015(11).
[10]王浡力,李建军．中国影子银行的规模、风险评估与监管对策[J]．中央财经大学学报,2013(5).
[11]裴平,印文．中国影子银行的信用创造及其规模测算[J]．经济管理,2014(3).
[12]朱慈蕴．中国影子银行:兴起、本质、治理与监管创新[J]．清华法学,2017(6).
[13]中国人民银行金融稳定分析小组．中国金融稳定报告(2013)[M]．北京:中国金融出版社,2013.
[14]中国银行业监督管理委员会办公厅．中国银行业监督管理委员会 2012 年报[M]．北京:中信出版社．2013.
[15] Global shadow banking monitoring report[R]. Financial Stability Board, 2013.
[16]周小川．宏观审慎政策框架的形成背景、内在逻辑、相关理论解释和主要内容[J]．西部金融,2011(3).
[17]王妍,王继红,刘立新．货币政策、影子银行周期性与系统金融风险[J]．上海经济研究,2019(09).
[18]SHENG A, SOON N C. Bringing shadow banking into the light:opportunity for financial reform in China[R]. Fung Global Institute Asian Perspectives Global Issues(FGI report), 2015.
[19]CHEN K, REN J, Zha T. The nexus of monetary policy and shadow banking in China [Z]. NBER Working Papers, 2017.
[20]王振,曾辉．影子银行对货币政策影响的理论与实证分析[J]．国际金融研究,2014(12).
[21]任泽平．中国影子银行报告:银行的影子和监管博弈[R/OL].(2017-11-10)[2021-06-20]. https://www.sohu.com/a/157915562_467568.
[22]李文喆．中国影子银行的经济学分析:定义、构成和规模测算[J]．金融研究,2019(3).
[23] 毛泽盛,万亚兰．中国影子银行与银行体系稳定性阈值效应研究[J]．国际金融研究,2012(11).
[24]封思贤,居维维,李斯嘉．中国影子银行对金融稳定性的影响[J]．金融经济学研究,2014(04).
[25]李锦成．对 1996—2015 年中国影子银行月度规模数据的测算[J]．中国市场,2016(24).
[26]张蕾,浦正宁,傅佳莎．中国影子银行规模及其影响因素研究[J]．统计与决策,2019(16).
[27]周小川．把握好多目标货币政策:转型的中国经济的视角[N]．金融时报,2016-06-25(001).
[28]张成思．金融计量学:时间序列分析视角[M]．北京:中国人民大学出版社,2013.
[29]高然,陈忱,曾辉,等．信贷约束、影子银行与货币政策传导[J]．经济研究,2018,53(12).

中国资本路径形成比较研究

刘婷文　王乾坤*

摘要：亚洲“四小龙”从20世纪60年代初期到90年代中期，经济经历了30多年的高速增长。中国大陆自1978年改革开放至今，经济也经历了40年的高速增长。这是战后世界经济最重要的现象之一，被社会各界称为“东亚奇迹”（世界银行，1993）与“中国奇迹”（林毅夫等，1999），并引发了一系列理论阐释性文章。本文通过回顾分析中国改革开放前后资本形成的过程，探讨中国与东亚奇迹缔造者资本形成过程中的异同，从古典发展经济学角度切入，旨在发掘出经济增长背后真正的原因。

关键词：改革开放；劳动分工；资本形成；东亚奇迹

一、引言

“亚洲四小龙”是指20世纪60年代开始，亚洲的韩国、新加坡、中国台湾以及中国香港，它们通过推行以出口导向型为特征的战略，大力发展劳动密集型产业，在短时间内实现了经济腾飞，一跃成为亚洲富裕发达的国家或地区，被社会各界称为“东亚奇迹”。

关于“东亚奇迹”的一些现有解释，如一些学者着眼于日本历史文化的特殊性，即在明治维新后，日本实行君主立宪制，形成统一国内市场，以此来寻找与欧洲工业革命的相似性，并解释日本现代的工业化进程。国际政治学者提出“东亚奇迹”是受惠于冷战，美国对东亚国家提供的资金、技术、开放市场扶持，很大程度上实现了日本和“东亚奇迹”经济的飞跃。市场经济学说以世界银行和国际货币基金组织学者为主力，将东亚经济的成功归纳为“各种价格的正确性”[1]。持“国家推动发展论”的学者认为，为了弥补发展时期大量存在的与协调资源动员、投资分配和促进技术追赶相关的市场失灵缺陷，政府干预有其必要性[4]。国际贸易学者认为，以出口为导向的外向型国家是“东亚奇迹”成功的关键。

但是，这些战后经济迅速崛起的国家是否遵循相同或相似的模式，对此，新古典发展经济学理论并未给出让人满意或令人信服的答案。本文试图通过回顾中

* 刘婷文，副教授，中国政法大学商学院；王乾坤，西方经济学专业硕士生，中国政法大学商学院。

国改革开放前后资本形成的过程，探讨中国与东亚奇迹缔造者资本形成过程的共通之处，从古典发展经济学角度发掘经济增长背后真正的原因。

二、文献综述

西方经济学认为，储蓄如何有效转为实际投资是资本形成的关键。从供给的角度，中国长期维持较高的投资水平，高产出比例进而转化为资本投入，产出进一步增长，投入的资本实现了高增长以及迅速的积累。张帆（2000）通过每年净投资累计加和的方法来估计1953—1995年中国的物质资本、无形非人力资本和人力资本存量，发现在我国经济发展中，物质资本的贡献较高。[5]杜江（2002）通过建立外商直接投资对中国宏观经济总量的影响方程模型，定量分析外商直接投资对中国消费、资本形成、进出口以及整体经济发展的影响。发现FDI对资本形成和积累具有积极的作用，推动了中国的对外经济活动，促进了对外贸易的发展，带动了消费需求的增长，促进了中国经济的发展。[6]朱钟棣、李小平（2005）通过对1987—2002年各行业全要素生产率增长的分析，发现工业的资本—产出比率的变动和TFP的增长之间呈现显著的相关关系，并发现工业行业在1994—1997年普遍存在所谓的“资本深化”现象，即在此期间，经济增长依靠资本等其他投入要素，而不是技术的带动来维持，得出资本形成与全要素生产率相关的结论。[7]

随着中国经济由供给导向向需求导向的转型，经济主体逐渐依据利润—成本原则对投资行为进行自主决策，资本的内在调整动机逐渐转向需求方，意愿资本存量与现有资本存量之间的差距正成为影响投资行为的一个重要因素。李治国、唐国兴（2003）借用一个改进的资本存量估算方法，通过资本—产出比率的波动考察资本形成路径，从而证实了中国的转型经济中已经形成了需求导向型资本存量的调整机制和投资行为。[8]

三、中国改革开放前后资本形成

（一）1949—1978年

自1949年新中国成立以后的30年，中国一直实行计划经济体制，当时中国一方面受到苏联改革的影响，另一方面，西方资本主义国家对中国采取封锁、抵制政策，为了摆脱资本主义的侵蚀并热切地期望赶上发达国家，中国采用旨在把高度依赖的初级产品的经济改造成为以工业活动为主的经济政策。在计划经济体制下，第一个五年计划的主要任务一方面是集中力量建设重工业，另一方面是加快各经济领域社会主义改造的速度。

新中国成立初期，没有足够的资金投资规模巨大的重工业，也没有足够的外汇储备进口国外技术、设备，相比于其他已经“经济起飞”的国家，中国这样一个农业大国想要发展重工业，急需解决的就是如何将农业剩余转移到工业领域上来。

所以，新中国成立初期面临两个难题：如何降低工业资本形成门槛，如何保证被压低了价格的要素和产品流入重工业部门以及经济中剩余的积累用于重工业的发展。

1953 年实行农产品统购统销、推进农村公社化、地区粮食自给自足、城乡隔绝户籍制度政策①。政府通过压低要素、产品价格，降低工业资本形成门槛，在计划经济制度安排下，从农业经济中汲取剩余，全力用于发展重工业。

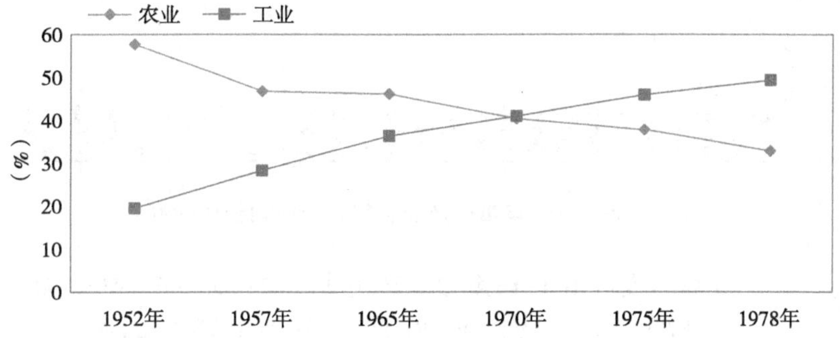

图 1　1952—1978 年农业、工业占国民收入份额百分比

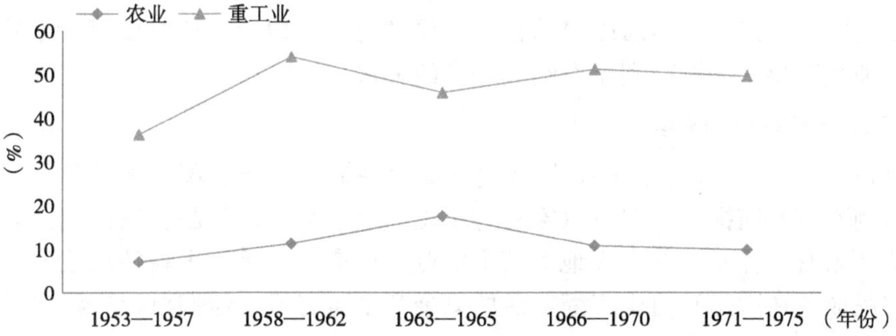

图 2　1952—1978 年农业、重工业投资结构变化

历史证明，第一个五年计划确实为中国工业化发展奠定了初步基础。如图 1 所示，在部门收入中，农业部门占国民收入比例从 1952 年 57. 7%减少到 1978 年 32. 8%，工业部门占国民收入比例则由 1952 年 19. 5%增长到 1978 年 49. 4%。如

① 这套制度包括：(1) 通过“统收统支”的金融管理体制，把有限的资金优先安排到重点产业和项目中，实现资金配置与发展战略目标和低利率政策的衔接；(2) 建立与低汇率政策相配套的高度集中的外汇外贸管理体制，实行国家对外贸的垄断；(3) 建立高度集中、按计划运行的物资管理体制；(4) 建立农产品“统购统销”制度，开展农业集体化运动，确保在低价统购派购条件下农民仍然能把资源投入到国家工业化所需的农产品生产中去，使国家能够用行政力量控制农业生产；(5) 通过公私合营和人民公社化运动，以国有化和人民公社化为特征的微观经营机制最终形成。赶超战略下宏观政策环境、资源配置制度和微观经营机制三位一体的传统经济体制也随之完全确立。

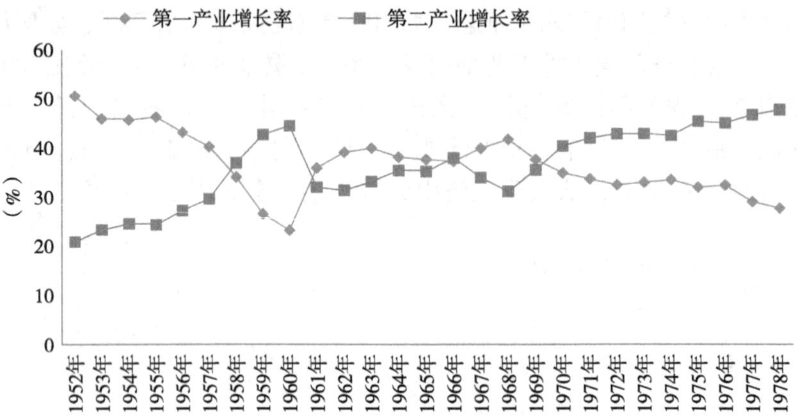

图 3　1952—1978 年第一产业、第二产业增长率的变化

图 2 所示，重工业部门投资由 1953 年 36.2%增加到 1975 年 49.6%。相应地，如图 3 所示，第二产业增长率由 1952 年 20.8%上升到 1978 年的 47.8%。也就是说，政府确实将农业剩余“成功”地转移到重工业发展上来。

第一个五年计划期间所推行的优先发展重工业战略导致中国宏观经济产品和要素价格极为扭曲，资源配置高度集中，微观经营机制毫无独立自主权。这一经济体制把一个经济十分落后国家的积累率提高到 15%以上，通过政府计划管制手段实现的高积累率无疑有利于发动起经济的较快增长。[9]

（二）1978—1998 年

1978 年 12 月，十一届三中全会做出重大决策：走向改革，走向开放。在土地公有制不变的前提下，实行以家庭为单位的土地承包责任制，农民生产积极性得到前所未有的提高，并极大地提高了农业生产率。在邓小平新的激励制度设计下，农民成了在满足政府生产配额后的剩余产量所有者，他们可以在满足政府具体配额后索取剩余，自由安排土地。

1978 年，政府实行农业生产责任制，粮食产量得以大幅度提高，集市贸易逐渐恢复。在国家政策的主导下以及在社区政府的推动下，乡镇企业依靠地方资金，以自下而上的发展方式逐步推进。

邓小平同志 1992 年南方讲话以后 ，乡镇企业发展开始由量变到质变的飞跃。规模化、集团化的乡镇企业模式开始形成，乡镇工业小区水平也得以发展和提高。这种自下而上城市化的乡镇企业的调整有利于农村经济和人口向小城镇集聚，这种空间转移过程的加快同时也提高了农村城市化水平在全国城市化中的地位。[10]

改革开放解放了劳动力，最重要的是提高了劳动生产率方面资本存量的增长，因为这个政策最终推动了劳动分工。这种劳动分工的实现依赖于充足的资本存量，用以购买工厂、工具、原材料和支付工人的工资。资本存量不断增加，有助于在更多不同工序上雇佣更多劳动力，劳动分工得以进一步扩大。因此，改革开放不仅有利于农村剩余劳动力不断增长，还推动了乡镇企业的蓬勃发展。政府解除对生产和销售活动的控制，不但有利于企业主收入的提高，进而提高社会储蓄，而且有助于更大市场规模的形成。农产品市场在全国范围内纷纷建立，农产品不断专业化、商业化，劳动分工不断扩大，资本积累进一步提高。如图 4 所示，农村居民家庭人均纯收入指数由 1978 年的 100，上升到 1998 年的 456，而 1998 年城镇居民家庭人均收入指数为 330。如图 5 所示，1978—1999 年平均资本形成率为 37. 7%，而平均储蓄率为 37. 7%，变化趋势保持一致。这期间，农村居民在资本形成过程中扮演着较城镇居民更为重要的角色。

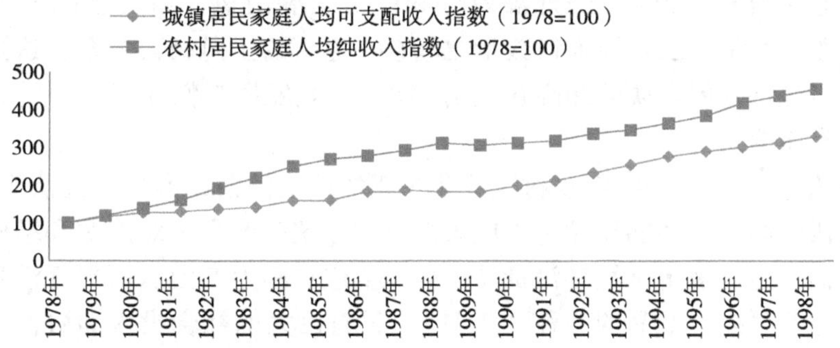

图 4　1978—1998 年城镇、农村居民家庭人均可支配收入变化

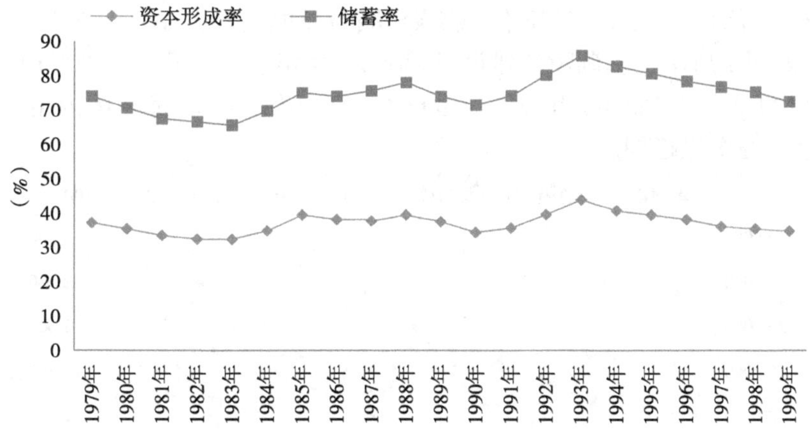

图 5　1978—1998 年资本形成率、储蓄率变化

改革初期的尝试形成了劳动生产率提高—资本存量增多—市场规模扩大—劳动分工进步的循环正反馈效应，在提高国民收入的同时，进一步提高了社会储蓄率，形成了更高、更稳健的资本积累。

扩大的市场和高额的资本积累帮助我们进口先进技术。中国通过出口规模化生产的产品来支持技术引进，继而用进口的先进技术生产更多的产品。然而，研究表明，这段时间外商直接投资的总体质量没有得到实质性的提高，和我国内资工业部门相比，工业部门的外资企业总体的要素边际生产率并不存在明显的优势，这说明外商直接投资对我国总体资源利用效率的提高并无太大的帮助。外资企业确实在一定程度上对国内工业部门有正向推动作用，而且这个正向推动作用还会随着我国对外开放程度的不断扩大、外商直接投资速度的加快有不断上升趋势。综上所述，这段时间的资本形成主要来源于内需。[11]

（三）2001—2012 年

外国直接投资（FDI）的外溢效应和经济发展门槛、当地基础设施建设水平、人均收入水平以及当地人口数量之间存在显著的正向相关关系，这强调了一个地区自身经济发展素质的提高在吸引 FDI、有效发挥它们在经济中的正面促进作用方面有重要意义。[11]

中国依靠 1978—1998 年农村工业化积累的国内储蓄，实现了经济飞速增长。而前一阶段较高的国民储蓄缔造了更大的市场，这就产生了对能源和基础设施的需求。然而，它们都不是最终消费品，而是实现更高生产力从而更好满足最终消费需求和生产最终消费品的一种“工具”。只有巨大的社会投入和协作才能创造出来市场这种“公共”产品，它的有效运作依靠不断的社会协作来维持。在此期间，对于最终消费品的巨大需求促进了以煤炭、基础设施为特征的经济结构的形成，从而进一步推动了经济增长，参见图 6。

如图 6 所示，自 2001 年开始，煤炭消费量急剧上升，一直到 2012 年增长了 3 倍多。如图 7 所示，基础设施建设里程在 2000 年急剧上升，从 2000 年 339.54 万公里到 2013 年 1 263.06 万公里，增长了将近 4 倍。二者都与国内生产总值呈现较为接近的变化趋势。

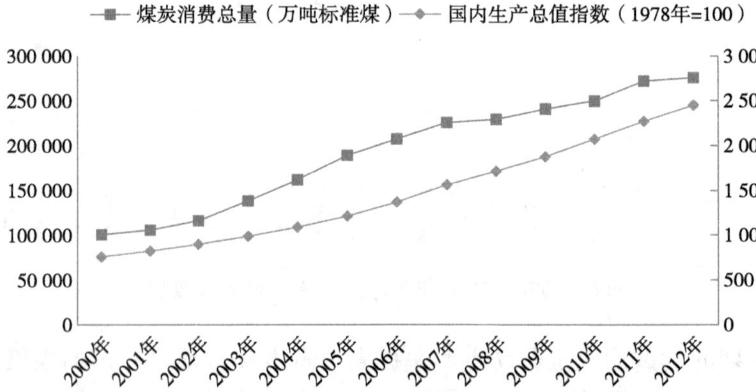

图 6　2000—2012 年煤炭消费总量、国内生产总值变化

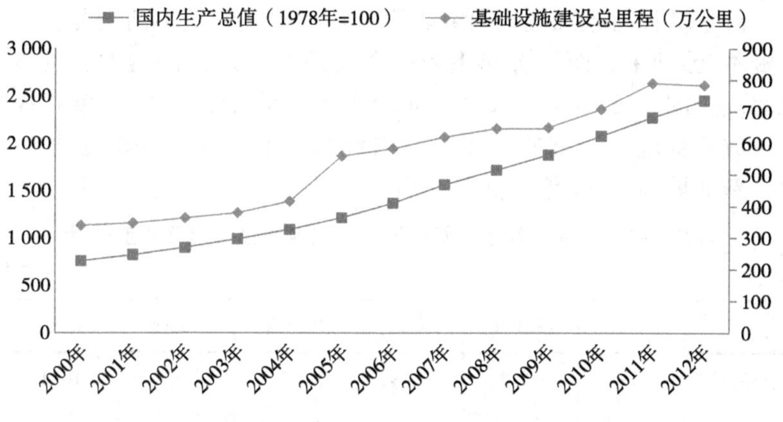

图 7　2000—2012 年基础设施建设总里程、国内生产总值

四、"东亚模式"的基本特征及其与中国发展的异同

（一）储蓄率

20 世纪 70 年代，新加坡、韩国、中国香港和中国台湾伴随着人均收入增加以及政府采取相应鼓励储蓄措施，国内储蓄大为提高，经济增长和储蓄之间双向的因果关系似乎在彼此强化，在亚洲创造了一种良性循环。

如表 1 所示，中国香港储蓄率自 20 世纪 50 年代的 9.2%迅速提升，直到 1980—1990 年的 45.4%，储蓄率实现跨越式增长；新加坡国内储蓄率自 20 世纪 60 年代初期的 23.2%逐步提高到 90 年代的 42%；韩国国内储蓄率自 20 世纪 50 年代的 3.2%，提高至 90 年代的 32%；而中国台湾则从 50 年代中期的 10.7%稳步提高到 80 年代的 31.3%。东亚"四小龙"的储蓄率不仅高于南亚和非洲的低收入国家，而且高于拉丁美洲的中等收入经济体，甚至比经济合作与开发组织成员国还高。

表 1　中国香港、新加坡、韩国、中国台湾国内储蓄率、国内投资率

（单位:%）

	1950—1960		1960—1970		1970—1980		1980—1990		1990—1997	
	国内投资率	国内储蓄率	国内投资率	国内储蓄率	国内投资率	国内储蓄率	国内投资率	国内储蓄率	国内投资率	国内储蓄率
中国香港	9.1	9.2	20.6	20.6	26.1	29.2	40.9	45.4	28.9	32.9
新加坡	11.4	-0.8	23.4	14.9	40.3	28.6	42.2	42	34.3	47.7
韩国	11.4	3.2	23.2	13.7	29.6	22	30.9	32	36.7	34.8
中国台湾	18.1	10.7	21.4	18.4	29.9	31.4	22.7	31.3	22.4	28.2

发展经济学增长与起飞理论研究表明，经济起飞的基本前提是：人均储蓄率必须高过资本/劳动率，而经济起飞的三个关键要素是：储蓄率、资本产出率和人口增长率。亚洲"四小龙"通过增加储蓄率、降低人口增长率并提高资本效益的方法，成功实现了经济的起飞。中国台湾、中国香港经济起飞时间为 1965 年，韩国、新加坡为 1966 年（如表 2 所示）。

表 2　中国香港、韩国、新加坡、中国台湾经济起飞年度估计

（单位：%）

		1961 年	1963 年	1965 年	1966 年	1967 年	1969 年
中国香港	储蓄率 A	-5.2	2.5	7.2	-	10.2	12.8
	资本/产出率 B	1.4	1.4	1.4	-	1.5	1.3
	人口增长率 C	3.0	3.5	2.7	-	2.6	1.6
	A-BC	-9.4	-2.4	3.4	-	6.1	10.7
韩国	储蓄率 A	-2.3	3.9	1.9	7.0	6.2	14.8
	资本/产出率 B	2.9	2.2	2.0	1.9	1.9	1.9
	人口增长率 C	2.9	2.8	2.6	2.5	2.3	2.3
	A-BC	-9.0	-2.3	-3.3	2.2	1.8	10.4
新加坡	储蓄率 A	-5.0	-8.6	-0.1	4.1	4.2	9
	资本/产出率 B	1.5	1.3	1.4	1.3	1.3	1.3
	人口增长率 C	1.7	2.9	2.7	2.1	2.6	1.5
	A-BC	-20.6	12.4	-3.9	1.4	0.8	7.1
中国台湾	储蓄率 A	8.0	13.4	16.5	-	20.1	20.1
	资本/产出率 B	3.6	3.2	2.7	-	2.5	2.3
	人口增长率 C	3.3	3.2	3.0	-	2.3	2.5
	A-BC	-3.9	-3.2	8.4	-	14.4	16.4

根据新古典增长模型，短期内储蓄率的增加会使产出增长率上升，它虽然不影响产出的长期增长率，但提高了人均资本产出和人均资本。相对于必需的投资，储蓄增加的结果是，储蓄比保持人均资本不变所需要的要多，储蓄多到足以使人均资本量增加。人均资本量持续增加，达到新的稳态均衡，在新的均衡点较高的储蓄量正好足够维持较高的资本存量，与此同时，人均资本与人均产出也都有了增长。

高储蓄率伴随高投资率使这些国家和地区无须过度依赖外国资本流入，能够在不出现经常账户逆差的情况下实现高速经济增长，从而依靠国内（地区）极高的储蓄率实现了工业化。

然而，相比于东亚奇迹缔造者，中国是一个人口大国，人均资本远不及中国香港、新加坡、韩国和中国台湾。所以，在发展期间需要更高的储蓄率来完成资本的积累。中国改革开放前期在扭曲的市场价格环境下，试图将农村剩余转移到城市，但当时人民生活水平低，没有足够的储蓄。20 世纪 90 年代末，中国进入重工业革命阶段，即第二次工业革命阶段。这个阶段中国的国民储蓄和总投资在 GDP 中的占比持续上升，从 40%到超过 50%。

（二）乡镇企业

由于农村地区靠近原材料、能源（水力），并且有来自农民家庭的廉价劳动力，自 18 世纪早期起，日本的商业和制造业由城镇向农村转移，商业与制造业在日本农村地区的发展大大提高了广大农民的购买力与对工业制成品的需求。日本在强政府的主导下，以全国和世界贸易为目的的乡村原始工业过程在明治中期基本完成。

中国台湾从 20 世纪 50 年代起，乡村工业在土地改革后繁荣发展。1956—1966 年十年间，台湾制造业职工人数总共增长了 27. 5 万人，其中 46%被农村制造业吸收，农村制造业就业的年均增长率为 7. 2%，远远高于城市地区。从 1956 年到 1966 年，采矿业、制造业、建筑业、商业与交通通信业都呈现了从城市向农村转移的趋势。台湾乡村原始工业化以远距离贸易为目的，利用农村剩余劳动力“就地”生产，完成了乡村原始工业过程。

韩国农村工业化进程几乎与中国台湾同步，但其农村地区发展水平远远落后于中国台湾的农村地区。韩国通过将农村人口迁移到大工厂集中的城市而完成工业化，台湾则通过在农村地区建立劳动密集型的、低技术水平的企业来达到工业化目的。这些国家（或地区）的原始工业化进程与中国大陆的路径十分相似，这正是亚当·斯密所述劳动分工进步的决定因素，劳动分工的进步又反过来影响资本积累和市场规模，从而实现国家（或地区）的工业化进程。

一个国家工业化（劳动分工）的程度和速度受制于其市场规模。在经济发展的初始阶段，专业化经济效果往往并不是非常显著，此时这个国家或地区劳动分工发展的程度以及经济增长的程度便取决于文明和制度所决定的协调成本的高低。[12]因此，对于经济发展水平处于大体相同阶段的两个国家或地区，协调成本相对较低的就可能发展更快。相较于日本、中国台湾、韩国等，中国大陆是一个农业大国，人口基本生活在贫困的乡村，它的市场更加弱小、分散，缺乏均衡，面临的协调成本更高。在乡村企业初期资本积累过程中，有两个因素起着主要的作用。首先，重工业导向性的发展战略逐渐削弱，对农产品价格的限制相对减少。其次，由于农村实行家庭联产承包责任制，农民劳动的积极性不断提高，农业产量和农村收入也得到迅速增长。重工业导向型的国有企业所遗留下来的劳动密集型消费品的空缺被乡镇企业所填补，极大地促进了农村储蓄率的增长。

（三）基础设施

建国初期的新加坡，基础设施极不完善，政府通过利用规模效应的方法，大力投资建设基础设施，将劳动力就业问题作为主要解决目标。1961 年，新加坡政府在裕廊划定将近 6 500 公顷的土地用于建造工业园区，并拨出 1 亿新币投资发展基础建设。

1966 年开始的十年里，中国香港致力于发展基础设施，投资创业得到大力提倡，金融服务得以不断完善，香港也由转口贸易为主向多元化经济结构过渡。它集中“进口替代”，全力推进制造业、电子业等劳动密集型工业的发展，工业化步伐迅速推进，基础设施建设同步扩大，机场、港口、道路相继建成或得到进一步的改善，公共住宅开始大规模兴建，这些都足以成为吸引外资的条件，外国投资设厂也开始增加。

20 世纪 80 年代中期之后，中国香港和新加坡货柜港的高效率和装卸量相继成为世界第一和第二，成为世界上最繁忙的海港两地。航空运输能力也是举世瞩目，都拥有世界一流的国际机场，客运量和货运量均居世界前列。

中国自 2001 年以来，对于航运、公路运输有了量的要求和质的提升。中国现在是世界工厂和全球制造业的中心，产品和机器的供给者。中国目前确实需要一流的全球分销体系来运输其大规模生产的产品和机器，并从全世界各个角落吸收原材料。基础设施不是最终消费品，而是实现更高生产力从而更好满足最终消费需求和生产最终消费品的一种“工具”。市场本身是一种“公共”产品，只有巨大的社会投入和合作才能创造出来，需要不断的社会合作才能维持其有效运作。经济发展过程就是在初始生产要素和最终消费者之间插入越来越多的生产工具、中间产品、知识的专业化生产部门，使分工变得越来越细。随着社会分工的扩展，原先的产业部门或各个生产阶段分离并独立成更为专业化的生产部门，新的产业不断产生，市场规模和范围也不断扩大。

首先，基础设施服务是生产的中间投入，任何服务成本投入的减少都会提高生产的效益。其次，投资改善基础设施服务，有利于提高劳动力等生产要素的产出率。例如，基础设施能够确保生产从手工向机械过度，不仅能够减少工人通勤时间，还能促进信息交流等，由此导致生产要素产出率的提高。最后，某一地区基础设施的存在会导致资源的流入，这可以减少该地区生产要素的投入成本和交易成本，使生产环境变得相对优越，生产效率得到提高或生产的经济效益得到发挥。[14]

五、结语

杨格曾论证了市场范围与劳动分工间互相作用、自我演进的机制。在他看来，经济发展过程就是在初始生产要素和最终消费者之间插入越来越多的生产工具、中间产品、知识的专业化生产部门，使分工变得越来越细。随着社会分工的扩展，原先的产业部门或各个生产阶段分离并独立成更为专业化的生产部门，新的产业不断产生，市场规模和范围也不断扩大。在杨格模型中，劳动分工的演进是市场范围扩张、交易制度变迁、专业化知识积累的根源，是促进经济增长的长期动力。[15][16]

本文回顾了新中国成立以来不同时期的经济变化以及资本形成的过程。改革开放解放了劳动生产力，在满足农村剩余的情况下积极发展现代农村工业，逐步积累原始资本，不断拓展市场规模，从而使得劳动分工不断加剧。在此基础上，需求驱动基础设施不断完善、能源（煤炭）消费不断提高，进一步加强了资本积累能力，扩大了市场规模。然后，通过与东亚奇迹中的中国香港、新加坡、韩国、中国台湾进行比较研究，从劳动分工视角切入，发现中国的增长模式与亚洲“四小龙”遵循着相似的路径，从而找出中国经济发展的理论依据以及经济发展过程中的资本形成路径。

参考文献

[1]林毅夫．解读中国经济[M]．北京:北京大学出版社,2012.

[2]文一．伟大的中国工业革命之谜[M]．北京:清华大学出版社,2016.

[3]沈红芳．东亚经济发展模式比较研究[M]．厦门:厦门大学出版社,2002.

[4]青木昌彦,凯文-穆尔多克,藤原正宽．东亚经济发展中政府作用的新诊释:市场增进论[M]．伦敦:牛津大学出版社,1996.

[5]张帆．中国的物质资本和人力资本估算[J]．经济研究,2009(8).

[6]杜江．外国直接投资与中国经济发展的经验分享[J]．世界经济,2002(8).

[7]朱钟棣,李小平．中国工业行业资本形成、全要素生产率变动及其趋异化:基于分行业面板数据的研究[J]．世界经济,2005(9).

[8]李治国,唐国兴．资本形成路径与资本存量调整模型:基于中国转型时期的分析[J]．经济研究,2003(2).

[9]林毅夫,蔡昉,李周．对赶超战略的反思[J]．战略与管理,1994(6).

[10]崔功豪．中国自下而上城市化的发展及其机制[J]．地理学报,1999(2).

[11]何洁．外国直接投资对中国工业部门外溢效应的进一步精确量化[J]．世界经济,2000(12).

[12]许彬,罗卫东．协调成本、内生劳动分工与区域经济增长[J]．浙江大学学报(人文社会科学版),2003,33(2).

[13]虞晓红．经济增长理论演进与经济增长[J]．生产力研究,2005(2).

[14]金凤君．基础设施与区域经济发展环境[J]．中国人口·资源与环境,2004,14(4).

[15]杨小凯,张永生．新型古典发展经济学导论[J]．经济研究,1999(7).

[16]YOUNG A. Increasing returns and economic progress[J]. The economic journal,138(152).

地方政府债务融资的顺周期性及其理论解释

司海平　刘小鸽　魏　建*

摘要：本文旨在考察地方政府债务在经济周期中的动态变化特征，并探讨背后的成因。本文使用2002—2014年省级面板数据和系统GMM方法进行研究，发现地方债务累积速度呈现顺周期的特征。产出缺口每增加一个百分点，在繁荣期与衰退期地方隐性债务分别平均增加5.92%与3.97%。即使控制住市场融资环境，这一特征依然明显。进一步的实证分析发现，官员晋升压力加剧了地方债务的顺周期特征。换言之，晋升压力对地方政府举债行为影响的方向与程度会随经济周期的变化而变化。地方债务不仅是地方政府缓解资金约束、刺激经济增长的重要融资手段，还因其风险属性可能威胁经济稳定。地方政府在经济周期不同阶段对目标的侧重不同，可能是地方债务顺周期特征的重要原因。

关键词：地方债务；经济周期；晋升压力

一、引言

地方债务不仅是地方政府缓解资金约束、刺激经济增长的重要融资手段，还因其天然的风险属性而威胁经济稳定。在财政与晋升的激励下，地方政府承担着“促增长”与“防风险”的双重目标，可能由于在宏观经济不同阶段的目标侧重不同而做出不同的债务融资决策。那么，地方债务在经济周期中将呈现什么样的变化特征？明晰地方债务在经济周期中的动态变化特征，探讨其背后的形成机制，一方面有助于全面地掌握地方债务变化的内在逻辑，加深对地方官员行为模式背后官员治理体制的理解；另一方面，对于防范地方政府债务风险，促进我国经济平稳健康发展具有重要的现实指导意义。

面对迅速膨胀的地方政府债务规模，深入讨论其背后的原因成为摆在学者与政策制定者面前的重要问题。从我国现有官员治理体制来看，晋升压力激励着地方官员通过债务融资来推动本地经济的发展（王柏杰，2014；Aikman等，2015），这成为地方政府主动大规模借债的主观成因（陈菁、李建发，2015；蒲丹琳、王善平，2014）。地方政府债务融资不仅体现着官员在晋升压力下的主动融资需求，还受到金融市场环境的约束。在宏观经济周期的不同阶段，资本市场

* 司海平，讲师，中国政法大学商学院；刘小鸽，助理研究员，国务院发展研究中心；魏建，教授，山东大学经济研究院。

的融资环境存在明显差异（Aikman 等，2015），而融资环境的变化直接制约着市场主体的融资选择（潜力、胡援成，2015），并且债务融资成本的高低也深刻影响着地方政府的借债决策（潘俊等，2015）。那么，在既定经济环境下进行静态分析而缺少在动态背景下对地方债务成因的进一步探究，所得出的结论和政策建议可能并不可信。

当地方的融资环境随经济形势而变化时，不仅会影响晋升压力下融资冲动的实现情况，还会改变地方政府的借债决策方向。宏观经济形势的变化可能使官员开始重视经济增长之外的目标，从而改变借债决策。债务融资本身具有风险积累的特点，债务规模过大有可能带来经济风险，引发社会负面问题。在官员任期内，主导政府行为的一个根本原则在于任上的“太平无事”，因为一旦出现债务风险导致的各种问题，很可能会使其失去进入晋升资格赛的权利。因此，尤其是在经济衰退期，由于经济不确定性的增加以及对偿债能力的担忧，官员可能会在晋升压力下表现出一种对于借债的谨慎性。

本文考察了地方政府债务在经济周期中的动态变化特征，并对其背后成因进行了讨论。结果发现：①地方债务积累速度呈现顺周期的特征。经济越繁荣，债务积累越快；经济衰退越严重，债务积累越慢。产出缺口每增加一个百分点，在繁荣期与衰退期地方隐性债务分别平均增加 5.92%与 3.97%。不同类型的债务表现有所差异，隐性债务积累速度总是顺周期，而显性债务只在衰退期顺周期。②进一步实证检验发现，地方官员的晋升压力加剧了隐性债务的顺周期程度。晋升压力是驱动官员根据经济形势做出借债决策的重要因素，地方政府在经济周期的不同阶段对“促增长”与“防风险”双重目标的侧重不同，从而导致地方债务在经济周期中呈现出顺周期现象。

本文可能在如下几个方面有所贡献：第一，本文考察了地方债务在经济周期中的变化特征，并对其背后成因做出了讨论，拓宽了之前文献在宏观静态框架下对政府发债的认识，加深了我们对债务增长变化内在逻辑的理解。第二，本文从晋升压力的角度考虑了“增长”与“稳定”双重目标在不同经济阶段对地方政府举债决策的影响，有助于加深对于中央政府治理模式及地方政府行为动机的理解，同时也从政府与市场关系的新视角为我国政府债务管理提供了经验事实。第三，深化了对竞争压力与地方债务关系的理解。本文发现，在繁荣期，如既有研究所说，晋升压力越大的地区发债越多；而在衰退期，晋升压力越大的地区发债却越少。

本文余下部分的结构安排是：第二部分通过考察地方债务与产出缺口的关系来描述地方债务融资行为在经济周期中的变化特征。第三、四部分在经济周期视角下从理论与实证两个角度分析了地方政府债务动态特征的形成原因。最后对全文进行总结。

二、经济周期中的地方政府债务融资行为：特征事实

地方政府的债务融资行为在经济周期中作何表现？接下来，我们通过考察地方债务规模与产出缺口的关系来描述地方债务融资行为在经济周期中的变化特征事实。

（一）研究设计

地方债务可能在繁荣期与衰退期表现出不一样的变化规律，而分样本回归无法利用样本的全部信息，需要利用全样本在一个方程中进行考察。参考 Alesina 等（2008）、Jaimovich 和 Panizza（2007）以及方红生和张军（2009）设定的地方政府的周期性政策反应函数，本文构建如下模型，以估计政府债务在不同周期阶段所做出的非对称性反应。

$$Debt_{it} = \alpha + \beta_1 Gap_{it} \cdot Boom_{it} + \beta_2 Gap_{it} \cdot Recession_{it} + \gamma X_{it} + \mu_i + \varepsilon_{it} \tag{1}$$

其中，*Debt* 表示地方债务，用地方债务余额的对数表示，*Gap* 为产出缺口，即估计经济周期的指标。此处产出缺口的估计方法使用常用的 HP 滤波法①。*Boom* 表示经济繁荣，若 $Gap>0$，则 $Boom=1$，否则等于 0。*Recession* 表示经济衰退，若 $Gap<0$，则 $Recession=1$，否则等于 0。鉴于被解释变量为债务余额取对数的形式，估计系数 β_1 表示繁荣期产出缺口对地方债务规模的半弹性影响，即在繁荣期，产出缺口每增加一个百分点，地方债务增加百分之 β_1。同理，β_1 也做相应解释。*X* 是其他控制变量。设想，如果控制变量足够多，即使存在债务周期现象，也将完全为控制变量所吸收。由于模型重点考察地方债务在经济周期中的动态变化特征，所以控制变量的选取服务于本文的研究目的。遵循方红生、张军（2009），我们将外部冲击包含在控制变量中，选取贸易依存度的条件标准差作为外部冲击的代理变量。在控制变量中，我们还加入了两个年度虚拟变量，用于控制样本期间较为重要事件的影响，分别为政府所得税改革调整影响的 2004 年②、金融危机中政府四万亿投资落实的 2009 年，作为控制变量。μ_i 是省份效应，ε_{it} 是误差项。

模型设定可能存在内生性问题。为了保证结果更加稳健，我们采用系统 GMM 方法进行估计。系统 GMM 估计的好处在于，一方面可以使用工具变量或差分控制不可观测到的时间效应和个体效应，另一方面，滞后期的解释变量和被解释变量作为工具变量可以克服模型内生性问题。

（二）数据说明

由于地方政府债务数据不易获得，并且在 2013 年以前国家没有对此进行过

---

① 产出缺口 =（实际 GDP－潜在 GDP）÷潜在 GDP

② 由于所得税改革调整始于 2003 年下半年，效果可能在 2004 年才开始显现，因此我们仅控制了 2004 年，并未控制 2003 年。

系统的统计，地方债务相关的实证研究较少。目前已有学者在研究中对我国地方政府债务进行了估算。吕健（2015）通过利用市政领域的固定资产投资减去地方政府可用收入的办法来衡量地方债务，可此种估算方法过于粗略简单。还有一些文献用城投债数据作为地方债务的代理指标（陈菁、李建发，2015；钟辉勇、陆铭，2015），不过融资平台发行的债券只是地方政府债务的一部分，可能影响研究结论的可信度。还有一些学者按照世界银行高级专家 Polackova 对于政府债务提出的"财政风险矩阵"，将债务分成了显性债务与隐性债务：陈诗一、汪莉（2016）认为地方政府显性债务包括国债转贷、兑付有价证券本金收入、地方政府向国外借款、财政部代理发行的地方政府债券，隐性债务包括地方国有企业负债和城投债。而黄春元、毛捷（2015）则将地方债务分为了显性债务与或有债务，其中或有债务包括城投债与国有企业债务。

本文参考既有文献，也将地方政府性债务分为显性债务与隐性债务。其中，与既有文献相一致，显性债务包括国债转贷收入、地方政府债券净收入、有价证券净收入、地方政府向国外借款收入。由于有价证券收入和地方政府向国外借款收入分别于 1998 年、2001 年之后不再统计，为了避免债务余额计算口径不一致的问题，本文将研究样本选择在 2002 年至 2014 年。地方国债转贷收入、地方政府债券收入从《中国财政年鉴》获得。

隐性债务则存在较大的模糊性，其度量方式至今尚未形成共识。隐性债务主要是指个别地方政府通过融资平台公司、政府和社会资本合作（PPP）等方式违法违规或变相举债形成的债务。由于数据可得性的限制，我们首先参考黄春元、毛捷（2015），将地方城投债余额的总规模、国有企业负债加总作为隐性债务的代理变量。我们统计了 2002—2014 年的所有城投债，其中包含了省级、地级市及以下地方融资平台公司在债券市场上发行的公司债、企业债等各种类型的债券，并将地级市及县级发行城投债并入所在省份，与省级城投公司发行的城投债数据加总。城投债数据来自 Wind 数据库。地方债务的具体构成如图 1 所示。

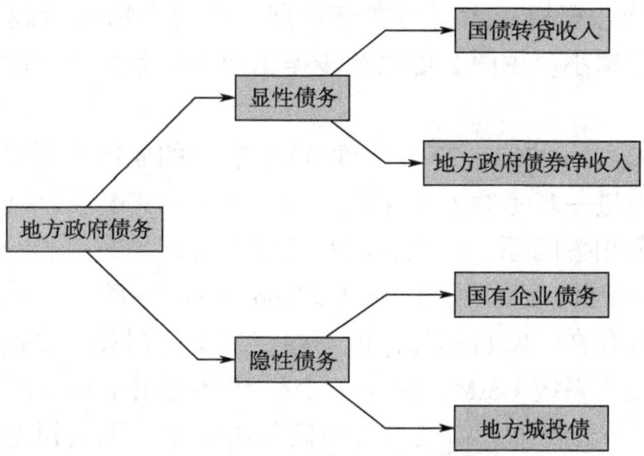

图 1　地方政府债务数据构成

主要变量的统计性描述见表 1。

表 1 主要变量的统计性描述

变量	含 义	观测值	均值	标准差	最小值	最大值
Debt	债务余额	390	2.889	2.513	-0.0034	8.097
Exdebt	显性债务余额	389	2.643	2.224	-0.0034	6.350
Hidebt	隐性债务余额	390	1.931	2.386	0	7.934
Gap	产出缺口	390	-11.740	19.740	-53.130	24.650
Press	晋升压力	390	1.585	0.885	0	3.000
Credit	地区金融机构贷款余额	390	8.973	1.046	6.094	11.350
Land	土地出让收入	390	5.396	1.739	-1.609	8.718
lrengdp	人均 GDP	390	9.980	0.741	8.056	11.564
linvest	固定资产投资	390	8.452	1.297	5.418	13.146
quekou	财政缺口	377	-0.105	0.081	-0.517	-0.008

注：地方债务、显性债务、隐性债务、地区金融机构贷款余额、土地出让收入，均为加 1 之后再取对数形式。产出缺口 =（实际 GDP-潜在 GDP）÷潜在 GDP。文章剔除掉西藏的数据。人均 GDP、固定资产投资取对数形式，财政缺口 =（财政收入-财政支出）÷GDP

（三）结果分析

1. 基本结果

首先，我们在图 2 绘制出产出缺口与地方债务规模的关系。由图 2 可以看出，在繁荣期与衰退期，产出缺口与地方债务规模均保持正相关关系。这意味着产出缺口越大，地方债务规模越大。与经济周期结合来看，在繁荣期，正向产出缺口越大，地方债务规模越大，而在衰退期，负向产出缺口越大，即离原点越远，地方债务规模越小。由图 2 可以初步得出地方债务与产出缺口正相关，呈现出顺周期的特征。

接下来，我们利用 2002—2014 年度 30 个省份的面板数据对经济周期中的地方债务变化情况做进一步考察，结果见表 2。由于 GMM 估计应注意工具变量的有效性及二阶序列相关问题，因此我们在汇报模型结果时在表的结尾列出相应的 Hansen 检验以及序列相关检验。其中 Arellano-Bond 一阶、二阶序列相关检验显示，扰动项的差分存在一阶自相关，但不存在二阶自相关，故接受扰动项无自相关原假设，可以使用系统 GMM。由于三个模型都使用了较多的工具变量，需要进行过度识别检验，结果显示，在 5%的显著水平上，无法拒绝所有工具变量都有效的假设。因此，这三个模型不存在过度识别问题。为使结果更为稳定，

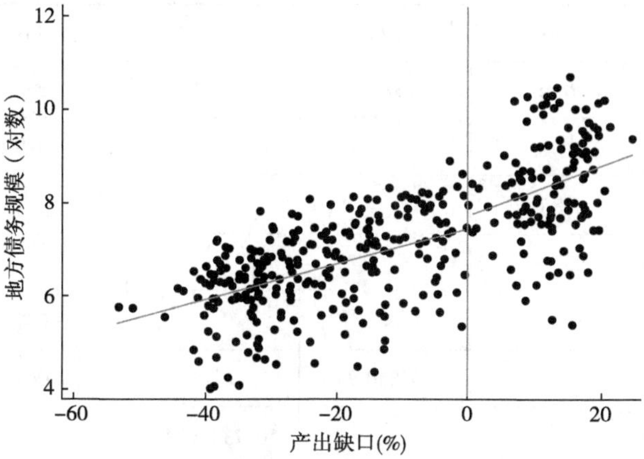

图 2 产出缺口与地方债务规模

GMM 模型采用了稳健标准差。

由表 2（1）可以看出，地方债务规模表现出顺周期特征。在繁荣期，正向产出缺口（为正）越大，债务积累越快，而在衰退期，负向产出缺口越大，债务积累越慢。系数大小表明，产出缺口每增加一个百分点，在繁荣期与衰退期地方债务规模增长率分别平均增加 1.42%与 1.48%。以上结果分别通过了 5%、1%的显著性检验。此外，2003 年推出的所得税分享改革并没有降低地方债务规模，而 2008 年的四万亿刺激显著促进了地方债务的积累。另外，外部冲击降低了地方债务规模。控制这些年份一定程度上也控制了换届年份，避免了政治经济周期的影响。此外，滞后一期的债务系数非常接近于 1，这说明我国地方债务积累存在严重的滞后性。

表 2 经济周期中的地方政府债务融资行为

	(1)	(2)	(3)	(4)	(5)
	Debt	*Exdebt*	*Hidebt*	*Exdebt*	*Hidebt*
Gap#Boom	0.014 2**	0.000 4	0.059 2***	-0.002 4	0.059 5***
	(0.006 9)	(0.006 8)	(0.011 0)	(0.006 3)	(0.011 9)
Gap#Recession	0.014 8***	0.008 8**	0.039 7***	0.010 1**	0.038 6***
	(0.004 7)	(0.004 2)	(0.008 2)	(0.004 6)	(0.009 2)
Credit				-0.144 1**	0.1242
				(0.073 3)	(0.188 5)
Land				0.069 8	0.064 7

续表

	(1)	(2)	(3)	(4)	(5)
	Debt	*Exdebt*	*Hidebt*	*Exdebt*	*Hidebt*
				(0.048 8)	(0.105 1)
L. *Debt*	1.008 6***				
	(0.033 4)				
L. *Exdebt*		1.042 7***		1.057 0***	
		(0.040 9)		(0.041 4)	
L. *Hidebt*			0.730 3***		0.674 8***
			(0.080 4)		(0.089 6)
ExShock	−0.299 6*	−0.194 7	−0.794 3	−0.230 7	−0.977
	(0.167 9)	(0.129 8)	(0.487 1)	(0.144 5)	(0.618 1)
*Year*2004	−0.032 7	−0.081 2	0.214 9***	−0.081 9	0.240 1***
	(0.105 2)	(0.106 2)	(0.054 2)	(0.101 0)	(0.056 8)
*Year*2009	3.964 8***	3.655 7***	2.215 9***	3.675 6***	2.082 3***
	(0.137 2)	(0.137 8)	(0.351 7)	(0.143 0)	(0.398 7)
Constant	0.272 4**	0.074 9	1.165 7***	0.960 8**	−0.233 3
	(0.125 7)	(0.136 0)	(0.227 1)	(0.440 3)	(1.237 8)
AR（1）	0	0.002	0.001	0.002	0.001
AR（2）	0.532	0.176	0.140	0.278	0.155
Hansen 检验	0.167	0.159	0.808	0.179	0.831

注：括号中为稳健标准误。*** $p<0.01$，** $p<0.05$，* $p<0.1$。为尽量满足工具变量数不大于截面数及工具变量有效性，对于内生变量，我们在列（1）～（3）中使用了滞后两期并用了 *collapse*，在列（4）～（5）中未限制滞后期数但使用了 *collapse*。

2. 分债务类型

2008 年金融危机时期，中央政府为刺激经济而推出四万亿计划，在此期间放松了地方政府融资平台债务融资功能。由于其隐蔽性，不易为中央政府所掌控，地方政府的隐性债务因此急剧膨胀。相比之下，地方政府债券由中央政府代为发行而受到严格的监管，规模增长较为平稳。由于中央与地方信息不对称程度在不同地方债务类型中存在差异，不同的债务类型受到中央政府不同的监管力度，因此，地方政府的债务融资冲动在不同债务类型之间存在异质性。

地方政府债务有显性债务与隐性债务之分。其中，显性债务表现为明确的地方政府负债，相比隐性债务而言，更易为中央政府掌控并受到中央的主动调节。地方各级政府虽然未对隐性债务有直接的偿还责任，也不负有任何法律偿还责任，但当债务人出现偿债困难时，政府负有兜底责任，或政府可能需给予一定救助。例如，城投债的发行主体是地方融资平台，享有地方政府的隐性担保信用，更是地方债务总体中需要重视的一部分。总之，隐性债务有可能因为其隐蔽性而表现出更强的经济周期波动性。因此，有必要从显性债务与隐性债务的角度对地方债务的异质性做进一步分析。

由分样本回归结果可见，在衰退期，显性债务积累速度随经济衰退程度的提高而放缓，但在繁荣期不明显，见表 2 中的列（2）。地方隐性债务与债务总体相同，在整个经济周期中表现出了强烈的顺周期特征，见表 2 中的列（3），产出缺口每增加一个百分点，在繁荣期与衰退期地方隐性债务增长率分别平均增加 5.92%与 3.97%。可以看出，地方债务中隐性债务具有强烈的周期性，并且其对经济周期的反应相比显性债务更为敏感。

至此，通过数据分析我们发现：①地方政府的总体债务规模呈现顺周期特征。经济越繁荣，债务规模越大；经济衰退越严重，债务规模越小。②不同类型的地方债务在经济周期中的表现有所不同，其中显性债务只在衰退期呈现出顺周期的特征，而隐性债务在繁荣期与衰退期均表现为顺周期反应。显性与隐性债务在衰退期债务规模减小的现象，既可能是受到了融资环境的约束，也可能是官员主动对债务积累进行减速，因此有必要对地方债务顺周期特征的成因进行讨论。

3. 市场约束

不同的市场约束会影响债务融资的实现情况，那么地方债务在经济周期中的动态变化特征可能只是受外界融资环境约束使然。

首先，从信贷供给来看，银行贷款供给在经济周期中的变化有可能影响到地方政府借债规模。银行信贷在众多国家存在顺周期现象，即信贷规模在经济繁荣时期增加，经济衰退时期减少（Bikker 和 Hu，2003；Kollintzas 等，2011）。这主要是因为不同经济形势下企业违约率与银行风险管理不同。尤其是当经济处于下行阶段时，放贷对象违约率升高使得银行信贷政策趋于保守（Borio 等，2001）。Kollintzas 等（2011）在 9 个 OECD 国家也发现了这一共性。经济增速下行阶段，企业违约率上升，风险冲击增强了银行的惜贷情绪，并且经济形势恶化导致市场流动性缺乏，银行融资渠道收窄，融资成本升高，造成放贷减少。所以，国企或者地方融资平台公司在经济衰退时期从银行获得贷款的难度增大。

其次，需求端的政府信用也将影响地方政府债务融资的可能。地方政府主要借助土地抵押从银行获取贷款（范剑勇、莫家伟，2014），土地收入和房地产税收会明显影响到地方政府举借债务情况。土地收入是地方政府借债的制约因素

（吉瑞等，2015）。在经济良好的形势下，土地收入上涨，增加了银行对于未来地方偿债能力的良好预期，可能会增加对地方政府的放贷。而在经济衰退时期，土地收入的下降可能会造成银行对信贷投放的谨慎，对地方国企、融资平台信贷偿还所依赖的土地收益和地方财政收入的预期降低，进而国企或者融资平台可从银行获得贷款的规模会缩减。所以土地收入可以部分反映当地政府的贷款信用。另外，银行贷款时需要考虑借贷对象的担保价值，而担保品作为一种资产，其价格本身就是顺周期变化的。

因此，我们用金融机构贷款余额增长率度量信贷周期（王义中等，2015），用国有土地收入衡量需求端的政府信用。当我们控制住信贷环境与政府信用等市场化影响因素时，地方债务依然表现出顺周期的特征，见表 2 中的列（4）（5）。这也意味着存在市场环境之外的因素其导致债务顺周期动态特征的形成。

4. 稳健性检验

然而，前文隐性债务度量方式仍存在一些问题：①国有企业债务包括大量市场化运营的国有企业所发行的公司债、企业债以及银行贷款等，并且其中的大部分并不受地方政府控制，不宜纳入地方政府隐性债务的范畴。②城投平台多为国有属性，用国有企业债务与地方城投债之和度量地方政府隐性债务可能存在重复计算的问题。③由于城投债数据只统计了融资平台的发债情况，会忽略掉城投公司负债中银行贷款、信托项目等融资项的存在。

因此，我们参考文雪婷、冯明（2017）的方法，重新度量了地方隐性债务，以此作为稳健性检验的方法。城投公司（平台）的负债不仅包括公开发行的债券（城投债），还包括银行信贷、信托融资等，是对城投平台公司债务情况更为全面的度量，也是对地方政府隐性举债方式更为精确的考察。根据地方融资平台公司的资产负债表，我们将位于同一省份的地方融资平台公司的负债加总作为该地区的地方融资平台总负债；将所得该地区城投公司的负债情况作为对地方隐性债务（*Hidebt*）的代理变量，并相应变更了地方债务（*Debt*）的度量（见图 3）。

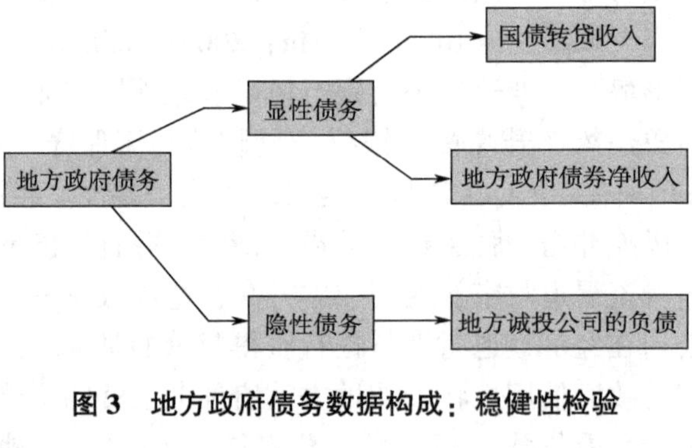

图 3　地方政府债务数据构成：稳健性检验

利用新的地方隐性债务与地方债务数据，我们对地方债务的周期性特征重新进行了检验，结果与前文保持一致，地方债务依然呈现顺周期特征。限于篇幅，计量结果未予以展示，留存备索。

三、研究假说与模型设定

前文实证发现我国地方债务融资行为呈现顺周期特征，即使从债务资金供给端与债务需求端同时控制住外部融资环境所形成的约束，这一动态特征依然明显。那么，地方债务为何在经济周期中展现出如此的动态特征？本部分在理论分析的基础上，从地方官员晋升压力的角度对此予以解释。

（一）理论分析及研究假说

地方借债行为的变化是地方政府在融资环境因素制约下主动选择的结果，尤其是对于隐性债务而言，地方债务顺周期的特征并不完全由被动市场因素的约束导致，还可能是地方政府官员主动选择的结果。地方政府举债受到市场环境与发债动机两方面的限制。其中，债务规模下限是地方政府自身对于融资的需求，而其上限是市场化融资约束，并且受到中央政府的监督与调控。地方政府会在此限定范围内进行债务融资选择。

1. 经济周期中的地方债务融资：晋升压力

我国地方政府债务融资需求根源于“向地方分权的威权主义体制”（Xu，2011），地方债务积累是地方政府在中国式财政分权体制与官员治理制度框架下行动结果的体现。

一方面，在财政分权体制下，地方政府的财政收入往往无法按财政支出相应比例提高，事权与财权不平衡的格局导致了地方政府的赤字压力及融资压力。地方政府需通过债务融资缓解财政政策实施过程中所面临的金融约束（方红生、张军，2009）。此外，预算软约束和财政转移支付降低了信贷市场对地方政府融资的约束力，形成了地方债务风险（王永钦等，2016）。而地方政府在预算软约束下经常通过扩大隐性债务来掩盖风险，更加剧了财政不稳定性（龚强等，2011）。

另一方面，在现有官员治理制度背景下，竞争向上成为地方官员的自然选择，晋升在官员的行为逻辑中发挥着最关键的激励作用（周黎安，2007）。晋升激励是地方官员进行债务融资的直接原因。改革开放以来，我国将主要目标转为以“经济建设为中心”，形成了地方官员之间围绕 GDP 增长的竞争格局。晋升压力激励着地方政府官员通过债务融资来推动本地经济的发展（王柏杰，2014；Aikman 等，2015）。官员出于政治晋升的动机，地方政府竞争由争夺财政资源逐渐转移到争夺金融债务资源以发展地区经济（刘伟、李连发，2013）。陈菁和李建发（2015）发现，晋升激励对中国地方城投债规模具有显著的扩张性影响；蒲丹琳和王善平（2014）的研究表明，地方官员的晋升激励强度越大，地方政府投融资平台债务增长速度越快，债务风险越大。

然而，如果地方政府单纯以 GDP 作为地区经济社会发展的目标，那么，当地方经济陷入衰退时，地方政府势必会为了稳增长而多发债，但是这与前文发现的债务顺周期事实相背离。尤其是当地方经济陷入衰退时，实证结果显示的情况是：地区经济衰退越严重，债务增长速度越低，即使控制了外部融资环境的恶化，这一现象依然明显。这也就意味着在衰退期，地方政府在主动减缓债务增长。实际上，地方政府在地区发展中存在多元的目标要求。我国《宪法》规定："县级以上地方各级人民政府依照法律规定的权限，管理本行政区域内的经济、教育、科学、文化、卫生、体育事业、城乡建设事业和财政、民政、公安、民族事务、司法行政、监察、计划生育等行政工作，发布决定和命令，任免、培训、考核和奖惩行政工作人员。"此外，中央也并非关注单纯的经济增长，目前政府绩效考核日趋多元化。事实上，官员晋升是一种全面、综合的考察，执行的是一套系统而复杂的指标体系。因此，在地方官员的目标中，GDP 增长率所代表的经济绩效并非唯一的追求。地方政府面临多维晋升激励。在中央考核目标多元化的情况下，地方官员所面临的晋升压力不仅来自于地区间增长的比较，还会受到地区经济稳定等因素的影响。

具体到地方债务问题，地方债务不同于其他财政支出，各种形式的政府债务是财政风险的外在表现形式（郭玉清，2011）。具体来说，中国各级政府存在大量的隐性债务，一旦下级政府出现还债困难，将层层向上级政府传递或转嫁偿债压力，即上级政府往往通过注销下级政府对本级政府的债务或增加财政转移支付的方式进行救助。最终可能导致财政风险向中央聚集，威胁中央的财政安全。债务风险不仅影响财政可持续性，而且还有可能带来经济风险，引发各种负面社会问题，从而完全背离中央稳定发展的大目标。尤其是中央一再强调要改变"唯 GDP 论"的政绩考核观念，树立正确的考核导向，说明中央选拔地方官员的标准并非经济增长一个方面。地区经济稳定可能是官员获得晋升"资格赛"的条件，在进入资格赛之后，才获准参加 GDP 增长的"锦标赛"。因此，官员在任期内主导政府行为的一个根本原则在于任上的"太平无事"，因为一旦出现债务风险导致的各种问题，很可能会使其失去进入晋升"资格赛"的权利，如此，官员便形成了一种对于借债的谨慎行为模式。特别是近年来，中央越来越重视防范债务风险。2014 年 10 月，国务院发布的《国务院关于深化预算管理制度改革的决定》，提出把政府性债务作为一个硬指标纳入政绩考核。在中央防范债务风险的目标下，地方政府无疑会将控制债务风险纳入考虑范围之内；横向来看，在不同的经济周期，中央政府可能对目标的侧重有所不同，那么，地方政府也会根据中央的目标来调整债务融资规模，以最大化晋升的可能性。

贾俊雪等（2017）从增长绩效晋升激励、财政可持续晋升激励、民生性公共服务晋升激励等角度考察了多维晋升激励对地方政府举债行为的影响。宏观经济形势的变化可能会使官员在多元目标之间有不同的侧重。晋升压力对地方官员举债行为的影响并非线性单一的，而是会在不同压力面前有不同的表现。尤其是在衰退期，防风险的要求更为突出时，晋升压力越大的地方，地方官员反而有可能采取更谨慎的行为。因此，既有文献在静态视角下得出“晋升压力越大的地区，债务发行量越大”这一结论并不可靠。

2. 研究假说

本文在此提出一个简单的理论分析框架，以讨论在多维晋升激励下，地方官员所面临的晋升压力会如何影响地方政府的债务融资决策。假设地方政府面临着“增长”与“风险”双重考核目标，同时隐性债务的发行由地方政府自主决定①，并且具有刺激经济增长与增加经济风险的双重后果②。

在繁荣期，经济形势稳定，地方官员侧重于“增长”目标，而且经济越繁荣，官员之间关于经济增长的竞争越激烈，由于没有经济风险的后顾之忧，政府官员会增加地方债务的发行。与此同时，晋升压力越大的地区，地方官员越有可能采取更激进的行为，债务发行越多。而在衰退期，“稳定”成为地方官员更多考虑的目标，考虑到地方债务可能带来的风险问题或者是受到中央政府对地方债务数量的目标规制，地方政府在衰退期会主动减缓债务发行速度。晋升压力越大的地区，风险防范的诉求越高，地方官员越有可能采取更谨慎的行为，债务发行速度可能减缓得越快。

如果上述分析成立，那么我们应该看到晋升压力会加剧地方债务在经济周期中的顺周期表现。即，在繁荣期，晋升压力越大的地区，经济增长诉求越高，债务增长速度增加的可能越快；在衰退期，晋升压力越大的地区，风险防范的诉求越高，债务发行速度可能减缓的越快。后文我们利用地方债务数据与地方官员晋升压力对此进行检验。

（二）模型设定

1. 模型设计

为了检验前述两个假说，参考方红生和张军（2009）的理论，我们引入地方官员晋升压力与产出缺口的交互项，构造了如下模型：

$$Debt_{it} = \alpha + \beta_1 Gap_{it} \times Boom_{it} \times Press_{it-1} + \beta_2 Gap_{it} \times Recession_{it} \times Press_{it-1} + \varphi Market_{it} + \gamma X_{it} + \mu_i + \varepsilon_{it} \tag{2}$$

其中，*Press* 表示地方官员所面临的晋升压力，*Market* 为市场约束，本文用信贷环境与地方土地收入衡量。其余变量同模型（1）。若 $\beta_1>0$，意味着在繁荣期晋升压力加剧了债务顺周期的特征，即晋升压力越大的地区，其债务累计速度随

---

① 一方面，隐性债务透明度低，不易为中央部门所监管，地方政府的自主性较高。另一方面，地方政府对金融机构，尤其是城商行，有着很强的影响力，在很大程度上掌控对金融的实际配制权，可以通过各种隐形方式对金融机构信贷配置施加行政干预（钱先航等，2011），减弱市场因素对地方债务融资行为的约束效果。这也为地方政府以超越市场的速度增加债务发行提供了保障。

② 显性债务与隐性债务背后的地方政府行为逻辑存在较大差异。显性债务透明度比较高，受到中央政府的严格监管与调节，地方政府的自主性较低。因此后文主要分析地方隐性债务。

产出缺口增大而加速得越快；反之，$\beta_1<0$ 则意味着在繁荣期晋升压力减弱了债务顺周期的特征；如果 $\beta_1=0$，则表明不同晋升压力的地区，其债务融资行为之间没有显著差异，即晋升压力并未影响地方政府的债务融资行为。同理，β_2的正负号描述了晋升压力在衰退期对地方债务融资周期特征的影响。

2. 晋升压力指标构建

对晋升压力的测度已有文献尚未达成一致。傅勇和张晏（2007）使用省级外资企业的相对税率表示地方政府竞争程度；方红生和张军（2009）在地方政府竞争程度的指标构建上加入了土地出让均价；吴群和李永乐（2010）采用人均实际利用外商投资来代表地方之间的竞争水平。此类测度方法所比较的方面都较为单一。钱先航等（2011）以及陈菁、李建发（2015）按周黎安（2007）“可比地区”的原则，以 GDP 增长率、财政盈余与失业率三种统计指标为基准，构造了官员晋升压力指数。这种构建方法对地方政府官员的政绩努力关注点体现得更为全面。陈菁、李建发（2015）将样本省份分为华东、华南、华北、华中、西南、西北和东北地区，计算上述三类指标在各个地区中的加权平均数，然后再将本省数据与加权平均数相比。由于自治区、直辖市在我国具有明显的特殊政治地位，按地域标准划分会将自治区、直辖市与普通省份归为一类，这也就意味此类划分标准存在不同地区之间不可比的问题。对此，我们将样本省市分为三类：自治区、直辖市、普通省份。对于前两类（自治区和直辖市）分别与所在类别地区指标的加权平均数进行比较；对于普通省份，与所有接壤省份指标的加权平均数进行比较。当地区 GDP 增长率和财政盈余小于计算出的加权均值时，将其赋值为 1，否则为 0；当地区失业率大于相应加权平均值时，将其赋值为 1，否则为 0；然后将得分相加得到地方官员的晋升压力指数。该变量取值范围为［0，3］。为避免内生性的影响，我们将构建好的晋升压力指数滞后一期。

四、实证分析

实证结果显示，繁荣期与衰退期的交叉项（*Gap#Boom#Press* 与 *Gap#Recession#Press*）回归系数均显著为正，见表 3 中的列（1）。当我们进一步控制住信贷周期、土地收入时，结论并未发生改变，见表 3 中的列（2）~（4）。以表 3 中的列（4）回归结果为准，同样是繁荣期的产出缺口每增加一个百分点，晋升压力为 1 的地方，其政府隐性债务增长率增加 2.21%；而晋升压力为 2 的地方，其政府隐性债务增长率增加 4.42%。而在衰退期的产出缺口（为负）每减少一个百分点，晋升压力为 1 的地方，其政府隐性债务增长率只减少 0.83%；而晋升压力为 2 的地方，其政府隐性债务增长率减少 1.66%。这意味着晋升压力加剧了债务积累速度对产出缺口的反应程度。即在繁荣期，地方官员晋升压力越大的地区，政府隐性债务增加越快；在衰退期，晋升压力越大的地方，越会更大程度地放缓政府隐性债务积累速度，从而验证了假说的成立。

在经济繁荣期，地方官员在晋升压力下主动增加隐性债务规模，这与大部分研究（蒲丹琳等，2014；吕健，2014；陈菁等，2015）的结论相一致。由于隐性债务的“隐蔽性”，使其不易受到上级审计部门注意，更适合成为进行基础设施建设传达政绩信号的融资渠道，因此其晋升压力下的融资冲动更强。然而在经济衰退期，地方官员在晋升压力下主动放缓隐性借债，经济形势的变化会使官员在多元目标之间进行权衡，从而改变官员唯 GDP 增长是从的借债决策。本文进一步深化了对竞争压力与地方债务关系的理解。

表 3 晋升压力与地方债务周期

	(1)	(2)	(3)	(4)
	Hidebt	*Hidebt*	*Hidebt*	*Hidebt*
Gap#Boom#Press	0.021 4***	0.023 7***	0.022 3***	0.022 1***
	(0.005 3)	(0.006 7)	(0.006 6)	(0.006 7)
Gap#Recession#Press	0.010 6***	0.008 9**	0.009 2**	0.008 3*
	(0.003 4)	(0.004 4)	(0.004 2)	(0.004 4)
Credit		0.165 9*		0.050 0
		(0.096 2)		(0.216 8)
Land			0.114 4	0.064 3
			(0.074 2)	(0.205 2)
控制变量	是	是	是	是
AR（1）	0.001	0.001	0.001	0.001
AR（2）	0.077	0.078	0.077	0.081
Hansen 检验	0.763	0.577	0.671	0.678

注：控制变量包括：*ExShock*、*Year2004*、*Year2009*、L. *Hidebt*、*Constant*（常数项）。括号中为稳健标准误。*** $p<0.01$，** $p<0.05$，* $p<0.1$。

五、总结

地方政府的债务融资决策不仅受到地方官员晋升压力的影响，也在很大程度上依赖于银行信贷状况、土地价值变化等外部金融环境，与宏观经济联系紧密。因此有必要在动态经济周期背景下对地方债务成因做进一步探究。本文首先考察了地方政府债务在经济周期中的动态特征，并从地方官员行为动机出发，在经济周期视角下探究地方政府债务积累的内在原因。由于地方债务数据的缺失，本文首先根据现有文献估算整理了中国 2002—2014 年省级债务数据，并利用系统 GMM 模型考察中国地方政府债务规模在宏观经济周期中的非对称性变化，并对其背后成因进行了讨论。

结果发现：第一，地方债务积累速度呈现顺周期的特征。不管是衰退期还是繁荣期，债务累积速度与产出缺口正相关。产出缺口每增加一个百分点，在繁荣期与衰退期地方隐性债务增长率分别平均增加 5.92%与 3.97%。经济越繁荣，债务积累越快；经济衰退越严重，债务积累越慢。不同类型的债务表现有所差异，隐性债务积累速度总是顺周期，而显性债务只在衰退期顺周期。即使控制住市场融资环境，这一顺周期特征依然明显。第二，地方政府在经济周期的不同阶段对“增长”与“风险”双重目标侧重不同，从而导致地方债务在经济周期中体现出顺周期现象。对解释推论的实证检验发现，晋升压力是驱动官员根据经济形势做出借债决策的重要因素，加剧了隐性债务的顺周期程度。地方政府、中央政府与市场之间的博弈在地方债务问题上得到了充分体现。在以 GDP 为标准的晋升锦标赛中，晋升压力是地方政府发展经济的重要动力。不过晋升压力是否必然增加地方债务规模，或者说举债冲动是否能够实现，不仅受到债务类型及市场环境的影响，还与所处的宏观经济环境有关。

一方面，近年来中央要求各地方应积极推进结构调整和新旧动能转换，以保持经济的健康发展。在此背景下，规范的地方政府投融资体制是实现这一目标的重要保障。而债务融资决策受到地方官员晋升压力的影响，为了使债务资金更合理地运用到新旧动能转换的大目标中，官员晋升的考核标准需要从以高速经济增长为核心逐渐转变为以高质量的经济发展为核心。那么，地方官员将更加关注经济发展的效率，这样才能推动地方政府改变“粗放型”的发展模式，推动债务资金投向创新补贴等高效率领域，最终使当地能够以提高全要素生产率的方式保证经济发展进入良性循环。另一方面，晋升压力对地方借债规模的影响效果与所处的宏观经济环境紧密相关。政府在保持宏观政策稳定性的同时，要注意对债务的管理应势做出相机调控。在经济衰退期，在防风险目标诉求下，地方政府会主动减缓债务发行速度，鉴于债务融资可以作为地方政府促进地区发展的财力保障，中央不宜过分强调地方债务危机甚至是“一刀切”地取消地方债务融资行为。但是在繁荣期，地方政府可能会越过市场约束而加速债务的发行。中央部门应加强对隐性债务增量的监管力度，防止地方债务过度扩张。

参考文献

[1]陈菁,李建发. 财政分权、晋升激励与地方政府债务融资行为:基于城投债视角的省级面板经验证据[J]. 会计研究,2015(1).

[2]陈诗一,汪莉. 中国地方债务与区域经济增长[J]. 学术月刊,2016(6).

[3]范剑勇,莫家伟. 地方债务、土地市场与地区工业增长[J]. 经济研究,2014(1).

[4]方红生,张军. 中国地方政府竞争、预算软约束与扩张偏向的财政行为[J]. 经济研究,2009(12).

[5]傅勇,张晏. 中国式分权与财政支出结构偏向:为增长而竞争的代价[J]. 管理世界,2007(3).

[6]龚强,王俊,贾珅. 财政分权视角下的地方政府债务研究:一个综述[J]. 经济研究,2011(7).

[7]郭玉清．逾期债务、风险状况与中国财政安全:兼论中国财政风险预警与控制理论框架的构建[J]．经济研究,2011(8).
[8]黄春元,毛捷．财政状况与地方债务规模:基于转移支付视角的新发现[J]．财贸经济,2015(6).
[9]吉瑞,王怀芳,朱平芳．融资约束、土地财政与地方政府投资行为[J]．统计研究,2015(12).
[10]贾俊雪,张晓颖,宁静．多维晋升激励对地方政府举债行为的影响[J]．中国工业经济,2017(7).
[11]刘伟,李连发．地方政府融资平台举债的理论分析[J]．金融研究,2013(5).
[12]吕健．地方债务对经济增长的影响分析:基于流动性的视角[J]．中国工业经济,2015(11).
[13]潘俊,王亮亮,沈晓峰．金融生态环境与地方政府债务融资成本:基于省级城投债数据的实证检验[J]．会计研究,2015(6).
[14]蒲丹琳,王善平．官员晋升激励、经济责任审计与地方政府投融资平台债务[J]．会计研究,2014(5).
[15]钱先航,曹廷求,李维安．晋升压力、官员任期与城市商业银行的贷款行为[J]．经济研究,2011(12).
[16]潜力,胡援成．经济周期、融资约束与资本结构的非线性调整[J]．世界经济,2015(12).
[17]王柏杰．地方政府行为与债务积累的理论逻辑[J]．经济学家,2014(10).
[18]王义中,陈丽芳,宋敏．中国信贷供给周期的实际效果:基于公司层面的经验证据[J]．经济研究,2015(1).
[19]王永钦,陈映辉,杜巨澜．软预算约束与中国地方政府债务违约风险:来自金融市场的证据[J]．经济研究,2016(11).
[20]文雪婷,冯明．地方政府债务与信托融资行为研究[J]．经济学报,2017(2).
[21]吴群,李永乐．财政分权、地方政府竞争与土地财政[J]．财贸经济,2010(7).
[22]钟辉勇,陆铭．财政转移支付如何影响了地方政府债务？[J]．金融研究,2015(9).
[23]周黎安．中国地方官员的晋升锦标赛模式研究[J]．经济研究,2007(7).
[24] AIKMAN D, HALDANE A G, NELSON B D. Curbing the credit cycle[J]. The economic journal, 2015,125(585):1072-1109.
[25] A. Alesina, G. Tabellini, F. R. Campante. Why is Fiscal Policy often procyclical? [J]. Journal of the European Economic Association,2008,6(5):1006-1036.
[26] BIKKER J A, HU H. Cyclical patterns in profits, provisioning and lending of banks and procyclicality of the new Basel capital requirements[J]. Research, 2003,6(221):143-175.
[27]BORIO C, FURFINE C, LOWE P. Procyclicality of the financial system and financial stability: Issues and policy options[J]. Bis papers chapters, 2001,1(6):1-57.
[28]JAIMOVICH D, PANIZZA U. Procyclicality or reverse causality? [J]. Ssrn electronic journal, 2007,139:612-616.
[29]KOLLINTZAS T, KONSTANTAKOPOULOU I. TSIONAS E. Stylized facts of money and credit over the business cycles[J]. Applied Financial Economics, 2011,21(23):1735-1755.
[30]XU C. The fundamental institutions of China's reforms and development[J]. Journal of economic literature, 2011,49(4):1076-1151.

中国绿色金融市场的逐绿之旅

——由落后到领跑

支小青*

摘要：运用多样化的金融工具来保护生态环境和生物多样性是当今环境保护的必然选择。本文意在追溯绿色金融产生和发展的过程，廓清传统金融与绿色金融的区别，展示中国绿色金融的发展路径，进而对中国绿色金融的发展现状及未来趋势给予简要阐述。

关键词：绿色革命；绿色金融；可持续发展；可持续金融

一、绿色金融的渊源

绿色金融通常称为可持续金融或环境融资，是基于环境保护而创设的一种金融制度创新，是绿色革命在全球范围发展的应然选择。

绿色革命兴起于20世纪60年代，以美国学者蕾切尔·卡森的《寂静的春天》一书拉开了序幕。20世纪70年代，对可持续经济增长模式的关注与研究成为全球焦点，同一时期，丹尼尔·L. 米都斯博士发表了罗马俱乐部的著名报告《增长的极限》，该报告通过对人口、粮食、工业化、污染、资源、贫困、教育等全球性问题的系统研究，警示后工业时代全球经济发展将要面临的资源困境，敦促国际组织和各国有关部门改革社会和政治制度，采取必要的社会和政治行动，提高公众的全球意识，以期通过改善全球管理，使人类摆脱因资源匮乏而导致的发展困境。

1974年，当时的联邦德国成立了世界上第一家政策性环保银行，命名为“生态银行”，专门负责为一般银行不愿意接受的环境项目提供优惠贷款。

1989年，英国经济学家皮尔斯在其出版的《绿色经济蓝皮书》一书中首次提出了“绿色经济”的概念，旨在推进以生态环境容量和自然资源承载力为约束条件、以保护生物多样性为基础、以人类福祉为本、以经济环境和谐和人类的可持续发展为目的的新的经济形式。

---

* 支小青，副教授，中国政法大学商学院。

1991 年，“绿色金融”一词始见于西方报端，尽管当时只是作为邮政储蓄的代名词。

1992 年，联合国环境与发展大会通过了《里约宣言》和《21 世纪议程》，大会呼吁为实现可持续发展建立全球伙伴关系，标志着全球环境问题成为各国政府面临的共同挑战。《里约宣言》正式提出“可持续发展”原则，而《21 世纪议程》作为一个关于发展和环境的全球行动计划，通过了第一份可持续发展全球行动计划。至此，环境保护成为全球焦点，绿色金融理念应运而生，旨在通过合乎发展理念的金融活动来支持环境改善、应对气候变化和提升资源利用效率。

2002 年，在伦敦召开的国际知名商业银行会议上，世界银行下属的国际金融公司和荷兰银行提出了企业社会和环境责任的基本原则。次年，花旗银行等 10 家国际银行共同提出了一项企业贷款准则，即要求金融机构在进行项目投资时，需对该项目对社会和经济的可能影响进行综合评估，旨在鼓励金融机构利用金融工具推动环境保护及社会协调发展，强调环境、社会和企业发展目标的统一，这便是意义重大的“赤道原则”。赤道原则开启了全球范围内的金融逐绿之旅。

2015 年《巴黎协定》签订，标志着全球经济生产开始向绿色、低碳、可持续发展全面转型，绿色金融成为西方在经济社会发展中的强劲助推力，与之相应，世界各国也陆续达成了一系列绿色金融制度建设框架，为绿色金融的发展奠定了制度基础。

2019 年 3 月，欧盟推出《可持续金融的行动计划》，全球绿色金融自此进入新的发展阶段。

二、绿色金融与传统金融的区别

金融是货币流通和信用活动以及与之相联系的经济活动的总称。广义的金融泛指一切与信用货币的发行、保管、兑换、结算、融通有关的经济活动，诸如货币的发行、流通和回笼，贷款的发放和收回，存款的存入和提取，汇兑的往来，甚至包括金银的买卖等经济活动均在其中；而狭义的金融专指信用货币的融通。按照《新帕尔·格雷夫经济学辞典》的定义，金融是资本市场的运营、资产的供给与定价，其基本内容包括：有效率的市场，风险与收益，替代与套利，期权定价和公司金融。通常，金融业具有指标性、垄断性、高风险性、效益依赖性和高负债经营性的特点。

如今，金融无处不在并已形成一个庞大体系，现代社会逐步演化为金融社会。现代金融与传统金融的特性有诸多不同，其差异性主要基于以下三点：一是与实质经济的关联度；二是在促进实质经济发展中所起的作用；三是作用原理。

传统金融活动基于企业的逐利目的，经营活动主要围绕存款、贷款和结算三大业务展开，而绿色金融作为一种金融产品，在确保企业盈利的同时，在日常经营活动中注重环保理念，关注生态环境保护和污染的防控与治理，力求通过金融工具引导资本和资源的投入，形成绿色、节约、可持续的金融发展模式，以实现经济效益和环境保护的双赢。因此，绿色金融更加关注与可持续发展相关的运营项目。

三、绿色金融定义比较

目前，国际社会并没有一个被广泛采纳的绿色金融定义。关于绿色金融，有多个不同又重叠的定义，比如，可持续金融、负责任的金融、气候金融、环境金融、绿色投资、碳金融等。这些界定不清且范围模糊的定义很大程度上影响着绿色金融的发展。国务院发展研究中心“绿化中国金融体系”课题组从广义和狭义两个层面对绿色金融的定义给予梳理，见表1。

表1 绿色金融的国际定义

狭 义	广 义
哪种金融活动（或金融工具）是绿色的?	对绿色金融系统整体而言，绿色意味着什么?
——侧重过程：用来评估环境管理、生命周期的影响	——侧重目的：一种有助于可持续发展的金融系统
——侧重重点行业、技术以及问题	——侧重实质影响：经济转型、稳定、增长等

资料来源：国务院发展研究中心“绿化中国金融体系”课题组：发展中国绿色金融的逻辑与框架。

从表1中可知，两种定义的目的和侧重点各有不同。狭义的定义侧重于确定特定金融资产的绿色占比，即有多大比例是绿色的，确定绿色金融支持的重点行业、重点技术等，其重点是评估环境状况。其衡量标准有些基于程序标准，更倾向于测算环境、社会和治理管理；有些基于行业标准，倾向于事先定义优先支持的绿色产业或技术，诸如可再生能源、废弃物管理、经济循环、环境保护等。而广义的定义则是确定金融系统在可持续性方面的整体目标，提出测量其有效性的方法，并依据金融系统的目标设定融资标准，对环境风险有效高效地进行资本分配和投入，其侧重点在于整个金融系统运营目标和宏观经济稳定发展之间的平衡。①

绿色金融定义上的又一个重要差别存在于发达国家和发展中国家之间，即前者更加注重气候，将未来的气候变化和相应的技术调整作为金融机构的主要风险因素。② 具体而言，在中国及一些发展中国家，只要能够节约化石能源的使用量，降低单位能耗，其投资都属于“绿色”，而北欧一些国家在对绿色债券的发行进行评估时，会将化石能源定义为“非绿色”，如被中国定义为绿色债券的高铁债券，发达国家并不认同其为绿色债券。究其根源，在于不同国家因发展水平和发达程度不同而导致的发展理念和界定标准的差异。由于发达国家普遍完成了

①② 参见国务院发展研究中心“绿化中国金融体系”课题组：《发展中国绿色金融的逻辑与框架》，《金融论坛》，2016年第2期。

工业化过程，工业化早期出现的环境污染问题已基本得到解决，因此，在评价投资项目是否为“绿色”时，污染问题和防污治污成本往往可以忽略；而在中国，但凡能防污治污、节能降耗的项目，均被划入“绿色”范畴。如图1所示，发达国家的目标更集中于左侧，而以我国为代表的发展中国家常常需要兼顾两侧。发达国家和以中国为代表的发展中国家之间在“绿色”定义及范畴上存在的这一差异是由其经济的发达程度和发展水平所决定的。

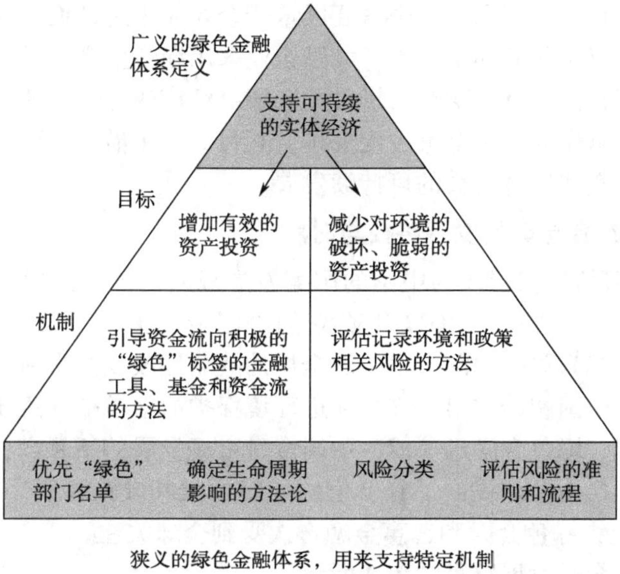

图1　绿色金融体系定义的广义与狭义之别

资料来源：国务院发展研究中心“绿化中国金融体系”课题组．发展中国绿色金融的逻辑与框架［J］．金融论坛．2016（2）．

长期以来，人们对绿色和绿色金融莫衷一是，只有明确界定其定义标准，才能为绿色金融的发展确立范本和模式，也才能利用各种金融政策支持和引导绿色金融的发展，从而切实推进经济的可持续发展。如今，对绿色金融的认知渐趋一致：绿色金融即通过评估测算经济活动造成的资源损耗和环境损害，调整投资方向和力度，优化金融资源配置，并通过信贷、保险、证券及金融衍生工具等多种金融手段来实现环境保护和经济增长平衡发展的金融制度安排。对此可从两个层面加以解读：一是金融业通过多种金融手段引导资金流向环境友好型产业和资源节约与资源高效利用领域，并在全社会形成绿色消费理念，进而促进经济社会的可持续发展；二是金融业聚焦于长期投资利益，避免短期过度投机行为，以实现金融业自身的可持续发展。① 暨此，可以将绿色金融的发展上升到国际战略地位。

① 陈志勇、陈雯雯：《发展绿色金融的探讨——基于国有金融资产管理公司视角》，《金融论坛》，2015年第2期。

四、中国绿色金融的发展

改革开放以来，中国取得了举世瞩目的成就，经济规模得到快速提升，相继超越德、日等发达国家，成为世界第二大经济体，与此同时，中国也付出了资源消耗和环境污染的巨大代价。面对日益恶劣的生存环境，避免环境持续恶化及资源枯竭、保护自然资源和生态环境已是关系到民族生死存亡的重大问题。从资金的需求方来看，企业经营和发展中需要巨量资金才能维持继而可持续发展，从资金供给侧直接约束企业的环境行为，鼓励企业采用绿色生产技术和生活方式，间接引导社会投资方向，有效防范市场失灵和解决经济的外部性所带来的问题已刻不容缓。绿色金融作为一种金融制度安排，其目的在于借力金融与社会和生态的协调发展，真正实现经济社会的可持续发展。

（一）中国绿色金融的发展路径与时序

自 1995 年可持续发展成为中国的国家发展战略，十八大后推出“全面、协调、可持续”科学发展观，2005 年确立的“创新、协调、绿色、开放、共享”的发展观更是被视为关乎中国未来发展全局的战略性改变。秉持科学、开放、绿色的发展理念，中国相继推出了许多促进环境保护的新举措并逐步推进，随着绿色金融持续升温，绿色金融迅速成为中国金融市场发展的新领域，同时，在绿色投资方面，中国也为全球提供了有价值的战略框架和政策指引。在 2017 年 7 月德国 G20 峰会上，绿色金融和普惠金融再次受到全球关注。

中国的绿色金融发展路径如图 2 所示。

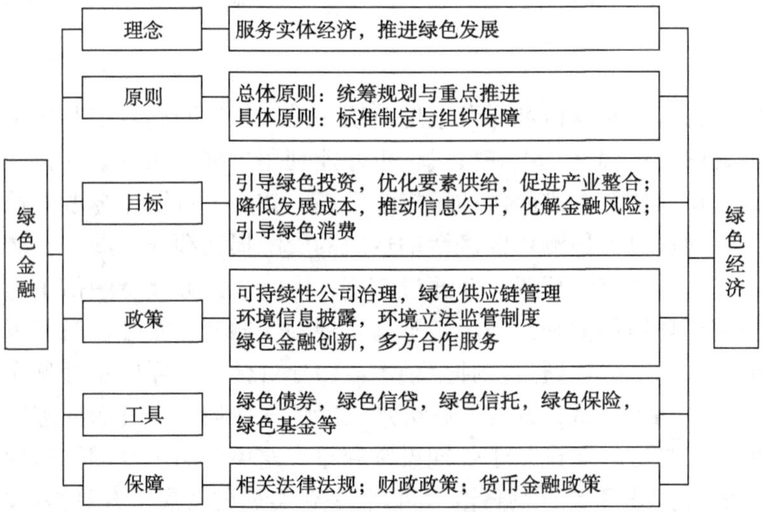

图 2 中国绿色金融的发展路径

经济发展带来的环境问题以及随之而来的经济绿色转型压力催生了绿色金融。但是，如果没有制度设计和制度保障，绿色金融的发展就是空中楼阁。中国近年相继制定和出台了一系列促进绿色金融发展的法律法规，逐步探索构建起绿色金融体系。中国绿色金融能在如此短促的时间内以蓬勃之势迅猛发展，顶层设计的关键作用毋庸置疑。顶层设计的密度和力度由表 2 可见。

表 2 中国绿色金融发展时序

时间	进 程	举 措
2015/4/25	《中共中央国务院关于加快推进生态文明建设的意见》	推广绿色信贷、排污权抵押等融资方法，开展环境污染责任保险试点
2015/9	《生态文明体制改革总体方案》	从信贷、绿色股票指数、绿色债券、绿色发展基金、上市公司披露信息、环境担保、环境强制责任保险、环境影响评估、国际合作等方面提出绿色金融体系的总体构想
2015/10	中国共产党十八届五中全会	再次明确我国要发展绿色金融，设立绿色发展基金
2016/3	“十三五”规划	建立绿色金融体系，发展绿色信贷、绿色债券，设立绿色发展基金
2016/8/31	中国人民银行、财政部等七部委联合发布《关于构建绿色金融体系的指导意见》	定义绿色金融和绿色金融体系，指出构建绿色金融体系的重要意义，提出建立多层次的绿色金融市场体系的具体建议
2016/9	将绿色金融纳入 G20 议程（杭州）	意味着中国的绿色金融进入主流化进程
2016	中国和全球的绿色金融元年	中国发布了全面构建绿色金融体系的指导意见，中国成为全球最大的绿色债券市场，各类绿色金融创新大量涌现

资料来源：“一文读懂中国绿色金融的全貌”，http：//www. sohu. com/a/235768682_ 352307.

（二）中国绿色金融政策预期

纵观各个国家绿色金融体系的发展，可分为“自上而下”和“自下而上”两种模式。“自下而上”的发展模式源于发达国家，主要依靠内生的融资支持，以绿色金融体系下微观主体的金融需求促进多元化的外部绿色金融创新；而“自上而下”的发展模式主要适用于发展中国家，其绿色金融体系的发展呈现明显的外生性特征，以上层结构引导下层结构需求为基本规则。前一种模式基于经济发展过程中的利益驱动而自发形成，其优势在于环境法律健全、执法力度强、环境压力小，其劣势在于缺乏引导、进展缓慢；而后一种模式通常是环境压力倒逼，但因实施过程由政府主导，故具有方向准、效率高的特性。

中国人民银行研究局首席经济学家马骏提出我国绿色金融体系建设须达到三

个目标：一是提高绿色项目的投资回报率，二是降低污染型项目的投资回报率，三是强化企业的绿色生产偏好和消费者的绿色消费偏好。2015 年 4 月，由中国人民银行研究局牵头的绿色金融工作小组撰写的《构建中国绿色金融体系》研究报告提出了促进我国绿色金融发展的 13 条政策建议，政策建议及其预期效果见表 3。

表 3　中国绿色金融发展的政策建议与预期效果

政策建议	预期效果		
	提高绿色投资收益	提高污染项目成本	强化社会责任
绿色银行	√		
绿色债券	√		
绿色贴息贷款	√		
绿色基金	√		
绿色 IPO 通道	√		
绿色评级	√	√	√
环境信息系统	√	√	√
绿色保险	√	√	√
碳交易	√	√	
绿色股票指数	√	√	
环境信息披露	√	√	√
绿色投资网络	√	√	√
银行环境责任	√	√	√

资料来源：马俊：《宏观经济、人口结构与绿色金融》，《金融纵横》，2015 年第 6 期。

众所周知，改革开放后，中国经济发展快但国人环境意识觉醒迟，以至于从环保政策推出、环保产业发展、相关政策法律法规及至绿色金融的制度安排几乎是倒逼的，都是在粗放型经济增长模式持续多年难以为继的困境中倒逼政府采取强制性政策而推出的，故发展绿色金融实为中国的应然选择。借由创新性的金融制度安排，绿色金融不断被纳入政策体系，引导和吸引更多的社会资本进入绿色产业，通过绿色信贷、绿色债券、绿色股票指数及相关产品、绿色发展基金、绿色保险和碳金融等多元化的金融工具和产品，皆可为中国经济社会绿色发展提供持续的推动力。

（三）中国绿色金融的发展现状

据学者测算，2015—2020 年，中国绿色发展相应的投资需求大约为每年

29 000 亿元，总计 17.4 万亿元，绿色发展的总投入将占到预计财政收入的 14% 以上，严重超出了财政可负担的程度。因此，财政之外的金融支持尤为重要。[①] 基于绿色投资的巨大需求，我国绿色金融市场体系的构建和绿色金融规模的逐渐增加，绿色信贷、绿色保险、绿色证券等多种融资形式全面发力，金融资源的配置作用及其对绿色可持续发展的支持力度日益突显。具体表现如下：

（1）绿色债券——旨在为符合绿色债券准则且具有环境效益的项目及业务提供资金等支持。绿色债券在国内绿色金融领域已初具规模并呈爆发式增长。2017 年，中国绿色债券发行量占全球总量的 1/3。据东方金诚信用统计，2018 年，中国境内“贴标”绿债发行数量达 128 只，发行规模达到 2 218.92 亿元，两项分别较上一年度上涨 12.3%和 8.3%，银行间绿色债券发行数量与规模占比均高达 70%以上。其中，发行规模最大的兴业银行共发行了 2 只绿色金融债，单只规模均为 300 亿元，总规模达 600 亿元。中国绿色金融债券存量目前接近6 000 亿元，已经成为国际上数一数二的发行大国（见图 3）。

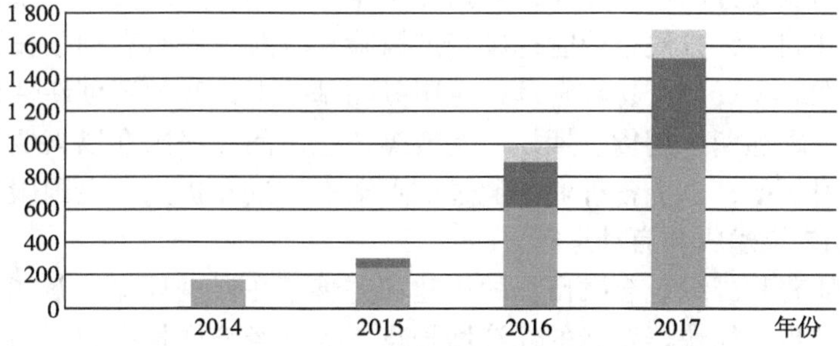

图 3 中国与全球绿色债发行情况（单位：亿元）

资料来源：气候债券倡议组织、中央国债登记结算公司《中国绿色债券市场现状报告（2017）》

（2）绿色信贷——作为我国绿色金融重要组成部分和环境金融领域中发展最快、与银行联系最密切的金融工具，绿色信贷无疑是解决环境问题最有效的工具之一。各金融机构很早就涉足绿色信贷业务，发展至今规模可观，已从 2013 年末的 5.20 万亿元增长至 2017 年末的 8.54 万亿元（见图 4）。绿色金融的发展使金融机构树立了绿色发展理念，引导社会资源投向绿色、环保、低碳领域，从而实现更高效的配置。目前，我国绿色信贷主要流向铁路运输、城市公共交通、城市轨道交通、新能源、可再生能源（即清洁能源）、水力发电、工业节能节水环保、节能环保服务、自然保护、生态修复（即灾害）、垃圾处理及污染防治、绿色建筑抵押、绿色消费等项目。

---

① 国务院发展研究中心“绿化中国金融体系”课题组：《发展中国绿色金融的逻辑与框架》，《金融论坛》，2016 年第 2 期。

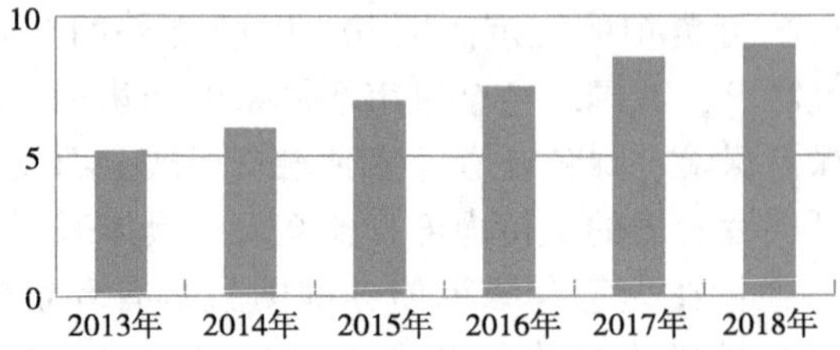

图 4　21 家主要银行绿色信贷余额统计表（单位：亿元）

资料来源：wind 资讯，中国银监会。

（3）绿色资产支持证券——借鉴国外经验，在传统绿色信贷的基础上，我国近年来加大金融产品的创新。如绿色资产证券化、绿色指数产品、绿色资产管理服务、绿色信托与保险等。

（4）碳金融产品和服务——《京都议定书》及一系列相关制度文件，为全球碳减排行动以及排放权一体化市场搭建了制度框架，为碳资产大规模、标准化交易奠定了基础。为方便企业管理碳资产风险和收益，同时有利于投资者投资碳金融市场，在对碳资产交易和管理提供服务的基础上，我国还创新性地推出诸如碳价格指数、碳远期、期货、期权、互换等衍生产品。我国在以兴业银行为首的金融机构的引领下，以上各种业务通过试点渐次推进和扩大，全国碳排放权交易市场也于 2017 年建成并启动运行。

综上，随着我国绿色金融市场的构建和完善，在促进环保、新能源、节能等领域的技术进步，加快培育新的经济增长点，提升经济增长潜力等诸多方面，其作用将逐步显化。

五、结语

如何调动金融体系以促进经济绿色可持续增长是国际社会共同关注的问题。进入 21 世纪，中国积极推动经济进行绿色转型，在发展绿色金融方面，在如此短的时间内从落跑者转而成为领跑者，迅速跃居世界第一方阵，赢得了国际社会的普遍赞誉，无论从突破自身发展瓶颈还是对同为经济不发达国家的启示方面，其意义都是不言而喻的。

基于国际化、资本化、生态化、互联网+等外部环境的影响，以及国家政府对环保产业的期望与政策支持，我国的环保产业进入了新的发展阶段。在具体实践中，未来政府的主推方向将是清洁能源、工业节能、建筑节能、交通节能、终端能效提高以及治理环境污染等领域或行业。

英国《金融时报》能源评论员、伦敦国王学院政策研究所主席尼克·巴特勒认为，中国对于新能源的技术投入令其在相关领域日见成效并逐渐胜出。他指出：如果没有中国在过去 10 年对风能和太阳能的开发，可再生能源的产量就不会提高，向低碳经济的转型也几乎不会开始。投资银行 Lazard 的数据显示，过去 10 年，风力发电成本下降了 69%，而太阳能发电成本下降了 88%。中国现在是这两项技术的世界领先者。结果是，中国正在引领能源转型。不仅如此，在先进电网技术的开发和应用方面，中国遥遥领先于大多数国家，并且还是全球最大的锂电子电池生产国，锂电子电池已占全球产能的大约 60%，占 2020 年电动车全球总销量的 56%。①布鲁金斯学会认为，将中国与外国的技能、技术和产能结合起来，可能有助于推进向低碳能源转型。但如果步入一个新的保护主义时代，这将无法实现。

我们有理由相信，借助于政府、金融机构、企业之间形成的合力，通过不断优化的项目投资，绿色金融将为中国社会经济的可持续发展注入持续的动能。但是，前途漫漫且充满曲折，前行中的中国需要更大的格局和更为艰苦的努力。当前，处于特殊的国际政治与经济背景之下，中国经济发展将会出现越来越多的不确定性，如何突围将不仅关系到当下的经济势态，也会影响到绿色经济及绿色金融的发展。对此，我们将拭目以待。

参考文献

[1]中国绿色债券市场现状报告[R]. 2017.

[2]国务院发展研究中心“绿化中国金融体系”课题组. 发展中国绿色金融的逻辑与框架[J]. 金融论坛,2016(2).

[3]马俊. 宏观经济、人口结构与绿色金融[J]. 金融纵横,2015(6).

[4]陈志勇,陈雯雯. 发展绿色金融的探讨:基于国有金融资产管理公司视角[J]. 金融论坛,2015(2).

[5]陈亚芹,别智,酒森. 国内外绿色金融产品与金融政策综述[J]. 国际视野,2019(5).

[6]孙凌云,贾晓薇. 浅议绿色金融制度[J]. 时代金融,2017(35).

① “改变消费者行为需要碳税”，http：//www.ftchinese.com/story/001082944？topnav = economy & subnav = environment & archive 。

利率市场化对我国上市商业银行非利息收入的影响研究

于 平 钟梓榕*

摘要：1996年，我国利率市场化改革正式开始，并于2015年全面实现利率市场化，这一改革举措对我国金融市场造成了巨大的影响。比如商业银行领域，利率市场化期间银行利率市场的竞争压力不断增大，导致银行原本的利息收入不断减少，因此，商业银行开始发展非利息业务，以实现自身经营模式的转型。

本文在此基础上，结合先前学者研究成果，通过搜集整理各大上市商业银行的财务数据和东方财富网7年的数据，并选择商业银行的非利息收入占比作为被解释变量，利率市场化程度、资产收益率、不良贷款率、净息差作为解释变量，运用stata软件进行分析，得到回归方程，总结得出了我国利率市场化程度与不良贷款率对非利息收入占比存在正相关性的结论。

关键词：利率市场化；上市商业银行；非利息收入

一、绪论

利率市场化改革是我国金融市场改革的重大举措，使得我国金融市场自由化程度得到较大提高，央行通过给予商业银行资金自主定价权，促进了商业银行的收入结构转型与业务创新，实现了资源利用的最优化。在利率市场化下，市场参与了利率的确定，市场的供求关系对利率水平有较大影响，同时利率也对市场资源具有最优化调节与分配作用。

1993年十一届三中全会上，利率市场化改革首次被提出，1996年利率市场化改革开始，1997年我国银行债券的回购利率完全开放，2013年正式取消了对贷款利率的管制，实现了贷款利率的市场化，这表明我国利率市场化初步形成，加快了我国利率市场化的改革进程。2015年，李克强总理强调深化利率市场化改革，健全利率在市场中的调节机制作用，我国在各个方面依次颁布取消对利率管控限制的政策，这代表我国利率市场化改革的初步完成。

利率市场化改革进程中，我国商业银行领域受到了较大的影响。改革初期，一方面，我国商业银行采用存款存贷的收入模式，收入结构单一化，在利率市场

* 于平，讲师，中国政法大学商学院；钟梓榕，本科生，中国政法大学商学院。

化下，商业银行间的竞争将更加激烈，因此许多商业银行通过降低利率利润率、给予各种优惠减免等措施来吸引资金投资，使得银行的净息差不断减少，选择客户机会减少，议价能力降低，大大增加了信用风险，给商业银行的生存带来了极大的挑战。另一方面，这使得不少商业银行改善自身收入结构，创新业务服务向服务型、多元化非利息收入转型，以往以资金规模、单纯的存贷利息收入为主的经营模式变得不再适用，在市场竞争中，商业银行迫于巨大的倒逼转型压力，要不断调整自身，改革创新，集中资金资源管理，提高资金投资效率，提供更加优质的业务服务，积极开发金融产品，拓宽融资渠道，提供低风险、高利润的非利差产品，增加非利息收入在利润结构中的占比，以达到合理规避单一化投资的信用风险的目的。利率市场化对我国商业银行产生了许多方面的影响，目前我国商业银行应该要正面经营模式和利率市场的变化，以适应改革潮流；要转变经营模式，不断创新拓展服务业务；另外，应尽可能提升金融产品的质量，提高资金利用效率，使得商业银行得以在利率市场化中生存并持续稳步发展。

二、利率市场化程度对上市商业银行非利息收入影响的实证研究

（一）利率市场化程度

本文利率市场化程度引用冯显（2019）的研究成果，他通过构建利率市场化指数，选取不同权重并赋值计算，得到量化的利率市场化指数，能够较为直观地反映我国利率市场化改革程度，而由于我国有些商业银行于 2010 年才上市，因此本文选取其中 2011—2017 年数据，详见表 1。①

表 1　2011—2017 年利率市场化程度

年份	货币利率		债券市场利率			外币利率		人民币存款利率		人民币贷款利率			五分制	利率市场化百分比
	同业拆借	票据贴现	债券回购	债券发行	现券交易	外币存款	外币贷款	定期储蓄存款	可转让存单	农村信用社	短期贷款	长期贷款		
2011	5	3	5	5	5	3	5	3	3	3	3	3	3.52	70.38%
2012	5	3	5	5	5	3	5	4	4	3	4	4	4.21	84.16%
2013	5	5	5	5	5	3	5	4	4	4	4.5	4.5	4.43	88.60%
2014	5	5	5	5	5	3	5	4.5	4.25	5	5	5	4.72	94.31%

① 参见冯显：《利率市场化程度对我国城市商业银行成本效率的影响研究》，西安理工大学学位论文，2019 年 4 月，第 25 页。

续表

年份	货币利率		债券市场利率			外币利率		人民币存款利率		人民币贷款利率			五分制	利率市场化百分比
	同业拆借	票据贴现	债券回购	债券发行	现券交易	外币存款	外币贷款	定期储蓄存款	可转让存单	农村信用社	短期贷款	长期贷款		
2015	5	5	5	5	5	3. 33	5	4. 5	4. 25	5	5	5	4. 81	96. 16%
2016	5	5	5	5	5	3. 33	5	5	5	5	5	5	4. 99	99. 76%
2017	5	5	5	5	5	3. 33	5	5	5	5	5	5	4. 99	99. 76%①

从表1中可以看出，我国利率市场化指数一直稳步提高，从2011年的70%增加到2015年的96%，表明我国已基本完成利率市场化改革，实现了全面利率市场化。

我国利率市场化改革趋势如图1所示。

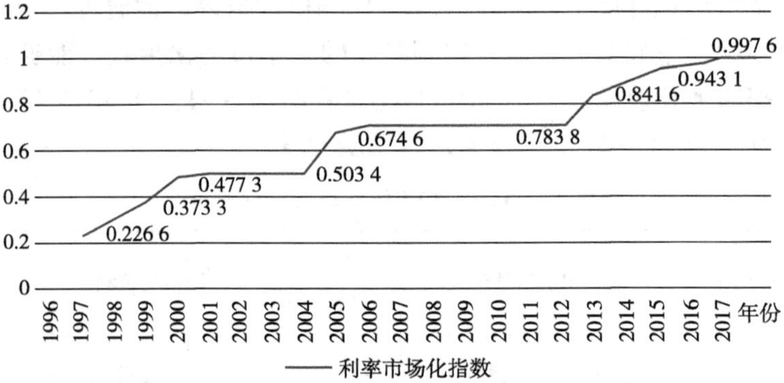

图1　利率市场化改革趋势

由图1可以得出，利率市场化改革可以分为以下三个阶段，第一阶段为1997—2004年，是我国利率市场化自提出以来的初步阶段，期间我国不断取消对各大利率市场的管制约束，逐步开放我国同业拆借现券交易等利率；第二阶段为2004—2012年，我国利率市场化程度处于稳定阶段，没有明显的提升；第三阶段 为2012—2017年，我国利率市场化程度从70%提升到99%，表明我国利率市场化改革已基本完成，全面取消了对人民币贷款利率的管制。

① 参见冯显：《利率市场化程度对我国城市商业银行成本效率的影响研究》，西安理工大学学位论文，2019年4月，第32页。

（二）样本说明及数据来源

本文通过搜集 2011—2017 年这 7 年间我国 16 家上市商业银行的财务报表数据，对其非利息收入受利率市场化程度的影响情况进行研究分析。之所以将研究时间区间定位在 2011—2017 年，一方面是有的商业银行于 2010 年之后上市，另一方面，我国利率市场化进程于 2012 年后大幅加快，对商业银行的影响更为显著。另外，以上数据是从东方财富网和各大商业银行年度财务报表中选取的，通过整理采集并计算了相关指标，确保实证分析更准确。

（三）变量的选取

1. 被解释变量的选取

商业银行非利息收入是指不包括传统利息收入部分的净息差的银行经营收入。每家上市商业银行的资产收入结构都不同，本文的被解释变量选取商业银行非利息收入与各项收入的比值，即非利息收入占比，它能反映商业银行中间服务业务、投资业务等的盈利能力，能反映商业银行的创新水平，其结果数值越大，表明商业银行服务创新型等中间业务的收入占比越多，表明银行创新能力在一定程度上的提升。

2. 解释变量的选取

经过阅读参考相关文献，归纳总结有关学者的结论意见，本文选取了若干对商业银行非利息收入占比可能存在影响的指标，本文的解释变量选择了我国利率市场化程度、不良贷款率、商业银行的净息差和资产收益率这几个指标。利率市场化是外在影响因素，净息差、资产收益率和不良贷款率是商业银行内部影响因素。净息差能较好地体现银行借贷款业务的收入数额，资产收益率能够反映商业银行自身的投资收益能力，不良贷款率反映了银行信贷资产的安全状况，不良贷款率越高，说明银行不能收回的不良贷款数额越多，越容易引发信贷危机。

对于被解释变量和解释变量，我们从表 2 中可以更直观地理解。

表 2　各变量选取情况

<table>
<tr><th>变量</th><th>类型</th><th>名称</th><th>英文简称</th><th>预期效果</th></tr>
<tr><td>被解释变量</td><td></td><td>非利息收入占比</td><td>FLZB</td><td></td></tr>
<tr><td rowspan="4">解释变量</td><td>外部因素</td><td>利率市场化程度</td><td>IR</td><td>正向</td></tr>
<tr><td rowspan="3">内部因素</td><td>资产收益率</td><td>ROA</td><td>负向</td></tr>
<tr><td>净息差</td><td>JLC</td><td>负向</td></tr>
<tr><td>不良贷款率</td><td>BLDK</td><td>正向</td></tr>
</table>

（四）建立模型

本文采用 stata 软件，对选取的变量进行多元回归分析，构建如下方程：

$$FLZB\ (t)=a\times IR+b\times ROA+c\times JLC+d\times BLDK+e+\varepsilon\ (t)$$

以上的 a、b、c、d、e 均为常数项，ε 为随机干扰项，而 FLZB（t）则表示银行在 t 年的非利息收入占比。

（五）各变量描述性统计

运用 stata 软件对各变量作描述性统计，可以更加直观地体现各变量的各项指标，结果如表 3 所示。

表 3　变量描述性统计分析

summ FLZB BLDK ROA IR JLC

Variable	Obs	Mean	std. Dev.	Min	Max
FLZB	112	23.488 03	7.759 063	9.454 896	41.648 46
BLDK	112	1.179 375	0.428 044 5	0.38	2.39
ROA	112	1.099 464	0.185 821	0.74	1.47
IR	112	0.904 471 4	0.098 027 2	0.703 8	0.997 6
JLC	112	1 469.461	1 481.541	65.12	5 221

从表 3 中可以看出，我国 16 家上市商业银行之间的非利息收入占比有着明显的区别，41.64%、9.45%、23.48%这三项数值分别代表了非利息收入占比（FLZB）的最大值、最小值和均值，且数值比率说明我国商业银行在利率市场化进程中仍然以利息收入作为主要收入来源，非利息收入按照不同银行选择的业务类型和经营方式而各有不同。2.39%、0.38%、1.17%这三项数值各代表了不良贷款率（BLDK）的最大值、最小值和均值，表明我国上市商业银行总体上有着较好的信贷资产。1.47%、0.74%、1.09%这三项数值分别为资产收益率（ROA）的最大值、最小值以及均值，表明我国上市商业银行总体收益水平良好，但各个银行收益有所差距，标准差为 0.185 8，说明各个银行在该指标上存在波动，但差距不大。利率市场化程度的最大值、最小值和均值分别为 99.76%、70.38%、90.44%，表明在选取的数据统计期间，我国的利率市场化改革在不断推进。最后，净息差（JLC）的最大值、最小值、均值分别为 5 521、65.12、1 469.46，说明在不同上市商业银行之间每年所得净利息有着很大的不同，这也和银行资产规模、利润结构等自身因素有关。

（六）相关性检验

相关性检验（correlation test）能够检验出各个变量之间是否相关以及不同变量之间的相关程度，本文运用 stata 软件对各个变量之间进行相关性检验，结果如表 4 所示。

表 4　相关性检验

pwcorr FLZB BLDK ROA IR JLC ，sig

	FLZB	BLDK	ROA	IR	JLC
FLZB	1. 000 0				
BLDK	0. 602 5 0. 000 0	1. 000 0			
ROA	−0. 255 6 0. 006 5	−0. 459 4 0. 000 0	1. 000 0		
IR	0. 591 4 0. 000 0	0. 667 2 0. 000 0	−0. 481 8 0. 000 0	1. 000 0	
JLC	0. 217 9 0. 021 0	0. 381 3 0. 000 0	0. 378 8 0. 000 0	0. 133 7 0. 159 9	1. 000 0

从表 4 中可知，不同变量之间相关系数均在−1 到 1 之间，变量中与商业银行非利息收入占比（FLZB）存在正相关性的有利率市场化程度（IR）、净息差（JLC）以及不良贷款率（BLDK），而资产收益率（ROA）则与非利息收入占比（FLZB）存在负相关性，且除了利率市场化程度（IR）与净息差（JLC）之间的 *P* 值大于 0. 05，其他各个变量之间的 *P* 值都小于 0. 05，这表明，非利息收入占比与其他解释变量之间存在相关性，利率市场化程度（IR）与净息差（JLC）之间的相关性并不明显。

（七）模型回归结果

运用 stata 软件对各个变量进行多元回归分析，得到表 5。

表 5　多元回归分析

regress FLZB BLDK ROA IR JLC

Source	SS	df	MS			
				Number of obs	=	112
				F（4，107）	=	20. 87
Model	2 928. 583 81	4	732. 145 953	Prob > F	=	0. 000 0
Residual	3 753. 956 29	107	35. 083 703 7	R−squared	=	0. 838 2
				Adj R−squared	=	0. 817 2
Total	6 682. 540 11	111	60. 203 064	Root MSE	=	5. 923 1

FLZB	Coef .	std. Err.	t	P>丨t丨	[95% Conf. Interval]	
BLDK	8. 046 299	2. 253 243	3. 57	0. 001	3. 579 508	12. 513 09
ROA	6. 353 532	4. 711 255	1. 35	0. 180	−2. 985 982	15. 693 05
IR	29. 794 26	7. 985 164	3. 73	0. 000	13. 964 6	45. 623 91
JLC	−0. 000 310 7	0. 000 556 1	−0. 56	0. 578	−0. 001 413 1	0. 000 791 7
_ cons	−19. 478 54	9. 527 543	−2. 04	0. 043	−38. 365 78	−0. 591 297 2

从表 5 中可以看出，模型总体 P 值几乎为 0，因此模型的构建是有效的，但是资产收益率（ROA）和净息差（JLC）的 P 值均大于 0.05，说明这两项变量不能很好地解释非利息收入占比（FLZB），而其余解释变量 P 值正常，因此将资产收益率（ROA）和净息差（JLC）两项变量从回归模型中剔除，运用 stata 再次重新进行回归，得到表 6。

表 6 除去变量后回归分析

regress FLZB IR BLDK

<table>
<tr><td>Source</td><td>SS</td><td>df</td><td>MS</td><td>Number of obs</td><td>=</td><td>112</td></tr>
<tr><td></td><td></td><td></td><td></td><td>F（2，109）</td><td>=</td><td>40.72</td></tr>
<tr><td>Model</td><td>2 857.830 42</td><td>2</td><td>1 428.915 21</td><td>Prob>F</td><td>=</td><td>0.000 0</td></tr>
<tr><td>Residual</td><td>3 824.709 69</td><td>109</td><td>35.089 079 7</td><td>R-squared</td><td>=</td><td>0.827 7</td></tr>
<tr><td></td><td></td><td></td><td></td><td>Adj R-squared</td><td>=</td><td>0.817 2</td></tr>
<tr><td>Total</td><td>6 682.540 11</td><td>111</td><td>60.203 064</td><td>Root MSE</td><td>=</td><td>5.923 6</td></tr>
<tr><td>FLZB</td><td>Coef.</td><td>std. Err.</td><td>t</td><td>P>| t|</td><td colspan="2">[95% Conf. Interval]</td></tr>
<tr><td>IR</td><td>27.012 03</td><td>7.700 47</td><td>3.51</td><td>0.001</td><td>11.749 95</td><td>42.274 11</td></tr>
<tr><td>BLDK</td><td>6.794 315</td><td>1.763 498</td><td>3.85</td><td>0.000</td><td>3.299 12</td><td>10.289 51</td></tr>
<tr><td>_ cons</td><td>-8.956 628</td><td>5.815 248</td><td>-1.54</td><td>0.026</td><td>-20.482 26</td><td>2.569 004</td></tr>
</table>

而从表 6 中得出，模型总体 P 值几乎为 0，因此该回归模型是有效成立的，利率市场化程度（IR）和不良贷款率（BLDK）的 P 值均小于 0.05，说明被解释变量非利息收入占比（FLZB）能够被表中解释变量所解释，同时该模型 R^2 为 0.817 2，表明模型的回归结果较好，拟合优度较高。

从模型来看，利率市场化程度（IR）和不良贷款率（BLDK）的系数分别为 27.01 和 6.79，表明这两项变量均对非利息收入占比（FLZB）成正相关性，有促进作用，且利率市场化程度（IR）的促进作用较不良贷款率（BLDK）更大，这说明随着我国利率市场化改革的推进，商业银行在竞争更加激烈的利率市场中寻求变革，拓宽非利息收入业务，不断创新服务中介型产业，同时在利率市场化的大环境下，各大商业银行的竞争压力不断增大，为了吸引投资资金客户，银行在交易谈判中地位下降，产生了一些不良贷款，使得银行信贷风险提高，质量下降，对商业银行原有的利息业务经营模式产生了阻碍，进而促使银行将资金更多地投向非利息收入业务，促进了非利息收入占比的提高。

综上，模型的回归方程如下：

$$FLZB = 27.012\,03IR + 6.794\,315BLDK - 8.956\,628$$

三、结论与建议

（一）本文结论

本文通过学习相关理论知识并参考国内外许多学者的最新研究成果，认识到利率市场化会对我国商业银行的传统经营业务模式产生影响。总结归纳各类学者的研究成果，得到以下两点结论：首先，商业银行之间的利率竞争会随着利率市场化的推进而不断加剧，而银行为了取得市场份额，吸引更多的资金投资，将会缩小存款与贷款之间的利率差，这导致银行的利息收入减少，原本靠利息收入的经营模式不再适用，银行为了保持盈利模式，将会转向开展非利息业务，同时推出新的高质量、高效率的金融产品，开设更多中间型的非利息业务。其次，商业银行若无法在利率市场化改革下完成一定转型，为了保持盈利，将会为了吸引投资和贷款而降低其在交易中的议价能力，这会导致银行吸收更多中小型企业和散户的贷款，使银行的信贷风险提高，吸收到一些不良贷款。在此基础上，本文选择我国上市商业银行的非利息收入在利率市场化改革大背景下所受到的影响做定量研究，选取了 16 家上市商业银行于 2011 年至 2017 年的相关数据指标，进行统计并整理归纳，进一步选择可能对上市商业银行非利息收入产生影响的相关指标，进而确定解释变量与被解释变量。本文采用了描述性分析、相关性检验和回归分析三种方法，通过 stata 软件对数据进行分析，得到回归方程，并得出以下结论：

1. 利息收入依旧为主要收入

通过搜集计算得出的数据可以知道，我国 16 家上市商业银行的非利息收入占比的平均值为 23.48%，这说明我国商业银行当前仍以利息收入为主要收入来源，非利息收入占比虽然有所提高，但相对于西方发达国家的占比仍有很大的提升空间，且非利息收入占比的最大值和最小值分别为 41.64%和 9.45%，这表明我国不同商业银行间非利息收入占比差距很大，这可能是由于各个银行自身产业结构与经营模式不同所导致的。

2. 利率市场化对商业银行非利息业务发展有促进作用

在本文的回归模型下，商业银行非利息收入占比与利率市场化的系数为 27.01，说明两者存在正相关性，而目前我国利率市场化已经基本全面实现，非利息业务将成为我国上市商业银行着重发展的方向，从而改变从前以利息为主的经营模型，这在利率市场化背景下是一种趋势。

3. 商业银行不良贷款率逐年上升

银行传统的利息收入将随着利率市场化而不断减少，这使得利率市场的竞争加剧，促使银行扩大对微小企业和散户的投资贷款业务，造成银行不良贷款率逐年上升，虽然整体上信贷风险依旧较低，在可控的范围内，但银行仍不能忽视对自身信贷风险的管理。

（二）对我国上市商业银行经营业务的建议

1. 重视传统利息业务

从本文结论分析来看，传统的存贷利息差目前依旧是我国上市商业银行的主要收入来源，因此，商业银行仍要重视利息业务的发展与投资，尽可能保持利息收入增长，稳定利息收入来源，但不能过分依赖于传统利息业务收入，因为在利率市场化大背景下，存贷利率差的减小将使得利息收入缩小，我国上市商业银行应该稳中求变，在保持原有利息收入的情况下发展创新，以完成与市场相适应的经营模式转型。

目前来看，我国银行经营业务结构的完善与转变不会是一蹴而就的，可能需要政府政策来合理引导，才能令整个商业银行领域稳步发展和转变。

2. 拓展非利息业务

从本文的结论分析明显可以得出，我国上市商业银行在利率市场化改革下，为保持银行的长久发展以及持续盈利，可以拓展非利息收入业务，如手续费及佣金等中介业务，推出更多的金融投资产品，而各类金融产品层出不穷，银行能否从中发现高质量、高效率的新型服务业务，是关系到银行能否在激烈的市场竞争中取得优势的重要条件。

结合第一点建议，现阶段商业银行要维持利息与非利息收入之间的协调关系，慢慢地降低利息收入占比，同时为了维持银行正常的经营盈利，要增加非利息收入，构建并完善合理、良好的经营结构，从而在利率市场竞争中持续发展。

3. 重视信贷风险管控

通过本文的数据研究分析发现，各大上市商业银行的不良贷款率逐年上升，结合利率市场化大背景，可以说明我国商业银行的利率市场竞争激烈，因此，我国上市商业银行应该合理把控自身信贷风险，健全和完善合理的利率风险管控机制，尽可能减少不良贷款的发生，从而降低不良贷款率。一方面，可以对需要贷款的机构进行资格检验，对于信用不良的机构，不能为业绩而放宽贷款标准，应该合理避免不良贷款的产生；另一方面，对于已有的贷款，要及时进行风险评估，以应对因突发因素导致的客户无法偿还贷款的情况。

参考文献

[1]魏晓琴,李庆锴．非利息收入对商业银行绩效影响的门限回归分析[J]．西部经济管理论坛,2019,30(03):76-89.

[2]周雨．我国商业银行非利息收入业务影响因素实证研究[D]．武汉:华中师范大学,2019.

[3]马明雪．非利息收入业务对上市股份制商业银行经营绩效影响研究[D]．沈阳:辽宁大学,2019.

[4]任立媛,赵莉．非利息收入占比、利率市场化与商业银行绩效[J]．财会通讯,2018(21):106-111.

[5]杨冬萍．我国商业银行非利息收入对经营绩效影响的实证研究[D]．太原:山西财经大学,2018.

[6]赵清辉．利率市场化下商业银行风险管理[J]．河北大学学报(哲学社会科学版),2015,40

(01):86-90.
[7]黄国妍．商业银行收入结构与银行风险研究[D]．上海:华东师范大学,2014.
[8]王欢,郭建强．利率市场化、非利息收入与银行净利差[J]．金融论坛,2014,19(8):3-12,49.
[9]范彦伟．利率市场化下商业银行的盈利研究[D]．太原:山西财经大学,2014.
[10]顾海兵,夏梦,张安军．1996—2010年中国利率市场化程度的测定[J]．价格理论与实践,2013(02):27-28.
[11]利明献．利率市场化下的银行盈利模式[J]．中国金融,2011(20):28-29.
[12]段玉琴．非利息收入对我国商业银行收益和风险的影响[D]．广州:暨南大学,2011.
[13]刘畅．我国商业银行非利息收入对绩效影响的实证研究[D]．杭州:浙江大学,2009.
[14]苏伟．探究利率市场化对我国商业银行盈利能力的影响[J]．商讯,2020(4):104-105.
[15]董昱汶．利率市场化对我国商业银行收入结构影响的探析[D]．济南:山东大学,2019.
[16]冯传奇,洪正．存款利率市场化下商业银行经营结构与存款利率的关系研究[J]．经济理论与经济管理,2019(4):80-97.
[17]任立媛,赵莉．非利息收入占比、利率市场化与商业银行绩效[J]．财会通讯,2018(21):106-111.
[18]王欢．利率市场化改革、非利息收入与银行绩效[D]．济南:山东大学,2015.
[19]徐韬．利率市场化背景下我国商业银行业务转型问题研究[D]．合肥:安徽大学,2014.
[20]雷洪光．利率市场化进程中我国商业银行中间业务发展研究[D]．成都:西南财经大学,2014.
[21]BERGER A N. The relationship between capital and earnings in banking[J]. Journal of money, credit and banking,1995.

我国主动型基金业绩的研究与评价

刘婷文　刘　洁*

摘要：本文以2014年9月30日前成立的主动型基金和被动型基金为研究对象，对主动型和被动型基金的业绩进行比较研究，以探究主动型基金业绩是否跑赢了市场。研究结果表明：主动型基金的业绩并没有超越市场，甚至很大程度上没有超越同期的低费率被动型基金，而且其业绩具有较强的不可持续性。此外，长期来看，主动型基金的高费率并未对业绩做出显著贡献，二者甚至存在负相关关系。

关键词：主动型基金；被动型基金；费率；Fama-French三因素模型

一、引言

从2001年9月我国第一只开放式基金华安创新获准发行伊始，我国开放式基金市场便蓬勃发展起来。在经过新《证券投资基金法》的颁布实施和几轮牛市的刺激后，我国开放式基金无论是在数量上还是规模上，都出现了迅猛增长。截至2019年9月，我国开放式基金共有5 765支，总资产净值达到136 830.8亿元，份额总规模达到145 246.17亿份。开放式基金已成为我国证券市场上一股不可忽视的力量。而在开放式基金中，根据投资理念的不同，分为主动型基金和被动型基金（也称为指数型基金）。主动型基金费率较高，但因以追求超越市场的业绩表现为目标，故一直受到广大投资者的青睐。然而近些年来，随着投资者开始质疑主动型基金业绩是否真的能超越市场，被动型基金尤其是ETF联接基金，以更低廉的成本及更低的风险等优势获得了更强劲的发展势头。以ETF联接基金为例，2017年末时市场总规模为2 013.7亿元，经过短短一年多时间，其总规模已翻了一番，达到了4 358.55亿元。面对这样的市场情形，不禁让人发问：主动型基金的表现是否真的超越了市场？对投资者而言，主动型基金与被动型基金又该如何选择？

由于发达国家基金市场的发展历史比较久，对相关领域的理论研究已臻于成熟，实证研究也广泛而深入；相比之下，国内由于开放式基金市场起步较晚，早期该领域的实证研究较少，后来虽有所增长，但主要集中于对整个开放式基金市

* 刘婷文，副教授，中国政法大学商学院；刘洁，本科生，中国政法大学商学院。

场业绩的研究与评价，少有专门针对主动型基金业绩的实证研究以及主动型与被动型基金表现的比较研究，且研究时段较早，样本数量不够充足。

基于此，本文选择了 2014 年 9 月 30 日前成立的1 483支主动型基金和 292 支被动型基金为实证样本，试图通过对主动型基金与被动型基金的一、三、五年期回报率的比较，包括对业绩的可持续性、费率与业绩关系分析等，综合回答上述问题。在当前指数基金蓬勃发展的市场背景下，研究结果不仅有助于投资者更好地把握主动型与被动型基金的业绩表现，也有利于基金公司自身对其业绩的评价。简言之，对投资者和基金管理公司而言都有借鉴意义。

本文的主要贡献在于：①利用主动型基金市场的最新数据，样本量大，研究期间较长，因此结果更贴合当下市场的真实情况；②对主动型基金和被动型基金做了比较研究，凸显主动型基金存在的高费率—低回报问题；③运用 Fama-French 三因素模型对主动型基金进行回归分析，从定量角度有力地揭示了当前主动型基金业绩水平难以超越市场的现状。

本文的结构安排如下：第二部分是相关研究综述；第三部分是数据说明，阐释了数据来源、样本选择和基本统计量的计算方法；第四部分是实证研究，包括主动型基金业绩与市场基准绩效的比较、主动型基金业绩持续性的研究、费率与基金业绩关系的研究以及 Fama-French 三因素模型的回归；第五部分为结论。

二、相关研究综述

国外基金市场发展较早，因而对基金业绩方面的研究广泛而深入，研究焦点之一就是主动型基金与被动型基金的业绩比较：主动型基金存在较高的信息搜集成本和交易成本，故较之被动型基金的费用更高，那么其收益是否足以弥补其高费用呢？高费用的主动性基金的表现一定优于被动型基金吗？综合现在国外的研究结果看，这个问题虽然没有定论，但是大部分的实证研究表明，当把费用纳入考量时，主动型基金的表现往往没有被动型基金好。

Malkiel（1995）考察了 1971—1991 年 239 只共同基金的投资业绩，发现在扣除费用之前，基金平均业绩就比不过 S & P500 指数；在扣除费用后，利用詹森阿尔法衡量的业绩显著为负的数目增多，同时他还发现，基金的总费用和净收益之间存在显著负相关关系，因此共同基金的投资者为了得到基金的管理服务而支付的钱并非物有所值。[1] Dellva 和 Olson（1998）探讨了诸多费用的存在对基金绩效的影响，他们发现，平均来说，费用率低的共同基金业绩要好，这两位学者认为共同基金额外的费用并没有产生经济效益，因此投资者应当选择总费用低的基金。[2] 根据 *Wall Street of Journal*（1999）的报道，到 1998 年 12 月底，在过去的 10 年里，91%的积极型管理股票基金产生的效益要比 S & P500 指数要低，84%尾随 Wilshshire500 指数。[3] Wermers（2000）从费用、收益、成本的均衡关系出发对基金业绩进行了全面分析，发现基金所持股票的收益率每年高出市场指数

130 基点，但由于非股票部分年收益率低，存在费用和交易成本，单位净资产收益反而低于指数 100 基点。[4] Miller（2006）研究了 1995—2002 年主动型基金与被动型基金的绩效，并对不同时间段做出了不同假设，最后得出结论，无论是哪一阶段被动型基金的绩效，都好于主动型基金的绩效。[5]

与上述研究不同的是，Ippolito（1989）的研究结论表明，共同基金所付出的费用是有效率的，高换手率、高费用及高开支的基金所获得的风险调整收益足以弥补其相对高的交易费用。[6] Flood，E.，Jr.，和 Ramachandran（2000）在对主动型与被动型基金的研究中表示，这两种基金并没有绝对的谁好谁坏，他认为二者都是优势劣势并存，二者应该互补而不是一决胜负。[7]

从国内的研究结果来看，由于国内基金市场起步较晚，尤其是开放式基金到 21 世纪初才开始成立，因此目前很多实证研究都着重于对整个开放式基金的业绩研究，研究焦点也多为开放式基金赎回现象、开放式基金业绩与基金经理的择时能力和选股能力的关系、开放式基金的投资组合风险衡量等，专门针对主动型基金业绩表现的研究或者对主动型基金和被动型基金的比较研究较少。嵇志涛（2006）以 2006 年以前成立的 20 只股票型基金为研究对象，通过比较主动型基金和被动型基金的累计月度收益率，发现牛市阶段指数型基金能获取更大收益，熊市阶段主动型基金由于更具有抗跌性而能超越指数型基金。[8] 陈帅俊（2009）以我国 2008 年 6 月之前成立两年以上的股票型基金为研究对象，通过比较二、三、四、五年的业绩，发现无论是用年化收益率还是夏普率来衡量，主动型基金都比被动型基金有绝对优势。[9] 李远芬（2011）将 2007. 01—2010. 01 的证券市场根据上证综合指数日行情分成了四个阶段，并研究不同阶段主动型基金和被动型基金的表现，他发现，在全面上涨阶段、全面下跌阶段和平衡调整阶段，主动型基金的绩效从绝对值上来看稍微好于被动型基金，但是统计检验结果并没有表现出显著差异性，而在最后的稳定调整阶段，被动型基金的绩效要显著优于主动型基金。[10]

基于对上述国外研究的借鉴和国内现有研究的不足，本文将研究目标重点放在主动型基金的业绩表现上，并结合当前市场情况分为主动股票型基金和主动债券型基金，同时分别对比市场基准的回报率、被动股票型基金和被动债券型基金的业绩表现；此外，为了研究深入，本文还将对主动型基金的费率与回报率做定量回归分析，并结合 Fama-French 的三因素模型回归分析结果，更好地回答上述问题。

三、数据说明

（一）数据来源与样本选择

本文所有数据均来源于 wind 数据库，考虑到基金成立时间太短会使得数据具有偶然性，本文选取 2014 年 9 月 30 日前成立的 1 775 只开放式基金为研究对象，其中主动型基金 1 483 只，包括 734 只主动型股票基金和 749 只主动型债券基金；被动型基金 292 只，包括 265 只被动型股票基金和 27 只被动型债券基金。需要特别说明的是，考虑到后文做回归分析的样本量需求，将部分混合型基金按照投资组合偏股和偏债的特点分别计入主动型股票基金样本和主动型债券基金样本中，因此，主动型股票基金里除了普通股票型，还包括混合型基金中的偏股混合型、平衡混合型和灵活配置型，而主动型债券基金里除了包括短期纯债型、中长期纯债型，还包括混合债券型一级和混合债券型二级。

在市场基准的选择上，对于股票型基金，用同期的沪深 300 全收益指数的表现来衡量；对于债券型基金，用同期的中证全债指数的表现来衡量。此外，本文还选择中证 800 全收益指数和中债—综合财富指数分别对股票型和债券型基金的结果进行稳健性检验。

在研究期间的选择上，本文以 2019 年 9 月 30 日为截止日期计算各基金一、三和五年的回报率。

（二）变量选取及计算方式

1. 基金业绩水平的度量：回报率

本文选择用年度回报率来衡量基金的业绩水平，年度回报率的计算方法如下：

$$R_{it} = \frac{NAV_{i,0} - NAV_{i,t}}{NAV_{i,t}}$$

其中，R_{it} 表示第 i 只基金的 t 年回报率，$NAV_{i,0}$ 表示第 i 只基金当期的复权净值，$NAV_{i,t}$ 表示第 i 只基金相对当期的 t 年前的复权净值。

用复权净值可以调整分红对基金业绩表现的影响，使得结果更真实可靠。此外，考虑到整体数据的可获得性，本文主要以基金的一、三、五年回报率为依据，即以 2018 年 9 月 30 日—2019 年 9 月 30 日、2016 年 9 月 30 日—2019 年 9 月 30 日、2014 年 9 月 30 日—2019 年 9 月 30 日分别为一年、三年、五年回报率的研究期间。①

主动型股票基金和主动型债券基金的一、三、五年回报率的描述性统计如表 1所示。

2. 市场基准绩效水平的衡量：年度回报率

本文同样选择用年度回报率来衡量市场基准绩效水平。年度回报率的计算公式如下：

$$r_{it} = \frac{Close_{i,0} - Close_{i,t}}{Close_{i,t}}$$

其中，r_{it} 表示市场基准利率 i 的 t 年回报率，$Close_{i,0}$ 表示市场基准利率 i 当期

① 计算回报的起始日都为 9 月 30 日的前一个交易日。

的收盘点数，$Close_{i,t}$表示市场基准利率 i 相对于当期的 t 年前的收盘点数。

各市场基准的回报率如表 2 所示。

3. 基金的费率

本文对费率的定义为管理费率与托管费率之和，关于本文样本基金费率的描述性统计如表 1 所示，关于市场基准的加报率如表 2 所示。

表 1　基金基本统计量的描述性统计

主动型基金回报率											
主动型股票基金						主动型债券基金					
变量名称	观测值	均值	标准差	最小值	最大值	变量名称	观测值	均值	标准差	最小值	最大值
一年回报率	734	0. 191 4	0. 115 6	-0. 196 3	0. 754 3	一年回报率	749	0. 048 4	0. 038 3	-0. 031 0	0. 206 2
三年回报率	734	0. 149 4	0. 219 8	-0. 408 0	1. 140 9	三年回报率	749	0. 062 2	0. 066 4	-0. 317 9	0. 396 8
五年回报率	734	0. 627 7	0. 471 9	-0. 371 6	2. 444 5	五年回报率	749	0. 285 3	0. 181 1	-0. 177 0	1. 263 8
基金费率											
股票型基金						债券型基金					
变量名称	观测值	均值	标准差	最小值	最大值	变量名称	观测值	均值	标准差	最小值	最大值
被动型	265	0. 008 4	0. 002 9	0. 002	0. 015	被动型	27	0. 005 3	0. 002 0	0. 001 8	0. 009 5
主动型	734	0. 017 1	0. 001 7	0. 007	0. 027 5	主动型	749	0. 008 0	0. 001 7	0. 002 0	0. 012 0

数据来源：wind

表 2　市场基准的回报率

市场基准	一年回报率	三年回报率	五年回报率
沪深 300 全收益	0. 134 8	0. 254 4	0. 726 8
中证全债	0. 112 5	0. 117 4	0. 514 4

数据来源：wind

四、主动型基金业绩的实证研究

（一）主动型基金业绩与同期市场基准绩效的比较

本部分将比较主动型基金的业绩与同期市场基准的绩效，统计主动型基金业绩未超过同期市场基准绩效的比例。同时，由于“幸存者偏差”现象往往导致主动型基金的表现虚高，因此本部分还将展示调整“幸存者偏差”前后的结果，以使得与真实情况更贴近。未调整“幸存者偏差”前，该比例=没有超过市场基准的基金数/当期还存续的总基金数；调整幸存者偏差后，该比例=（没有超过市场基准的基金数+合并或到期的基金数）/（当期还存续的总基金数+合并或到期的基金数）。未调整“幸存者偏差”前将只对所有在2019年9月30日时还存续的基金进行研究，调整后将合并或到期的基金也一并考虑在内。具体的“幸存者偏差”的调整方法如表3所示。

图1、图2展示了实证研究的结果，为使结果更加可靠，本文对合并或到期的基金的回报率也进行了检验，检验结果表明，该类基金的业绩表现确实没有超过市场基准绩效，因此对“幸存者偏差”的调整方法也是合理的。

表3　“幸存者偏差”调整方法

		一年回报率	三年回报率	五年回报率
基金合并/到期时间	2014.09.30前	√	√	√
	2014.09.30—2016.09.30	√	√	×
	2016.09.30—2018.09.30	√	×	×
	2018.09.30—2019.09.30	×	×	×

注：√表示需要调整，×表示不需要调整

通过图1可以看出，主动型股票基金各类别的一年回报率没有超过市场基准收益率的在20%以上，三年回报率和五年回报率没有超过的比例甚至更高，达到了60%以上，并且该结果在调整了“幸存者偏差”后更为显著。

通过图2可以看出，短期纯债型基金没有超过市场基准的比例达到了100%，这显然不符合事实，推测与样本数据的不完善性有关。但虽然有一定的事实偏差，综合来看，主动型债券基金没有超过市场基准的比例也相当高，尤其是调整了“幸存者偏差”后的一年回报率和三年回报率的结果。但是和股票基金不同的是，债券基金五年回报率没有超越市场基准的比例反而有所降低，推测从长期来看，债券型基金投资组合收益率的波动性较低，较之股票型基金而言，基金管理人不需要那么频繁地交易操作，因此基金的费用较低，扣除费用后的市场表现较好。

综上，主动型基金虽然收取了高费用并声称要超越市场，可从实证结果上直观来看，其业绩表现没有超越市场基准的比例相当高，尤其是主动型股票基金体现得更为明显，而且大体上来说，随着评估期的增加，该比例会随之增长，即随着投资者持有该基金的时期增长，被收取的费用增加，该基金没有超越市场的可能性反而增大。

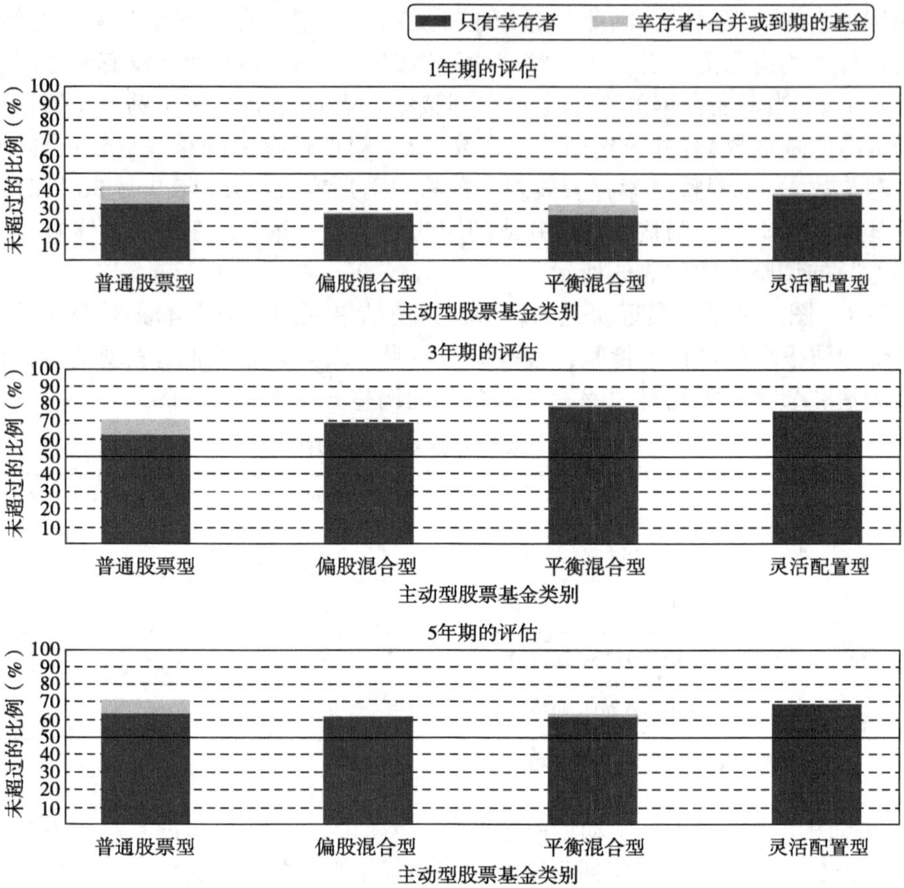

图 1　主动型股票基金的业绩表现

数据来源：wind

此外，为了对上述结果进行稳健性检验，本文还分别用中证 800 全收益和中债—综合财富指数作为主动型股票基金和债券基金的市场基准进行了上述研究，研究结果证明上述结果是可靠的（具体结果见附录 A）。

（二）主动型基金的业绩持续性

在比较了主动型基金业绩和市场基准绩效后，本文还将研究主动型基金的业绩持续性。该研究主要基于探讨以下问题：主动型基金的目标是超越市场，无论该目标实现与否，假设实现了，那么是否能一直实现呢？投资者在持续缴纳费用的情况下能持续地获得较高收益吗？此外，解决这个问题对投资者在基金的选择上也具有借鉴意义，即历史业绩好的基金未来业绩能一直好下去吗？

考虑到我国基金市场发展时间还比较短，考察期设置的太长会使得样本量很小，因此，为解决上述问题，本文选择将三年作为一个考察期，比较同一只主动

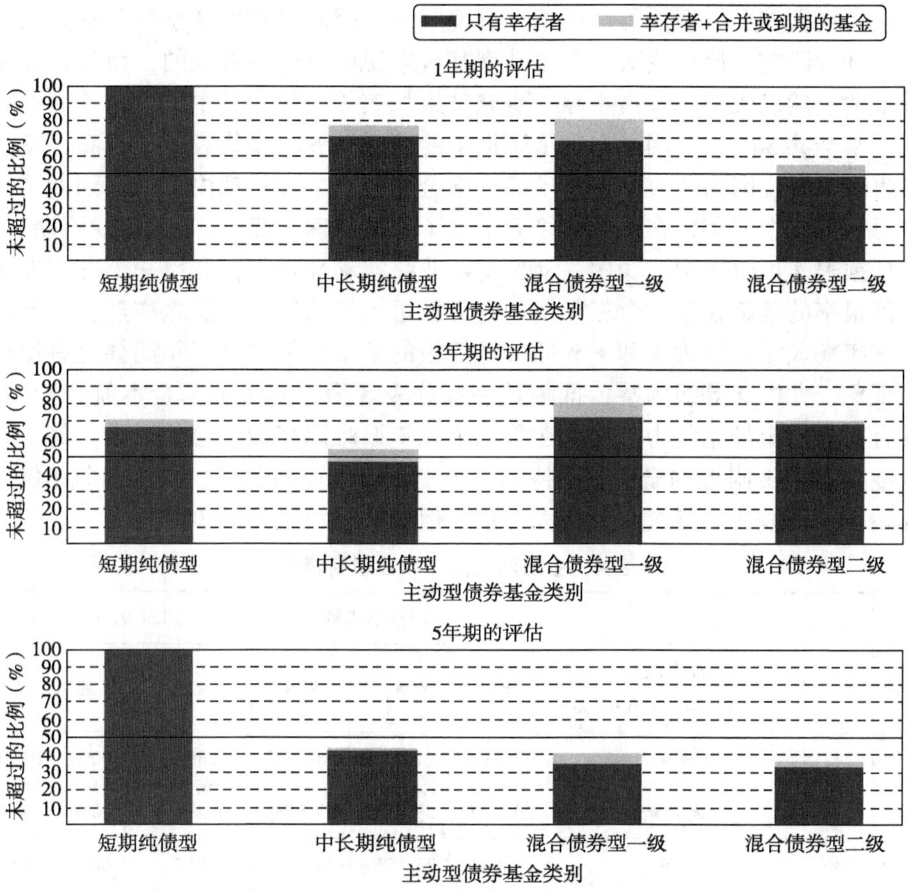

图 2　主动型债券基金的业绩表现

数据来源：wind

型基金在 2013. 9. 30—2016. 9. 30 和 2016. 9. 30—2019. 9. 30 这两个三年期的业绩表现。① 同时对于每个三年期而言，将回报率从小到大排序分成四个等级，采用“分组迭代”的方式，通过观察两个三年期内主动型基金业绩等级的波动情况来研究主动型基金的业绩持续性。

此外，为了使结果更直观，本文还将展示对两个三年期的回报率作对数化处理后的散点图，以进一步判断其相关性。对数化处理的计算公式如下：

$$\ln R_{it} = ln(1 + R_{it})$$

其中，$\ln R_{it}$ 表示第 i 只基金的 t 年对数回报率，R_{it} 是按第三部分数据说明中的计算方法得到的回报率。

① 此时的研究对象指的是在原样本基础上保留 2013. 09. 30 前成立的主动型基金。

由于筛选数据时发现满足在 2013.09.30—2016.09.30 期间存续的主动型债券基金的数据较少，会使得结论不具有说服力，因此只对主动型股票基金的业绩持续性进行研究，但结论对整个主动型基金来说应当也是成立的，因为目前主动型基金中仍然以股票基金占主导。研究结果如表 4 所示，其中，符合条件的主动型股票基金共 586 只，用★来表示回报率的等级，★越多代表等级越高，基金的业绩表现越好。因为研究中还发现部分基金在第二个三年期内合并或到期了，因此，对于第二个三年期在最低等级后增加了一个特殊等级——“合并/到期”。

根据表 4 可以看出，我国主动型基金业绩波动性较大，在第一个三年期表现为高回报率的基金在第二个三年期却有可能进入最低等级，反之亦然；并且在第一个三年期业绩表现为★和★★的较低等级的基金在第二个三年期甚至有退出市场的现象，尤以★等级为甚，推测是一部分表现为★等级的基金本就经营不佳，不具有充分的市场竞争力，因此在第二个三年期难以存续。总的来看，每个级别的基金只有 25%附近的概率会维持第一个三年期的业绩表现，虽然这个比例对于一开始就表现较佳的基金来说会大一些，但最大也没有超过 30%。

表 4 主动型基金三年业绩持续性

			回报率级别（2016.9.30—2019.9.30）					
四分位	数量	回报率级别（2013.09.30—2016.09.30）	★★★★	★★★	★★	★	合并/到期	合计
1	147	★★★★	27.21%	21.77%	23.13%	27.89%	0.00%	100.00%
2	146	★★★	23.29%	29.45%	23.97%	23.29%	0.00%	100.00%
3	146	★★	26.03%	22.60%	24.66%	26.71%	0.68%	100.00%
4	147	★	23.13%	25.17%	27.89%	23.81%	3.40%	100.00%

数据来源：wind

图 3 进一步直观地展示了两个考察期内主动型基金的业绩持续性，根据散点图可以看出，两个三年期内的对数回报率分布比较杂乱，并没有呈现出显著的相关性，这也与表格所展示的信息是一致的。

综上，主动型基金很大概率上将在下一个考察期内无法维持在第一个考察期内的业绩，所以我国主动型基金的业绩具有较强的不可持续性，基金管理人虽然收取了高费用，进行了主动管理，但无法保证能持续地给投资者带来较高收益，因此，历史业绩表现优异的基金的未来业绩不一定仍然优异，投资者不能仅根据历史业绩来判断投资抉择时该选择哪只基金。

（三）费率与主动型基金业绩

对于主动型基金来说，引人关注的焦点之一就是其较之被动型基金的高费用，因此本部分将对主动型基金的费率与业绩关系进行研究。

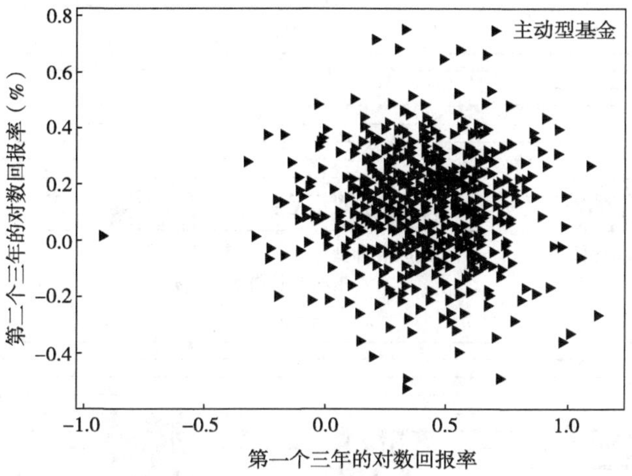

图 3　三年业绩持续性散点图

数据来源：wind

首先，以低费率的被动型基金的业绩表现作为基准，根据表 1，定义费率在 0.6%以下的被动型基金为低费率基金，将主动型基金的业绩表现与基准进行对比，统计主动型基金的业绩表现没有超越被动型基金的比例。同样也对其进行“幸存者偏差”调整，调整方法与（一）中相同。由于被动型债券基金的样本量较少，这一步和下一步研究都将只对股票型基金进行。

图 4 展示了主动型基金的业绩表现没有超过同期费率低于 0.6%的被动型基金的业绩表现的结果。为了使结果更可靠，同样对合并或到期的主动型基金进行了检验，检验结果表明，合并或到期的基金的业绩表现也没有超过低费率的被动型基金的同期表现。

因此，虽然主动型基金相比被动型基金收取了更高费用，但根据图 4 可以看出，其表现并不必然优于被动型基金：以一年回报率来衡量，主动型基金约有 20%的比例没有超过被动型基金；而当考察期扩大到三年、五年时，这个比例甚至达到了 50%，尤其在经过“幸存者偏差”调整后，该比例会更大。所以可以认为：相比被动型基金，主动型基金在短期内或许具有一定优势，但从长期来看仍有很大概率要不敌被动型基金的表现。但从长期来看，不可忽视的是，主动型基金所累积收取的费用是远超过被动型基金的，尤其在被动型基金几乎取消收费的趋势下，对于想要长期投资主动型基金的投资者而言，这种“高”开支和“低”回报现象值得警惕。

接着做进一步的定量分析，对基金的费率与对数回报率之间做回归，对数回报率的处理与（二）中相同。由于费率往往与基金的规模有关，因此对数基金规模也将作为一个自变量进行回归。回归模型如下：

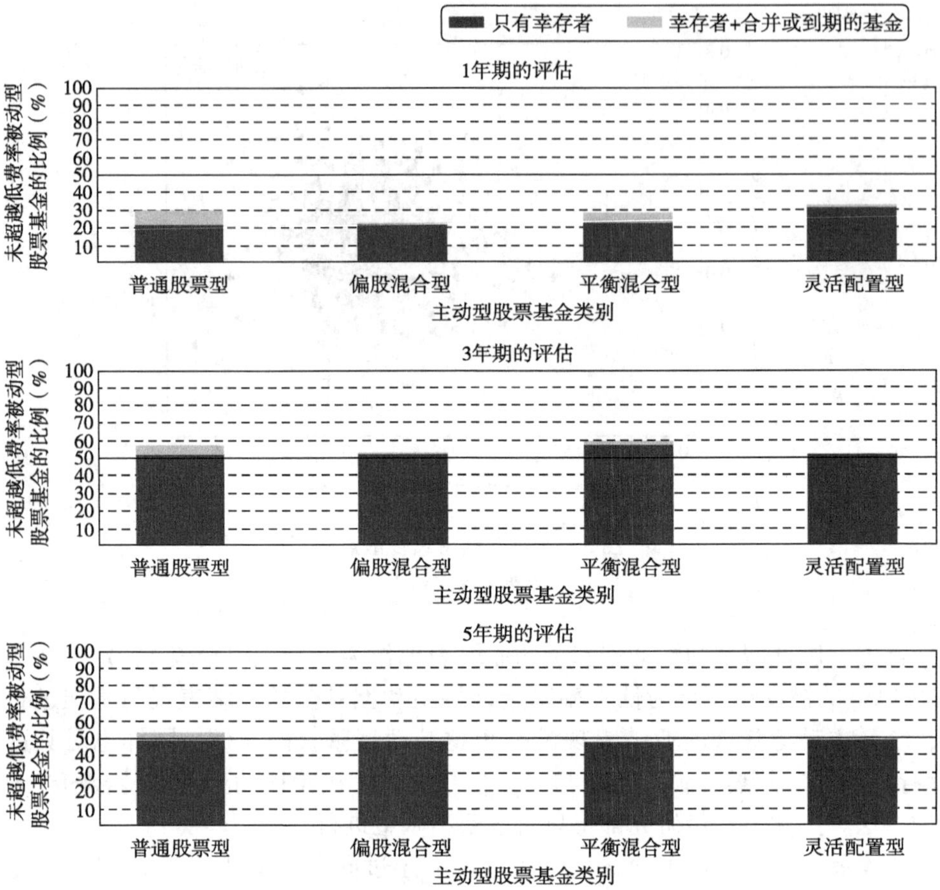

图 4　主动型和被动型股票基金的业绩对比

数据来源：wind

$$ER_t = \alpha + \beta_1 \cdot \ln RETURN_t + \beta_2 \cdot \ln Fundscale_t + \beta_3 \cdot Auxiliary_t + \varepsilon_t$$

其中，ER_t 表示第 t 期的费率，$\ln RETURN_t$ 表示第 t 期的基金对数回报率，$\ln Fundscale_t$ 是第 t 期的对数基金规模，$Auxiliary$ 是虚拟变量，$Auxiliary=1$ 时即为主动型基金，$Auxiliary=0$ 时即为被动型基金，β_1、β_2、β_3 分别表示各变量的回归系数，α 表示常数项，ε_t 表示扰动项。表 5 展示的是费率和对数基金回报率、对数基金规模和虚拟变量回归的结果，考虑到一年的期限会使回归分析结果的可靠性不足，因此用对数三年回报率和对数五年回报率分别进行了回归。

表 5　费率与基金业绩的回归结果

	三年回报	五年回报
ln*Return*	−0.073* (−2.34)	−0.046** (−1.99)

续表

	三年回报	五年回报
ln*Fundscale*	0.024* (4.00)	0.044* (35.49)
Auxiliary	0.860* (42.32)	0.860* (39.40)

注：括号内为 t 统计量的值，表中 *，**，*** 分别表示在 10%，5%，1%的程度上显著，所有模型均使用 Newey-West 标准误差，以校调异方差和序列相关性

回归结果显示，两个模型中虚拟变量的系数都为接近于 1 的正值，并且在 1%的水平下显著，这说明费率对基金属于主动型还是被动型非常敏感，这也再一次证实主动型基金与被动型基金的费率相差非常大；同时，两个模型中基金的对数回报率项都在 5%的水平下显著为负，即费率越高，回报率反而越低，这说明主动型基金的高费率并没有对其长期回报做出显著贡献。

综上，实证研究表明，主动型基金的费率较之被动型基金的费率确实要高很多，对于股票型基金来说尤为明显；但高费率带来的却不一定是长期的高回报，事实上就三年、五年的回报率结果来看，主动型基金的长期表现有近一半的概率无法超越同期被动型基金的表现，并且回归分析的结果也再一次从定量上证明费率与业绩之间甚至存在显著的负相关关系。

（四）Fama-French 三因素模型

1. 模型介绍

Fama 和 French 于 1993 年提出建立一个三因素模型，该模型认为，一个投资组合（或单只股票）的收益率可由市场因素、规模因素和价值因素（账面价值比因素）来解释，该模型公式表述如下：

$$R_{i,t} - R_{f,t} = \alpha_i + \beta_{i,m}(R_{m,t} - R_{f,t}) + \beta_{i,SMB}SMB_t + \beta_{i,HML}HML_t + \varepsilon_{i,t}$$

其中 $R_{i,t}$ 表示第 i 只基金在第 t 期的收益率，$R_{f,t}$ 表示第 t 期的市场无风险利率，α_i 表示第 i 只基金的超额收益，$R_{m,t}$ 表示市场组合在第 t 期的收益率。SMB 表示规模因素的收益率；HML 表示价值因素的收益率。$\beta_{i,m}$、$\beta_{i,SMB}$、$\beta_{i,HML}$ 分别是市场因素、规模因素、价值因素的回归系数。

在这个模型中，α_i 是评价基金绩效的指标，只有当 $\alpha_i>0$ 显著成立时，才说明第 i 只基金获得了超额收益，绩效较好，否则该基金没有超额收益，可能表现为市场的一般水平甚至更差。为了更好地观察主动型基金的表现，本文将利用 Fama-French 三因素模型进行分析。

在研究期间的选择上，本文选择了 2016.2—2019.9（44 个月）这段时间作为总考察期，考虑到部分基金在这段时间内的数据不完整或者回归后会出现异常结果，本文最终从样本基金中挑选 522 只作为研究对象。

在变量测度上，样本基金的收益率 $R_{i,t}$ 将用下面的公式来衡量：

$$R_{i,t} = \ln(NAV_{i,t}) - \ln(NAV_{i,t-1})$$

其中，$NAV_{i,t}$ 表示第 i 只基金在第 t 期的月度累计单位净值。

无风险利率 $R_{f,t}$ 用银行一年期定期存款利率折算成月利率并对数化处理得到，由于研究期内银行一年期定期存款利率始终为 1.5%，因此折算成月利率后有 $R_{f,t} = (1+1.5\%)^{(1/12)}-1=0.0012415$。市场组合回报率 $R_{m,t}$ 为沪深 300 全收益的对数收益率。

对于规模因素和价值因素的处理，本文参考了谢会丽等（2016）[11] 的处理方法，将规模因素（SMB）定义为小规模公司收益率和大规模公司收益率之差，价值因素（HML）定义为高账面—市值比公司与低账面—市值比公司的收益率之差，计算公式分别如下所示：

$$SMB_t = \frac{1}{2}\cdot(R_{s/H,t} + R_{s/L,t}) - \frac{1}{2}\cdot(R_{b/H,t} + R_{b/L,t})$$

$$HML_t = \frac{1}{3}\cdot(R_{s/H,t} + R_{m/H,t} + R_{b/H,t}) - \frac{1}{3}\cdot(R_{s/L,t} + R_{m/L,t} + R_{b/L,t})$$

其中，SMB_t、HML_t 分别表示第 t 期的规模因素和价值因素，$R_{s/H,t}$、$R_{s/L,t}$、$R_{m/H,t}$、$R_{m/L,t}$、$R_{b/H,t}$、$R_{b/L,t}$ 分别表示中信小盘价值指数（s/H）、中信小盘成长指数（s/L）、中信 200 价值指数（m/H）、中信 200 成长指数（m/L）、中信 100 价值指数（b/H）、中信 100 成长指数（b/L）的第 t 期回报率。

2. 实证结果

表 6 展示了对每个样本基金按照 Fama-French 三因素模型作时间序列回归后的结果，因篇幅有限，这里仅展示 15 只基金的回归结果。

表 6　Fama-French 三因素模型回归结果（时间序列）

基金名称	α	Rm-Rf	SMB	HML	可决系数	残差平方和	DW 统计值
000248. OF	0.012 893***	1.036***	-0.011*	-0.667**	0.923 6	0.008 1	2.277 7
160119. OF	0.009 981***	0.915**	0.469***	-0.28*	0.951 3	0.003 4	2.650 4
159940. OF	0.009 975***	0.703***	-0.394*	0.632***	0.979 6	0.003 4	1.613 8
530018. OF	0.009 879***	0.155*	0.353**	0.198***	0.754 3	0.014 7	1.327 0
160218. OF	0.009 839***	0.482*	-0.866***	-0.453***	0.883 1	0.004 7	2.134 0
519606. OF	0.009 819*	0.159***	0.036***	0.124***	0.954 6	0.003 7	2.274 2
519965. OF	0.009 816***	0.099***	-0.312**	0.399*	0.926 7	0.008 4	2.263 8
001528. OF	-0.009 67***	0.384*	0.31**	0.69***	0.905 6	0.002 5	2.725 0
165521. OF	-0.009 747**	0.586***	-0.723*	0.978*	0.891 0	0.001 1	1.541 9
001410. OF	-0.009 845***	0.481*	-0.719***	0.355	0.889 1	0.004 3	2.355 0

续表

基金名称	α	Rm-Rf	SMB	HML	可决系数	残差平方和	DW 统计值
160633. OF	-0. 009 908 *	0. 33 **	-0. 982 **	0. 894 ***	0. 881 2	0. 004 6	1. 672 4
159930. OF	-0. 009 913 ***	0. 292 **	-0. 062 **	0. 092 ***	0. 873 9	0. 002 3	1. 845 3
110030. OF	-0. 009 942 **	0. 314 ***	-0. 909 **	-0. 805 ***	0. 964 9	0. 003 6	1. 952 5
001015. OF	-0. 009 983 *	0. 181 **	0. 754 ***	-0. 854 ***	0. 891 3	0. 005 4	1. 797 4
000471. OF	-0. 010 663 ***	0. 615 ***	0. 42 **	-0. 314 ***	0. 906 1	0. 003 5	1. 878 1

注：表中*，**，***分别表示在10%，5%，1%的程度上显著，所有模型均使用Newey-West标准误差，以校调异方差和序列相关性。因篇幅有限，仅展示部分结果，如需完整结果，可与作者联系

观察回归结果后发现，只有129只基金的α在5%的水平下显著为正，占总比例的24.71%，因此可以认为大部分主动型基金并没有显著获得超额收益。

考虑到每个基金作时间序列回归的期限不够长，因此，为增加结果的可信度，又利用面板数据作为整体对Fama-French三因素模型进行回归，回归结果如表7所示。

回归结果表明，虽然α系数为正，但并不显著（p值为0.378 5），因此在10%的显著性水平下可以认为，主动型基金整体并没有获得超额收益。

综上来看，无论是利用单只基金还是面板数据整体，Fama-French三因素模型的回归结果都表明，主动型基金整体业绩表现并没有显著超越市场，个别基金的确获得了超额收益，但比例不高。

表7 Fama-French三因素模型回归结果（面板数据整体）

α	Rm-Rf	SMB	HML
0. 001 519 (0. 89)	1. 153 7 *** (16. 05)	0. 101 0 *** (3. 70)	0. 023 8 (1. 32)

注：括号内为t统计量的值，表中*、**、***分别表示在10%、5%、1%的程度上显著，所有模型均使用Newey-West标准误差，以校调异方差和序列相关性

五、结论

本文选择了主动型基金作为研究对象，探究了主动型基金的表现是否如其声称的那样能超越市场，同时进行了主动型基金和被动型基金的比较研究。实证研究结果表明：

第一，虽然主动型基金声称能超越市场，但无论对于主动型股票基金还是主动型债券基金，其表现并没有超过同期的市场基准，尤其是在调整了“幸存者偏差”后更为明显，并且从长期来看，该现象更加突出，比例甚至超过了50%。

第二，我国主动型基金的业绩具有较强的不可持续性，即历史业绩表现优异的基金在未来不一定仍然表现优异，因此投资者不能仅根据历史业绩做出投资选择；同时对于投资者而言也需要注意，当长期持有某主动型基金时，虽然持续付出了高费用，但不一定能持续获得高收益。

第三，无论对于股票基金还是债券基金，其主动型与被动型的费率相差都较大，然而，当以低费率的被动型基金的业绩表现作为基准时，同期表现不能超越基准的主动型基金比例很大，同时费率与回报率的回归分析结果也进一步表明，二者之间反而存在显著的负相关性。

第四，Fama-French 三因素模型的回归结果再一次有力证明，主动型基金的总体表现没有超越市场，能获得超额收益的只是一小部分。

综上，本文认为我国主动型基金的业绩并没有实现所声称的超越市场，而且即使在短期内给投资者带来了高回报，但该回报也是不可持续的，长期来看，其表现甚至不敌被动型基金。鉴于主动型基金的费率较高，因此建议一般投资者在进行投资时，尤其是长期投资的情况下，不要盲目选购主动型基金，而应该多考虑被动型基金。

参考文献

[1]MALKIEL B G. Returns from investing in equity mutual funds 1971 to 1991[J]. The Journal of Finance, 1995,50(2), 549-572.

[2]DELLVA W L, OLSON G T. The relationship between mutual fund fees and expenses and their effects on performance[J]. Financial review,1998,33(1), 85-104.

[3]CLEMENTS J. Stock funds just don't measure up[J]. Wall street of journal,1999-10-5.

[4]WERMERS R. Mutual fund performance: an empirical decomposition into stock: picking talent, style, transactions costs, and expenses[J]. The journal of finance, 2002,55(4):1655-1695.

[5]MILLER M. Active versus passive investing: Evidence from the 1995-2002 market cycle[D]. Davie: Nova Southeastern University,2006.

[6]IPPOLITO R A. Efficiency with costly information: a study of mutual fund performance, 1965-1984[J]. The quarterly journal of economics,1989,104(1): 1-23.

[7]FLOOD E. N. Ramachandran. Integrating active and passive management[J]. The journal of portfolio management, 2002,27(1): 10-19.

[8]嵇志涛. 我国主动型基金与指数型基金绩效的比较与分析[J]. 商,2012(10):89.

[9]陈帅俊. 中国证券市场股票型基金投资风格、策略及其实证研究[D]. 上海:上海交通大学,2009.

[10]李远芬. 中国主动型基金与被动型基金绩效比较研究[D]. 哈尔滨:哈尔滨工业大学,2011.

[11]谢会丽,张超慧,金辉. 我国环保主题基金绩效及其持续性分析:基于 Fama-French 三因素模型[J]. 生产力研究,2016(4):55-59.

附录　稳健性检验结果

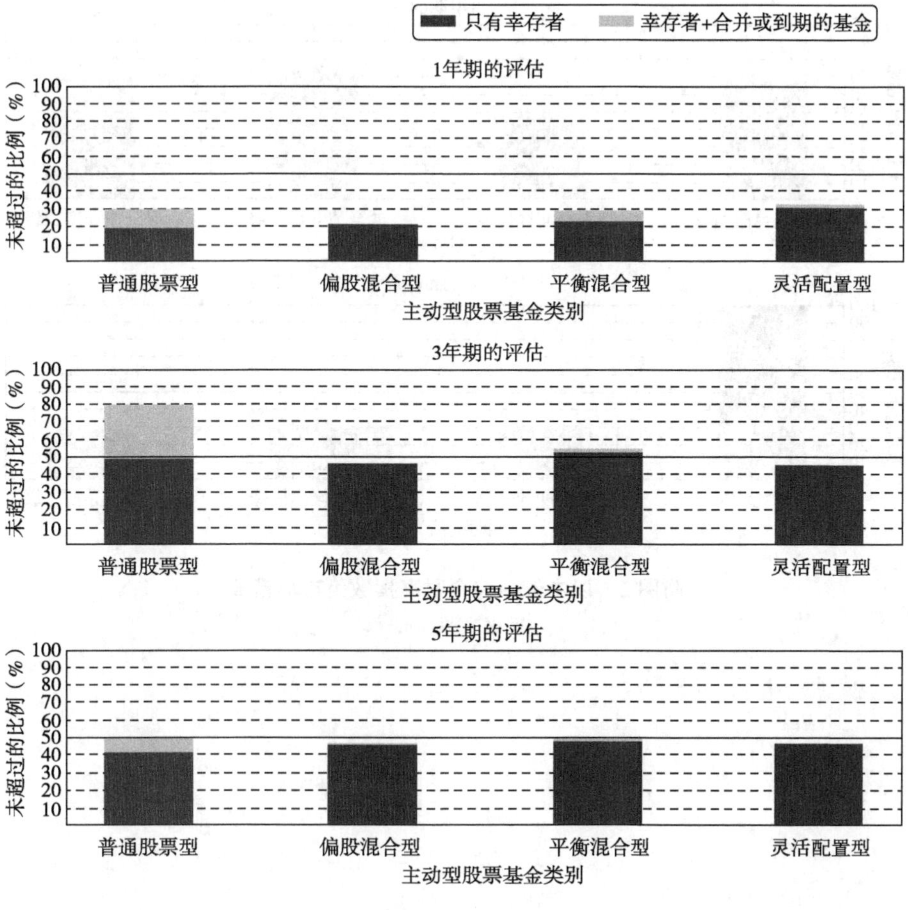

附图 1　以中证 800 全收益指数为市场基准

数据来源：wind

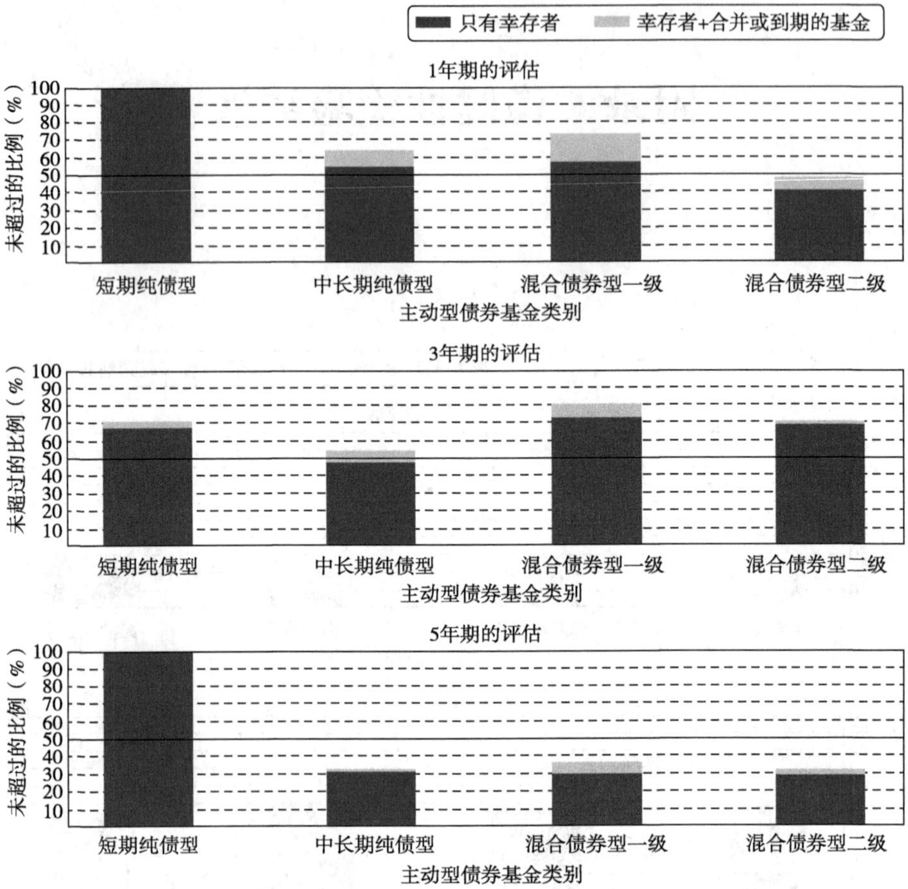

附图 2　以中债—综合财富指数为市场基准

数据来源：wind

聚类分析地方财政视角下落地 PPP 项目分布特征

于　平　王文宇*

摘要：PPP 项目在我国已经形成了相对稳定的运营模式，并且在数量和资金投入方面成为地区发展的主要组成部分。但从 PPP 项目在全国的整体发展来看，其区域发展存在较大差异。本文通过对各地区间的 PPP 项目数据及地区财政数据进行分析，结合 PPP 项目中不同行业的特征，研究已落地 PPP 项目在地方财政特征主导下的地区分布特征，得到地区 PPP 项目整体推进情况和地区财政实力的匹配情况，并对上述现象形成的原因做出解释，进而对 PPP 项目参与者在筛选过程的博弈结果对 PPP 项目发展的影响进行初步检验。

关键词：PPP；地方财政；地区分布

一、我国 PPP 项目的区域发展情况分析

（一）我国 PPP 项目涉及的区域样本选择

为研究我国区域 PPP 项目的发展情况，本文选择省级行政单元作为单个样本进行研究。财政部已有数据显示，全国已有 31 个省级行政区划单位（除我国台湾地区外）开展了 PPP 项目。因此在下文的研究中，主要搜集上述 31 个样本区的数据。此外，为进行地域间的差异比较，还选用现行特定经济区域对 31 个样本区粗略归类进行项目区域特征性的研究。

（二）我国区域 PPP 项目发展综述

财政部数据显示，2019 年一季度末，全国已经累计建立 8 843 个 PPP 项目，在 PPP 领域的资本投入达 13 万亿元。PPP 项目在各区域间的分布存在明显差异，具体 PPP 项目分省项目数据如图 1 所示。

图 1 显示，山东省的 PPP 项目最多，全省 PPP 项目达 761 个；河南省和四川省分别以 658 个、530 个 PPP 项目数次之，西藏自治区和上海市的 PPP 项目数最少。经济发展状况较好的南部地区及沿海地区项目多有分布，且南部各地区间的项目数差异不大。华北地区 PPP 项目数居中，山西、河北等地 PPP 项目发展保持较为稳定的态势。此外，东北地区的 PPP 项目发展较为缓慢，三省 PPP

* 于平，讲师，中国政法大学商学院；王文宇，本科生，中国政法大学商学院。

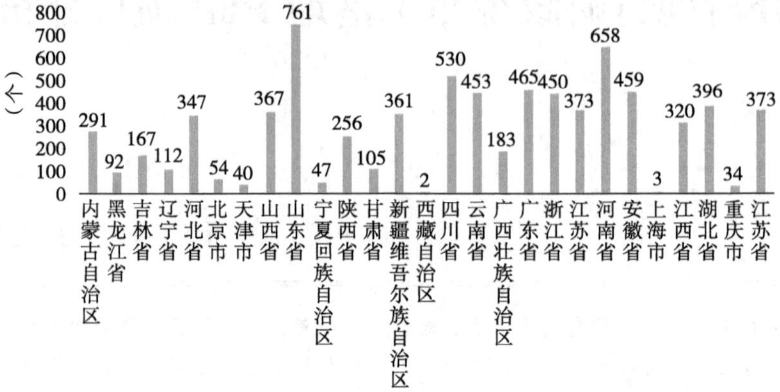

图 1　PPP 项目分省项目数据图

项目合计数在全国占比未占优势。由此可见，PPP 项目的地区发展不平衡，项目数以及投资额的地区分布具有较明显的两极分化趋势。

PPP 项目库报告显示，2019 年第一季度净增落地项目数和净增落地项目投资额前两位的仍然是河南、浙江等地，可见，PPP 项目发展较好的省份 PPP 项目数与 PPP 投资额一直保持较为稳定增长，而 PPP 项目发展较为落后的省份，PPP 项目数与投资额并未得到明显改善，PPP 项目地区间的差异仍然存在，并且不断拉大，PPP 项目在不同区域发展的优劣态势也已凸显。

此外，各地区的 PPP 项目发展中还表现出较为明显的行业特征，具体项目数在各行业的分布情况如图 2 所示。

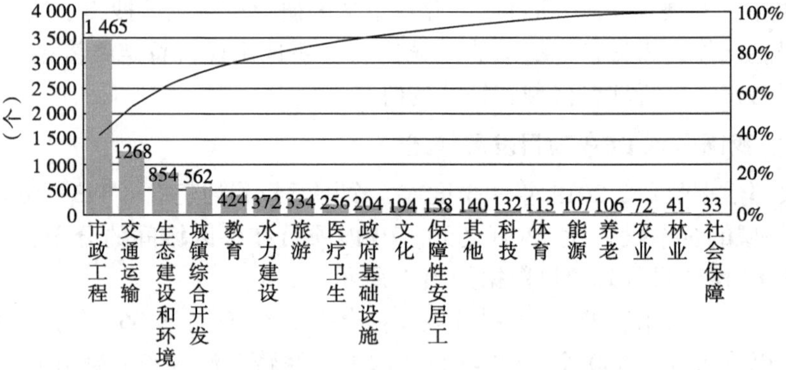

图 2　全国 PPP 项目在各行业分布情况图

图 2 显示，按照分行业累计 PPP 项目总数排序，市政工程行业以 3 474 个 PPP 项目总数位居首位，并且占据绝对优势，是排名第二位的交通运输行业项目数的近 2.7 倍。同时可以从图 2 了解到，PPP 项目在农业、林业及社会保障等行

业的应用并不广泛，三者总体项目数较少，不足总体项目数的 2%。此外，根据项目库报告数据统计，按照 PPP 分行业累计投资额排名，交通运输行业和市政工程行业凭借 4 万亿元资本投入排名前列；按照 PPP 项目管理库累计落地项目数排名，市政工程行业以 2 280 个 PPP 项目占据首位，排名第二的交通运输行业相较其他行业虽然排名前列，但较之市政工程行业项目数明显减少，分别以 785 个和 525 个项目数排列其后。上述排名前三的行业 PPP 项目数合计共占落地项目总数的 64.8%。

二、我国 PPP 项目地区分布特征的因子分析

（一）PPP 项目分布特征分析的因素选取

我国 PPP 落地项目的区域分布受多种因素制约，研究过程中需要发现当前已落地 PPP 项目在地方财政特征主导下的地区分布特征以及各地区落地 PPP 项目展现出来的类别特征，因此本文选取以下指标综合反映 PPP 项目的区域分布特征（见表 1）。

表 1　PPP 项目地区分布特征分析所选取的因素

影响因素	单位
财政收入	亿元
地区生产总值	亿元
财政支出	亿元
PPP 入库金额	亿元
PPP 项目的落地情况	个

（二）PPP 项目分布特征的具体分析方法

上述收集的各类指标数据差异较大且具有不同的经济意义，为进行后续分析，要收集 31 个省（直辖市、自治区）的上述五项指标数据进行标准化处理。用 SPSS 得到 PPP 项目在地方财政特征主导下的地区分布的特征指标的公因子，通过对公因子的聚类分析推知各省（直辖市、自治区）的 PPP 项目水平和财政能力。

（三）流程分析

将上述样本收集的数据归类后进行因子分析，输出结果显示，上述数据类型中可以提取两个因子，并且两个因子的方差解释率分别为 54.769% 和 40.658%，累计方差解释率为 95.427%。因此，在后续的分析中，为替代原始五项因素，抽取其中两个公因子（见表 2）。

表 2 公因子

	成分 1	成分 2
财政收入（亿元）	0.980	0.126
地区生产总值（亿元）	0.914	0.343
财政支出（亿元）	0.900	0.389
PPP 入库金额（亿元）	0.228	0.942
PPP 项目的落地情况	0.286	0.927

由表 2 可以得到两个公因子：地方财政因子和 PPP 项目因子。

1. 地方财政因子

地方财政因子的得分与地方财政收入、地区生产总值、财政支出这三个指标值的大小有关，并且与上述指标具有正相关关系，相应方差贡献率为 54.769%。现行衡量财政能力的主要方法有经济总量评价法、收入评价法、综合评价法等，上述三个地区财政指标均为综合评价法中的主要指标，对地方财政能力的评估具有一定的代表性。因此该因子可以反映地方财政能力等，记为 M_1。

2. PPP 项目因子

PPP 项目因子的得分与 PPP 入库金额（亿元）和 PPP 项目的落地情况这两个指标值具有正相关关系，并且相应方差贡献率达 40.658%，反映了 PPP 落地项目水平，记为 M_2。

将上述得到的两类因子通过下面的公式进行计算，得到的结果即可反映各地 PPP 项目的分布情况。

$$M=A\times M_1+B\times M_2$$

其中，A、B 为 M_1、M_2 相应的方差解释率，分别为 54.769、40.658。

（四）因子分析结果

将上述数据代入公式计算，得到各样本区内 PPP 项目区域分布因素综合得分（见表 3）。各地区地方财政因子和 PPP 项目因子得分越高，表明该因子衡量的指标发展越好，而综合得分的高低取决于地方财政因子和 PPP 项目因子得分的综合情况，结果越大，一般来讲，表明两个指标的发展状况越好，匹配程度也越高或者单项指标发展突出。

表 3 各区域综合得分

地名	地方财政因子	PPP 项目因子	综合因子得分
安徽省	-0.137 21	0.636 53	0.192
北京市	0.900 09	-1.206 43	0.003

续表

地名	地方财政因子	PPP 项目因子	综合因子得分
福建省	-0.048 99	0.012 62	-0.023
甘肃省	-0.760 02	-0.516 88	-0.656
广东省	3.425 83	-0.139 12	1.907
广西壮族自治区	-0.310 93	-0.390 29	-0.345
贵州省	-1.152 13	2.031 25	0.204
海南省	-0.955 8	-0.790 52	-0.885
河北省	0.166 91	0.342	0.242
河南省	0.183 37	1.570 67	0.774
黑龙江省	-0.304 76	-0.850 36	-0.537
湖北省	0.134 68	0.597 85	0.332
湖南省	0.025 12	0.657 81	0.295
吉林省	-0.589 5	-0.320 19	-0.475
江苏省	2.237 43	0.227 7	1.381
江西省	-0.248 67	-0.077 05	-0.176
辽宁省	0.040 74	-0.908 51	-0.364
内蒙古自治区	-0.455 55	-0.109 17	-0.308
宁夏回族自治区	-0.970 38	-0.964	-0.968
青海省	-0.989 11	-0.977 54	-0.984
山东省	1.169 76	1.574 2	1.342
山西省	-0.601 98	0.158 17	-0.278
陕西省	-0.300 53	-0.066 12	-0.201
上海市	1.409 05	-1.842 47	0.024
四川省	0.171 39	1.449 68	0.716
天津市	-0.185	-1.080 84	-0.567
西藏自治区	-0.956 31	-1.131 38	-1.031
新疆维吾尔自治区	-0.781 12	0.612 4	-0.187
云南省	-0.870 83	1.787 51	0.262

续表

地名	地方财政因子	PPP 项目因子	综合因子得分
浙江省	0.802 47	0.832 49	0.815
重庆市	-0.048 04	-1.120 03	-0.505

三、我国 PPP 项目地区分布的聚类结果分析

（一）地方财政因子聚类分析结果

表 3 中结果显示，各地财政能力差异明显，广东、江苏、山东、上海等省级行政地区地方财政因子结果大于 1，表明上述我国几个省份地方财政能力表现良好；结果小于 0 的有安徽省、福建省等 19 个省，地方财政能力表现不佳。通过聚类分析得到表 4。由聚类结果推知，结果为第一档的省份地方财政能力突出，与其他省份地方财政具有明显差距，第二档次之，第三档内各地区地方财政能力表现一般。

表 4　地方财政聚类结果

类别	区　域
第一档	广东省、江苏省
第二档	北京市、山东省、上海市、浙江省
第三档	安徽省、福建省、甘肃省、广西壮族自治区、贵州省、海南省、河北省、河南省、黑龙江省、湖北省、湖南省、吉林省、江西省、辽宁省、内蒙古自治区、宁夏回族自治区、青海省、山西省、陕西省、四川省、天津市、西藏自治区、新疆维吾尔自治区、云南省、重庆市

（二）PPP 项目因子聚类分析结果

PPP 项目因子得分超过 1 分的有贵州省、河南省、山东省、四川省、云南省 5 个省（自治区、直辖市），上述地区 PPP 项目落地数量多、总投资额较大，表明 PPP 项目在上述区域发展迅猛；得分小于 0 分的有北京、上海、甘肃等 17 个省（自治区、直辖市），表明我国 PPP 项目因子区域差异较大。通过聚类分析得到表 5。由结果推知，结果为第一档的各省份 PPP 项目发展状况良好，第二档次之，第三档较差。

表 5　PPP 项目聚类结果

类别	区　域
第一档	贵州省、河南省、山东省、四川省、云南省

续表

类别	区 域
第二档	北京市、海南省、黑龙江省、辽宁省、宁夏回族自治区、青海省、上海市、天津市、西藏自治区、重庆市
第三档	安徽省、福建省、甘肃省、广东省、广西壮族自治区、河北省、湖北省、湖南省、吉林省、江苏省、江西省、内蒙古自治区、山西省、陕西省、新疆维吾尔自治区、浙江省

（三）PPP 项目区域发展情况及其原因分析

通过上述数据可知，我国 PPP 项目近几年来蓬勃发展，除了财政能力极为发达的上海、北京等地区以及财政能力发展缓慢的西藏自治区以外，其他各省（自治区、直辖市）都开始加大 PPP 项目的开发力度，但现实是我国 PPP 项目区域分布水平不够均衡。由表 3 得到的因子得分和排名可以看出，在全国 31 个省区样本中，有半数以上地区的 PPP 项目整体推进情况排名超过地区财政实力排名，并且地区财政实力相对排名落后的省份这种趋势更突出，这表明 PPP 项目确实是地方用于缓解财政压力的重要融资手段中之一。

但并不是所有的省区都需要通过推行 PPP 项目来达到融资目的，发达地区在这方面的表现更为突出。一方面，这些地区具有较优质的财政实力，不需要大量融资满足财政支出，而且这些地区的政府愈加注重财政风险，避免不合理的融资模式对地方财政造成危机。另一方面，这些地区对公共领域的投入已经基本完成，需要满足的需求缺口有限，因而对 PPP 项目的引入以及 PPP 项目的整体水平产生影响。例如，在 31 个省区样本中，财政能力表现突出的广东、上海、北京等地 PPP 项目整体推进情况不佳。整体而言，地区 PPP 项目整体推进情况和地区财政实力的匹配度较差，PPP 项目中的参与者在对 PPP 项目进行选择的博弈中，政府的趋向占主导地位。

上述聚类分析结果显示，PPP 项目因子聚类结果为第一档的几个省份中，贵州、云南等地的财政能力表现最差，河南、山东、四川等地的财政能力和 PPP 项目整体推进情况匹配良好。贵州、云南等欠发达地区由于拥有较多的贫困区域，在过去的几十年间受到国家各项政策支持，加之各地区自身的努力，保持着较高的经济增速。但在城市建设、基础设施投入等领域，这些地区还有很大的缺口需要填补，PPP 项目的引入一来迎合了地方较高固定资产投入的趋势，还能有效缓解地方的发展障碍，同时由于中央政策倾斜，PPP 项目的发展也愈加迅速。而河南、山东、四川等地经济发展较快，地方财政实力较强，所以为配合地区经济的发展，在基础设施等公共领域会加大投资，PPP 项目的发展与这部分地区的经济发展水平具有重要联系。因此在 PPP 项目的选择过程中，社会资本所考虑的地域标准能够适度向国家政策支持和经济发展热度的地区倾斜。

（四）导致 PPP 项目区域分布特征的其他原因分析

导致 PPP 项目的地区分布差异的因素众多，除上述讨论过的财政因素以及较为明显的政策因素外，PPP 项目自身的特征也是影响其分布差异的重要原因。由于选取 PPP 项目时政府为主导因素，PPP 项目有明显的行业限制，这是其重要特征。为了探讨 PPP 项目在行业上的分布与地方财政能力的关系，我们选择 PPP 项目发展突出且财政能力相对较强的山东省为例进行探讨。截至 2020 年 3 月底，项目库中山东省分行业累计项目数和投资额如图 3 所示。

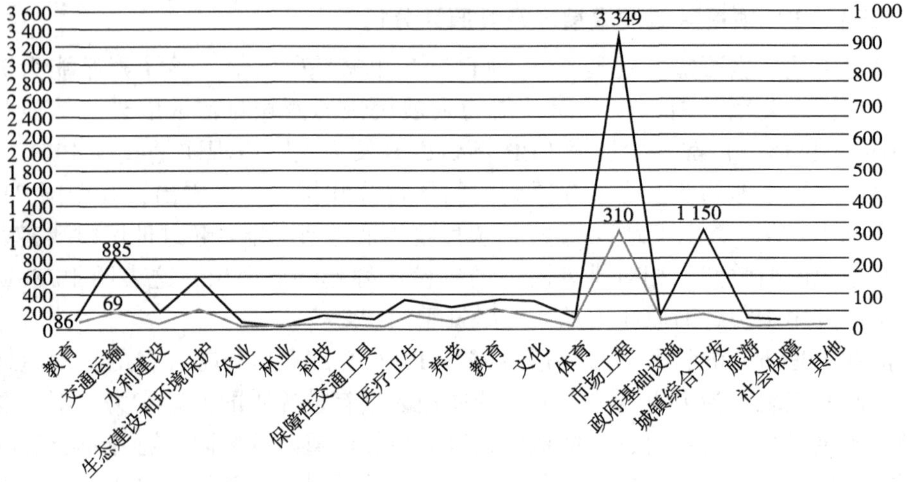

图 3　2020 年 3 月山东省 PPP 发展状况图

图 3 数据显示，有些行业的 PPP 项目数和投资额远超其他行业。在投资额方面，排名前三的行业累计投资额占到总项目投资额的 65%；在项目数方面，排名前三的行业累计项目数占到总项目数的 57%。可以说，PPP 项目分布的领域存在明显的行业集中现象。把山东省 PPP 项目分布在各行业的项目数和投资额进行数据汇总，通过聚类分析，将上述行业分为三档，具体结果如表 6 所示。

表 6　PPP 各行业聚类结果

类别	行　业
第一类行业	市政工程
第二类行业	交通运输、生态建设和环境保护、城镇综合开发
第三档行业	能源、水利建设、农业、林业、科技、保障性安居工程、医疗卫生、养老、教育、文化、体育、政府基础设施、旅游、社会保障、其他

通过比较平均值我们可以得到，在上述结果中，对于第一类行业，即市政工

程，PPP 项目数最高，投资额巨大。一是市政工程作为民生领域的重要部门，是各省市地区城市居民的共同需求，地方政府和社会资本在选择 PPP 项目时面对较大的市场需求和市场缺口，市政工程毫无疑问成为地方 PPP 项目的首选；二是各地区对市政工程项目存在较大的市场需求，以往市政公共物品和服务由政府单一提供，使得地方财政在该部分的投入较大，地方财政压力得不到缓解。PPP 项目向市政工程的应用，不仅能使地方政府选择的空间增大，而且会使地区项目得到中央及各部委相应的公共政策支持和资金支持，从而能够保证其有较大的发展。对于第二类行业，PPP 项目居中，投资额居中，各行业间 PPP 项目分布差距较小，其中生态建设和环境保护多集中于国家规定的综合治理区域，地区分布存在较大差异。交通运输行业是重要的基础设施领域，受国家政策的影响，PPP 项目在该行业的投入较多。此外，由于交通具有地区联动作用，该行业成为地方政府在选择 PPP 项目时仅次于市政工程的重要考虑方向之一。而城镇综合开发行业对促进土地开发、改造城市职能具有重要意义。总而言之，上述三类行业受国家政策的影响较大，对地方财政能力要求加大，PPP 项目在该类行业的应用常常需要多个地区的协同。对于第三类行业，PPP 项目数最少，投资额相对较少，各行业间 PPP 项目分布差距较大，地区对项目的选择主要依赖于地方需求以及地方各自的区位优势。

PPP 项目在该类行业的应用是地方政府对该类行业的重要调节手段，因而各地 PPP 项目在第三类行业的分布差异明显。

四、结论

经过上面对 PPP 项目发展状况的论述以及对数据的聚类结果分析，我们可以得到地区 PPP 项目整体推进情况和地区财政实力的匹配度较差，发展状况良好的地方政府未必会选择引入过多的项目，反而是发展状况较差的省份更愿意这种模式的引入，可以推知，PPP 模式对于改善地方财政收支以及地方公共设施建设能够起到相当明显的作用。可以说，当下的地区 PPP 项目分布特征在一定程度上是因地方财政能力造成的。这也从另外一个方面提醒我们，PPP 模式的大量引入也会给地方财政带来更多的预算外支出，如果不能很好地监控或者界定地方政府的这部分支出，则可能会增加地方财政风险，不利于中央对地方财政风险的把控，同时也不利于地方财政的发展。

当然，地方财政能力并非决定 PPP 项目地区分布的唯一原因，政策的不同导向性也会促使 PPP 项目在一些地方聚集，一些政策支持的地区更愿意选择这种模式推动地方发展，但这在整个 PPP 项目发展领域所占的比重并不大。同时，PPP 项目的地区分布还展现出较明显的类别特征，决定 PPP 项目类别分布特征的地方资源分布与公共需要等指标在具体的选择中也可以纳入地方财政能力综合分析中。从前面的论证中我们便可以了解到，某些行业在整个 PPP 行业中占据着重要比重，一来 PPP 模式的引入极大地促进了这些行业在地区的发展，二来 PPP 模式也十分依赖于这些行业，才能使其在全国范围内得到普遍应用。这些行业都拥有与地域相关的行业特征，当然，这些特征也在与地方财政能力的相互作用下共同影响了 PPP 模式的地区分布特征。在这些因素以外，为了区域统一发展，或者是为了协调治理，在中央划定的某些区域进行统一的项目选取，这些项目的选取对于地方的发展来说意义重大，这些项目因此也愈发受到项目参与者共同的青睐。

可见，影响 PPP 项目区域分布不均衡的客观因素众多，是否需要保持各地区协同发展还需要进行客观评估，并针对地区需要以及各地区的区位优势进行适宜的调整。随着我国对外开放程度的不断扩大，受政策扶持的地区以及对外开放的地区将有更多的公共项目需要开展，不仅如此，部分地区与外资合作的机会加大，项目的参与者双方将更加多元，地区间的差异将不仅受到地区特征的影响，外来因素也将对项目的区域特征产生不同程度的影响。目前来讲，PPP 项目区域分布特征在未来的一段时间内不会发生明显转变，对社会资本来说，尊重市场规律的同时保持积极主动的态度，对于 PPP 项目的建设更加有利。PPP 模式在地区间分布不均衡虽然不利于各地均衡发展，但也是市场规律的重要体现，对市场的人为干扰不见得会利于地区发展，我们能做的是利用现有的规律，做出最有利于地区发展以及 PPP 项目发展的安排。最后，我们也看到了 PPP 模式对于地方发展的优越性，相信在今后的一段时间，这种模式会对我们的地方建设发挥更重要的作用。

参考文献

[1]王岭,闫东艺,周立宏．财政负担导致基础设施 PPP 项目“落地难”吗?:基于城市面板数据的实证分析[J/OL]．财经论丛,2019(8)1-10.

[2]王星,包雅钧．经济新常态下我国 PPP 模式的财政效应分析及政策建议[J]．现代管理科学,2017(7):27-29.

[3]王悦．PPP 模式对地方政府财政可持续性的效应研究[D]．北京:首都经济贸易大学,2017.

[4]卢涛．PPP 模式地方财政推进和管控政策初探[J]．市场周刊(理论研究),2016(12):88-89,87.

[5]李红娟．财政支持 PPP 模式动因与路径探析[J]．地方财政研究,2014(9):13-17.

[6]白璐璠,王春成．PPP 模式与地方公共财政负债管理[J]．中国财政,2014(14):43-45.

[7]尚元君,殷瑞锋．美国财政能力衡量方法述评[J]．中国财政,2009(4):67-69.

[8]杨丽花,王喆．私人资本参与 PPP 项目的影响因素分析:基于亚投行背景下的经验分析[J].亚太经济, 2018(01).

[9]刘穷志,彭彦辰．中国 PPP 项目投资效率及决定因素研究[J]．财政研究, 2017(11).

[10]乔虹．我国各省份 PPP 模式推进效率测度研究:基于 AHP 分析法[J]．财经论丛, 2017(9).

[11]马恩涛,李鑫．PPP 政府债务风险管理:国际经验与启示[J]．当代财经, 2017(7).

[12]凤亚红,李娜,左帅. PPP 项目运作成功的关键影响因素研究[J]. 财政研究, 2017(6).

[13]马恩涛,李鑫. 我国 PPP 项目落地率及其影响因素研究[J]. 经济与管理评论,2019,35(2):32-43.

[14]顾书晗. PPP 模式财政风险问题及对策分析[J]. 经贸实践, 2017(24):261.

[15]任志涛, 高素侠. PPP 项目价格上限定价规制研究:基于服务质量因子的考量[J]. 价格理论与实践, 2015(5):51-53.

[16]杜亚灵, 王垚. PPP 项目中信任的动态演化研究[J]. 建筑经济, 2012(8):28-33.

[17] PHOTIS M. Panayides, Francesco Parola, Jasmine Siu Lee Lam. The effect of institutional factors on public-private partnership success in ports[J]. Transportation Research Part A, 2015,71.

[18] GALILEA P, MEDDA F. Does the political and economic context influence the success of a transport project? an analysis of transport public-private partnerships[J]. Research in Transportation Economics,2010,30(1).

数字经济理论与实践

无人经济：缘起、内涵与应用模式

陈明生　王善迪*

摘要：探索从生产工具、机器、生产流水线到无人工厂这个机器或技术系统替代人力的发展过程，可以找到无人经济出现和发展的动力机制。借鉴已有学者的研究成果，无人经济可被定义为：以信息技术、人工智能、生物识别等现代技术为基础，在生产经营某些相对独立环节利用技术系统完全替代人力的经营形态。根据所运用技术的先进性程度和技术系统替代人力的程度，广义的无人经济可划分为传统少人经济、传统无人经济、现代少人经济和现代无人经济。权衡成本和收益，当前无人经济的应用重点是在技术相对成熟、生产组织方式更加完善的子系统上实现技术系统对人力的完全替代。

关键词：无人经济；内涵；生产工具；技术系统

一、引言

2016 年底亚马逊在西雅图开设了无人超市 Amazon Go 体验店，无人经济的概念被提出。此后，多种行业的各种无人经济形式取得了迅速发展。我国的无人经济主要在零售、娱乐、生活、健康等领域得到较快发展，除涌现大量规模较小、运作方式较简单的无人便利店、无人货架、娃娃机、无人按摩椅等无人经济形式外，也产生了像京东 X 无人超市、阿里淘咖啡等运用大量先进技术的无人经济形式。虽然无人经济有多种表现形式，但社会更多地把无人经济看作是人工智能、信息技术等当前最新科技的应用模式，并予以高度关注。

因缺乏相应的理论指导，当前我国无人经济的发展具有一定的自发性和很大的盲目性：无人经济进入的领域狭小，技术运用尤其是技术整合很不成熟，商业模式单一并导致同质化竞争激烈，成本高，未能形成稳定的盈利模式，无人经济地位不明，政府监管缺失，等等。这些问题如不及时解决，将导致已经进入的大量资本难以获得收益，更会损害无人经济发展的前景及社会对无人经济的信心。

建立在最新科技发展成果基础上的无人经济的出现仅有两年左右的时间，学者们的相关研究刚刚起步，对无人经济进行直接研究的成果非常匮乏。国外学者有一些关于无人机应用的经济收益[1][2]和经济前景及影响[3][4]、无人驾驶船的经

* 陈明生，教授，中国政法大学商学院；王善迪，政治经济学专业研究生，中国政法大学商学院。

济收益[5]的研究。在国内，中国知网上还未能检索到 CSSCI 收录的研究无人经济的学术论文；其他论文方面，江瀚[6]、孙晓鸥[7]、朱可意[8]等简单研究了无人经济的内涵、模式、发展空间和发展趋势。作为新鲜事物的无人经济，需要学术界对其内涵进行准确的界定，并对其运行规律展开深入的研究。本文拟在研究人类社会机器或技术系统替代人力的历史过程的基础上，探索无人经济出现和发展的原因，科学界定无人经济的内涵，并对当前无人经济应用的重点进行研究。

二、人类社会机器或技术系统替代人力的发展过程

无人经济并不是凭空出现的，其发展也并非无迹可寻。马克思在谈到机器时认为，机器代替工人而具有技能和力量[9]，这种机械装置所替代的不是某种特殊工具，而是人的手本身[10]；无人经济从根本上说是机器或技术系统替代人力的新的表现形式。梳理人类社会发展过程中机器或技术系统替代人力的历史，总结每一次重大变革发生的原因、表现形式和影响，将对无人经济出现和发展的研究提供重要的启示。

（一）人类社会机器或技术系统替代人力的发展过程

1. 生产工具的出现和使用

任何机器或技术系统本质上都是人类的生产工具。因此，我们对无人经济的发展史进行溯源需要追溯到生产工具的出现。生产工具的出现经历了漫长的过程：地理环境的剧烈变化，原本栖息在树上的类人猿下到地面生活，渐渐直立行走，猿手逐渐得到进化；类人猿从长期使用天然工具（如树枝、石块等）发展为制造工具，从而进化成为人。人被视为“制造工具的动物”[10]，生产工具将人和动物区别开来。人手的劳动功能部分向工具转移[11]，对人类的生存和发展具有重大意义：人类制造和使用生产工具提高了获得食物、利用自然和改造自然的能力，使人的营养状况得到改善，促进了人脑和身体的发展，积累了劳动经验和知识，推动了更先进的生产工具出现。

2. 机器的出现

生产力的发展推动了人类劳动经验和知识的积累，使科学技术和生产组织形式得到发展，工场手工业开始出现并在 16 世纪以后发展迅速。在工场手工业里，很多工人集中在一起进行劳动，推动了工场内部分工的出现和发展，引起了劳动工具的简化、改进和多样化，创造了机器产生的物质条件。[10]为生产更多剩余价值，作用于劳动对象的工具逐渐从人手里转移到了机构上，机器就代替了单纯的工具[10]，并且有组织的机器体系代替了独立的机器[10]。机器体系的应用和发展很大程度上取代了人体运动系统（骨骼系统和肌肉系统的总和，包括手）的劳动功能[11]，极大地减轻了人的工作负担，提高了生产效率，并推动了人类自身能力的发展。

3. 生产流水线的出现

生产流水线的出现并不是生产工具进化史上的伟大变革，但它的出现对于劳动效率提高和经济社会发展的意义可能不亚于一次科技革命。1913 年，福特在以零件的可互换和标准化、制造的严格同时化以及协作为特点的“美国制造体系”[12]的基础上，设计和建立了人类历史上第一条生产流水线以生产“T 型车”：利用机械化方式生产出标准化的零部件；把生产和组装任务分割成最小的单元和简单的操作，配以明确的操作规范；用传动带等结构和组织体系把各生产和组装任务连接起来，辅以垂直化、集权式的管理体系。生产流水线极大地提高了生产的效率，福特公司在 1906 年时汽车年产量为 100 辆，到 1921 年时每分钟能生产 1 辆汽车，而到 1925 年，平均每 10 秒钟就能生产 1 辆汽车。[12]生产效率的大幅提高使生产单位产品所需的劳动力大幅减少，其实质是有组织的机器体系替代了大部分的劳动力。生产流水线的出现和发展奠定了无人工厂出现和发展的基础。

4. 无人工厂的出现

无人工厂可以溯源到 1952 年美国福特汽车公司在俄亥俄州的克里夫兰建造的生产发动机的全自动工厂。[13]1984 年 4 月 9 日，世界上第一座实验用的真正的无人工厂在日本筑波科学城建成，并开始试运转。[14]可以看出，在生产流水线体系的基础上，伴随着技术进步，工厂实现了自动化生产，机器人、计算机、电子技术的发展最终导致无人工厂的出现。而人力的缺乏、人力成本的上升，是导致无人工厂出现的直接动力。[14]随着信息技术、人工智能、生物识别技术的发展，无人化生产和经营进一步拓展了其广度和深度，无人码头、无人驾驶、无人农业等相继出现，无人化经营甚至开始进入传统上被视为劳动密集型产业的服务业，无人经济呼之欲出。

（二）机器或技术系统替代人力的动力机制

根据上述对机器或技术系统替代人力发展过程的梳理，我们可以清晰地发现推动生产或经营过程无人化的经济力量；机器或技术系统的发展并在不同程度上替代人力是经济运行供给侧变革和需求侧变化共同作用的产物。

在供给侧方面：①技术进步是推动机器或技术系统替代人力进程的基本动力。②分工发展是推动机器或技术系统替代人力进程的前提。复杂的需要人脑控制的劳动过程被分割成简单的操作和工序后，才可以分别由工具、机器来完成这些简单的操作和工序，并通过一定的方式把这些操作和工序组合起来。③生产组织方式的发展是推动机器或技术系统替代人力进程的条件。被分割的简单操作和工序的重新连接和组合既需要一定的物质形式，更需要高效的组织方式和组织体系，规范化、标准化、程序化是生产和经营走向无人化的基本要求。④成本驱动是推动机器或技术系统替代人力进程的直接动力。

在需求侧方面：改善生存发展条件、追求更加美好的生活是人们改进生产工具的原动力，而改进生产工具和生产条件又是人们改善生存发展条件和提高生活质量的前提条件。正是为了应付恶劣的环境、获得生存必需的食物，才迫使类人猿拿起天然工具，迫使人类制造和使用工具；而机器、生产流水线等的出现导致生产效率得到根本性的提高，人们获得更多、更优质消费品的追求才成为现实。当前，一些人尤其是年轻人消费需求的多样化、便利化（随时随地获得消费）、体验性等特点为无人经济的发展创造了巨大的空间。

三、无人经济的内涵

（一）无人经济及相关概念内涵界定研究的梳理

当前学术界对无人经济或相关概念（如无人工厂）的内涵已有一些初步研究，梳理这些研究成果对准确界定无人经济的内涵具有重要的意义。

在无人工厂的内涵界定方面，赵殊颖①、刘冠军、邢润川[15]等对无人工厂下过定义。无人经济的概念被提出后，一些学者如江瀚[6]、孙晓鸥[7]等探索了无人经济的内涵，一些新闻媒体[16][17][18]也提出过无人经济的定义。这些定义基本都是从具体现象的角度出发，认为无人经济（工厂）是指经营（生产）现场无人值守的经济形式（为了方便，本文将这种定义称为“现场无人值守”视角的无人经济定义）；有些定义也提到了无人经济（工厂）对于先进技术的要求。

“现场无人值守”视角的无人经济定义明确指出了无人经济的“无人”特征，而且由于无人经济并非生产经营过程，不需要任何人员进行操控、管理，因此，该定义将“无人”的领域设定为生产或服务“现场”，这些界定对人们认识和理解无人经济是有意义的。但该定义也存在较大的问题：

首先，该定义并不明确和准确，“现场”和“无人值守”都是相对模糊的概念。我们知道，无人经济在运行过程中需要不少人员参与生产经营过程，除了研发设计人员和技术人员之外，还需要管理人员，而配送人员、监督人员、清洁人员等也经常进入“现场”。这样，在何种状态下现场“无人值守”才算是无人经济？此外，很多无人经济形式可能有控制人员在监控生产经营过程，那“现场”和“非现场”的界限又在哪里？

其次，该定义的外延过于狭窄，可能会限制无人经济的范围。根据该定义，只有现场绝对无人才算无人经济，这样就将一些所谓的“少人经济”排除在无人经济的范畴之外了。而且“现场无人值守”视角的无人经济定义将无人经济限制在经营（生产或交易）领域，一些自用的无人化产品或体系，如无人驾驶汽车就被排除出了无人经济的范围，虽然无人驾驶汽车等能否被认定为无人经济形式还需要进一步研究，但现在就绝对地将其排斥出无人经济的范围恐怕是武断的。随着信息技术、人工智能技术等的发展，相信越来越多的无人经济的新形式

① 该定义引自刘晓莹、宁芝：“走进无人工厂，感知三十年的过往”，《科技日报》，2014 年 4 月 10 日。

将会出现，“现场无人值守”视角的定义将越来越不能适应无人经济发展的需要。

最后，“现场无人值守”视角的定义会导致不利于无人经济应用和推广的后果。无人经济可以节省人力成本，但必然导致非人力成本的增加，无人经济代替有人经济的前提是节省的人力成本大于增加的非人力成本。在无人经济发展初期，由于无人经济的应用模式很不成熟，导致经营成本较高，企业从探索未来有前途的经济模式的角度，可以接受一定程度的亏损。但无人经济应用模式走向成熟可能需要较长时间，而多样化新模式的探索需要更长时间，追求现场的绝对无人化可能导致企业经营成本居高不下而使企业处于亏损状态。无人经济的应用和发展应遵循循序渐进的原则，盲目追求现场的绝对无人化，盲目应用最先进的无人化技术，可能反而不利于无人经济的发展。

（二）无人经济的内涵

撇开生产的特定社会形式，生产经营过程就是劳动者利用生产资料进行劳动的过程。生产资料是生产力发展水平的客观尺度，是区分社会经济时代的物质标志。正如马克思所说的，各种经济时代的区别，不在于生产什么，而在于怎样生产，用什么劳动资料生产；生产资料中起决定作用的又是生产工具，生产工具将人与动物区别开来，且更能显示一个社会生产时代的具有决定意义的特征，生产工具还是人类劳动力发展的测量器。[10]因此，确定无人经济的本质属性应从生产工具的视角出发。

正如我们前面所揭示的，无人经济的出现是生产资料尤其是生产工具变革的结果。生产工具的出现和改进使人的劳动功能向工具转移，从而减轻人的工作负担。机器出现后，进一步替代了人的技能和劳动能力；随着机器发展为自动的机器体系，工作机不再需要人的帮助就能完成加工原料所必需的一切运动，而只需要人从旁照料。[10]技术的进一步发展，尤其是电子技术、信息技术、人工智能等技术的发展，机器或技术体系替代人力达到了很高的程度，于是在生产或经营的一些相对独立、相对自成体系的环节，实现了机器或技术系统对于人力的完全替代，此时可能就不再需要人员在现场值守。从本质上看，无人经济就是技术进步和生产工具体系发展到一定程度，机器或技术系统实现了对人力的替代。

在生产经营某些相对独立环节实现机器或技术系统对人力的替代，必然使企业和产业的经营形态发生变化。产业或企业的经营形态即业态[19]，包括营业形态（消费者可见的经营的外部表现形式，如位置、购物环境、服务态度等）和支持营业形态的企业内部系统[20][21]。信息技术、人工智能等先进技术的应用，以及生产经营过程中人力的大幅减少，尤其是经营现场人力被完全替代，使得生产经营的组织结构、生产要素的配置方式、组织运行的程序、制度、文化等发生巨大变化。无人经济的出现意味着产生了产业或企业的新的经营形态。

综上，无人经济可以被定义为：以信息技术、人工智能等现代技术为基础，在生产经营某些相对独立环节利用技术系统完全替代人力的经营形态。

四、无人经济的应用模式

探索无人经济的历史沿革、运行规律和内涵，直接目的是探寻无人经济更好的应用模式。

（一）无人经济的分类

探寻无人经济的应用模式，需要进一步细化对于无人经济的研究，例如，对无人经济进行分类，研究无人经济的不同表现形式。对无人经济进行分类，需要确定科学的分类标准。基于本文前面的分析，无人经济的本质属性有两点：一是以信息技术、人工智能、生物识别等现代先进技术为基础；二是在生产经营的某些相对独立的环节，利用技术系统完全替代人力。因此，我们以所运用技术的先进性程度（从不用任何先进技术到运用最先进的无人化技术）和技术系统替代人力的程度（从较少子系统的无人化到众多子系统的无人化）为坐标，对无人经济进行分类。无人经济可以被分为传统少人经济（第Ⅰ类）、传统无人经济（第Ⅱ类）、现代少人经济（第Ⅲ类）、现代无人经济（第Ⅳ类）（如图1所示）。

在无人经济的两个本质属性中，在生产经营的某些相对独立的环节利用技术系统完全替代人力是更加重要的属性，我们把基于该属性而确定的经营形态称为广义的无人经济，而同时满足无人经济另一个本质属性，即以信息技术、人工智能、生物识别等现代技术为基础的无人经济形式确定为狭义的无人经济。广义的无人经济包括上述全部四类无人经济形式，无人值守的蔬菜摊、水果摊、无人工厂等都是广义的无人经济的范畴；2016年底以来，在零售、生活、娱乐和健康等领域大量出现的无人经济形式，如无人货架、娃娃机、无人按摩椅等，也属于传统无人经济的范畴；而阿里的无人超市、京东的X无人超市和亚马逊的Amazon Go等，均属于现代无人经济的范畴。

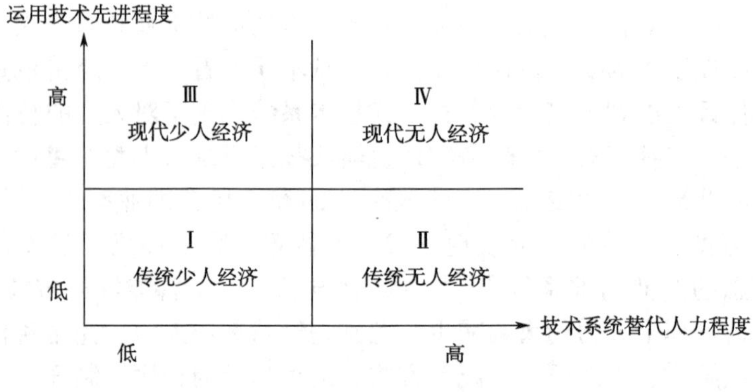

图1　无人经济的分类

根据生产经营中已经实现了技术系统对于人力完全替代的子系统数量的多

少，可以将无人经济划分为无人经济和少人经济。我们可以借鉴“现场无人值守”这个范畴来区别无人经济和少人经济。无人经济是相对自成体系的生产现场或经营现场不需要人值守的无人经济形式，如不需要任何人照看的超市、无人货柜、无人按摩椅等。“现场无人值守”不太适合用来定义无人经济，但可以用来界定无人经济的无人化程度。除了现场无人值守的无人经济，其他无人经济形式都可以被界定为少人经济。

（二）当前无人经济应用的重点

兼顾长期和短期视角，无人经济的应用模式应该同时考虑当前的盈利和未来的发展空间。为了实现盈利目标，无人经济的应用应该权衡成本和收益，在先进技术使用程度、技术系统替代人力的程度方面找到最合理的配置方式。无人经济的发展空间，从长期来看，根植于这种经济形式能否适应生产力的发展和社会的需要；而从短期来看，则要看已经采用的无人经济的应用模式能否随着技术的进步和消费者需求的变化而进行调整，能否以较低成本实现模式的边际改良。

无人经济的盈利问题是社会关注的焦点问题之一。从当前的情况看，虽有媒体报道过有的无人经济形式已经实现盈利[22]，但盈利难确实是当前无人经济发展面临的最大难题之一。无人经济在人力成本及场地成本方面的节省有时可能难抵增加的商务拓展费用、技术和系统费用、无人化系统使用成本（如在商品上贴标签的成本等）、供应链成本、监管成本、清洁费用、货损成本等。

我们可以在与有人值守经济的对比中全面评估无人经济应用的成本和收益变化。在收益变化方面，无人经济最主要的收益来自于人力成本的节省，随着我国劳动力成本的不断提高，人力成本节省的优势会随着时间的推移而显得更加重要。其次，无人经济由于不受人的生理需要（如睡眠）的限制，可以全天二十四小时营业，在不增加额外支出的情况下延长了营业时间，事实上节省了单位商品的经营成本。最后，无人经济减少了人力的使用，使得经营场所可能不再需要考虑人工作所需的空间、合适的温度湿度条件等，因此，无人经济可以节省场地成本。

在成本变化方面，利用技术系统替代人力将增加非人力成本的支出，主要是技术系统的费用、使用技术系统的费用以及配套费用。人在生产经营过程中不但是劳动的主体，还是经营过程的监督主体（劳动者之间相互监督，对购买者和其他人行为的监督，这种监督有利于减少机会主义行为）。无人经济的技术系统不但要能够替代人的劳动，还要有监督功能，以抑制和减少机会主义行为，这会导致技术系统更加复杂，成本更高；而且技术系统并不能根除机会主义行为，这会导致较高的物损成本。此外，技术进步程度、与分工发展程度相适应的生产组织方式的发展程度也会极大地影响无人经济的应用成本。

人们的需求特点也会影响无人经济的成本收益情况。一方面，无人经济的自助体验消费无疑会吸引年轻人的关注和消费，使无人经济有自己稳定的顾客群；

另一方面，技术系统替代人力之后缺少了消费过程中消费者与劳动者之间的情感交流，使部分消费者排斥无人经济，而且自助消费的知识也不是任何人都具备的。总体而言，无人经济和有人值守经济的目标顾客有所不同，可以实现错位竞争，适应和满足各自目标顾客的需要，两者在经营对象相同或相近时有一定的竞争性。从无人经济推广发展的角度，无人经济应该尽可能吸引更多的顾客，满足更多群体的消费需求，这样就要综合考虑不同消费者的需求特点。

综上所述，当前无人经济处于探索、试验和推广的过程中，无人经济可以有不同的应用模式，但也应找到适合当前条件的无人经济应用模式。权衡收益和成本，当前无人经济在应用时不应追求经营过程中绝对的无人值守，而是在技术相对成熟、生产经营各环节更加完善的子系统上实现技术系统对于人力的完全替代，从而降低技术系统成本、监管成本和物损成本。例如，在超市里，可以先实现收银系统无人化，而为了适应不同年龄、知识层次的人群，可以留下1~2个人工收银通道。随着技术和生产组织方式走向成熟，逐渐在更多的子系统上实现无人化，这种改良和调整的成本也不会太高。总之，社会和企业应将无人经济发展的重点放在“少人经济”上，而不是不计成本、不切实际地追求经营现场的完全无人化。在经过一段时间的实践和探索之后，无人经济的实践者对于无人经济的本质和合理应用问题也有了更清晰的认识，而不再跟风于“无人”的概念。猩便利联合创始人司江华将其旗下智能便利店定位为少人、自助便利店，而不是无人便利店；简24创始人兼CEO林捷认为无人不是风口，但智能零售将永远是风口。[23] 当然，从探索的角度，有能力的企业应该试验各种模式，让不同类型的模式在试验和实践中走向成熟。

五、结论

推动无人经济的发展对中国经济增长动能转换、占领国际经济竞争的制高点具有重要的意义。梳理生产工具及生产体系的发展过程，即从生产工具、机器、生产流水线到无人工厂的发展过程可以发现：技术进步、社会分工及生产组织方式的发展，成本推动及人们需求的变化，最终推动了无人经济的出现和发展。已有研究更多的是从现场无人值守的视角定义无人经济，但这种内涵界定并不准确，且会导致限制无人经济范围和不利于无人经济应用的后果，无人经济本质上是机器或技术系统发展进而替代人力的最新表现，基于此，我们将无人经济的内涵界定为：以信息技术、人工智能、生物识别等现代技术为基础，在生产经营某些相对独立环节利用技术系统完全替代人力的经营形态。根据所运用技术的先进程度和技术系统替代人力的程度，可以将广义无人经济划分为传统少人经济、传统无人经济、现代少人经济和现代无人经济。现代少人经济和现代无人经济属于狭义的无人经济的范畴；根据生产或经营现场是否有人值守，将无人经济划分为无人经济和少人经济。权衡成本和收益，无人经济当前的应用重点应在技术相对成熟、生产经营各环节更加完善的子系统上实现技术系统对于人力的完全替代，而不是追求现场的绝对无人值守；在此基础上，有实力的企业可以积极探索无人经济应用的多种模式。

参考文献

[1]HACKENBERG D, et al. Unmanned aircraft systems demand and economic benefit forecast study [J]. AUVSI(Association for Unmanned Vehicle Systems International)Xpronential,30 Apr. 2018.

[2]IRIZARRY J. ,JOHNSON E.. Feasibility study to determine the economic and operational benefits of utilizing unmanned aerial vehicles (UAVs) [J/OL]. https://smartech. gatech. edu/handle/1853/52810.

[3]GRAVES B. Unmanned aircraft could make $82B economic impact by 2025[J]. San Diego Business Journal,2014,35(24):6.

[4] VILLASENOR J. Unmanned aircraft systems: key considerations regarding safety, innovation, economic impact,and privacy[J/OL]. https://www. gpo. gov/fdsys/pkg/ CHRG- 114shrg99424/pdf/CHRG-114shrg99424. pdf.

[5] KRETSCHMANN L, HANS - CHRISTOPH BURMEISTER, CARLOS JAHN. Analyzing the economic benefit of unmanned autonomous ships: An exploratory cost-comparison between an autonomous and a conventional bulk carrier [J]. Research in Transportation Business & Management,2017, 25:76-86.

[6]江瀚. 无人经济的发展道路在何方[J]. 理财,2017(12):13-14.

[7]孙晓鸥. 论“无人经济”的发展空间[J]. 全国流通经济,2017(30):64-66.

[8]朱可意. 共享经济和无人经济的制度逻辑与商业模式[J]. 商场现代化,2017(22):188-189.

[9]马克思,恩格斯. 马克思恩格斯全集:第46卷(下)[M]. 北京:人民出版社,1980.

[10]马克思. 资本论:第1卷[M]. 北京:人民出版社,1975.

[11]王师勤. 劳动工具演化论[J]. 上海社会科学院学术季刊,1986(4):51-56.

[12]王蒲生,杨君游,李平等. 产业哲学视野中全球生产方式的演化及其特征:从福特制、丰田制到温特制[J]. 科学技术与辩证法,2008(3):96-101.

[13]康琦. 无人工厂真的一个工人都没有吗[J/OL]. [2021-11-19]http://www. kepuchina. cn/2016zt/100000whys/02/201804/t20180409_571806. shtml0.

[14]刘晓莹,宁艺. 走进无人工厂,感知三十年的过往[N]. 科技日报,2014-4-10.

[15]刘冠军,邢润川. 科学价值:“无人工厂”之利润的真正来源:一种马克思主义劳动价值论角度的理解[J]. 科学技术与辩证法,2004(6):16-21.

[16]编辑部. “无人经济”风生水起,四类服务覆盖生活[N]. 新快报,2017-11-01.

[17]张璇,许舜达. “无人经济”来了,“有人经济”怎么办[N/OL]. [2017-10-31]. http://www. xinhuanet. com/2017-10/31/c_1121886064. htm.

[18]36氪研究院. 一榜看遍无人经济新风向[N/OL]. [2017-09-27]http://36kr. com/p/5099132. html.

[19]刘汝驹. 流通百科[M]. 台北:台湾金钱文化企业股份有限公司,1999.

[20]中村孝士. 零售商业展望[Z]. 日本零售商业协会,1982.
[21]雷瑾亮,王海花,王延峰. 融合生态学观点的业态与业态创新:兼论与商业模式的比较[J]. 上海管理科学,2014(6):50-54.
[22]韩玫. 无人便利店、无人按摩椅走进市民生活,“无人经济”时代已经到来[N]. 南方日报,2017-12-07.
[23]李冬. 电商红利消逝三巨头接连加码,无人零售盈利困局仍在[N]. 新京报,2017-12-21.

共享经济发展以及特征研究

刘婷文　王乾坤*

摘要：共享经济的本质在于降低交易成本，使原来不可交易的资源进入可交易的范围。共享经济不仅是通过共享平台来匹配供求双方从而降低交易成本、实现资源的最佳配置，还是一场认知盈余的革命。我们把共享经济分为共享经济的运行特征和共享经济的制度特征。共享经济的运行特征与制度特征的相互促进对共享经济的制度变革至关重要。互联网及移动互联网并不会自然而然地产生共享经济。历史上，重大商业模式变革或重大技术创新的使用都需要相应的制度供给。互联网技术、产能过剩、对共享平台的需求等都是客观存在的，能否把这些要素转变为共享经济，关键取决于制度供给。我国制度供给中存在的问题不利于共享经济的发展，能否满足共享经济对制度的需求是共享经济能否成功的关键。

关键词：共享经济；制度供给；交易成本

一、引言

如何推动形成以开放、共享为特征的经济社会运行新模式是摆在理论工作者面前的新课题。我们从制度层面探讨共享经济中的三个问题，共享经济的实质是交易成本最小化；共享经济是一场重大的制度变革，我们把共享经济分为共享经济的运行特征与共享经济的制度特征，没有相应的制度变革，共享经济就难以产生；发展共享经济的关键是制度供给。历史上，面对新的经济形态，我们注重技术和产业层面的发展而容易忽视相应的制度变革，当前，面对共享经济，我们必须注意制度变革的研究。

二、共享经济的实质

罗宾·蔡斯在《共享经济：重构未来商业新模式》一书中把共享经济定义为三要素，即产能过剩、共享平台、人人参与。它鼓励资源在更多的使用者之间共享；鼓励产品生产者与消费者直接对接；鼓励组织和个人合作，以提升经济配置的效率；鼓励人与人以互信的方式共处、生活。共享经济中企业估值增长非常快，Uber 和 Airbnb 当前估值已经分别达到 510 亿美元和 255 亿美元。布茨曼把“共享

* 刘婷文，副教授，中国政法大学商学院；王乾坤，西方经济学专业硕士生，中国政法大学商学院。

经济”分成三大类别，即共享或租借某种产品的信息平台、二手交易市场、共享技能。共享经济的价值在于：释放增长潜能、改变需求结构、降低均衡利率。

有学者表明，共享经济的本质特征是将闲散物品或服务在线下进行合理整合。这种观点只是流于共享经济的表面，并没有观察到其实质。历史进程中，如果产生一种新的经济形态或商业模式并得以推广普及，那么很大程度上是利用了制度创新而使得交易成本减少作为助推要素。科斯认为，企业的存在是为了节省交易成本，市场中的信息不对称、风险不对等使交易成本扩大，而企业的出现将市场交易范围缩小，这大大降低了交易成本。互联网出现以后，又产生了去中介化和再中介化的问题。现在所谓的平台经济就是以互联网为依托的组织形式，没有平台经济就没有共享经济。它类似于科斯当年所发现的企业，即企业的存在是为了节省交易成本一样，共享经济的出现也是一种使交易成本最小化的途径。只有当互联网特别是移动互联网发展壮大之后，共享经济才能在各行各业得以“蔓延”，才会对生产、交换、分配及消费等领域产生更加深刻的影响。

（一）共享经济的实质是交易成本的最小化

共享经济是如何使交易成本最小化的？正如科斯所说，许多潜在的交易由于交易成本过高而无法产生，而共享经济正是在交易成本降低的时间轴上产生的一类经济活动。正是因为网络技术的迅速发展大幅降低了经济活动的交易成本，从而使得共享租车这类共享经济得以萌芽。共享经济的本质是通过降低交易成本，将原来不可交易的资源引导进入可交易的领域。即使很多资源确实存在供需，但是交易双方相互匹配、讨价还价、订立合同等所产生的成本太高，无法使其顺利进入市场交易，便只能闲置，而移动互联网的出现缓解了这种情况，这些资源也顺利转变为“可交易的”，随之产生了不可估量的（共享）经济规模。正如科斯所言，技术因素同样会影响交易费用水平的高低，今天被广泛讨论的5G网络技术将更深刻地见证交易成本降低所带来的经济效益。搜集信息所产生的费用是构成交易费用的主要成分，而当网络发展确实降低了获取信息的成本后，便降低了交易费用。

共享经济对于经济的贡献便是它大大降低了信息不对称、交易成本，它是由互联网及移动互联网的形成带来的交易领域的变革。[1]市场主体的信用约束在大数据、机器学习的应用下得以加强，而社交网络的发展则助力其实现规模效应。互联网和大数据在降低企业交易成本中发挥了重要作用，正是由于互联网、大数据的“精准匹配”，更新、更大、更专业的社会经济价值被创造出来，并带来个体经济的强劲复苏。发达的通信技术帮助人们减少了获取价格信息的成本和比较的成本，尤为重要的是，使过去认为不可能存在的潜在交易转变为现实交易，并且解决了从人格化交换到非人格化交换的问题，使不同空间的陌生人之间的交易成为现实，解决了信息不对称中的一些问题。共享经济既不是科斯传统意义上的市场，也不是传统意义上的企业，即出现了“科斯地板”下新的经济模式。[2]

共享经济降低交易成本是通过制度和组织形式的变化而发挥作用的，互联网及移动互联网的技术创新以及组织形式的变化是共享经济产生的必要条件。“以租为主”代替“以买为主”成为消费者当下选择的主要方式，正是消费者发现了交易成本下降的规律，另外，组织形式也使得一部分企业去中介化和再中介化，这也正是共享经济模式创新的逻辑——促使个人与企业的雇佣关系转变为个人与共享平台的合约关系，这种具有共享属性的新合约可以大大降低交易成本。过去以企业作为劳动者和消费者中介的传统模式正不断被共享平台作为二者中介的新模式所取代，这种趋势也在不断扩大，不断挖掘移动互联网技术的潜力。互联网及移动互联网使马克思“自由人”联合体的构想在一定范围内得以实现，因此，共享经济预示着人类经济社会关系的重大变革。

（二）共享经济匹配供求双方降低交易成本，实现资源最优配置

共享平台不仅维持了传统市场中的交易功能，也拓宽了传统市场交易的范围，突破了传统市场交易的空间限制，这是对传统市场经济资源配置理论的一种扩充。如上文所述，共享平台的建立其实是去中介化与再中介化的过程，这些具备共享经济属性的公司并非直接拥有固定资产，而是利用大数据、互联网支付等技术手段精准地将供需双方进行最优匹配，促使双方进行交易，从中赚取佣金，达到三方收益的最大化。

市场交易可分为匿名市场交易与非匿名市场交易。价格机制是匿名市场交易发生的主导因素。股票市场的买卖行为便是很好的例证，它并不需要双方知道对方的身份等具体信息，只要价格符合双方预期，交易便随之产生。但是，诸如电信服务、医疗服务等非匿名市场交易中，供求双方需要了解对方的详细信息。这些交易在对象之间存在很强的单向性或双向选择性，促成交易达成的条件中，价格机制只是其中一环，而非价格机制将发挥关键作用，这就是现代经济学中兴起的匹配和市场设计理念。例如，可以设计中央匹配程序，把医院对病人的排序和病人对医院的排序结合起来，这种设计机制不但可以弥补市场自发匹配的不充分，还能提升市场运作效率。共享平台实际上也具备匹配机制的基本特征，供给者对需求者进行排序、需求者对供给者进行排序的过程大大地降低了交易费用。而对于起到再中介效应的公司而言，它们则扩大了规模效应。假如一个区域只有一两台车运营，肯定会让用户的体验大打折扣。可见，只有建立在一定体量的基数之上，通过信息交互、系统撮合，供求匹配才能更大概率地完成。经济学强调对专业化、分工的研究，而对交易的研究不够，移动互联网在一定程度上解决了供需双方信息不对称问题，这也会引起经济学研究的变化。

三、共享经济是一场重大的制度变革

（一）共享经济的运行特征

共享经济是利用通信网络和社会信任基础搭建共享平台，并由第三方创建的

市场平台而产生的互动交易机制。[3]人们不必是某个组织的成员，也可以个人身份加入到某个共享平台，在这个平台里把剩余的劳动力、剩余的生产工具的产能全部释放出来。分享经济平台是结构资本的创新。共享经济是暂时转移闲置资源使用权，整合线下的闲散物品或服务，并基于供求关系匹配陌生人交易的一种商业模式，创造了新的价值，它将成为未来世界经济增长的新动力。闲置资源的重复交易和高效利用是共享经济的主要表现形式，共享经济是“一次购买，多次出租”的经济模式在互联网、大数据条件下的体现，不断出现的共享平台将建立一个完整的商业生态系统。共享经济通过重复交易和高效利用大大降低了人类对资源的无效占用和环境的大肆破坏。

（二）共享经济的制度特征

传统经济对产权、规制及制度的设定要求与共享经济不一样，这也要求共享经济对产权、规制及制度的设定进行新的变革。共享经济条件下产权的变革主要表现在两个方面：一是交易成本越低，使得使用权更重要。交易成本的下降会使产权的经济、法律潜力都能得到更好的利用；二是暂时转移所有权是共享经济的主要交易模式。共享经济是从人格化交换到非人格化交换的转变。人格化交换就是在熟人圈里有限范围内的交换，它建立在互惠、重复交易以及非正式规范的基础上。人格化交换从本质上将经济活动范围限制在熟人圈里，需要进行重复的面对面的交易。而非人格化交换不仅缩短了人们交易的距离，还拓宽了人们交易的范围。

四、共享经济形成的关键是制度供给

（一）要处理好共享经济运行和制度的关系

共享经济的发展很大程度上取决于共享经济的制度安排能否适应共享经济的运行特征并保证其有效运行。[4]共享经济既产生于传统经济，但又不同于传统经济，共享经济是对传统经济的替代、补充和竞争。这个过程不可避免地会产生矛盾。

（二）要处理好法律与共享经济发展的关系

共享经济想要发展，现行法律法规也需进行调整，关于产权概念也要更新。法律在决定市场的运行和范围方面发挥了根本作用。科斯说，在市场上交易的不是物质产品，而是权利，执行特定行为的权利。交易什么，交易多少，依赖于个体和组织所拥有的权利和义务，而这是由法律所确立的。法律制度将对经济体制的运行产生深刻的影响，并且在某种程度上可以说是控制了它。[5]

（三）制度供给要适应制度需求，提高制度适应性效率

任何新的经济形态的出现都需要相应的制度来适应，制度的适应性效率是指国家在面对外部条件或环境的变化时，能否对新的经济问题做出迅速的制度反

应。历史上，面对大西洋贸易，有的国家发生了工业革命，有的国家则没有产生革命，其中一个非常重要的原因就在于前者的制度适应性效率高。同样地，只有那些具有适应性效率体制的国家，才能把潜在的共享经济转变成现实的共享经济。互联网的出现以及制度创新的适应，共享经济才能更好地茁壮成长，才会对人类社会经济产生更加深刻的影响，具有适应性效率的制度结构才能有利于共享经济的产生。原来有利于产生创新的制度安排不一定能面对所有的创新，这就需要制度的适应性效率，能面对外部不确定性的环境做出相应的反应，这种反应不一定都正确，但至少为试错提供了机会。当新的经济或创新形态本身的规律还不清楚的时候，政府不要随意地制定规则，这有可能把创新扼杀掉。

五、结语

共享经济是典型的理想和现实碰撞带来的机遇，方便了人民的生活，也带来了新的问题。[6]共享经济不仅最大化提升了资源利用率，还为人们的交易带来了极大的便利性和有效性。运营企业片面逐利给共享经济发展带来的消极影响，以及共享商品使用者对商品造成的恶意损毁等，都是共享经济发展中遇到的问题，这也要求我们应该以发展、审慎的眼光去看待这一新型模式。对于采取共享经济模式的企业来讲，还应认识到自身应当承担的社会责任，在日常管理工作中加强对消费者的安全警示，落实消费者知情权和求偿权的维护工作，从而在法律的约束和公众的监督下，共享经济模式企业才能逐步完善自身的治理结构，不断提高自身的服务水平，继而取得稳健发展。我们应当抓住时代机遇，让共享经济朝着可控可持续的方向发展。

参考文献

[1]董成惠．共享经济:理论与现实[J]．广东财经大学学报,2016(31).

[2]巫纪奎,谭刚锋．互联共享[M]．北京:中国财政经济出版社,2019.

[3]马强．共享经济在我国的发展现状、瓶颈及对策[J]．现代经济探讨,2016(6).

[4]王亚丽．供给侧改革视角下的共享经济[J]．改革与战略,2016(7).

[5]米德玛．科斯经济学[M]．上海:格致出版社,2010.

[6]张淑慧，高昕，姚鹏云．从共享项目推断共享经济的发展方向与未来前景[J]．商业经济，2019(11).

缘起、属性与趋势

——法定数字货币解读

邓　达　李华峰*

摘要：现今货币体系存在诸多亟待完善的问题，基于区块链技术，数字货币的出现或可带来解决方案，尤其是央行着手发行的数字货币，引起了广泛重视。但对数字货币，学术界没有明确、统一、清晰的定义，本文通过梳理文献，对其概念及特征进行概括，并以中国人民银行着手发行的 DCEP（Digital Currency Electronic Payment）为例，就其特征展开分析：货币政策更有效，人民币国际化战略进一步推进，在数字经济竞争中将占据有利位置。无论 DCEP 自身成功与否，都将成为全球法定数字货币发展浪潮的重要推手。

关键词：数字货币；法定数字货币；DCEP；货币政策

20 世纪 40 年代，美国引领建立了布雷顿森林体系，但由于该体系自身的内在缺陷，最终崩溃。虽然布雷顿森林体系瓦解，但美元却成为国际货币通行至今。这种以国家为信用的货币支付体系一直存在诸多信用问题，如过量发行货币造成人民手中纸币贬值、美国利用美元转移通货膨胀等。自由主义学派代表人物哈耶克在《货币的非国家化》一书中完整地阐述了一种去国家化的非主权货币的构想："不是由国家发行，而是由私人企业发行；向公众提供一种能够信赖，愿意使用的健全的货币；它可以成为一种稳定的价值标准，成为一种记账的有效会计单位。"① 这是一种将自由主义推向极致的想象。随着信息科学技术的发展，2008 年，由中本聪提出并构建的比特币使这一想象在现实中落地，有关数字货币的发展引起了巨大的争议。

一、数字货币的概念及特征综述

目前学术界对数字货币没有明确统一的定义，本文将对数字货币进行概念梳理及特征分析，并尝试对其定义进行概括。

欧洲银行管理局认为，数字货币是价值的数字代表，不是由中央银行或当局发布

* 邓达，教授，中国政法大学商学院；李华峰，西方经济学博士，中国政法大学商学院。

① 哈耶克：《货币的非国家化》，姚忠秋译，新星出版社，2007 年，第 127~129 页。

的。虽然它与法定货币无关，但它可以用作支付手段或电子传输、存储、交易等。①

根据国际货币基金组织的定义，数字货币是以电子访问为基础，从而实现各种用途，是一定价值的数字表示，包括虚拟货币（指私人部门发布的数字化价值代表并使用自身的会计单位）和电子货币（以法定货币表示的电子支付机制）。②

其实数字货币最早由 David Chaum 在 1983 年提出，他认为数字货币是利用盲签技术实现完全匿名的数字货币类型。王娜（2014）从货币本质的角度分析，认为数字货币并不具备货币本质，而且正演变成一种投机工具，对其进行限制非常必要。万伟（2014）认为，数字货币并没有现实货币的防伪技术，电脑黑客可能会利用其安全漏洞生产伪币或者盗取数字货币。吴洪（2013）认为，数字货币是一群极端的自由主义者的理想生活方式，它没有解决网络支付安全，却带来被从事非法交易者利用的隐患。姜立文和胡玥（2013）认为，数字货币存在监管难度大、通缩、分布和持有不平等、接受程度小众化等诸多风险。

可以看出，对于数字货币，有的是从货币本质的角度定义，有的是从技术角度定义，尚没有一个明确统一的定义。本文通过梳理文献，认为数字货币是基于区块链等加密算法作为技术背书的虚拟货币，并且将其特征归为以下三个方面：①货币数量上限确定，故数字货币消除了滥发导致通货膨胀的可能性；②由于交易过程是基于区块链技术需要上链，故其交易过程安全可靠；③基于区块链技术和去中心化，故数字货币没有发行主体，也就是说，没有任何人或单位可以控制它的发行。

二、法定数字货币的概念及特征综述

数字货币从发行主体来说可以分为非法定数字货币和法定数字货币。以比特币为代表的非法定数字货币在支付、交易、存储方面较传统货币来说具有不可比拟的优势，也促进了金融创新。但是，在跨境支付、洗钱、金融安全等方面存在诸多亟待完善的问题，这时有些国家便寄希望于发行法定数字货币，以期解决上述问题。本文接下来将对法定数字货币的概念、特征以及对各国法定数字货币的意见及看法进行梳理。

（一）法定数字货币的定义

汪洋（2016）从经济学的角度，认为法定数字货币是在互联网时代出现的新型货币，其形态从有形转向无形，并且认为中央银行发行的法定数字货币仍然具有资产和负债的双重属性，意味着法定数字货币具有中心化的特征，也使得法定

---

① European Banking Authority：EBA Opinion on virtual currencies，https：//eba. europa. eu/documents/10180/657547/EBA-Op-2014-08+Opinion+on+Virtual+Currencies. pdf：2014-07-14.

② DongHe，KarlHabermeier，Ross Leckow. Virtual Currencies and Beyond：Initial Considerations，https：//www. imf. org/en/Publications/Staff - Discussion - Notes/Issues/2016/12/31/Virtual - Currencies - and - Beyond-Initial-Considerations-43618：2016-01-20.

数字货币的发行数量可以随着经济的发展而不断增加，是一种具有供给弹性的货币。张庆麟（2003）从法律的角度，认为货币指的就是国家的法定货币，国家通过法律规定货币的名称、种类和发行程序，并强制让其在流通领域作为支付手段，所以作为货币，必须具有法定性和强制性。刘向民（2016）认为，法定数字货币是指中央银行发行，以代表具体金额的加密数字为表现形式的法定货币。赵天书（2017）认为，在广义货币法概念下，虽然像比特币这种私人发行的数字货币不是由主权国家所发行，但这种数字货币具备货币的功能，应该承认其货币属性。刘少军（2018）认为，法定数字货币既不是目前已经存在的电子货币的法定化，也不是虚拟货币的法定化，而是由中央银行直接向社会发行的以电磁符号形式存在于电子设备中的法定货币，它在法律性质上是目前法定现钞或硬币的替代形式，同法定现钞或硬币具有共同的法律属性。

Aleksi Grym（2017）认为，央行发行数字货币的原因主要是支付手段的需要，他进一步提出了可能存在的问题：①新的支付方式可能不被大众所接受；②央行数字货币的发行可能对现有的银行运转体系施加一定风险；③法定数字货币的广泛使用会导致跨境支付风险增加，进而影响本国法定货币的地位。Michael Kumhof（2018）介绍了央行发行数字货币的核心原则、发行模式、运行模式。Emily Clayton（2018）从货币政策角度分析央行发行数字货币的作用，他认为央行数字货币的发行将会影响货币流通的各个阶段，但也有利于货币政策的实施。Robert Allen（2018）从三个方面讨论了央行发行数字货币的影响：①央行数字货币在将来发行的可能趋势；②央行数字货币提供的机会和造成的风险；③各国政府对于发行央行数字货币持有不同态度的原因。

对于法定数字货币来说，有的研究比较深入，分析其特征，解释其影响；有的从单一角度去定义，比如从法学角度、从技术角度等，但均没有明确统一的定义。通过梳理文献，本文认为，法定数字货币是以国家信用背书，由中央银行依赖区块链等加密技术发行，与现存电子支付相互补充的虚拟货币，并将其特征归为以下几点：去中心化、支付清算效率更高、币值稳定。

（二）部分发达国家法定数字货币研发现状综述

如果说刚开始以创新形式出现的数字货币得不到政府的认可，其未来发展路径充满不确定性，但现在由政府主导发行的数字货币必将深刻影响现有的金融格局与社会发展。本文以下内容将梳理部分发达国家法定数字货币的研发现状，并以中国央行准备发行的 DCEP 为例进行分析，探讨其趋势。

美国政府对数字货币的态度还算积极，早在 2012 年就对数字货币进行风险评估，并根据风险分析建立数字货币监管机制。但是美联储理事会成员 Lael Brainard 在 2018 年 5 月 20 日旧金山举行的解码数字货币会议上发表讲话时称，并未看到美联储发行数字货币的“迫切需要”，同时指出虽然中央银行的数字货币似乎可以解决与加密货币相关的诸多挑战，但可能无法承受更严格的审查。①

德意志联邦银行（央行）执行委员会成员布克哈德·巴尔茨在 2020 年 10 月举行的首届中欧金融峰会上表示德国对数字货币持开放态度，但目前关于数字欧元仍有许多问题悬而未决。向外国公民提供央行数字货币可能带来发行国以及其他国家的货币币值重估，导致货币主权受到负面影响。②

澳大利亚税务局（ATO）在 2014 年 8 月发表了一篇与数字货币有关的进行税收管理的文章③，文中并不认为数字货币是货币，只将数字货币归属于金融资产，但该局仍将数字货币的流通、交易等各个环节都纳入到原有的税务体系中。澳大利亚储备银行（The Reserve Bank of Australia）支付政策部门负责人 Tony Richards（2018）认为，在现有的金融体系中，发行中央银行数字货币并不是必需的。④

俄罗斯央行（Central Bank of Russia）副主席 Olga Skorobogatova 表示，俄罗斯央行正在进行大量的数字货币实验，旨在研发一种国家数字货币。她认为国家级的加密货币就是未来，全世界所有国家接受以及使用法定数字货币只是时间问题。⑤

新西兰储备银行（The Reserve Bank of New Zealand）行长 Geoff Bascand（2018）表示，现阶段尚未看到中央银行数字货币能够带来决定性收益，目前确定是否应该发行数字货币为时尚早。⑥

日本对数字货币持积极态度，希望利用数字货币的发展来重振日本经济，为此，日本出台了一系列法律法规，专门添加数字货币内容，以应对数字货币的多样性和复杂性。⑦ 但是对于法定数字货币持谨慎态度，日本银行（Bank of Japan）副行长 Masayoshi Amamiya 表示，国家发行的数字货币可能会危害发达国家建立的传统金融体系，日本央行并无计划发行国家加密货币。⑧

---

① Lael Brainard：Cryptocurrencies，Digital Currencies. Distributed Ledger Technologies：What Are We Learning? https：//ideas. repec. org/p/fip/fedgsq/1001. html.

② 德国央行官员：发展央行数字货币需密切国际合作，http：//www. xinhuanet. com/2020-10/21/c_1126637712. htm.

③ Australian Taxation Office：Taxtreatment of cryptocurrencies，https：//. ato. gov. au/general/gen/taxtreatment of-crypto-currencies-in-australia-specifically-bitcoin/，2018-11-08.

④ Shirai Sayuri . Money and Central Bank Dgital Currency，Think-Asia，2019，（1），p. 34.

⑤ Anna Zharova，Ian Loyd：An examination of the experience of cryptocurrency search of better practice，Science Direct，2018，（34），p. 1304.

⑥ Kariyawas，Mayes. Regulating Cryptocurrencies in New Zealand，2018（10），p. 45.

⑦ CBDC：Bank of Japan' s Deputy Governor，Masayoshi Amamiya，Says Central Bank Digital Currencies Won' t Offer Significant Benefits to Developed Countries、https：//www. crowdfundinsider. com/2020/03/158459-cbdc-bank-of-japans-deputy-governor-masayoshi-amamiya-says-central-bank-digital-currencies-wont-offer-significant-benefits-to-developed-countries/

⑧ N. Yanagawa，H. Yamaoka. Digital innovation，data revolution and central bank digital currency，Bank of Japan Working Paper Series，2019（1），p. 15.

中国在此领域早已积极推进，2016 年 1 月，中国人民银行召开数字货币研讨会，指出发行数字货币可以降低传统纸币发行和流通成本，提升经济交易活动的便利性和透明度，减少洗钱、逃漏税等违法行为，提升央行对货币供给和货币流通的控制力，更好地支持经济和社会发展，助力普惠金融的全面实现。① 2017 年，中国人民银行正式成立数字货币研究所，探索区块链的实际应用并测试成功了基于区块链技术的数字票据交易平台，而且在该平台测试运行了央行未来要发行的法定数字货币。② 2019 年 10 月 28 日，中国国际经济交流中心副理事长黄奇帆在首届外滩金融峰会上指出，中国央行推出的数字货币是基于区块链技术做出的全新加密电子货币体系，将采用双层运营体系，可能成为世界首个推出数字货币的央行。③ 国内学者和官员对法定数字货币所持的观点包括：范一飞（2016）梳理了央行数字货币的基本理论和路径选择问题，认为我国数字货币应仅起部分替代 M0 的作用，并暂不考虑智能合约；周小川（2016）认为，数字货币仍应采取类似于现钞的“中央银行—商业银行机构”二元体系完成发行及回笼；汤莹玮（2017）从理论和具体设计层面对央行数字货币面临的问题和设计要点进行了归纳；姚前（2019）基于 DSGE 模型的实证结果显示，发行的央行数字货币可成为一种新的货币政策工具，并且对我国银行系统和金融结构的冲击可控。

综上可以看出，各国对法定数字货币的态度较为积极，也较为认可其对未来经济社会的深远影响。但毕竟数字货币是新兴创新事物，何时落地于现实之中，各个国家还是较为保守。美国、德国、澳大利亚、新西兰、日本等认为发行数字货币为时尚早，俄罗斯和中国认为落地数字货币只是时间问题，并一直深耕该领域研发法定数字货币，以期尽早推出法定数字货币，在未来数字经济领域占据有利位置。

三、DCEP 的概念及其特征解析

中国央行或许会成为最早发行数字货币的央行，本文以下内容将以央行拟发行的 DCEP 为例进行深入探讨，通过梳理文献可知，目前还没有针对 DCEP 的具体设计发布系统性文字说明，但自 2014 年，姚前、周小川④等先后多次通过文章或会议讲话透露 DCEP 的设计思路，基于这些内容，本文将对 DCEP 的概念及特征进行归纳。

我国央行准备推出的数字货币 DCEP（Digital Currency Electronic Payment）

---

① 中国人民银行数字货币研讨会在京召开，http：//finance. ifeng. com/a/20160120/14180127. html。

② 姚前：法定数字货币是数字经济发展的基石，http：//money. 163. com/17/1104/19/D2E2ENM, J002580S6. html。

③ 黄奇帆：《区块链将引领金融业进入全新时代》，《中国科技产业》，2019 年第 11 期。

④ 周小川：《专访周小川：央行行长周小川谈人民币汇率改革、宏观审慎政策框架和数字货币》，《财新周刊》，2016 年第 6 期。

是由区块链技术背书的全新加密电子货币，将采用双层运营体系，也就是说，人民银行先把 DCEP 兑换给金融机构（比如商业银行等），再由这些机构兑换给公众。DCEP 具有如下特点：DCEP 以国家信用背书，依赖区块链加密技术，将会是纸质货币的替代；DCEP 仅替代 M_0并与人民币 1∶1 自由兑换；DCEP 不依赖于网络，可进行点对点的交易。

首先，用于替代 M_0的 DCEP 不会涉及 M_1和 M_2。其中，M_0即流通中的现金，不包括活期存款等任何其他货币形态，也不涉及贷款和存款等可能产生信用创造的环节。像微信钱包和支付宝的支付行为对应到银行体系仍然是转账，而非现金交易，这些属于 M_1的范畴。但是如果涉及“花呗”等小额消费信贷功能，则又涉及 M_2。这是 DCEP 与其他支付工具之间的显著区别。

其次，DCEP 与账户将采取双离线支付。所谓“双离线支付”，也就是说 DCEP 不强制采用银行卡或微信、支付宝那样的账户体系，与日常生活中的体验类似，没有账户照样可以使用现金，没有网络也不妨碍使用现金，收支双方离线也可顺利完成交易。这样就可以兼顾网络情况受限的乡村地区，同时为一些极端支付场景提供较好的使用体验。

再次，DCEP 将采用央行—商业银行的“双层运营体系”。所谓“双层运营体系”，就是说央行不与终端用户直接产生业务联系。这一点和 Facebook 发行的 Libra 相似，在架构设计上均参考了央行—商业银行体系的货币发行结构，核心系统并不与终端用户直接产生交易关系，而是通过中间人来完成与终端用户的对接。DCEP 系统的中间人是商业银行或者具备相应服务能力的商业机构，而 Libra 系统的中间人则是授权经销商。DCEP 采用这种设计，一方面可以避免央行从商业银行手中抢走储户，减少对现有银行体系的冲击；另一方面可以充分利用银行体系强大的营销和客服网络，避免重复投资和资源浪费。

最后，央行将全面掌握 DCEP 的使用数据，在必要的时候通过数据挖掘技术让违规使用者暴露出来，有效防止匿名犯罪等违法行为。除央行外，其他机构无权取得 DCEP 的使用数据，这在一定程度上也保护了使用者的隐私。另外，DCEP 也会根据使用者进行实名化的程度来对其交易限额进行不同程度的限制：实名化程度越高，限额越宽松。这样就兼顾了央行反洗钱的部分功能，避免了数字货币方便洗钱的弊端。当央行在交易记录中通过数据发掘技术发现一些典型的犯罪特征时，亦可及时通过相关信息锁定嫌疑人的真实身份，达到及时有效监管的目的。

四、关于 DCEP 的几点思考

由于法定数字货币 DCEP 在现实中并没有落地，本文希望通过梳理文献，对数字货币的概念及特征进行深入研究，以货币符号代称的纸币给我们带来交易方便的同时，也存在诸多问题，尤其在中国，怎么样更好地利用数字货币去弥补现存支付体系的问题是值得探讨的内容。所以笔者依据文中前面所述，基于其特征提出以下几点思考。

（一）有利于货币政策的有效执行

由于 DCEP 由区块链技术背书，可以上链每笔交易的具体信息，根据交易信息追踪资金的流向，故央行发行法定数字货币不仅能遏制洗钱、逃税等违法行为，还可以借助信息优势，让监管当局更精准、更灵活地运用政策工具，通过跟踪资金的流向，进行全面监测和金融风险评估。DCEP 被社会接受并使用后，整体经济活动的透明度会大幅度提高，监管当局可以根据不同的需要收集不同的交易数据，这可以为货币政策和宏观审慎政策提供庞大的数据基础，从而增强货币政策的有效性。

（二）有利于人民币国际化战略的进一步推进

据前所述，世界通货依旧是美元，由美元主导的货币体系亟待完善，构建全球安全稳定的国际货币体系越来越成为共识。国际货币基金组织也一直在探索推动国际货币体系改革，构建超主权货币或许可以成为国际货币体系改革的方向。此时央行试图发行的法定数字货币 DCEP 正是人民币国际化的一个重要机遇。目前数字货币的研究在各国尚处于研究实验之中，各国都在同在一起跑线，如若顺利推出我国法定的数字货币 DCEP，将会进一步推进人民币国际化战略，不仅有助于推动建立新的国际经济新秩序，也有助于推动我国对外经济贸易的发展、提高对外经济话语权等。

（三）有利于在数字经济竞争中占据有利位置

据中国信息通信研究院测算，2016 年中国数字经济总量已达到 22.6 万亿元，同比名义增长超过 18.9%，显著高于当年 GDP 增速，占 GDP 的比重达到 30.3%，同比提升 2.8 个百分点。数字经济已成为近年来带动经济增长的核心动力，尤其在移动支付、电子商务等领域取得了相当的领先优势。但由于中国金融业自身固有的问题，数字货币也可能被用来突破中国金融防火墙，造成资产外流，所以数字货币对中国来说是风险与机遇并存。本文不建议通过行政手段将新技术拒之门外，数字货币的出现将深刻地改变金融和经济格局。中国有规模巨大的实体经济，若能以法定数字货币为工具有效支持“数字一带一路”倡议，则中国可在未来的数字经济竞争中占据有利位置。

五、结论与展望

本文通过梳理文献，对 DCEP 的特征进行如下概括：DCEP 以国家信用背书，依赖区块链加密技术，将会是纸质人民币的替代；DCEP 仅替代 M0 并与人民币 1∶1 自由兑换；DCEP 可不依赖于网络进行点对点的交易。然后，基于其特征展开分析并探讨其趋势，得出结论：法定数字货币将使货币政策更有效；使人民币国际化战略进一步推进；使发行主体在未来的数字经济竞争中占据有利位置。

本文认为 DCEP 未来前景可期，不过在未来需要更深入研究以下问题：①政府主导的数字货币，在监管和治理措施方面需要完善；②现存的电子货币背后主体为私人企业，法定数字货币背后主体为政府，需要协调双方利益；③各国数字货币政策不明，中国如何在新一轮的变革创新中利用 DCEP 占据先入优势。

参考文献

[1]CHAUM D. Blind signature for untraceable payments [M]. Advances in Cryptology. Springer US, 1983:199-203.

[2]KUMHOF M, NONE C. Central bank digital sheet implications[J]. Bank of England, 2018, (3):56.

[3]CLAYTON E. Broadening narrow money: monetary policy with a central bank digital currency [Z]. Bank of England working papers, 2018,(5):44.

[4]BLAKSTAD S, ALLEN R. Central Bank digital currencies and cryptocurrencies[J]. FinTech revolution, 2018,(6):533.

[5]GRYM A, HEIKKINEN P, KAUKO K, dt al. Central bank digital currency [J]. Bank of Economics Review, 2017,(5):45.

[6]王娜．从货币本质角度看比特币的属性[J]．商业时代,2014,19:38.

[7]吴洪,方引青,张莹．疯狂的数字化货币:比特币的性质与启示[J]．北京邮电大学学报(社会科学版),2013,15(3):3.

[8]万伟．从比特币看我国虚拟货币的风险及对策[J]．金融与经济,2014(7):85-86.

[9]姜立文,胡玥．比特币对传统货币理念的挑战[J]．南方金融,2013(10):31-35.

[10]刘向民．央行发行数字货币的法律问题[J]．中国金融,2016(17):45.

[11]汤莹玮．关于央行法定数字货币的若干思考[J]．金融研究,2017.

[12]刘少军．法定数字货币的法理与权义分配研究[J]．中国政法大学学报,2018(3):78.

[13]姚前．法定数字货币的经济效应分析:理论与实证[J]．国际金融研究,2019,381(1).

[14]张庆麟．论货币的法律概念及其法律属性[J]．经济法论丛,2003(3):55.

[15]范一飞．中国法定数字货币的理论依据和架构选择[J]．中国金融,2016.

[16]赵天书．比特币法律属性探析:从广义货币法的角度[J]．中国政法大学学报,2017(5):65.

[17]汪洋．发行法定数字货币的超越[J]．中国金融,2016(21):21.

[18]哈耶克,姚中秋．货币的非国家化[M]．北京:新星出版社,2007.

[19]姚前．法定数字货币对现行货币体制的优化及其发行设计[J]．国际金融研究,2018(4):53.

[20]黄奇帆．区块链将引领金融业进入全新时代[J]．中国科技产业．2019(11).

政府数字治理策略选择的重点与难点*

张　弛**

摘要：信息技术革命引领人们步入数字经济时代，不仅在实践中开天辟地，也在理论上颠覆传统；既对经济学理论提出巨大挑战，也使政府治理面临难题。新型的数字治理既有其经济学基础，也离不开政治学理论、社会学理论的支撑，本文围绕委托代理形成的科层制政府与数字治理行政职能的协同制之间的矛盾，指出具有中国特色的“政府—市场—社群”的治理架构体系，应以政府引导下多层次、多主体、科学化、动态化的数字治理为实现途径，把握好外部与内部、手段与方式、内容与效果、风险与隐患等几个方面的重点与难点，以期对政府数字治理提供有效的政策建议。

关键词：数字经济；政府治理；数字治理

曾几何时，数字经济以超出我们预测的速度呈指数比例扩张。联合国《2019年数字经济报告》指出，根据定义的不同，数字经济的规模估计在世界国内生产总值的4.5%～15.5%之间。① 数字经济产生的一些颇具规模的现象不断挑战人类认知的外延，正引起全球的广泛讨论。

根据中国信息通信研究院的测算，2018年，我国数字经济规模达到31.3万亿元，按可比口径计算，名义增长20.9%，占GDP比重为34.8%；2018年，我国数字经济领域就业岗位为1.91亿个，占当年总就业人数的24.6%，同比增长11.5%，显著高于同期全国总就业规模增速。② DEI指数（Digital Economy Index，中国数字经济指数）显示，全国平均数字经济发展指数为32.0③，成为拉动经济增长的重要引擎。

---

* 本文系2018年中国政法大学横向课题《数字经济与政府治理研究》的阶段性研究成果，感谢阿里巴巴集团对本研究的资助，文责自负。

** 张弛，副教授，中国政法大学商学院。

① 2019年数字经济报告（中文版），https：//www.sohu.com/a/340212245_ 99983415。

② 中国信息通信研究院：《中国数字经济发展与就业白皮书（2019）》。

③ 赛迪研究院：中国数字经济发展指数白皮书（2019），http：//www.199it.com/archives/963640.html。

一、政府治理的理论与实践

（一）政府治理的含义

治理（governance）起源于古希腊语，本意为“控制、引导和操纵”，后被广泛运用于与国家公共事务相关的政治统治和管理活动。政治学意义上，国家与政府是两个不同的概念，广义的政府即国家；狭义的政府则指拥有行政权力、进行国家行政管理的代理人。在人类早期的社会生活中，由于尚未形成现代化的国家，“治理”经常与“统治”一词混用，以政治统治和行政管理为主要内容，包括但不限于权力分配、人员选任、公共产品与服务的提供等。随着西方宗教改革、启蒙运动、英国光荣革命的持续推动，分权制衡思想把国家和政府分开了，政府成为专司行政权的独立政治主体。鉴于此，政治学理论在主体研究方面发展出国家理论和政府理论两个基本分支，虽各有其研究范畴和体系内容，但也彼此依存，互为因果。

治理，简单地说就是人类活动的协调。因此，“治理机制”（Williamson，1996）与“协调机制”是可以互换的概念（Kornai，1992：91）。通常，人类互动的协调方式包含行政机制、市场机制和社区机制，与之相对应的三种治理模式即行政治理、市场治理和社群治理（Bowles，2004：474-501）。大多数情况下，三种机制必须相互嵌入方能相得益彰（顾昕，2018）。由此可见，对政府治理而言，除了完成基本公共行政和公共管理职能之外，如何与非公共部门以合作的方式在社会生活各个维度上嵌入耦合、彼此赋能、持续互动，共同谋求人类福祉的提升与进步，既是政府治理的要义，也是区分不同政府治理类型的标准。

联合国全球治理委员会认为：“治理是各种公共的或私人的个人和机构管理其事务的诸多方式的总和。它是使相互冲突的或不同的利益得以调和并且采取联合行动的持续过程。这既包括有权迫使人们服从的正式制度和规则，也包括各种人们同意或以为符合其利益的非正式的制度安排。它有四个特征：治理不是一整套规则，也不是一种活动，而是一个过程；治理过程的基础不是控制，而是协调；治理既涉及公共部门，也包括私人部门；治理不是一种正式制度，而是持续的互动。”联合国开发署（UNDP）认为：治理就是通过国家、公民社会和私人部门之间互动的，一个社会管理其经济、政治和社会事务所依靠的价值、政策和制度体系。它是一个社会自我组织做出决策并执行决策，以取得相互理解和共识并采取行动的方式；它包含公民和群体表达利益、求同存异以及行使合法权利和义务的机制和过程；它是为个人、组织和公司设定界限和提供激励的规则、制度和实践。治理包含社会、政治和经济维度，存在于人类事业的各个层面，无论是家庭、村庄、都市、国家、地区抑或全球。

（二）现代政府治理的实践与理论变迁

现代政府治理从早期的统治型、管制型逐渐向管理型、治理型转变。尤其以发端于20世纪60年代的“新公共管理运动”和20世纪90年代兴起的“治理理论”为标志的后两次转型，对政府治理的内容进行了极大丰富，塑造了有别于传统官僚体制的现代化政府形象。

1. 新公共管理运动

第二次世界大战后，管制型国家的政府过度扩张，不但公共服务供给严重不足，而且公共行政效率低下。受奥斯本和盖伯乐等新公共管理理论家“重塑政府”、“政府再造”思想的影响，西方国家纷纷着手行政改革，主要以1979年撒切尔夫人在英国执政及1981年里根总统在美国执政之后兴起的民营化运动为代表。

公共服务市场化以后，政府的角色得以重新定位，变成“掌舵不划桨”（steering rather than rowing）的“企业家政府”，开始广泛借鉴和采用私人部门的管理方法和竞争机制。传统政治学理论秉持的管制主义与此时席卷西方世界的自由主义浪潮无法调和，既有政治理论的解释力匮乏，只得将眼光投放于其他社会科学成果寻求帮助和启发。鉴于对市场运行规律的研究当以经济学为是，况且政治结构与企业结构具有共同的委托代理关系，只要将现代经济学理论中关于企业治理的内容稍加改造，便可成为政府公共管理的理论基础，因此，将微观企业治理理论嫁接到宏观政府管理层面上借鉴和运用，也就衍生出“政府治理”这一政治学研究的新范畴。

20世纪90年代，基于新公共管理理念的政府治理运行一段时间之后，公众对管理型政府的批评日益增多。政府行为和行政体系过度市场化积累了公共价值缺失、社会不平等和服务碎片化等问题，政府失灵与市场失灵同时出现，引发学术界有关政府行政理念上的宪政主义与管理主义、组织模式上的官僚制和市场制、管理手段上的专业化与整体化的长久之争（陈水生，2009）。

2. 政府数字治理阶段

21世纪人类步入后工业化社会，信息技术呈几何级数速度升级，既直接冲击着公共组织的管理变革，又通过电子商务企业、平台型企业的发展变迁形成新的企业治理理论，间接向公共管理部门施压。一方面，政府行政需更灵活高效地回应不同社会主体的治理要求；另一方面，社会价值诉求多元化也迫使政府以“善治”（good governance）①而非“善政”（good government）作为追求目标，倒逼政府治理的变革与转型。②

---

① 即从合法性（legitimacy）、透明性（transparency）、责任性（accountability）、法治（rule of law）、回应（responsiveness）、有效（effectiveness）六重价值评判。参见阿里·法拉兹曼得：《全球化与公共行政》，《公共行政评论》，1999年第6期。

② 如韦斯特提出，数字政府的发展经历了四个阶段——“公告板”阶段、部分服务供给阶段、系统服务的门户网站阶段和互动式民主阶段。学者Klievink和Janssen从组织变革的角度，认为以数字政府系统为基础的协同型政府建设经历了“火炉管”式组织、整合化、全国性入口、组织间整合以及需求驱动的协同型政府五个发展阶段。参见刘淑春：《数字政府战略意蕴、技术架构与路径设计：基于浙江改革的实践与探索》，《中国行政管理》，2018年第9期，第38页。

根据信息经济学的研究和产业经济学的观察，信息通信（ICT）技术的发展对组织决策的典型影响，是使决策权下移并不断呈现分散化（Garicano，2000），使能有效获取并掌握特定信息的主体（Hayek，1945）成为实际决策者，企业组织结构趋于分布式和扁平化。在电子商务和跨境贸易、金融信用、文化传媒、生活服务等领域，平台经济体以其聚集的丰富数据资源和商业生态中的影响力，从政府垄断的治理规则和决策权中进行了实质上的分权，造成社会治理多中心决策的冲突与矛盾，引发数字经济时代政府治理的范围与边界、手段与方式、内容与效果、风险与防范等问题的理论思考（参见图 1）。

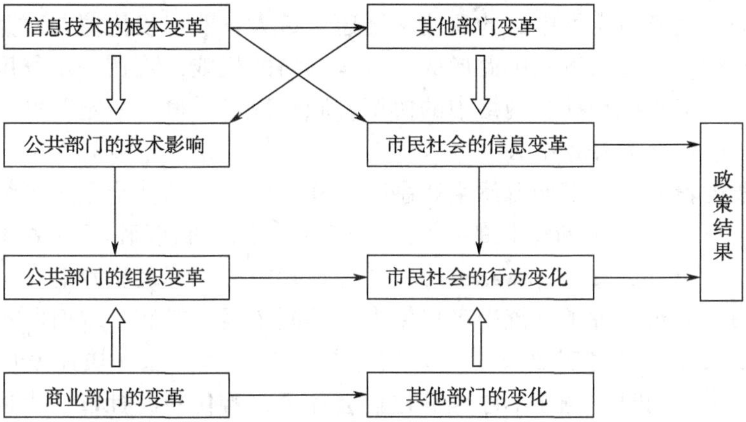

图 1　信息技术变革在当代公共管理改革中的重要作用

资料来源：Patrick Dunleavy，Helen Margetts，Simon Bastow and Jane Tinkler. Digital Era Governance：IT Corporations，the State，and E-Government ［M］. Oxford：Oxford University Press，2006：226.

为抢占数字经济先机和竞争优势，21 世纪初，继新公共管理运动之后，发达国家政府改革的主旋律纷纷转向运用数字技术抢滩国家竞争战略制高点。如英国 2012 年 11 月推出“政府数字战略”（Government Digital Strategy）和“政府转型战略（2017—2020）”，启动“数字政府即平台行动计划”；美国 2012 年公布“数字政府战略”（Digital Government）；韩国 2012 年 6 月实施“智慧政府实施计划”（Smart Government Plan）；德国 2016 年 3 月发布“数字化战略 2025”及“数字化政府”行动（e Government）；新加坡 2014 年 3 月启动实施“i N2015 计划”及“智慧国家 2025”工程；日本制定“i-Japan 战略”，等等。上述发达国家政府的数字治理尝试给我国加快国家治理现代化体系的建设、克服政府数字治理转变过程的困难及问题提供了一定的经验借鉴。

二、数字经济造成政府治理困境的逻辑与原因

从理论逻辑上看，传统公共行政集中管理、自下而上、单一管理、条块分割

的特征与数字经济去中心化、分权互补管理的要求相互矛盾。根据企业产权理论和合约理论，受公共权力的介入、法律的不完善、技术条件的限制、产权主体的实施能力的限制等，企业组织中资源的一部分有价值的属性总是无法归属于确定的主体，而是留在了公共领域，导致所有合约都是不完全的，因而产生了“敲竹杠”和“搭便车”的问题，发生了机会主义和道德风险。因此，管理权力集中与分散的程度、剩余索取权和剩余控制权的配置，均取决于信息在不同主体之间的分布状况。由于区块链技术使“去中心化”与“机械信任”成为可能，以太网为基础的智能合约打破了对中央服务器的依赖，带来各种自组织的社区发展壮大（韩海庭等，2018），数字经济使组织与社群去中心化的特征日益明显；另一方面，以平台经济组织为中心的商业网络通过最大化使用权价值并对其进行精确地计量和分配，创造与巩固由此形成的合作网络的权威，既在一定程度上取代政府权威成为经济网络和社会网络中的协调者和管理者，也在一定程度上作为合作者参与到政府治理的过程中去。

从实践逻辑上看，正如自然生态系统一样，变动中的社会生态系统无法实施统一管理，更何况是不断增长的网络、服务、应用、制度和其他多样性属性的“虚拟雨林”（Wolfgang Kleinwächter，2017）。管制型、管理型政府在实践中的失利已经证明，面对各种子系统中名目繁多的不同子运行机制，政府既不可能解决一切，也没有什么绝对有效或“一刀切”的社会管理方法。快速发展中的数字经济展现魅力的同时，也在不停地催化社会环境，孵化新的社群，生成新的社会问题，包括政府在内的社会各界无一例外，都只能干中学。比如说，新经济开辟了分散就业、灵活就业和弹性就业的方式，对现行劳动就业和福利保险形成直接冲击；信息的公开和流动对个人隐私保护造成巨大挑战，传统的保护方式无法适应；平台商业模式必须“标准化”经由其流通和匹配的思想、知识、劳动力以及闲置资产使用权，而不得不通过分类接受或排除的方法，差异化地对待接入者，由此引发掠夺性定价、算法垄断等新争议。以及贸易、税收、金融、信用、市场秩序、传媒与舆情、网络安全与数据开放等领域特殊问题的显现，无不对政府治理提出挑战。

总之，随着数字时代的来临，海量数据重塑了人们对自然世界物理属性的表达，带来网络社会结构中社群性质的变异，并引起实际运行规则的改变。在自然—网络—社会三者的共同作用下，“政府—市场—社群”的治理架构体系也必须从早期的“政府绝对主导”、中期的“市场绝对主导”向后期的“政府引导下的市场、社群互动”进行调整，并围绕中国问题的特殊性，把握好以下四个方面的难点和重点。

三、应对政府数字治理难点与挑战的思路

（一）外部与内部

人类活动受到各种自然变量、制度变量以及行动者本身的共同影响，其互动

过程外化为一系列具体的规则。规则是人类试图通过创造等级（或位置）以实现秩序和可预见性的结果，而处于不同等级（或位置）上的人，其必须、可以和禁止采取的行动与其必须、可以或禁止的状态有关。[①] 换句话说，规则是参与者普遍认可的对何种行为和结果是被要求、禁止和许可的具有可执行力的描述。在关于社会治理的规则体系中，政府首先作为外部权威，能否为可靠信息的获取提供便利、能否帮助建立长期的契约关系、促成参与方交流和信任以及配合内部力量共同形成强有力的规则执行机制（Ostrom，1986；1994），是公共治理成功的要素之一。根据制度分析与发展框架（institutional analysis and development framework，IAD），政府治理活动在不同规则层次上的要求和任务重点是不同的。

具体而言，如果我们把政府数字治理在安全、技术、经济等方面的国际数字合作规则磋商视为宪则（Constitutions/Constitutional）层次的规则选择，将政府在国家管辖权范围内与私人部门就大气、土壤、森林、气候、水文等公共资源的数据合作以及在环保、交通、医疗、教育、民生等公共服务中的数字治理合作视为集体选择层次的规则，那么，政府对竞争性、商业性领域的数字监管则属于操作层次的规则。当前的突出问题可能在于，我国行政体制内部不可能立即破除传统组织结构上条块化和属地化的架构，信息传递障碍导致部门之间协调不够，政出多门或权力真空，甚至存在不同部门之间的政策、标准要求等相抵触的现象。这些操作层面的监管难题如果不通过政府行政机构改革和人员调整加以扭转，则可能因数字经济进一步改变治理活动的行动情境和实际运行规则，把治理困境向集体选择规则和宪则选择规则两个层次上反向传导。

（二）手段与方式

政府提供的许多公共服务规模不大，且通常不可交易，不存在市场竞争，因此提高公共部门的效率就是一件颇具挑战的任务。传统的政府行政采取直接管理手段，主要体现在事前许可（或备案）为主、事中事后许可（或备案）为辅的行政审批制。这套行政管理手段即便是在社会经济高度统一运行的计划经济时代，或者生产规模集中的工业经济早期，也显得僵化滞后。因而改革开放以来，国家一直在对行政管理体制进行调整和转变，以适应市场经济的要求。[②] 但是，由于我国一直处于市场化改革的进程之中，并且经济上市场化的速度明显快于政治上行政改革的步伐，加上国情国力方面我们与西方市场化国家迥异的特质，虽然行政体制改革取得了明显成效，但不得不承认，迄今为止，我国的政府行政管理体系还有很多理不顺、不到位的地方。特别是面对新经济中层出

---

① 埃莉诺·奥斯特罗姆、罗伊·加德纳、詹姆斯·沃克：《规则、博弈与公共池塘资源》，陕西人民出版社2011年版，第39页。

② 《国务院关于取消和调整一批行政审批项目的等事项的决定》（国发〔2014〕50号）已经将合法成立的药品企业“线上线下不一致对待”，改前置审批为后置审批，体现了一定的进步。但是互联网交易服务到底需要采取何种审批制度，学术界还存在争议。

不穷的新经营主体、经营行为等现象，有关部门的事前监管不仅疲于应对，而且效果有限。①

就监管方式而言，以事后处罚为主，过分依赖自上而下的、被动的政府行政处罚模式，不仅惩戒效果不佳，也难以形成市场主体自我约束的长效机制。新制度经济学的理论研究已经表明，短期的内部监督与制裁系统、长期的内部监督与制裁系统、短期的外部监督与制裁系统，对治理绩效的影响明显不同（Ostrom，2011），不但每个子系统的存在与否至关重要，而且其内在规则的制定和运行状况对复杂情境下的治理活动来说也缺一不可。不论何时何地，监管部门有限的力量和手段相比于侵害行为的发生都显得捉襟见肘，因此，新的监管体系必须面临向（横纵向）多元化、互动性的间接管理手段转型。当前，我国在大数据治理、跨平台信用体系、定期随机抽检等监管手段上虽有一定创新，但仍处于探索阶段。

（三）内容与效果

绩效导向的政府管理以 1993 年美国国会通过的《政府绩效和结果法案》为标志，但是政府毕竟不同于私人企业。前数字经济阶段，政府的目标、战略和产出在很多情况下难以精确界定、计量和评估，过于强调绩效管理和成本收益分析，反而强化了单纯的指标竞赛、一事一议和部门利益角逐，造成政府部门疲于应付、公共服务意识弱化以及政治设租和寻租活动的滋生，管理能力和效率难以实质性提升。

进入数字经济快速发展阶段以后，随着电子政务的实施和普及程度越来越高，在政府数字治理的内容及效果方面，由于 ICT 技术可对行政履职的效果进行较为精确的量化，评价政府治理绩效的指标体系也在逐渐发生改变。治理的在线化、数字化只是考核政府治理能力的基本要求，更重要的是政府对治理规则变革的探索，包括政府治理理念的革新、对政府机构改革和权责碎片化的重新整合、政府体制机制的系统优化和流程再造（刘淑春，2018）等。已有的公共治理研究表明，在网络型社会中，通过改变边界规则改变资源使用者特性、通过身份规则创建监督体制、通过选择规则改变容许的行为集合、通过偿付规则和身份规则改变产出结果或者通过信息规则、范围规则和聚合规则改变结果②，都可能生成有

---

① 以网约车为例，一是在完全开放条件下，社会车辆都可以自由地接入和退出专车平台，政府无法依靠过去“一车一牌”的方式进行管理，以有限人力应对无限主体的监管方式肯定不能成为应对“互联网+”的应有理念；二是牌照管理模式下的责任主体明确，但专车服务一般是平台和第三方租赁公司、私家车主，甚至第三方劳务公司等多主体协同实现的，对交通事故和权益纠纷进行责任界定的复杂性大大增加。不久前滴滴出行连续发生多起快车司机侵害乘车人案件，引发社会舆论轩然大波并使滴滴平台一度陷入举步维艰，进一步显示出平台监管及对平台进行监管的重要性和复杂性。

② 王群：“奥斯特罗姆制度分析与发展框架评介”，《经济学动态》，2010 年第 4 期，第 141 页。

效的治理制度。上述治理规则已经平台型经济组织进行了有益的尝试①，很多经验教训可供政府治理时加以借鉴参考②。

（四）风险与隐患

尽管数字经济不是虚拟经济，但是缺乏坚实的非数字基础配套和支撑，数字经济带给政府治理的风险仍有可能加剧并扩散，有可能造成对政府作为外部权威的信任危机，造成市场竞争和公共管理秩序被扰乱的隐忧。首先，公共服务属于需要大量复杂性逻辑思维和情感技能的劳动，虽然数字治理使基本信息和常规许可部分自动化或完全自动化势在必行，但涉及大量隐性知识和斟酌判断能力的决策，仍然需要依赖于政府职员的行政能力（World Bank，2016）。其次，当大量互联网投资加速使以下三种困境——技术进步与教育政策滞后、网络经济造成市场集中而竞争审查政策供给不足、信息和数据泛滥且流动和使用不受有效约束的矛盾——出现时，这些潜在风险将矛头直指政府的人力资本政策、教育政策、市场竞争政策以及数据安全政策。最后，能够有效使用互联网并赋权公民，提供公共服务的问责制政府，既作为非数字基础的有力支撑，也是公众对政府数字治理提出的心理安全需求（见图2）。

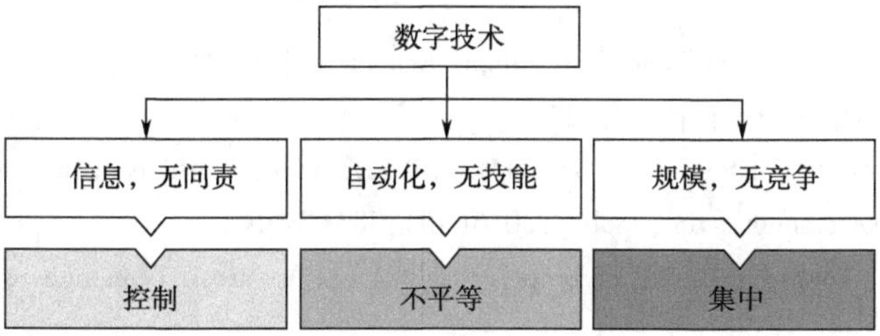

图2 数字经济需要坚实的非数字基础配套支撑③

资料来源：2016年世界发展报告工作组

就政府数字治理的物理（物质）安全需求层面而言，一方面，关于隐私保护、数据利用、网络安全、国家安全、互联网治理等问题的国际合作与谈判作为非数字配套基础设施的重要组成部分，亦是众所周知的数字经济环境风险因素。另一方面，网络的互联互通必须依赖于ICT基础设施的建设与使用情况，因此政

① 即阿里巴巴集团倡导并践行的“促进创新原则”“主体公平原则”“技术中立原则”“福利最大化原则”。参见阿里研究院：《数字经济2.0》，http：//i. aliresearch. com/file/20170109/20170109174300. pdf。

② “世界产权组织说‘阿里模式’有助于在全球化模式下构筑最佳的知识产权保护的法律框架”，参见江小娟在国家治理现代化与可持续发展高层论坛的讲话：《高度联通时代政府与市场边界的合理划分》，2018年8月18日。目前，滴滴出行也在乘车人中发起诸如“网约车内是私人空间还是公共环境”等的大讨论，通过滴滴公众评议会的方式征询乘车人和公众对敏感问题的看法。

③ 世界银行：《2016年世界发展报告：数字红利概述》，清华大学出版社2017年版。

府对频谱的管理效率、对ICT行业的征税力度以及国际网关是否被垄断控制等因素，都会制约数字经济对政府治理和社会生活产生的技术溢出效果。

实践表明，新经济中的政府部门不可能继续在数字治理过程中扮演绝对主导的角色，但其在治理结构中的地位依然明显高于公益部门、私营部门和公民等其他社会主体（王少泉，2018）。数字治理对政府的行为和运作提出了新的要求，形成了巨大的冲击和挑战。是因不懂和不了解而迁延扼杀，还是允许试验和试错，也是检验政府政策的一项重要标准。政府需要平等而有效地保护市场参与者的正当权益，为每个市场主体的自主参与和自由创造提供条件。因此，如果说共享经济开创了产品即服务的模式，那么，也就意味着监管即服务（regulatory as a service，Raas），这恰恰构成了数字时代政府行为合理性的基础。如何融服务于治理，将监管过程变为服务过程，成为检验新经济下政府行政能力增强的标准。

参考文献

[1] COASE H. Ronald. Economics and contiguous disciplines[J]. Journal of Legal Studies, 1978(7):201-211.

[2] C MENARD. Research of New Institutional Economics[EB/OL]. [2019-10-08]. http://www.nefchina.org/index.php? id=274.

[3] JORGENSON D W., Khuong M. Vu. The ICT revolution, world economic growth, and policy issues[J]. Telecommunications policy,2016(40):383-397.

[4] H DEMSETZ. Toward a theory of property rights[J]. American economic review, 1967(57), 347-359.

[5] GARICANO L. Hierarchies and the organization of knowledge in production[J]. Journal of economics, 2000,108(5):879-904.

[6] HAYEK. The use of knowledge in society[J]. American economic review 1945,35(4):519-530.

[7] BAMBERGER K, LOBEL O. Platform market power[J]. Berkley technology law journal, 2018.

[8] ROCHET J C ,TIROLE J. Platform competition in two-sided markets[J]. Journal of the european economic association,2003,1(4):990-1029.

[9] 奥斯特罗姆,加德纳,沃克．规则、博弈与公共池塘[M]．西安:陕西人民出版社,2011.

[10] 多西,弗里曼．技术进步与经济理论[M]．北京:经济科学出版社,1992.

[11] 泰勒尔．产业组织理论[M]．北京:中国人民大学出版社,1997.

[12] 韩耀,唐红涛,王亮．网络经济学[M]．北京:高等教育出版社,2016.

[13] 吕欣,李洪侠,李鹏．大数据与国家治理[M]．北京:电子工业出版社,2017.

[14] 时建中,张艳华,等．互联网产业的反垄断法与经济学[M]．北京:法律出版社,2018.

[15] 许耀桐．中国国家治理体系现代化总论[M]．北京:国家行政学院出版社,2016.

[16] 陈永伟,叶兔逸群．在“平台时代”寻找奥斯特罗姆[J]．群言,2017,000(008).

[17] 顾昕．治理嵌入性与创新政策的多样性:国家—市场—社会关系的再认识[J]．公共行政

评论,2017(6):6-32.
[18]江小娟. 高度联通社会中的资源重组与服务业增长[J]. 经济研究,2017(3).
[19]李凤亮,潘道远. 文化创意与经济增长:数字经济时代的新关系构建[J]. 山东大学学报(哲学社会科学版),2018(1):77-83.
[20]刘淑春. 数字政府战略意蕴、技术架构与路径设计:基于浙江改革的实践与探索[J]. 中国行政管理,2018(9):37-45.
[21]汪旭晖,张其林. 平台型网络市场"平台—政府"双元管理范式研究:基于阿里巴巴集团的案例分析[J]. 中国工业经济,2015(3):135-147.
[22]韩海庭,孙圣力,傅文仁. 区块链时代的社会管理危机与对策建议[J]. 电子政务,2018(9):95-107.
[23]裴长洪,倪江飞,李越. 数字经济的政治经济学分析[J]. 财贸研究,2018(9):5-22.
[24]KLEINWÄCHTER W. 2017 年互联网治理展望:国家统治结构与多利益相关方网络?[J]. 汕头大学学报(人文社会科学版),2017(9):89-92.
[25]王少泉. 私营部门参与数字政府治理的困境及破解之策[J]. 湖北行政学院学报,2018(1):54-57.
[26]王群. 奥斯特罗姆制度分析与发展框架评介[J]. 经济学动态,2010(4):137-142.
[27]沈岿. 互联网经济的政府监管原则和方式创新[J]. 国家行政学院学报,2016(2).
[28]张弛,张曙光. 新经济对经济学理论的挑战[J]. 学术月刊,2018(1).
[29]联合国. 2019 年数字经济报告[R/OL]. https://www.sohu.com/a/340212245_99983415.
[30]世界银行.《2016 年世界发展报告:数字红利》[M]. 北京:清华大学出版社,2017.
[31]国家信息中心分享经济研究中心. 中国共享经济年度发展报告 2019[R]. 2019.
[32]中国信息通信研究院. 中国数字经济发展与就业白皮书 2019[R]. 2019.
[33]赛迪顾问. 2019 中国数字经济发展指数白皮书(DEDI)[R]. 2019.

基于区块链技术的共享住宿新业态研究

邓　达　徐子琪*

摘要：共享住宿的迅速繁荣盘活了社会冗余房产资源，使其使用价值得到转让，促进了资源配置优化与经济社会发展。与此同时，行业中的信息孤岛、失信经营等现象普遍存在，严重掣肘其进一步发展。本文利用区块链高信任度的分布式数据库、智能合约等相关技术以及不可篡改等创新优势应用于共享住宿服务中，探讨了重塑共享住宿服务的耦合点。结合本文所设计的基于区块链技术的共享住宿服务系统架构，分析了区块链技术在共享住宿服务中的适用性及优越性，为探寻多方有效连接、良好信用生态、高度自治的共享住宿模式提供新思路，也为后续共享经济新业态的转型提供借鉴与参考。

关键词：共享住宿；区块链；共享经济；新业态；智能合约

一、引言

近年来，共享经济日渐升温，我国共享住宿市场迅速崛起。2018 年全年共享住宿交易规模达 165 亿元。2019 年国家信息中心发布的《中国共享住宿发展报告》（以下简称《报告》）显示，以民宿为代表的共享住宿房源在全国已达到 350 万，房客数接近 8 000 万人。《报告》预计，我国共享住宿市场规模将继续保持约 50%的增长。② 2016 年至今，我国在线民宿房源数量、民宿线上交易额有显著提升（见图 1）。

2015—2018 年，我国共享住宿新业态的发展对住宿服务业年均增长的拉动作用为 2.1 个百分点，共享住宿市场迎来爆发式增长。与传统酒店住宿相比，共享住宿的供给主体更多元化，服务内容更多样化，用户体验更具社交性，更容易受到年轻消费者的青睐。尽管我国共享住宿市场正在大踏步向前发展，但这个行业仍呈现出诸多问题。国家信息中心分享经济研究中心主任于凤霞认为，当前我国共享住宿发展有五大问题亟待解决：多头监管问题突出、市场准入要求未能充分反映新业态特征、数据共享机制不畅、社区关系问题开始凸显、缺乏长效监管机制。③ 现有的 P2P 平台系统中心化存在信息孤岛、数据系统易单点故障等痛

* 邓达，教授，中国政法大学商学院；徐子琪，政治经济学硕士，中国政法大学商学院。

② 国家信息中心信息化研究部：《中国共享经济发展年度报告》，2019 年，第 1 页、第 26 页。

③ 国家信息中心信息化研究部：《中国共享经济发展年度报告》，2019 年，第 22~25 页。

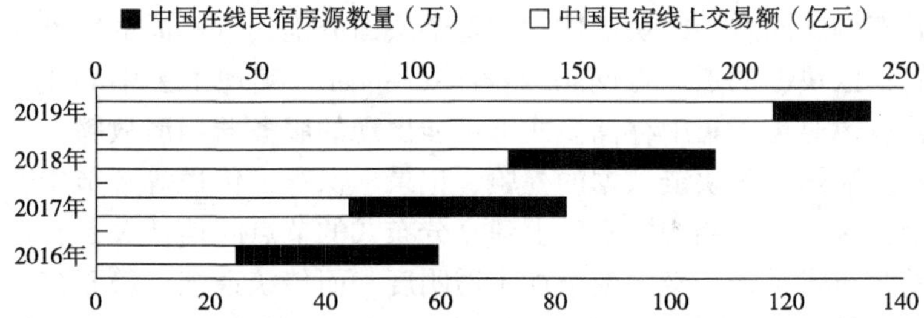

图 1　2016—2019 年中国在线民宿规模

数据来源：Trustdata 移动大数据监测平台

点，从而无法避免信誉管理不足、数据易泄露等导致的成本高、效率低、安全事故频发等问题。由于共享住宿是介于旅店和普通租房之间的一种住宿服务，涉及多个领域，监管主体间没有形成联合机制，缺乏统一的法律规定，极易造成无人或多头执法这种职能缺失或交叉的局面。

随着共享经济的蓬勃发展，人们对区块链技术的关注也逐渐升温。区块链技术不仅可以实现共享住宿去中介，从而减少因信息不对称产生的差价，避免中心服务器出现故障或崩溃，而且可以提高信誉管理的真实性和准确性。房主与顾客之间的信任水平越高，消费者会有更快的采用率，从而更容易出租。[①] 通过安全地证书化房主和顾客的信息，确保声誉信息的准确性，区块链可以优化共享住宿服务的客户体验，增强安全感和信任度，从而为顾客和房主提供同样的便捷性和安全性，加速行业发展。区块链相关技术的创新优势与共享住宿实现耦合，区块链技术的颠覆性价值将加速重塑共享住宿行业新业态。

二、区块链技术与共享住宿

（一）区块链技术及其创新优势

区块链是比特币的基础支撑技术，首次出现在中本聪（Satoshi Nakamoto）发表的《比特币：一种点对点式的电子现金系统》一文中。其中详细描述了如何建立一套全新的、去中心化的、不需要信任基础的点到点交易体系的方法，其可实现性已经被自 2009 年运行至今的比特币所证明。[②] 区块链是一种共享的分布式数据库，通过链块数据（以时间先后为标准、以链条的形式组合区块数据）检验和保存数据，以分布式节点共识机制产生和刷新数据，利用加密技术确保数据传送和访问安全性，采取智能合约（由自动化脚本代码构成）编辑和操作数据，

① 《区块链：将理论付诸实践》第 19 页。高盛分析师史蒂夫 · 肯特（Steven Kent）和他的团队通过调研得到区块链带给 Airbnb 的许多潜在收益关乎用户对信任和安全感的认知。

② “比特币：一个点对点的电子现金系统”，https：//bitcoin. org/bitcoin. pdf。

以增强透明度、安全性和效率。

从基础架构层面看，区块链技术在每个层面分别具有不同的特性。首先，从网络层来看，区块链的点对点网络（peer-to-peer）实现了去中心化（见图 2），其去中心化有效避免了集中存储模式下可能出现的服务器崩溃故障，保障数据库的安全、不易泄露。区块链数据的检验、记录、保存、传送等环节中，用纯数学方法在一个分布式系统结构的基础上建立分布式的节点间信任关系，形成可信的去中心化的分布式系统，极大地增加了透明度，而传统系统依赖于多个躲在防火墙后面的“私藏”数据库，外部不可见。在区块链网络中，每一个节点都可以创造出新的区块，新区块被创造出以后会通过广播的形式通知其他的节点，而其他节点反过来会对这个节点进行验证。当区块链网络中超过 51%的用户对其验证通过以后，这个新的区块就会被添加到主链上。若改变之前的交易数据，现有的哈希值将受到影响从而无法与备份数据匹配，因此可确保恶意参与者不能篡改交易历史记录。

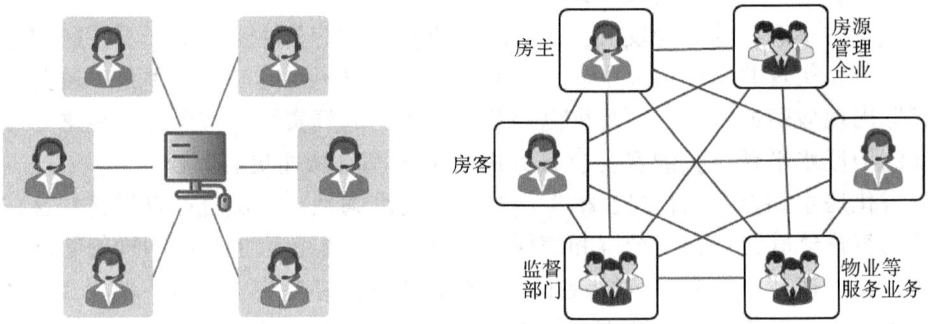

图 2　C/S 网络（左）与 P2P 网络（右）

图片来源：笔者自行绘制

其次，在数据层面，区块链采用带有时间戳的链式区块结构存储数据（类似于记账），形成了一个不可篡改、不可伪造的账簿，具有极强的可验证性和可追溯性。分布式记账与存储功能使区块链系统在操作过程中拥有非常强的容错能力，即便在总账中的某些节点出现错误，也不影响整个总账的运转和现有数据的存储与更新，基于散列函数、非对称加密技术等多种密码学算法和技术保障交易安全。非对称加密技术在区块链的应用场景主要包括信息加密、数字签名和登录认证等，在区块链的价值传输中，要利用公钥和私钥来识别身份。

区块链的合约层封装各类脚本、算法和智能合约，是可编程特性的基础。智能合约是预先编辑的以数据语言记录的条款。一旦触发，智能合约就执行相应的条款或记录条款，节省人力、物力。共识层用于封装网络节点的各类共识机制算法。在区块链技术中，来自不同区域的节点共同参与决策和记录所有的交易，而控制决策规则的就是共识机制。

通过对上述区块链相关技术的阐释不难发现，相对于传统中央数据库，区块链的数据更加安全、透明。而关于区块链多个备份存储这一问题，我们发现，现实世界中的多方已在维护包含同样交易信息的数据库备份，关于同一交易的数据互相矛盾导致了成本高昂、耗时冗长的对账程序。然而，跨组织使用区块链这样的分布式数据库可以极大地减少人工对账需求，让各组织免除重复劳动等。

（二）耦合点分析

1. 基于区块链的去中心化，可以避免抽佣过高、信息不对称以及中心化系统攻击易崩溃等问题

国内常用的共享住宿平台主要有 Airbnb、途牛、小猪等，绝大多数平台主要依靠向一方或者多方收取佣金实现盈利。一些平台尽管提供免费的房源发布服务，但会收取重复发生的预订费用。在 Airbnb 上，房主会在平台上发布广告，按照定价提供房源给房客进行租借，同时提供钥匙、保洁、维修等一系列售前售后的物业管理，而平台则负责提供房源信息、交易担保、仲裁等服务，并抽取15%~20%的费用。区块链系统是由大量节点共同组成一个“peer-to-peer”的网络，没有中心化的管理部门存在，网络中的每个节点平等参与。基于区块链技术的共享住宿服务依托 P2P 网络等技术，能够使用户实现在 Dapp 直接预订，加速了资源快速匹配的实现，并且简化了中间环节，在房主和房客之间建立透明、公平和互信的连接，可以在实现原有资源展示的基础上大幅降低成本。此外，传统共享住宿平台背后的中心化系统容易出现单点故障，而区块链的账本数据由供应链上参与方共同维护，使得它的所有者、数据存储、交易验证呈现多中心的特征，在它的部分节点遭受损坏的情况下，整个账本数据的运作并不会受到影响。

传统共享住宿平台的发展在一定程度上受制于房源。公开资料显示，目前途家有 45 万套房源，蚂蚁短租有 30 万套房源，小猪短租有 20 万套房源。虽然数量庞大，但据《中国景区民宿市场研究报告 2017》统计，为了提高民宿的利用率和曝光率，43.6%的景区民宿房主会选择 4~6 个线上平台进行产品投放。另外，从平均投放平台数量来看，整体线上平台平均投放数量为 3.7。① 这也意味着房主往往会选择多平台投放。这不仅造成了成本的重复浪费和激烈的房源争夺，也造成了行业的恶性竞争。公有区块链允许所有人接入，本文所设计的共享住宿服务平台允许统一管理房源的企业以及单个的房屋拥有者接入，极大地扩大了房源供应。

共享住宿平台普遍存在数据信息不流畅、不透明的情况，实际操作中，短租平台常常凭借所处强势地位转嫁成本，或者出于商业机密的考虑而不愿提供全量

---

① 《中国景区民宿市场研究报告 2017》在对房东的调研中，67.2%的房东无法恰当选择推广渠道，为了降低房客信息不对称的问题，出现了房源重复投放等问题。

数据，数据低透明度影响着整体的效率，也让其信用体系无法有效建立，掣肘行业发展。国内共享住宿平台如榛果民宿交互性较差，只能整体浏览数据，没有单房源数据，数据较为缺乏；小猪短租也缺乏后台浏览数据的支持。而区块链系统的每个节点都参与数据的记录与验证，并将计算结果分布式传播至各节点，一定程度上消除了信息不对称，为双方进行租赁交易提供了保障。

2. 基于区块链的非对称加密和带有时间戳的区块结构，其不易破解、不易篡改的特性可以有效实现用户验证和信誉管理

在传统的共享住宿平台，顾客做出房屋预订决策之前会耗费大量的时间对房屋的条件以及房主的信用进行评定与审核，房客与房主沟通成本始终较高。如果是跨国订购，则房主的响应时间会更长，跨国订购费用的支付会更高，通信交流的效率也会变得很低。途家作为市场上较大的短租平台，其较大体量导致运营管理过程中房源把控比较困难，消费者会耗费更多时间在房屋预定决策上。如果顾客声誉存在不确定性，房主可能损失入住率和收入，因而更倾向于拒绝预订，以免除房屋受损的风险。区块链使得用户可以安全地将身份和支付证书相关联，并附上电子声誉信息，这可以帮助校正用户的可信度。此外，区块链还可以提供可追溯、抗干扰的历史交互记录，检查身份验证和支付认证的历史记录，从而使得各方建立信任更容易，增强预订流程信任度，从而增强历史记录质量，优化交易流程。

据 Airbnb CFO Laurence Tosi，大约 40%的预定房都是家庭或公寓房，而非整个建筑，这突显了确保顾客和房主安全的重要性。① 最熟悉 P2P 旅馆网站的高收入人群恰恰是最不可能使用它们服务的人群。尽管验证身份和证书可以帮助验证一个用户，但这不涉及用户过往的历史。区块链可以让房主和顾客安全地整合他们的历史交易记录，确保所有评价都由对方使用单独电子签名验证。我们认为，使用区块链技术可以带来额外的安全性和更充分的透明度，共享住宿服务平台可以吸引更多的高端客户。

区块链技术自带的时间戳与数据不可篡改性可以很好地解决评价背景真实性的问题。评价欺诈和干预是所有在线市场面临的问题，在很多平台中，在线用户评价经常是伪造的。有时候商家可以建立多个消费者 ID 伪造正面评价，或者是寻求没有商业关系的朋友的帮助，通过刷单行为产生点评内容，虚假消费、虚假评价；竞争者会试图通过抹黑对手的评价来影响消费者的购买行为；房客利用评价或评分作为威胁，试图迫使房主提供退款、额外赔偿。区块链可建立一个抗干扰的评价系统，必须有真实评价者的电子签名，并附加验证评价者的确有购买与支付行为，评价才会被接受。房主和房客都可通过区块链技术形成并获取各自在

① 高盛旅馆业团队：《区块链：将理论付诸实践》，2016 年 3 月 9 日，第 18 页，Airbnb CFO Laurence Tosi 会谈纪要。

共享住宿平台中所要获得的第一手的真实、有效的信息。

此外，区块链技术可以在实现有效个人信用认证的同时保障数据安全，避免数据共享和流通过程中隐私泄露。亚马逊等许多电子商务平台一直以来以简单的密码控制方式对用户的个人信息进行管理，非常不安全。区块链系统会聚合用户ID、支付信息、声誉、过往交易记录和评价，但消费者手中拥有的私钥将是最高权限拥有者，它可以限制其他人访问数据的权限。例如，只允许单次访问，或者只限定于特定用途，禁止挪作他用。

3. 基于区块链的智能合约和共识机制等特性，将大幅度减少人工干预，实现数字化纸质作业方案，从而减少交易成本、提高效率、实现高度自治

区块链可以确保支付证书和自动进行依据合约满意度的放款流程，帮助加快房主收款速度，一是安全地储存支付证书，二是通过优化要求，根据智能合约自动触发支付。针对目前的共享住宿平台进行需求分析，并将传统协议编写为可在区块链网络中运行的智能合约，提高过程效率。很多情况下，用户每个新的交易都需要重复输入他们的信用卡信息，即便用户资料中储存有他们的信用卡信息。区块链可以连接支付流程和已储存ID信息，增强支付安全。在传统共享住宿平台上，当顾客预订房间时，他们需要为整个行程预付费，而在入住24小时后放款给房主。区块链可以通过“智能合约”，在预想情况满足时自动进行放款操作。这就改善了平台以往的交易效率低、交易时间长等问题，实现即时入账与更有效率的跨境结算，每一环节实时可见，提升工作效率，并大幅降低手工交易导致的失误率（详见表1）。一定程度上说，传统交易环节存在的一些困难，如交易滞后、欺诈和操作风险，将在应用区块链技术后得到解决。具体智能合约的构建在下一部分会有进一步的阐述。

表1　区块链等相关技术应用于共享住宿服务的优化体现

流程	现有共享住宿服务体验	应用区块链等相关技术后
预定	单个平台房源有限，房客需在不同平台上进行选择；房主房客沟通效率低；信息及评价不完全、缺乏真实性	避免房源信息不对称；双方有政府签发的ID安全储存并验证，可保障信息安全；双方可得到经过验证的评价
支付	人工输入支付信息；海外预定成本更高；入住后24小时放款给房主	安全储存ID关联的支付证书；按智能共享住宿合约内条款放款
评价	评价难以追溯；存在水军评价及恶意竞争评价抹黑等；负面评价可删除	依靠电子签名写评价；评价验证需要存在支付行为；评价永久记录、可追溯

三、构建基于区块链技术的共享住宿模式

本文针对目前的共享住宿平台进行分析，设计了基于区块链的共享住宿服务的系统架构，采用区块链技术中的点对点网络作为共享的对等网络，利用区块链

账本作为房源信息的存储系统，将传统协议编写为可在区块链网络中运行的智能合约，提高整个过程的效率，同时存储交易记录等信息，为房客与房主提供法律保障。

以太坊①作为当前热门的公共区块链平台，允许在网络中的节点上执行智能合约，在公链平台中具有代表性，本文所涉及的系统架构利用以太坊平台。值得强调的是，随着技术的发展，必然会有更为流畅安全的公链平台，则该系统建设模式也可在未来更为优质的公链平台上进行推广使用。此外，由于区块链是一种昂贵的数据存储介质，不适合存储带多张图片的房源信息的数字内容。现阶段，我们可以利用以太坊的智能合约 IPFS② 互相合作，使用 IPFS 存储房源信息，IPFS 哈希存储在区块链智能合约上，以提供 IPFS 哈希的可追溯性和真实性。此外，在建设系统架构时，应将前端即客户端部署在区块链网络中，从而实现真正的去中心化的共享住宿平台应用。

（一）基于区块链的共享住宿平台的系统架构

本文所设计的基于区块链的共享住宿平台需要为房主与房客提供传统共享住宿平台应具有的服务，并该服务将运行在所有区块链节点上，整个区块链网络都能够访问该服务。该服务将传统协议条款通过代码编译为可自治和自执行的智能合约，用于管理房主与房客在服务期间的各个流程。系统需要在保证 Dapp 的易用性与安全性的同时，满足发布、管理、查询房源以及创建并操作智能合约等功能。

通过采用 Dapp 开发模式，可将系统架构分为：前端框架层、外部服务层、智能合约层和区块链网络层。

前端框架层主要为用户提供与系统的交互设计和实施一个易于使用和响应式的用户界面，该界面也将部署在区块链网络，以实现真正的去中心化应用。共享住宿平台客户端主要用于系统的界面可视化操作，并直接与基于区块链的共享住宿平台云服务进行交互，提供房源信息查询的服务、房源信息上传的服务、个人房源信息管理的服务、创建智能合约的服务以及访问和执行智能合约的服务。

外部服务层主要为区块链网络与区块链网络之外的云服务之间进行数据之间的交互，使得区块链能够获取外部服务提供的相关数据与功能。

智能合约层主要编写系统的相关业务逻辑，该层不仅对外界提供了本系统的主要功能接口，还提供了本系统存储于区块链中的数据处理。该层对前端框架层

---

① 以太坊（Ethereum）是一个开源的、有智能合约功能的公共区块链平台，通过其专用加密货币以太币（ETH）提供去中心化的以太虚拟机（Ethereum Virtual Machine）来处理点对点合约。以太坊提供了可执行图灵完备脚本语言的虚拟机，使得智能合约能够支撑复杂的业务逻辑，为在以太坊平台上开发去中心化应用提供了便利。

② IPFS（星际文件系统），是由 Juan Benet 在 2014 年设计的互联网新协议，其设计目标是实现数据的永久存储、清除网络上的重复数据，并获取存储在网络节点上的数据地址。

提供请求处理与响应的接口。该层向外部服务层发送请求并获取外部服务提供的数据。该层将处理的数据存储在区块链网络，或从区块链网络获取数据，即智能合约层是前端框架层、外部服务层与区块链网络层的中心枢纽。表 2 整理了适合区块链系统的共享住宿智能合约的类型。

表 2 共享住宿智能合约类型

合约主体	合约类型	合约内容
房主	共享住宿房主合约	有新的房源在社区上注册，自动创建此合约，需要按合约提供相关信息，如房客的公钥、租期、租金等信息，用于创建智能共享住宿合同
	房源信息管理合约	负责存储房源信息哈希，房主可控制自己存储的哈希是否能够被外界检索
房主、房客	共享住宿服务保障合约	根据交易行为是否违反短租双方法定基础权利与义务自动进行信用评价（评分）及反馈，违反规则处罚，信用良好则奖励折扣等
	智能共享住宿合约	当房客执行新的预订时，为实现共享住宿服务（合同签署、支付等），平台自动创建合约
物业等第三方服务机构	第三方服务智能合约	每当主机与外部服务提供商（如家政公司）一起执行服务时，自动创建此合约
监管机构	监管审查智能合约	对房源及服务提供违规者自动执行合约进行处罚

区块链网络层主要在本地搭建一个区块链的网络环境，提供了一个去中心化的点对点数据存储与共享网络；同时也为智能合约提供了一个不受中央权限控制的，可自执行、自治的运行环境，其内部使用的数学算法与密码学知识也为系统的安全性提供了可信保障。

（二）基于区块链的共享住宿服务的运作流程与实现

首次应用的房主与房客在共享住宿服务客户端进行注册，即形成区块链上相关节点，还需要上传自身身份信息，并由区块链认证节点对用户进行认证。房主和房客都需要签署共享住宿服务保障合约，根据交易行为是否违反短租双方法定基础权利与义务进行自动信用评价（评分）及反馈。信用评价系统通过该智能合约来完成，若存在违规行为，会依照协议规定，以信用评价系统进行信用记录或处罚，失信行为会被记录在区块链上，情节严重的用户将不能再次享受共享住宿服务的权利；信用良好（信用评分较高）的用户可以有一定的奖励，如租房折扣等。这种差异化的激励机制可以有效引导房主和房客合理共享住宿服务，提高共享住宿双方的满意度，促进双方的良好合作，形成共享住宿服务的良性循环。

当房主要发布房源时，需要在客户端上填写及上传房源信息及图片，客户端将全部信息转化为字节码向 IPFS 发送，IPFS 获取请求后会返回房源信息的哈希，并将其存储于房源信息合同中。

当房客要进行租房时，通过前端访问房源信息，即通过获取房源信息的哈希，以该哈希向 IPFS 获取房源信息。租客选定自己的房屋后，若与房主达成一致，则会创建智能租赁协议，并保存智能合同地址。在处理和验证契约及相关合同的所有信息后，网络中的每个交易都会得到一个唯一的 ID 号，并把交易记录发送到官方分类账中，让所有方都拥有一个不可伪造的、带有时间戳的数字签名，保证交易的完整性。智能合约可根据商定的条款自动启动房客向房主付款。在交易终止时，智能合约也可以设置为自动将押金支付返还给房客。合约协议连同交易信息同步到共享住宿服务链上的其他节点，并永久存储在区块链上（如图 3 所示）。

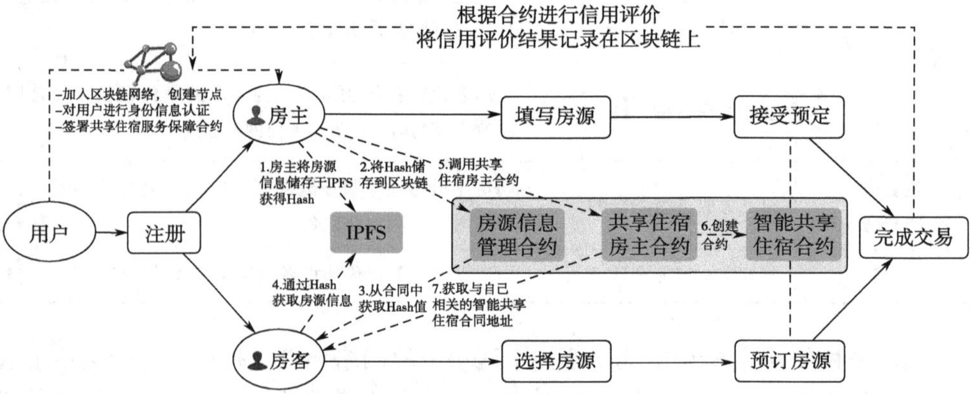

图 3 “区块链+共享住宿”的主要运作流程

图片来源：笔者自行绘制

四、总结与展望

共享住宿的快速发展也暴露了行业的种种问题：信息孤岛、失信经营、服务运营耗费大量人力物力、抗风险能力差。近期暴发的新冠疫情对共享住宿行业的重创正凸显了上述问题。本文针对现有共享住宿服务的痛点，结合区块链技术的核心优势，进行共享住宿与区块链技术的耦合分析，提出共享住宿服务平台的搭建方式与运作流程。通过区块链技术打通房主、房客、服务提供商及监管部门之间的信任障碍，通过智能合约使交易与沟通变得简单高效，实现信息的有效流转和服务的高度自治。目前全球已经有部分企业开始着手“区块链技术+共享经济”的产品研发。不过，就研发现状及政策环境来看，区块链商业化应用的落地进程仍有待时间验证。部分产品仍存在一些问题，如去中心化民宿平台“潮箱”在房屋租赁出现问题时，其人工智能及社区仲裁判定难度大、时效长；此外，目前的公链以以太坊、EOS 等为主，绝大多数的 Dapp 都是基于以太坊实现，但以太坊运行速度慢、容易卡顿等问题仍然存在。不过，相信随着时间的推移，区块链及相关技术的发展会最小化这些障碍，也会开发出性能高、迭代简易、有良好用户体验的优秀区块链公链平台。随着相关技术的发展和法律法规的健全，基于区块链技术的共享住宿服务将得到更好的发展，也可以更有效地结合物联网等技术为服务赋能，将加速跨界融合、技术融合，进而重塑共享住宿新业态的，也为广泛的区块链商业应用提供了基础与范本。

参考文献

[1]NAKAMOTOS. Bitcoin:a peer-to-peer electronic cash system[EB/OL].[2020-12-13]. https://bitcoin. org/bitcoin. pdf.

[2]沈鑫,裴庆祺,刘雪峰. 区块链技术综述[J]. 网络与信息安全学报,2016,2(11).

[3]WRIGHT A,DE FILIPPI P. Decentralized block chain technology and the rise of lex cryptographia [J]. Social Science Electronic Publishing,2015.

[4]PIERRO M D. What is the block chain? [J]. Computing in Science & Engineering,2017(5).

[5]宋立丰,宋远方,国潇丹. 基于数据圈的现实与虚拟闲置资产共享[J]. 经济学家,2019(8).

[6]宋立丰,祁大伟,宋远方.“区块链+”商业模式创新整合路径[J]. 科研管理,2019(7).

[7]石超. 区块链技术的信任制造及其应用的治理逻辑[J]. 东方法学,2020(1).

[8]王通,马文平,罗维. 基于区块链的信息共享及安全多方计算模型[J]. 计算机科学,2019(9).

[9]张新红,高太山. 分享经济:下一个增长极:分享经济:全球态势和中国概览:中国分享经济发展报告(2016)[J]. 浙江经济,2016.

[10]张国庆,刘媛华. 基于区块链技术的民宿业应用研究:以 Airbnb 为例[J]. 经济研究导刊,2019(25).

[11]周蓉蓉,刘海英,靳永辉. 基于区块链技术的共享经济发展路径与对策研究[J]. 广西社会科学,2018(2).

[12]浦东平,樊重俊,梁贺君. 基于区块链视角的电商平台体系构建及应用[J]. 中国流通经济,2018(3).

[13]HAWLITSCHEK F,NOTHEISEN B,TEUBNER T. The limits of trust-free systems:a literature review on blockchain technology and trust in the sharing economy[J]. Electronic Commerce Research and Applications,2018(29).

[14]高盛. 区块链:将理论付诸实践[R]. 2016.

[15]华为技术有限公司. 华为区块链白皮书[R]. 2018.

[16]工业和信息化部信息中心. 2018 年中国区块链产业白皮书[R]. 2018.

[17]国家信息中心信息化研究部. 中国共享经济发展年度报告 2019[R]. 2019.

我国政府数字治理的对策及建议*

张　弛**

摘要：进入21世纪以后，数字经济发展已经上升为世界主要国家的国家战略。我国在大力推进数字经济建设的同时，在政府数字治理实践方面还处于探索阶段，成绩与问题并存。本文认为，数字治理应以政府引导下多层次、多主体、科学化、动态化为实现途径，应在把握好外部与内部、手段与方式、内容与效果、风险与隐患等几个方面的重点与难点的基础上，明确数字治理的目标；强化数字治理的保障；转变数字治理的方式；打通数字治理的路径。

关键词：政府治理；数字治理；对策与建议

当前，中国数字经济以年均31%的速度快速增长。赛迪顾问公司连续16年对国内各级政务网站进行绩效评估的结果显示，我国政府数字治理水平逐步提升，在推进政务信息资源整合共享、政务服务一网通办等公共服务方面改善明显。但是日本早稻田大学发布的《2017 国际数字政府评估排名研究报告》同时显示，中国得分2.865，在65个参与评估的国家中排名第44位，远低于新加坡（91.057）、丹麦（88.739）、美国（87.117）、日本（81.236）、爱沙尼亚（81.198）等国家。① 可见，尽管我国数字治理水平从纵向来看发展较快，但横向比较之下，政府的数字治理能力和治理水平仍有迫切提升的必要。

政府要实现有效的数字治理，必须从两个方面来抓：一是不遗余力地加快数字经济本身的发展，包括构建数字强国的国家创新体系和相应的人员、物质保障；二是提升数字经济时代政府的治理能力，既包括政府内部行政能力与数字能力的融合，也包括构建政府引导下的数字协同共治的治理规则体系。

一、政府数字治理的目标：实现国家创新体系和数字经济发展战略

21世纪90年代以来，大量发达国家的经验表明，国家创新体系（National System of Innovation）是国家竞争优势的源泉，是国家综合实力的基础，因而西方国家实质上将其视为一项基本国策。“有向技术创新”（Acemoglu，2007）理

---

* 本文节选自《数字经济与政府治理研究》（2018年中国政法大学横向研究课题）结项报告。

** 张弛，副教授，中国政法大学商学院。

① 刘淑春：《数字政府战略意蕴、技术架构与路径设计——基于浙江改革的实践与探索》，《中国行政管理》，2018年第9期，第38页。

论的持有者认为，重大技术进步都不是自发产生的，而是通过引导机制形成，既包括市场引导，也包括政府引导，因而称其为“directed innovation”①，数字经济时代这一趋势尤其可被清晰地观察到。面对产品研发周期短、以人力资本投资为主、依赖巨大的国内市场不断进行场景优化的数字产业，创新不再是自发分散的私人行为，更主要地表现为一种目标明确、有组织的国家行为（C. Freeman，1992）②。国家创新体系的实质就是政府、企业、大学、研究院所、中介机构等之间为寻求一系列共同的社会经济目标而建设性地相互作用，并将创新作为变革和发展的关键动力系统。在由公共和私有机构组成的网络系统中，各行为主体的制度安排及相互作用旨在有效率地创造、引入、改进和扩散知识与技术，使一国的技术创新取得更好的绩效。

实事求是地说，二十年间我国数字经济发展取得的辉煌成就离不开政府对数字经济的前瞻性规划、全方位战略指引和积极的产业引导政策。在国家层面，除了大力发展电子商务之外，国务院又先后印发了《中国制造 2025》《促进大数据行动发展纲要》《新一代人工智能发展规划》等系列文件，2016 年中国作为发起国通过了《G20 数字经济发展与合作倡议》。目前，我国政府正在加快拟定《数字经济发展战略纲要》，旨在继续从组织协调、资金扶持、人才引培、路径步骤等多个方面，深入推动各级政府做好数字经济发展的顶层设计，系统梳理遇到的问题，结合区域和行业发展特点，强化互联网思维，制定阶段性网络强国发展规划。

长期以来，我国制度变迁的经验和特点表明，政府凭借公共权力调动社会资源的能力非常突出。中央政府在集中人力、物力、财力干大事方面的优势明显；大部分公益部门具有半官方性质，也能够从政府部门获得政策支持；因此，通过寻求“官产学研”的共同合作，建立国家创新体系，既能实现技术主导与服务主导的研究成果之间有效沟通、整合及联结，又能满足政府数字治理的迫切需要。如此一来，政府数字治理以实现国家创新体系为目标，加快数字经济发展战略为导向；同时，国家创新体系的运转和数字经济发展战略的执行又能保障政府数字治理的顺利实现。

二、政府数字治理的保障：加强 ICT 基础设施投入和新型科技人才培养

改革开放以后，我国持续大力投入基础设施建设，为 21 世纪以来包括电子商务在内的数字经济的迅猛发展夯实了物质基础。据不完全统计，中国政府在十二五期间电信行业总体投资规模约达 2 万亿元人民币，由国家牵头的 ICT 基础设

---

① Acemoglu, D.: “Equilibrium Bais of Technology”, *Econometrica*, Vol. 75. No. 5., (September) 2007, 1371–1409.

② 多西，弗里曼：《技术进步与经济理论》，经济科学出版社 1992 年版，第 377 页。

施建设保障了互联网的普遍接入和基本网络服务能力。我国政府还在《“宽带中国”战略及实施方案》（2013）、《中华人民共和国国民经济和社会发展第十三个五年规划纲要》（2015）等政策文件中承诺在宽带及移动互联网、大数据、人工智能、云计算基础设施、5G 通信技术等方面的积极财政支出，令世界为之瞩目。

然而，截至 2018 年 6 月，我国网民规模达到 8.02 亿，互联网覆盖用户普及率仅为 57.7%，不仅低于 G20 成员国中发达国家超过 85%的平均普及率，即使与新兴国家集团如俄罗斯、阿根廷等 70%左右的水平相比，也还有较大的距离。根据联合国发布的《2017 年信息经济报告》，在 2012 年到 2015 年之间第一次上网的 7.5 亿人当中，有近 90%都来自中国和印度。其中，印度有 1.77 亿，中国有 1.2 亿。在国内，区域数字基础设施发展不平衡①，城乡数字鸿沟仅仅得到初步缓解，少数特殊群体分享数字红利的机会仍十分不足。可见，未来只有依靠广泛的政府与私人合作投资（PPP），继续缓解铁路、公路、电力、电信等基础设施的结构性供给不足，加速城镇化水平和新农村建设，扩容数字基础设施服务能力，才能保证数字经济向好的方向发展，实现政府数字治理的顺利开展。

此外，要支撑更高级、更复杂、更抽象的数字经济的快速发展，复合型技术人才的规模和质量需要不断扩大和提升。尽管 21 世纪以来我国对教育的支出已经超过 GDP 的 4%以上，但教育部门产出的滞后性仍然改变不了技术与教育相互竞赛的因果循环。除了广泛的人文社科知识涉猎和跨文化意识，具有技术系统和软硬件技术知识、数学建模、统计算法、语言结构乃至系统开发等专业能力的数据规划师、数据工程师、数据架构师、数据分析师、数据应用师和数据科学家，全球都处于严重短缺状态。我国政府只有不懈地致力于人才结构改善，加快人才储备速度和推动培养模式转型，并由政府牵头或推动，鼓励校企联合培养、科研机构自我孵化、企业内部培训、海外人才引进等多种形式增加高技术人才供给，才有可能逐渐弥补具有创新能力的技术专才和从事信息基础性工作人才的缺口。

三、政府数字治理的方式：构建多元共治的政府数字治理规则体系

以大数据作为生产资料和生产要素的数字经济时代，对生产力和生产关系、供给和需求、价值创造和价格竞争、产业组织和企业结构、社会生活和思想理念方方面面的冲击都极具颠覆性。虽然目前经济学、政治学、社会学、法学无不从理论层面尝试积极的思考和解释，各界也都普遍接受了诸如“多利益攸关方”“多元共治”“协同治理”等概念，但是对多元共治下的政府数字治理规则体系

---

① 广东、江苏、上海、浙江、山东数字经济规模都突破了 1 万亿元，这五个省市的数字经济总量占全国数字经济总量的近二分之一。相比之下，宁夏、青海、甘肃等九个省份数字经济总量均在 3 000 亿元以下，九省份数字经济总量仅相当于全国数字经济总量的 7%。参见方禹：《构建助力数字中国的政策法规体系》，《现代电信科技》，2017 年第 47 卷第 6 期，第 4 页。

如何构成尚无定论（安小米，2018）[①]。

事实上，通过一个简单的二维度标准——“政府在治理活动中的参与程度”，以及“政府协调成本—收益上的机会成本和比较优势”，结合多层次的制度分析框架，不难区隔出多元共治的政府数字治理规则体系里具体包含哪些内容。首先，对于那些只有政府掌握的有效信息和数据，必须经由政府代表才能实现的数字治理活动，如国家间的网络治理谈判与对话、全球互联网治理和国际数字市场竞争规则、全球数字化公共产品与公共服务的提供等，当属宪则层面的治理规则。这些规则的缺省、监督与执行情况自然而然地会向政府管辖权内的集体选择活动和实际操作规则传导压力，构成余下两个层次规则生成和运行的前提。其次，需要政府主导的数字治理活动，或者说由政府制定规则并协调人们在数字经济领域中的活动，政府获取信息的机会成本相对较低或政府决策比较优势明显的，则归入集体选择层次，只是在不同具体场景下，政府数字治理需注意具体手段和治理方式的差别。比如，有的采取“事后问责制”，有的采用“事前审批制”，有的适用“审慎监管+个案分析+合作强化”的执法原则，有的宜取“经济分析+法理分析+社会分析”的立法原则等。最后，在非公共部门掌握更多本地信息的情况下，市场协调、企业协调和社群协调更具成本优势时，即使是政府的间接治理，也最好作为外生变量和环境因素，起到划定治理范围和治理边界的作用。经验表明，有共同生活经历的人们有可能在社会场景中发展出各种社会网络与互惠关系，社群成员知道何时以及怎样利用这种社会资本（Coleman，1990）以开发、执行各种制度规则。

诚然，人类的社会生活在众多的情境和领域内，协调规则都有相当程度的重叠和交叉，也存在冲突和对抗，并非一贯静态稳定，难以严格厘定。因此，有效的政府治理规则体系还需要提供一个多边的、稳定的交流机制，帮助不同的群体之间建立信任，共商共治。

四、政府数字治理的途径：推进政府组织机构和电子政务能力的调整与升级

作为数字时代社会治理的主体，不掌握现代化信息技术的政府是不可想象的。

首先，政府必须加速信息化和数据化改革进程，除了实现政府办公自动化、政府实时信息发布、各级政府间的可视远程会议、网上公共服务、网上查询政府信息、数据开放、电子化民意调查，社会经济运行监测、预警和调控，社会防攻

---

① 有的研究从概念体系入手，构造目标—权力—对象—问题的理论框架；有的则从战略角度构建目标—组织架构—责任分工的分析思路；还有些研究立足于治理策略、治理工具、治理程序和治理内容等微观视角，此处不再赘述。参见安小米：《政府大数据治理规则体系构建研究构想》，《图书情报工作》，2018 年 62 卷第 9 期。

击、防泄露、防窃取等风险的监测、预警、控制和应急处置等全方位的数字化管理，还应着手自建或合作外包数字政务基础设施的有效供给。

其次，随着数字技术和信息化生产力向公共管理部门渗透，传统的垂直型政府组织架构势必需进行调整。虽然公民授权的组织特性决定了政府科层制的基本结构不变①，但在数据驱动下的政府数字治理却可以在很大程度上执行线上职能合并、线下环节精简的弹性管理，实现跨层级、跨地域、跨系统、跨部门、跨业务的数字服务升级，这也反过来促进了政府数字治理理念的形成，打破了传统的思维定式。

最后，政府数字治理的实现最终依靠政府职员的数字应用能力和信息技术水平，因而可利用虚拟的在线职业教育方式，加强政府各级工作人员的数字技能培训；邀请各级各类专家学者组成在线的数字化智库，衔接和打通现有的跨部门联动机制；政府出面构建时时互动的产学研数字交流平台②，形成良性的对话、共商氛围，并最终向着“以人为本，人民中心，数据赋能，人机友好，互动便捷，整体政府，服务政府，法治政府，清廉政府，有为政府”③ 方向不断迈进。

参考文献

[1]安小米,宋懿,郭明军,等．政府大数据治理规则体系构建研究构想[J]．图书情报工作,2018,62(9):14-20.

[2]陈永伟．在“平台时代”寻找奥斯特罗姆[EB/OL]．[2017-08-08]．DOI:10.16632/j.cnki.cn11-1005/d.

[3]方禹．构建助力数字中国的政策法规体系[J]．现代电信科技,2017,47(6):3-5.

[4]顾昕．治理嵌入性与创新政策的多样性:国家—市场—社会关系的再认识[J]．公共行政评论,2017(6):6-32.

[5]何圣东,杨大鹏．数字政府建设的内涵及路径:基于浙江“最多跑一次”改革的经验分析[J]．浙江学刊,2018(5):45-53.

[6]江小娟．高度联通社会中的资源重组与服务业增长[J]．经济研究,2017(3).

[7]李凤亮,潘道远．文化创意与经济增长:数字经济时代的新关系构建[J]．山东大学学报(哲

---

① 数字时代在使用而非拥有的新经济中，涉及数据和信息资源的经济合约采取租用方式，而非委托代理方式，解决了信息的不对称及其交易费用的问题。然而在政治合约中，由于交易的对象和标的是权力，只能采取委托代理交易的方式，而不能采取租用等其他交易方式。因而在政治契约中，委托人和决策人的信息不对称以及由此产生的问题是内生和不可避免的。也就是说，凡是政治交易，必然有委托代理之类的交易成本，这种交易既难以计量，也无法监督，只能通过政务公开等方式予以缓解。

② 如数字经济论坛（Digital Economy Forum of China，DEFC）是由国家发展和改革委高技术产业司指导，各部委研究机构、高校和企业研究部门等共同参与搭建的对话交流机制，致力于推广总结中国数字经济成功实践和经验，为全球数字经济发展贡献“中国智慧”。

③ 《实施国家大数据战略 加快建设数字中国》，习近平政治局集体学习讲话，2017 年 12 月 8 日。参见《国务院关于积极推进“互联网+”行动的指导意见》，国发〔2015〕40 号，http://www.gov.cn/zhangce/content/2015-07/04/content_10002.htm。

学社会科学版),2018(1):77-83.
[8]刘淑春. 数字政府战略意蕴、技术架构与路径设计:基于浙江改革的实践与探索[J]. 中国行政管理,2018(9):37-45.
[9]汪旭晖,张其林. 平台型网络市场"平台—政府"双元管理范式研究:基于阿里巴巴集团的案例分析[J]. 中国工业经济,2015(3):135-147.
[10]韩海庭,孙圣力,傅文仁. 区块链时代的社会管理危机与对策建议[J]. 电子政务,2018(9):95-107.
[11]裴长洪,倪江飞,李越. 数字经济的政治经济学分析[J]. 财贸研究,2018(9):5-22.
[12]HARRIS R G,王晓茹. 从经济学视角解读数字平台的反不正当竞争法适用[J]. 竞争政策研究,2017(5):83-100.
[13]KLEINWÄCHTER W. 2017 年互联网治理展望:国家统治结构与多利益相关方网络?[J]. 汕头大学学报(人文社会科学版),2017(9):89-92.
[14]王少泉. 西方经验在厦门市数字政府治理中的应用分析[J]. 厦门特区党校学报,2018(2):45-51.
[15]王少泉. 系统权变视域下数字政府治理结构演进分析[J]. 中共福建省委党校学报,2018(1):76-83.
[16]沈岿. 互联网经济的政府监管原则和方式创新[J]. 国家行政学院学报,2016(2).
[17]张弛,张曙光. 新经济对经济学理论的挑战[J]. 学术月刊,2018(1).
[18]刘尚希,等. 中国财政改革经验[M]. 北京:中国财政经济出版社,2019.
[19]联合国. 2017 年信息经济报告[R/OL]. [2017-06-18]. DOI:10. 3969/j. issn. 1674-7739.
[20]赛迪顾问. 2017 中国数字经济指数(DEDI)[R]. 2017.

银行业“无人网点”转型研究

——一个纳入监管的模型

支小青　丁　灿*

摘要：无人网点是无人经济在银行网点上的运用，银行网点利用数字化技术和智能设备的技术支持，实现“现场无人值守”。无人网点作为未来金融服务业的业务形态，除了技术赋能，还有重视服务与安全的特点。目前，技术助力无人网点转型，而服务和安全则阻力重重，成为制约无人网点的发展困境。本文认为，银行网点是否能够向“无人化”转型，需要从利润和监管的角度具体分析。本文首先从无人网点的概念和特点出发，以“九江网点”为例具体阐述了无人网点的困境。其次，针对银行网点是否要进行无人化转型，利用纳入监管的利润最大化模型，从供给侧和需求侧分析单个银行网点利润的影响因素，既为单个银行网点的转型决策提供参考，也从单个决策中预测银行业无人网点的发展前景。

关键词：无人网点；无人化转型；监管；利润最大化模型

一、绪论

银行业的智能化是未来的发展方向，从智能大堂机器人到无高柜网点再到无人银行，银行业界在不断探索实践之中，但是“无人银行”目前并没有收到预期效果。2018 年 4 月，中国建设银行上海市分行在上海九江路推出中国银行业首家“无人银行”，由于该银行营业厅的业务办理全程无银行职员参与，大堂经理、保安、柜员等都被智能设备所取代，在国内一度引发银行业智能革命的讨论。① 2019 年，记者在无人银行推出一年后前去回访，却发现无人银行实际上并没有发挥出优势，甚至被认为使用效果差，“基本上什么也干不了”②。“无人银行”在实践中为什么收不到提效增质的实效？又为何难以普遍开展？

首先需要明确的是，以往“无人银行”的概念是指以 ATM 机为载体的自助

---

* 支小青，副教授，中国政法大学商学院；丁灿，政治经济学专业硕士生，中国政法大学商学院。

① 佚名：《“无人银行”的暖心服务——全国银行业首家“无人银行”“智慧”亮相申城》，http：//www.ccb.com/cn/ccbtoday/newsv3/20180411_ 1523440881.html，2019-12-15。

② 《暗访建行上海无人银行 业务经理：“基本上不能干什么”》，《21 世纪经济报道》，http：//ishare.ifeng.com/c/s/v002tuMuvK-_ nDqwTqBZuxzNkAWMMn0b9TzjcmuIdE5HlkOI，2019-12-15。

银行，而新型的“无人银行”是指利用人工智能、生物识别、物联网等技术替代员工，实现“现场无人值守”的银行。通过实践梳理和理论分析可以看出，用媒体宣传的“无人银行”来概括本文的研究目标并不恰当。实际上，中国建设银行的“无人银行”是现场无人值守的智能银行网点，因此，使用“无人网点”的概念更为恰当。银行业是一个系统，“无人网点”是无人银行的组成部分，相比于无人网点，“无人银行”需要更彻底、更全面地变革。当下“无人银行”难以实现，而“无人网点”更具有可行性。因此，本文把“无人网点”作为本文的研究目标。

关于“无人网点”，学界的直接研究较少，相关研究体现在以下几个方面：

1. 关于无人经济的探讨

蒋同明（2018）认为，无人经济是物联网、人工智能等技术高速发展的产物，是消费升级的必然结果。陈明生（2019）从供给和需求两方面深入分析了无人经济发展的机理，讨论了技术进步、生产组织方式、消费者需求等因素对于无人经济的影响。

2. 关于银行智能化转型的探讨

伍旭川（2018）描述了人工智能对金融领域的影响，并研究机器学习、知识图谱等技术在银行业务中的应用与安全问题；胡蝶（2018）研究商业银行的人工智能应用的风险和制约；李佳等（2018）分析人工智能技术在商业银行的风险控制、客户关系、成本控制等业务方面的应用；等等。

通过梳理相关文献，笔者发现，现有研究对于银行网点的具体应用场景少，而且从理论模型上对银行网点是否要进行无人化转型决策的研究相对较少，因此，本文在学界研究的基础上，利用利润最大化模型研究银行网点“无人化”转型问题。

本文的结构如下：第二部分对无人网点的概念、特点和困境进行界定与分析。无人网点是“无人经济+银行网点”的组合，“无人化”决策是利用技术赋能机器设备，取代银行网点职员的决策；出于金融服务和监管的特殊考虑，无人网点还具有“服务性”和“安全性”的特点。通过考察无人网点的概念和特点，以及梳理建行“无人网点”的实践，发现现阶段无人网点面临着技术过渡、机器服务以及监管要求等“困境”。基于此，银行网点是否要进行“无人化”转型值得考虑。第三部分通过建立一个简单的纳入监管的利润最大化分析模型，对银行网点的无人化转型决策进行分析。以往研究表明，经济效益是银行网点是否进行智能转型的主要出发点，通过建行的实践，本文认为业务监管也是转型的重要影响因素，因此，本文将监管纳入传统的利润分析框架，建立一个简单的纳入监管的利润最大化模型，通过供给、需求（包括监管需求）简要分析“无人化”场景下对银行网点利润最大化模型的影响，最后得出单个银行网点是否进行“无人化”转型的建议，以及根据此模型对银行业智能化短、中、长期的发展趋势进行大致预测。

二、无人网点：概念·特点·困境

无人网点是无人经济在银行网点上的运用，利用数字化技术和智能设备的技术支持，实现银行网点的“现场无人值守”。无人经济是继共享经济对异质化需求的满足之后，利用先进技术实现劳动力替代的一种经济形式，是共享经济的进一步发展。因此，要了解无人经济，首先要了解共享经济。卢现祥（2016）指出，共享经济的本质在于通过共享平台匹配供需双方，这一过程使得原来不可交易的资源进入可交易的范围，以达到降低交易成本、实现资源的优化配置的目的。实际上，共享经济将技术创新落实成为商业模式的创新，无人经济更多的是在共享经济的基础上，进一步利用技术减少劳动力需求。因此，无人经济整合共享经济对于商业模式的创新和新型技术，技术的进步、劳动力成本的上升以及消费者异质化的需求促进了“无人经济”的转型。无人网点是银行智能化转型的标志性阶段，是技术集大成的结果，随着银行业劳动力成本上升的压力以及消费者多元、便利的需求而深化。同时，银行网点的金融服务业属性也为“无人银行”赋予了独有的特征。

技术赋能助力工作人员的减少是无人经济的主要特征，也是无人网点的主要特征。以中国建设银行的无人网点为例，智能技术和智能机器已经基本覆盖网点所需的人员和业务。具体来说，在中国建设银行上海支行九江路的无人网点（以下简称“九江网点”）里，保安被进行人脸识别的摄像头和闸门替代，大堂经理被会交谈和问候的智能机器人替代，柜员被能办各种柜员业务的智能柜员机替代。而传统银行网点的所有业务90%以上可以通过智能设备完成。九江网点的实践显示，无人网点被替代的业务及使用的相关技术和机器如表1所示。

表1　无人网点被替代的业务及相关技术和机器

业务	技　术	机　器
客户识别	身份识别技术、生物特征识别技术	智能机器人
业务咨询	语音语义识别处理技术	智慧柜员机
客户分流	知识图谱技术	智能机器人
业务分流	机器学习、射频识别技术、全息投影技术	远程视频柜员机（VTM）
业务推介	知识图谱技术、客户画像、机器学习	智慧柜员机
客户服务	客户画像、语音语义识别处理技术	智能机器人
VIP 业务	VR 技术、AR 技术	智能机器人、远程视频柜员机（VTM）

资料来源：根据相关咨询整理

除了技术特征，无人网点还在服务与安全两方面有着自己的特色，这是由无人网点作为金融服务业的属性决定的。首先，作为金融服务业的一种，无人网点注重服务与顾客体验，这与作为零售服务业的无人零售有着类似的特征。王海忠等（2006）研究发现，银行的服务质量直接影响到顾客满意度。无人网点的服务主要体现在人性化机器和客户体验活动上。相比于无人经济的其他形式，无人网点往往置办智能服务机器人，采用拟人的外形、亲切的语调提升顾客的好感度。对于客户体验，无人网点开辟迎宾接待区、智慧社交区等顾客体验区，并为顾客提供多种电子图书、VR 元素游戏、拍照等娱乐活动，以提升顾客体验。其次，金融行业对于安全的重视程度很高，这落实在“无人网点”的运作上，体现为需要单独的空间、可靠的识别认证以及强有力的安保设备等。也就是说，相比于无人零售等无人服务业，银行网点会大量采用安保设备以及远程一对一服务等私密的方式。同时，大量使用刷脸识别等可靠度高的方式办理业务，为 VIP 客户专门开辟私密空间、提供单独服务等。但出于安全的考虑，银行监管也是阻碍银行智能化的一个原因，目前并不是所有业务都能够在无人网点办理，还有约 10%的业务，特别是像授信业务等出于风险合规的考量以及银行监管的需要，不能完全切断服务人员的辅助。银行网点的服务和安全的特征使得银行网点+无人经济时面临着“困境”。

无人网点的应用困境具体到九江网点的实践中，体现为“技术过渡”问题、“机器服务”问题和“安全监管”问题等，目前这些困境的存在制约了无人网点的发展。首先是“技术过渡”问题。目前仍然存在技术不通畅、不稳定的困境；前后台数据还没有打通，数据还没有在银行内形成通路，而机器带来的信息和数据还需要大量人工处理，这更是得加大劳动力的投入；另外，智能设备的稳定性还存在问题，目前智能机器的折旧率远高于 ATM 机等成熟机器，难以实现稳定使用，例如，九江网点的机器人和 AR 设备就时好时坏。其次是“机器服务”问题。不同于无人便利店，银行业务办理专业性高，客户的询问专业度非常高，虽然有许多通用问题机器可以解答，但是服务机器人在应答满意度与机器回应宽度（即同时回复多人的能力）上不如真人。最后是“监管”问题。银行业关系国计民生，又是我国金融行业的支柱产业，银行业的风险和监管是需要严密监控的，否则将会造成重大损失。出于银行业风险合规的考量，九江网点在银监会考察之后叫停了许多业务，因为这些业务禁止在“无人”场景下办理。对银行业的监管也导致一部分业务是基于监管要求而开展的，例如，目前开卡业务、一些理财业务等都要求必须去有人的柜台办理。

无人经济是技术驱动的结果，又在供需双方的驱动下发展。目前，无人网点作为金融服务业，除了技术特点，还有重视服务与安全的特点。本质上，技术体现了无人网点转型的推力，而服务和安全的要求则扮演着阻力的角色，目前阻力大于推力，造成了无人网点的困境。既然有阻力也有推力，那么，银行网点要不要做“无人化”转型的决策就值得考虑。以下从银行网点的利润最大化模型出发，对供给侧和需求侧的影响因素进行分析，辅助银行对是否“无人化”进行决策。

三、无人网点利润最大化分析：纳入监管的模型

前面分析了无人网点的概念、特点及困境，但是，怎样解决困境？银行是否要进行“无人化”转型？这些问题还需要进一步探讨。可以看出，在银行是否要进行智能化转型的决策中，银行网点是应用的主体，其特殊性在于它不仅是盈利的个体，还担负着维护金融稳定、避免金融风险的任务。因此，在进行无人网点的效益分析时，不仅要考虑银行网点作为利益主体的成本收益，也要将纳入监管维度作为考量银行网点是否“无人化”转型的因素。基于此，以下利用银行网点的利润最大化模型，从供需两方面分析目前对于利润的影响因素，帮助网点进行转型决策，并进一步从决策中预测无人网点的发展前景。

银行网点是否进行“无人化”转型的决策分析中，可以将决策转化为机器与人力投入的要素决策问题。以单个银行网点作为决策主体，除了基本的利润最大化分析要素外，再加入一个监管的选项。因此，纳入监管的利润最大化模型是：

$$\mathrm{Max}\pi = R - C + BR = R - (wl + r\alpha m) - BR$$

其中，π 为单个银行网点的利润；R 为收益，由于银行业务多元，假定 R 为单个银行网点的平均收益；l 为劳动力数量；m 为机器数量；w、r 分别为劳动力和机器的价格；而 α 代表机器对于劳动力的替代率；BR 为实行监管对于单个网点带来的利润损失。鉴于目前银行监管主要是对银行业务施加限制，因而假定 BR 与 π 为负相关。

考察单个网点是否进行“无人化”转型，主要考察的是在网点利润和监管的约束下，网点的“机器—人工”投入决策。现实情况下，上述模型中指标的变化受到银行网点供给侧和需求侧变化的影响。接下来就利用利润最大化模型，分析目前供给侧和需求侧的各种情况对决策的影响，最终对总的影响和趋势进行概括总结。

从供给侧来说，主要是劳动力价格 w 和机器价格 r 会影响劳动力和机器的供给。银行的动力在于追求效率。目前，我国银行业的从业人员居高不下，人力成本上升；与此相关，银行的组织成本上升。而应用的阻力在于技术成本上升。前面提到，智能设备的稳定运行还存在问题，现有智能设备的设计、使用和售后维修都需要大量的成本。当然，机器的运用必将倒逼分工的进一步细化，这也要求组织内部的变革。总的来说，目前“无人化”转型的动力主要来自于减少人力成本和组织成本，从而提升效率；而阻力存在于技术成本，因此，无人网点的应用效率在于这些成本之间的相对大小。在前期，机器价格 r 和机器对于人工的替

代率 α 并不高，而且“机器化”带来的转换成本很高，虽然劳动力价格 w 也在升高，但是总的来说，银行“无人化”转型的动力不足。可以预见，智能设备的使用成本将随着技术的发展而持续下降，即 Δr 和 α 变高，一旦每增加一单位的机器值大于每增加一单位的人力值，银行转型的动力就会变强。

从需求侧来说，客户的需求会影响客户前往某一网点的频次，由此影响单个网点的收益 R。客户对于便利、多元的需求会增加转型的动力，这一点使得无人化转型能够增加收益 R。无人网点对于客户需求的满足体现在多个方面。其一，ATM 机的使用使得存取款可以 24 小时进行，无人网点的落地使得所有网点业务都能够 24 小时进行，满足了客户的便利性需要，这是时间上的便利。其二，无人网点还能够缩小网点的规模，使银行网点能够增加密度，实现高覆盖率，乃至乡村也能覆盖，从而为客户提供了空间上的便利。其三，传统网点都提供同质化的业务，对于小众的、异质的金融业务不能满足。网点智能化之后，异质的需求只需要开发新的程序即可以提供办理入口，从而增加了银行服务的多元性。与此同时，客户对于精神性、体验性的需要和学习成本的上升会阻碍转型，造成网点的收益 R 减少。对于适应了银行原有服务的客户，特别是 VIP 客户等高端客户和老年人、残疾人等弱势客户，可能不适应机器服务，这部分客户群体存在较大的转换成本；而学习成本对于学习新事物慢的老年人、低技能人群是很高的成本，以至于这部分人抵触银行的变革。总的来说，根据客户需求的不同，会影响对无人网点的接受程度，客户对于转型收益 R 的影响总体是不确定的。

此外，监管作为一种特殊的需求纳入讨论分析。本文在利润最大化模型中加入的监管项 BR，就是要注重监管环境对决策的影响。目前，监管对于转型决策利润的影响主要是负向的。因为银行监管往往是针对现有的银行工作环境设置的，对于银行的变化来说，监管的变化往往是滞后的。为应对金融风险和保持金融稳定，现有的银行监管政策多是针对人工环境制定的，例如，开户需要人工审核、授信业务需要有资质的银行人员办理等。因此，现有银行监管项 BR 对于转型利润来说是负向影响。但是随着技术发展和时间的推移，金融监管会逐渐转化为适应机器服务环境的监管，BR 对利润的影响会逐渐变小。

以上是从供给侧、需求侧以及监管侧分析银行网点转型决策的利润影响。供给、需求、监管的影响可以分阶段看待，因而整个银行网点的无人化转型也可分阶段进行。短期来看，技术的成熟和适应使得机器价格 m 不会很低，同时智能机器对于劳动力的替代率 α 也不高，客户的需要由于存在学习成本，并不会完全支持转型的收益 R 增加，而监管带来的阻力也使得无人化转型的利润减少，因此短期内无人化转型并不会带来利润，银行网点只有出于非利润目标，诸如战略布局、营销等动机才会选择进入。中期来说，随着技术的成熟，顾客学习程度的上升，会使得 m 降低、α 升高，由于人力成本 w 一直在上升，无人化转型变得有利可图，此阶段大部分银行网点会出于利润考虑进行无人转型。长期来看，金融监管已经在大量的实践中转换为适应机器操作的监管，对于无人化转型的阻力 *BR* 消失，银行网点大部分已经进行无人化转型，个别银行网点可能出于部分顾客偏好人工服务的需求而保留一些人工服务的岗位。

四、结论

无人网点是“银行网点+无人经济”的产物，是借助于技术的支持、供给侧寻求成本下降、需求侧寻求便利及多元服务驱动而形成。相比共享经济，无人经济是智能技术和智能机器全面替代劳动力的结果。无人网点相对于其他无人经济形式，除技术支持的共性外，还有服务和安全的特性。无人网点的特性决定其面临的困境主要是服务和监管的困境。因此，银行是否要进行无人化转型需要进一步考量。

以银行网点作为转型决策的主体，单个银行网点既是利益主体也是被监管的对象，因此，考虑单个银行网点转型决策，需构建纳入监管的利润最大化模型。本文从单个银行网点出发，通过分析供给侧、需求侧以及监管侧的影响，梳理了银行网点无人化转型的影响因素，呈现了银行业无人化转型短期、中期、长期变化的条件和路径。由此可以看出，机器及人工各自成本的变化是影响银行网点无人转型的主要因素，而顾客学习、金融监管往往是随之变化的因素。因此，要想促进银行网点的无人化转型，全面推开“无人网点”，前期还是要加强技术改进，使得技术成本降低，稳定性提高；中期要注重客户培养，监管机构要即时跟随网点的变革而变革。由此实现机器、员工、银行和监管机构在内的整个银行生态系统的变革。

需要强调的是，无人网点有可行性，但是一定是一个渐进的过程。同时，面对客户异质化的需求，无人网点也不可能完全替代有人网点，正如 ATM 机的存在并没有完全替代银行网点，电子渠道的存在也没有完全替代现场网点，银行业的金融科技创新会细化分工，以优化结构，提高效率。

参考文献

[1]陈明生．供给与需求驱动下无人经济的发展机理研究［J］．贵州社会科学，2019，134-140.

[2]蒋同明，白素霞．新时代下我国无人经济的发展研究［J］．宏观经济管理，2018，415(7)：12-17.

[3]王海忠，于春玲，赵平．银行服务质量与顾客满意度的关系［J］．中山大学学报（社会科学版），2006，46(6)：107-113.

[4]胡蝶．人工智能在金融领域的应用研究［J］．金融纵横，2018，482(9)：45-49.

[5]李佳，钱晨，黄之豪．大数据时代：人工智能与商业银行创新［J］．新金融，2018(12)：31-36.

[6]申睿，周雷，陶现．困境与突围：人工智能赋能银行网点智能化转型研究［J］．金融教育研究，2019：27-33.

[7]伍旭川．人工智能发展趋势、挑战及对金融安全的影响［J］．财经智库,2018,3(06):141-142.

[8]徐婧．浅析智能时代下的无人银行尝试［J］．中国集体经济，2019,615(31):147-148.

[9]佚名:“无人银行”的暖心服务 :全国银行业首家“无人银行”“智慧”亮相申城［EB/OL］．［2019-12-15］http://www.ccb.com/cn/ccbtoday/newsv3/20180411_1523440881.html.

[10]暗访建行上海无人银行 业务经理:“基本上不能干什么”［N/OL］．［2019-12-15］http://ishare.ifeng.com/c/s/v002tuMuvK-_nDqwTqBZuxzNkAWMMn0b9TzjcmuIdE5HlkOl.

公有经济与企业发展

马克思商品拜物教理论和我国国民经济的调整

齐 勇*

摘要：马克思对商品拜物教的分析是价值论的完成和最深刻概括。《资本论》第一章第四节甚至可以说《资本论》全四卷都是对商品拜物教性质及其秘密的研究。我国实行市场经济以来，国人驰骛于外界物质利益而很少对市场经济的本质进行深入思考，这很难保证市场经济不走向异化和迷失。因此，当前必须坚持马克思主义基本立场、观点和方法，对市场经济的深层本质问题进行深入分析，揭示商品拜物教的性质，学会驾驭和调控市场经济。

关键词：商品拜物教；货币；资本；社会主义市场经济

马克思在《资本论》开篇对商品拜物教问题进行了深入的研究，对商品经济的本质进行了深刻剖析，揭示了商品生产的拜物教性质，对于当前我国构建社会主义市场经济具有重大作用。

一、人与人关系的全面物化以及物的主体化

马克思说："在论述商品和货币时，我们已经指出了一种神秘性质，它把在生产中以财富的各种物质要素作为承担者的社会关系，变成这些物本身的属性（商品），并且更直截了当地把生产关系本身变成物（货币）。一切已经有商品生产和货币流通的社会形态，都有这种颠倒。"① "要找一个比喻，我们就得逃到宗教世界的幻境中去。在那里，人脑的产物表现为赋有生命的、彼此发生关系并同人发生关系的独立存在的东西。在商品世界里，人手的产物也是这样。我把这叫做拜物教。"②

（一）人与人关系的全面物化

商品拜物教应该包括人与人关系的全面物化以及物的主体化两个方面和两个过程。商品生产形式始终存在人格的物化和物的人格化的矛盾。人格的物化是指人与人的关系通过商品这个物表现出来。马克思认为，"商品形式的奥秘不过在于：商品形式在人们面前把人们本身劳动的社会性质反映成劳动产品本身的物的

* 齐勇，副教授，中国政法大学商学院。

① 马克思：《资本论》（第 3 卷），人民出版社 1975 年版，第 934~935 页。

② 马克思：《资本论》（第 1 卷），人民出版社 1976 年版，第 89 页。

性质，反映成这些物的天然的社会属性，从而把生产者同总劳动的社会关系反映成存在于生产者之外的物与物之间的社会关系。由于这种转换，劳动产品成了商品，成了可感觉而又超感觉的物或社会的物。”① 商品这种拜物教性质来源于生产商品的劳动所特有的社会性质。商品生产的私人劳动和社会总劳动的矛盾只有通过交换生产者的劳动产品才发生社会接触，因而才能解决，因此，他们的私人劳动的特殊的社会性质也只有在这种交换中才表现出来。生产者之间的私人劳动的社会关系不是表现为人们在自己劳动中的直接的社会关系，而是表现为人们之间的物的关系和物之间的社会关系。私人生产者的头脑把他们的私人劳动的社会有用性，反映在劳动产品必须对别人有用的形式中；把不同种劳动的相等这种社会等同性，反映在劳动产品具有共同的价值性质的形式中。在商品经济中，又由于价值规律的自发作用支配着商品生产者的命运，加深了商品的神秘性；商品世界的完成形式——货币形式，用物的形式掩盖了私人劳动的社会性质以及私人劳动者的社会关系，而不是把它们揭示出来，进一步掩盖了价值的实际内容，加深了商品的神秘性。

货币拜物教是发展了的商品拜物教。货币充当一般等价物，并非充当货币商品的金和银的自然属性，而是一定社会经济关系的反映。货币是商品生产者共同活动的结果，是商品世界中财富的一般代表，是财富存在的绝对形式，它充当衡量商品的价值大小的尺度以及商品交换的媒介。货币形式出现以后，中介运动消失了，似乎金银生来就是货币，这便是货币拜物教。如果说商品拜物教是人与人的经济关系被反映为物与物的关系，由于商品千差万别，这种物化还不固定、不经常；货币拜物教则把人与人之间的经济关系纯粹表现为货币的关系，经济关系的物化取得了永久的、一般的、极端的形式。

“在资本主义生产方式下，这种着了魔的颠倒的世界就会更厉害得多地发展起来。”② 在资本主义市场经济里，金钱、利润横亘于人与物、生产和消费之间，使整个社会为货币、为资本家阶级的私利——利润——这一商品价格的重要组成部分而生产。资本主义社会人和生产资料都变成了资本家实现利润的工具，资本主宰生产和一切社会生活，利润成了生产和交换的中介环节。生产资料不先变为剥削劳动力和资本实现利润的工具，就不能发挥作用。生产资料和生活资料的资本属性的必然性像幽灵一样横亘在生产资料和工人之间，阻碍着生产的物的杠杆和人的杠杆的结合，阻碍着生产资料发挥作用，阻碍着工人的劳动和生活。

（二）物的主体化

物的人格化是指商品这个物体现了人与人交换社会劳动的关系。商品作为物本来是生产的客体，是人的生产物，但是在商品关系中却反客为主，颠倒表现为

---

① 马克思：《资本论》（第1卷），人民出版社1975年版，第89页。

② 马克思：《资本论》（第3卷），人民出版社1975年版，第934~935页。

物统治人。马克思说："在商品中，特别是在作为资本产品的商品中，已经包含着作为整个资本主义生产方式的特征的生产的社会规定的物化和生产的物质基础的主体化。"① 随着商品经济的发展，商品拜物教的性质和观念也进一步扩展，不仅生产关系越来越物化了，而且物的作用也越来越主体化了。随着简单商品经济的发展，价值和价格越来越成为市场调节的主体，在发达的市场经济国家，资本成为创造价值和财富的主体。

"劳动产品分裂为有用物和价值物，实际上只是发生在交换已经十分广泛和十分重要的时候，因而物的价值性质还在生产时就被注意到了。"② 随着商品交换的范围越来越大，越来越多的商品生产者是为了价值而交换，也是为了价值而生产。因此，货币、价值规律、价格手段必然成为市场调节的主体，市场这只"无形的手" 会反过来引导商品生产者的生产和交换行为，在商品生产和流通领域居于支配地位。

商品经济发展到资本主义市场经济，物的主体化形式更加发展。资本具有生产的主体性，资本创造财富，投资创造利润，消费、投资拉动经济增长，钱能生钱，就是资本拜物教的典型反映。

在资本主义直接生产过程即绝对剩余价值生产过程中，资本是剩余劳动的吸取者，这种关系还是非常简单的。为了工作日的界限而进行的激烈斗争有力地证明了这一点。随着相对剩余价值的发展，劳动的社会生产力以及劳动在直接劳动过程中的社会联系，都好像不为劳动本身所有，而好像是从资本自身生长出来的，资本已经变成了一种非常神秘的东西。流通过程插进来后，好像流通会对价值和剩余价值的形成起到积极的而不是消极的作用，带来一个从资本的本性中产生的、不以劳动为转移的规定；利润形式的剩余价值不再和它得以产生的投在劳动上的资本部分相比，而是和总资本相比，这使剩余价值的真正性质和资本的实际机构越来越隐蔽。由于利润转化为平均利润，价值转化为生产价格，情况就更是这样了。一个复杂的资本的平均化的社会过程插了进来，不仅看起来，而且事实上商品的价格不同于商品的价值，因而不同于实现在商品中的劳动。正常的平均利润本身好像是资本所固有的，同剥削无关；利润分割为企业主收入和利息就完成了剩余价值形式的独立化，完成了它的形式对于它的实体和本质的硬化。企业主的收入好像不是来自剥削雇佣劳动的职能，而是来自资本家的雇佣劳动。与此相反，利息则好像和工人的雇佣劳动无关，而是来自作为它本身的独立源泉的资本。如果说资本起初在流通的表面上表现为资本拜物教，表现为创造价值的价值，那么，现在它又在生息资本的形式上取得了它最异化、最特别的形式。商业利润和货币经营业利润"都是以流通为基础，好像完全是从流通中产生的，而不

---

① 马克思：《资本论》（第3卷），人民出版社1975年版，第995~996页。

② 马克思：《资本论》（第1卷），人民出版社1975年版，第90页。

是从生产过程本身中产生的。”① 最后，地租作为剩余价值的一部分，好像不是直接和社会关系——土地所有权，而是直接和一个自然要素土地联系在一起，所以剩余价值的不同部分互相异化和硬化的形式就完成了，内部联系最终割断了，剩余价值的源泉完全被掩盖起来了。②

二、商品拜物教属于人类不能控制自身经济活动的阶段

人类走向商品经济，在人与自然的关系、人与人的关系非常狭隘的情况下，人类开始了商品交换，为社会、为市场而进行生产。由于生产的集中、社会分工、交换、协作和生产专业化的扩展，促进了生产效率的提高、财富的增加。商品经济是人类从封闭状态走向开放状态，从自给自足的小生产走向社会化大生产的必经的道路和阶段。

（一）商品拜物教属于人类开始进入生产社会化但又不能控制社会化生产的阶段

商品生产形式具有拜物教的性质。私有制下的小生产者由于自己的私利和眼光的狭隘性，只能被动地顺从这种社会化大生产和社会分工的趋势而自发行事，不能完全控制社会生产。小生产者并没有意识到自身行为更多的社会意义，但是他们都从自己的私利出发，本能地去这样行动了，价值和货币是他们共同活动的结果。盲目的价值规律实际上是每一个商品生产者共同活动的平行四边形所形成的合力。正如每个商品生产者不能控制其他商品生产者的行为以及社会经济运动一样，商品生产者也不能控制人与人的经济关系的表现——盲目的价值规律。

但是商品生产形式也表现出了强大的积极作用。社会经济生产领域的一般规律在商品经济社会是借助价值规律的自发作用实现的。按比例分配社会劳动时间、以最小的劳动投入获得更多的产出，即时间节约规律，产品交换和分配规律，这是一切人类社会共同的经济活动规律和基本要求。在商品经济社会，这些规律的实现都是通过价值规律、价格信号的变动和市场机制的调节自发实现的。首先，生产力的变化造成的对劳动力和生产资料的重新分配是借助价值量和市场价格的相应变动进行的。其次，因为单个商品生产者劳动生产率不同，导致商品个别价值和社会价值的差别，以价格手段和竞争机制激励鞭策商品生产者，价值规律自发地促进劳动生产率的提高，实现收入分配。

商品经济形式的生产是人类社会生产既发展但是又不够发展的产物。商品的拜物教性质是商品生产关系的必然产物，在这个阶段，产生商品拜物教基本上是必然的、不可避免的。

（二）商品的拜物教性质不存在于商品生产社会以外的社会形态中

马克思认为，在其他的生产形式中是不存在商品世界的神秘性的。按照事物

---

① 马克思：《资本论》（第3卷），人民出版社1975年版，第937页。

② 马克思：《资本论》（第3卷），人民出版社1975年版，第938页。

的性质来说，这种神秘性在下述场合是被排除的：第一，生产主要是为了使用价值，为了本人的直接需要；第二，在古代和中世纪，奴隶制或农奴制形成社会生产的广阔基础，生产条件对生产者的统治已经为统治和从属的关系所掩盖，这种关系表现为并且显然是生产过程的直接动力。[①] 显然，在资本主义之前，在社会生产方式极其狭隘、以自然经济为特征的前资本主义的时代，即在鲁滨孙式的个体小生产、封建农奴制生产情形、农村家长制生产情形下，产生商品拜物教是不可能的。

同样，在未来的社会里，商品拜物教观念和商品拜物教性质也将消除。商品拜物教观念只有在商品拜物教性质消灭后才会消失；只有当日常实际生活中人们之间的关系表现为人与人之间以及人与自然之间极明白而合理的关系的时候，现实世界的宗教反映才会消失；只有当社会生产过程（即物质生产过程的形态）处于人的有意识、有计划的控制之下的时候，它才会把自己的神秘纱幕揭掉。但是，这需要有一定的社会物质基础，而这些条件本身又是长期的、痛苦的历史发展的产物。这需要人类生产力极其发达，信息和交通、通信条件极其发展，人类社会制度高度发达和合理化，人类的主体性高度萌发和提高，不仅能够高度控制自然界，而且能够高度控制人类社会和社会生产活动本身。自由人联合体用公共的生产资料进行的劳动生产，人们对劳动和劳动产品的社会关系也是极其清楚的，这时候就创造了消灭商品拜物教以及拜物教意识的条件。

（三）资产阶级经济学陷入拜物教的幻觉之中

资产阶级古典经济学家虽然把价值归结为劳动，但是资产阶级的立场、形而上学的方法使他们不是把价值看作生产商品劳动的特有的社会性质的表现，不是把这些范畴看成一定的生产关系在理论上的反映，而是把资本主义制度和商品关系看成是永恒的，看成是与人类社会相始终的存在物，这使得他们不可能理解价值的本质，从而陷入商品拜物教的幻觉之中。价值形式、货币形式“恰好形成资产阶级经济学的各种范畴”。在表示价值财富的各个组成部分及其源泉的联系的经济三位一体中，资本主义生产方式的神秘化、社会关系的物化现象已经完成：这是一个着了魔的、颠倒的、倒立着的世界。

资产阶级的阶级本能使他们感到深究这个问题是很危险的。他们开始探索如何去获得利润、如何致富。资产阶级经济学家的拜物教观念表明，在社会科学的研究中，立场和世界观具有决定性的作用。马克思站在无产阶级的立场上，用辩证唯物主义和历史唯物主义的观点和方法揭示拜物教，建立起科学的劳动价值论，剖析资本主义社会，成了马克思主义政治经济学的研究对象和任务，这是政治经济学史上的一次伟大革命。“经济学研究的不是物，而是人与人之间的关系，

---

① 马克思：《资本论》（第3卷），人民出版社1975年版，第940页。

归根到底是阶级和阶级之间的关系。可是这些关系总是同物结合着，并且作为物出现。”① 列宁说：“凡是资产阶级经济学家看到物与物之间的关系的地方，马克思都揭示了人与人之间的关系。”② 因此，考察资本家与雇佣劳动者的对立关系，并由此出发对资本主义生产方式拜物教性质的表象和假象做出科学的解释，在理论上把资本主义生产颠倒的社会关系再颠倒回来，构成了《资本论》的研究对象。

三、驾驭市场经济，搞好社会主义市场经济

商品拜物教是人们生产关系的偶像化，是由商品生产方式决定的。经济基础决定上层建筑，在社会主义市场经济条件下也必然存在商品拜物教性质和观念。我国改革开放、实行市场经济已经 40 多年了，在改革开放过程中，受西方新自由主义的影响，我国市场经济一定程度上走入误区，迷失到 GNP 和 GDP 里。比如，因为过分追逐 GDP 增长，忽视了经济技术进步和产业结构升级；片面强调 GDP 至上，迷信“以市场换技术”，放弃对本国重要产业的保护；因为农业是弱质产业、农业经济比较效益低和在现代国民经济中农业份额在不断下降，忽视了农业的重要性，在指导思想上忽视农业的基础地位和作用，在实践中不能处理好农业与国民经济其他部门的关系，减少对农业的投入，导致“三农”问题突出；在第二产业发展中，不能正确处理农、轻、重的比例关系，对于落后国家实行赶超战略所需要发展的基础工业、基础设施以及重工业重视不够，导致国家长远发展的后劲不足；过度发展第三产业。当前发达国家第三产业已经占国民经济产值很大比重。有一种观点认为应该大力发展第三产业，以解决我国的经济增长和失业及政府的税收问题，好像发展第三产业是万能药方。增长的实质是：增加有效生产劳动时间才能致富！服务劳动范围很广，其基本特征是非生产性。当然，第三产业的发展也可以促进经济增长、安排就业、增加政府的税收，繁荣经济。但是第三产业的发展应该控制在合理的限度之内，而这个限度只能是在为工农业生产服务、有利于工农业生产发展的基础上的，不能盲目地畸形发展；忽视了国防工业和军事工业的发展，经济建设需要一个安定的和平的外部环境，这是经济建设的基础，因此，国防工业和军事工业的发展应该为国内外政治和经济建设服务，为中华民族长远利益和中国最广大劳动人民的根本利益考虑，获得适度的比例和发展。

社会主义市场经济就是通过市场经济实现我们的社会主义理想。因此，在处理社会主义和市场经济的关系上，必须坚持社会主义和劳动人民当家作主这一根本目标，有效驾驭市场经济。市场仅仅是手段。不能本末倒置，将市场经济放在

---

① 《马克思恩格斯选集》（第二卷），人民出版社 1972 年版，第 123 页。

② 《列宁选集》（第二卷），人民出版社 1975 年版，第 444 页。

一切之上。

参考文献

[1]马克思．剩余价值理论[M]．北京:人民出版社,1975 年．

[2]迈克尔·佩罗曼．资本主义的诞生:对古典政治经济学的一种诠释[M]．南宁:广西师范大学出版社,2001 年 9 月．

[3]陈岱孙．从古典经济学派到马克思[M]．北京:北京大学出版社,1996 年．

[4]吴易风．英国古典经济理论[M]．北京:商务印书馆,1996 年 8 月．

从马克思主义经济学观点出发解决我国的贫富分化问题

齐　勇*

摘要：收入差距拉大以及社会分层失衡问题已经严重影响到了中国社会的稳定。中国政府日益认识到全社会收入差距扩大的趋势及其对经济发展，尤其是对社会稳定日益严重的不利影响，并且相继采取了一些措施，力图遏制这种趋势。本文认为，解决中国收入差距过大问题只能依靠初次分配和公有经济。

关键词：初次分配；公有经济；私营企业；收入差距

一、靠二次调节还是靠初次分配

国民收入的初次分配是在与社会生产过程相联系的各个阶级和阶层之间进行的分配。国民收入的再分配主要是通过国家财政预算和收取服务费的形式，从与直接生产过程相联系的劳动者和企业主阶层获取的财富对社会其他阶层进行二次分配。现在无论是外国还是中国，主流经济学家大都认为，要想调节分配，缩小社会各阶层之间的收入差距，主要依赖二次分配。但本文认为这种观点是值得商榷的。

（一）外国的经验证明二次分配难以缩小贫富差距

无论是发展中国家还是发达国家，现在世界上普遍存在的一个事实是：贫富两极分化的全球化。造成这种状况的原因是什么呢？是各国企业生产所采取的生产方式以及与生产过程相联系的初次分配。

除了中国、古巴、越南等几个社会主义国家之外，世界上大多数国家都实行资本主义制度。资本主义社会是以私人企业为主体的经济社会，生产资料归资本家所有。资本家有完整的企业所有权、经营管理权，因而有完全的对整个生产过程的支配权和对剩余价值的分配权。资本家追求剩余价值的内在动力和竞争的外在压力，更主要的是后者，迫使资本家尽量把工资压到最低限，从而最大限度地

* 齐勇，副教授，中国政法大学商学院。

榨取剩余价值进行积累和扩大再生产。这是导致社会两极分化的根本原因。

在《资本论》中，马克思阐明了资本积累的一般规律，揭露了资本积累过程的对抗性矛盾。资本主义的基本矛盾——生产不断社会化以及生产资料日益集中到少数资本家私人手里——造成资本主义积累的结果只能是：一极是资本家财富的积累，另一极是无产阶级的失业、贫困的积累。古今中外，只要是发展资本主义经济，就难逃这个规律。无产阶级和资产阶级这种对抗性矛盾根源在于资本主义制度，消除这种对抗的根本出路在于消灭这种制度。

马克思主义是资本主义生产方式不妥协的批判者。在周期性经济危机动荡中前行的资本主义，在克服经济危机和与社会主义制度竞赛的过程中，放弃了传统的市场万能理论以及政府不干预主义政策，采用凯恩斯主义手段对经济进行宏观调控，在学习社会主义国家全民福利做法的基础上，采取再分配政策对国民收入分配进行干预。这些措施一定程度上起到了缩小收入差距、缓和阶级矛盾的作用，但是由于这些措施不敢对资本主义制度这个根本问题有所触动，所以严重的两极分化问题在资本主义社会仍旧存在，并且难以得到根本解决。

执行所得税制和社会福利计划最成熟的英、美两国的实证经验证明，累进税制和福利计划难以缩小贫富差距。采行累进税制和福利制度以求缩小社会阶层收入差距的论点遭到严厉的挑战与质疑。1989 年美国人口普查局的研究报告指出：美国占全国户数 20%的最贫穷家庭的可支配所得，在任何公共政策之前，只占全国可支配总所得的 1%，租税课征之后，仅提高为 1.1%，福利计划之后，才提升至 4.7%。反之，占全国户数 20%的最富裕家庭的可支配所得，在任何公共政策之前，占全国可支配总所得的 52.4%，租税课征之后，仅降为 50.3%，福利计划之后，才降至 45.7%。[①] 可见，缩小贫富差距，累进税制和福利计划的功效相当有限。

二次分配仅仅是在资本主义市场经济范围内采取的一般措施，其目的是回避资本主义社会的基本经济矛盾，在第一次分配过程中不触动资本家阶级利益的前提下，通过累进所得税税收措施和福利计划，以实现“收入均等化”的办法来缓和社会矛盾，维护资本主义制度。从美英等发达国家的经验来看，资本主义的累进税制和福利计划，不管其累进税率多高、福利计划多么“完善”，都是在资本主义生产关系范畴内实施的，因而无论是政治上还是经济上，都必然是有利于资产阶级的。西方国家的社会福利制度是以资本增值为前提的，它主要是在工人阶级内部进行分配，只不过是资本主义分配关系的新调整，没有改变工人阶级的贫困地位；而从税收制度来看，西方国家一方面通过扩大国家财政开支来刺激经济，平衡社会阶层之间的分配，另一方面又以扩大税收，加重对广大人民群众的

---

① 黄春生：“累进税制累了谁？租税优惠肥了谁？”，《远见》，2005 年 12 月：http：//www.gvm.com.tw/theme/inpage_ cover.asp？ser=11452 & Pg=3.

剥削，压低他们的消费能力，以进一步扩大阶层收入差距为代价。正如列宁所说：累进所得税制是在有利于资产阶级的前提下实行的，“对数额很大和极大的收入规定很高的累进税率。……但是这个办法多半是落空的和死的条文”①。

不能在第一次分配过程解决差距拉大问题，却幻想通过二次分配解决这个问题又怎么可能呢？事实证明，在主要资本主义国家，“二八原则”是各国通行的普遍原则。近年来，各国贫富差距不仅没有缩小，反而有所扩大。一些国内外经济学者认为，在经济增长初期，经济效率将提高，但收入分配不平等程度也会加剧。随着经济增长达到一定的水平，国民收入增加到一定程度，不平等程度会自动缓和。但是世界经济发展的实际证明这种观点是有失偏颇的。众所周知，贫富差别不仅在一些发展中国家明显扩大，即使在美国这样的发达国家也同样如此。由于资本的剥削，美国两极分化、贫富差距不断扩大。据统计，一个美国企业主的收入，1980 年是职员平均的 42 倍，1998 年已达 419 倍。众所周知，美国微软公司总裁比尔·盖茨 20 年间积累的个人资产已逾 700 亿美元，他的年收入是普通工人的 10 万倍。美国国会预算办公室 2003 年的报告指出，美国贫富差距之大为近 70 年来之最。占美国人口总数 1%的最富有的人，所占有的财富超过占人口总数 40%的贫困人口所拥有的财富总和。2002 年到 2003 年，美国的贫困人口连续两年上升，2002 年比上年增加 170 万，达到 3 460 万人，占美国总人口的 12. 1%。②

（二）二次分配难以缩小中国的贫富差距

2006 年《纽约时报》上的一篇文章说，“在过去的十年里……（中国）富人财富增加的速度远远快于穷人，致使贫富差距越来越大。”“中国大陆的贫富不均状况已经超越美国、日本、韩国及印度。”③ 导致中国两极分化的到底是一次分配还是二次分配呢？有一种流行的观点认为，初次分配可以讲“效率优先”，再分配则讲公平。这种观点显然认为调节贫富差距只能靠二次分配，而不是依靠一次分配。难道初次分配对社会公平问题的影响就不重要吗？一些私营企业、外资企业，甚至包括一些国有企业，把工人特别是农民工的工资压得很低；在当今国有企事业单位流行的分配改革中，高层管理人员与普通职工的收入差距拉大到十余倍甚至更高，这属于一次分配的问题而不是二次分配的问题；一些垄断行业和非垄断行业越来越大的收入差距，这也属于一次分配的问题而不是二次分配的问题。此外还有很多说不清道不明的黑色收入和灰色收入，不都是由于初次分配产生的吗？

当前分配不公、两极分化的情况主要是初次分配造成的。中国有句俗话，叫

---

① 《列宁选集》（第三卷），人民出版社 1975 年版，第 159 页。

② 美国 2002 年 3 月 4 日《新闻周刊》根据美国人口普查局 2003 年年度经济报告公布的数据。

③ 《中国富豪应验霍布斯、达尔文和马克思的教条》，《纽约时报》，2006 年 2 月 29 日。

做“解铃还须系铃人”。既然初次分配中的社会不公造成了分配秩序混乱，解决分配不公的重点区域还是应该放在初次分配。放弃在初次分配过程的调节，非要等到社会各阶层收入差距已经严重拉大以后再采用财税等再分配杠杆来调节，这是不明智的。

那么，二次分配对缩小社会阶层收入差距能不能发挥应有作用呢？中国改革开放以来税收改革的实践证明，二次分配措施既轻且缓，且在可以预期的时间内难以取得实效，是解决不了分配不公、两极分化问题的。税收手段是一种法律手段，要求创造财富多的多交税，再把这些税收收入投入到那些需要扶持的落后行业和困难群体等，从而使得社会各阶层收入水平能够相对均衡一些，这是税制改革成功的关键。在西方国家，绝大多数的税收来自于高收入阶层，但在中国，个税征收的现实情况，制度上的不完善导致工薪阶层成为纳税的主要承担者，出现了缴税主体缺位现象。

从个人所得税来看，工薪阶层收入的高捕捉率特点会使其成为个人所得税的主要承担者；而高收入者由于收入来源多源化，渠道多而隐蔽，税务部门对其监管的难度和征收成本很高，逃税和漏税现象较多。例如，在一些私营企业中，企业主会将自己的消费纳入企业经营的范畴，不领工资，以规避个人所得税的缴纳。统计数据显示，工薪阶层是目前中国个人所得税的主要纳税群体。2004 年中国个人所得税收入 1 700 亿，其中 65%来源于工薪阶层。在某些地方，个人所得税甚至已沦为政府筹集财政收入的工具，丧失了税收本应起到的公平收入分配的作用，有的甚至还出现了逆向调节。

其实，目前我国城镇居民的贫富差距更多地体现为财富占有上的差距，个人所得税的调节作用有限。如果国家真的希望调节贫富差距，减轻低收入者负担的话，通过合理设置税种税率，对数百万遗产征收房产税、利息税以及遗产与赠予税，对高档消费品征收消费税等税种来进行调节更为关键，这样可以更有效地调节贫富差距。但是，因为这些税种是不折不扣的“富人税”，政府担心征收遗产税等会对民营经济造成冲击，“驱使”资本和富人外流，并“阻拦”外来投资等原因而搁浅。

二、调节分配差距应该靠公有经济

改善分配更多地应该依靠初次分配，而“分配关系本质上和生产关系是同一的，是生产关系的反面，所以二者都具有同样的历史的暂时的性质。”① “这些分配关系的历史性质就是生产关系的历史性质，分配关系不过表示生产关系的一个方面。”② 那么，实施初次分配到底依靠什么性质的企业呢？

---

① 《资本论》（第三卷），人民出版社 1975 年版，第 993 页。

② 《资本论》（第三卷），人民出版社 1975 年版，第 998~999 页。

（一）调节分配差距不应该靠私有经济

在私有经济中，工人只是表现为商品的出售者，因而表现为自由的雇佣工人，这样，劳动就表现为雇佣劳动。私有经济的基本制度是生产资料归资本家所有，资本家有完整的企业所有权、经营管理权，因而有完全的对整个生产过程的支配权和对剩余价值的分配权。工人所创造的剩余价值被资本家剥削并用于积累和扩大再生产，以赚取更多的利润。大力发展私营经济，以私有经济为主体，只能使资本和劳动的差距越拉越大。通过发展私营经济（无论是外资的还是内资的），想缩小贫富差距、缓和阶级矛盾，这是不可能的。

在以内资为主体的民营经济中，剩余价值被私营企业主占有，在这种分配方式下，劳资双方的收入差距拉大是很难避免的。那么，依靠以跨国公司为代表的外资经济又怎么样呢？如果我国经济过分依赖外资企业，外资企业依靠占有巨额剩余价值来获取巨大利益，巨额利润会通过各种渠道流回资本输出国，影响我国资本积累最主要的基础，对中国民族企业的发展造成冲击。而且，外资企业工人的工资看上去一般高于内资企业，但较之外资企业所获得的巨大利润来说，其实占比仍很低，中国工人工资与资方管理人员的收入差距仍然是巨大的。

因此，引进外资一定要谨慎，要保证中国的经济安全。在这方面，波兰的教训尤为沉痛和深刻。波兰经济学家卡齐米耶日·Z. 波兹南斯基认为，波兰私有化的后果是不仅国有资产的3/4落到了外国投资者的手中，波兰人民几十年积累起来的国有资产被廉价处理给了外国投资者，国民财富大量流失，而且通过原有的国有资产获取利润的权力也同时转让给了外国资本，国家所得的只有劳动力的劳动工资所得。这意味着，波兰如果要在本国重新建立自己的固定资产，它们所能依靠的主要资本积累来源就是从工资中省下来的储蓄。“波兰道路”的后果如此严重，经济的衰退和失业的增加成为理所当然的现象，以至有专家认为，这种经济下滑的程度是世界史上绝无仅有的，比20世纪30年代的大萧条还要严重。20世纪90年代以来流行着一种观点，混淆了外资企业与民族企业的区别，认为外资企业就是中国企业，只要它给所在国提供了税收、就业等，都可以将其视为民族企业。这种观点是不对的。不幸的是，这种观点在一些政府官员和经济学者中都有很广泛的市场。

可见，依靠私营经济，无论是内资还是外资，都不可能解决中国的两极分化问题。中国的分化问题只能通过大力发展公有经济来解决。

（二）解决分配差距必须依靠社会主义性质的公有经济

在社会主义性质的企业里，生产资料已经收归国有，人民群众成为生产资料的主人，每一个人在生产资料的占有面前都是平等的。生产资料的公共占有使得国家和集体有完整的企业所有权、经营管理权，因而有完全的对整个生产过程的支配权和对剩余价值的分配权，这就排除了在私有制社会里剥削者凭借对生产资料的特殊占有去剥夺其他人的劳动的可能。任何人都不能以公共财产共同所有者之一的身份，不劳而获地从公有制经济取得个人收入。任何人要从公有制经济中取得个人收入，都必须以在公有制经济中参加劳动作为前提条件。每个人为社会奉献的是劳动，人与人的差别只是劳动的质和量的差别，在分配过程中按照每个人劳动贡献的大小进行分配，这就是按劳分配。但是，按劳分配并不是把劳动新创造的价值完全分光吃净，而是在社会总产品中扣除：

"第一，用来补偿消费掉的生产资料的部份。第二，用来扩大生产的追加部份。第三，用来应付不幸事故、自然灾害等的后备基金或保险基金。剩下的总产品中的其他部分是用来作为消费资料的。把这部分进行个人分配之前，还得从里面扣除：第一，和生产没有关系的一般管理费用。第二，用来满足共同需要的部分，如学校、保健设施等。第三，为丧失劳动能力的人等等设立的基金，总之，然后才谈的上在集体中的个别生产者之间进行分配的那部分消费资料。

所以，每一个生产者，在作了各项扣除之后，从社会方面正好领回他所给予社会的一切。他所给予社会的，就是他个人的劳动量。他从社会方面领得一张证书，证明他提供了多少劳动（扣除他为社会基金而进行的劳动），而他凭这张证书从社会储存中领得和他所提供的劳动量相当的一份消费资料。他以一种形式给予社会的劳动量，又以另一种形式全部领回来。"①

在实行生产资料公有制的社会主义企业里，因为社会和民众掌握企业的所有权、经营管理权、对整个生产过程的支配权和对剩余的分配权，并且在分配过程中以劳动为依据，实行按劳分配，工人得到了自己创造的全部的新价值，不仅包括在资本主义社会里私营企业的工资那一部分，而且得到了剩余价值部分。所以最后的结果是全民共同富裕，是不会出现资本主义社会两极分化现象的。因此，只有坚持公有经济为主体，才能实现社会和谐；只有让广大人民群众受益的改革，才能得到他们的真心拥护。

三、小结

构建和谐社会必须依赖社会主义性质的公有制企业，只有坚持公有经济为主体、国有经济为主导，才能做到中央提出的坚持和完善按劳分配为主体、多种分配方式并存的分配制度，坚持各种生产要素按贡献参与分配；才能在经济发展的基础上，合理调整国民收入分配格局，使全体人民都能享受到改革开放和社会主义现代化建设的成果，努力缓解地区之间和社会成员之间收入分配差距扩大的趋势；才能做到将企业创造的剩余价值积累在国家的手中，或者进一步壮大公有经济，巩固社会主义制度和党的领导地位。

依靠国有企业为主导的公有经济来发展经济，解决两极分化问题，中央历次会议文件都是很明确的。但是在一些人眼中，公有制企业尤其是国有企业就是产

---

① 《哥达纲领批判》，《马克思恩格斯选集》（第三卷），人民出版社 1972 年版，第 10 页。

权不清、责任不明、吃大锅饭、效率低下等的代名词。一说发展国有经济，就是要搞民粹主义，走回头路，思想僵化。在这种认识下，一些地方的国有企业改革是沿着另外一条道路发展——以西方的产权理论误导国有企业的改革——以产权明晰的口号将国有资产分光吃净，造成国有资产大量流失。

国有产权的确存在问题，国有企业的确需要改革。但是，对国有企业的改革，必须要按照国有企业的实质和本性进行。国有企业的实质是全民所有制企业，国有企业改革的正确方向应该是按照全民所有制企业本性的要求，通过明晰产权，将全体人民积累的国有资产转到全民手中，这是社会主义制度的切实要求。

政治关联、融资约束与企业创新投入

刘　林　刘志雄*

摘要：研究表明，政治资源的存在降低了企业的创新投入水平，而这种影响在国有背景的样本企业组别中更加显著。债务融资约束水平降低，会削弱政治关联给企业研发投入带来的负面影响。随着政治关联程度的提高，企业生存率受融资约束的影响减小，但是政治关联只是在正式制度缺位情况下的一种次优选择，资源交换理论指出，企业获取政治资源需要交换较高的获取成本和道德成本，建立政治关联不能彻底解决企业的融资困境，进而实现企业创新投入的提高。正确处理政府与市场的关系，使市场在资源配置中起决定性作用，才是解决问题的根本途径。

关键词：产权性质；政治关联；融资约束；创新投入

一、引言

推动中国经济发展模式从“要素驱动型”向“创新驱动型”转变，强化企业研发的创新投入是关键。已有研究表明，产权制度（陈国宏，2008）、政治关联（江雅雯等，2011）、金融发展（解维敏和方红星，2011）、企业规模（温军等，2011）、腐败（李后建，2013）和市场化进程（江雅雯等，2012）等都是影响中国企业创新的重要因素。由于种种原因，中国企业创新可能更多地受制于融资约束（温军等，2011）。这主要是因为，相对于其他项目，企业研发项目可能存在更加严重的信息不对称而使其陷入融资困境。

虽然高效的金融系统可以有效地缓解企业创新活动的融资约束问题（Ang & Madsen，2008），但是对于中国这样一个具有“新兴加转型”制度特征的经济体而言，关键性的信贷资源配置依旧控制在政府手中，银行信贷亦随政府导向而为（Sapienza，2004）。为此，建立政治关联成为企业获得资源并克服融资约束的重要手段。企业有建立政治关联的强烈动机（Morck 等，2005；Li 等，2006），并构成了企业战略决策和经营行为的重要方面（张建君和张志学，2005）。事实上，政治关联作为一种稀缺性资源，它在某种程度上减少了市场机制不完善对企业的伤害（Chen 等，2011）。更重要的是，政治关联是一种“信号显示”，它体现的

* 刘林，法商管理专业硕士生，中国政法大学商学院；刘志雄，教授，中国政法大学商学院。

是企业对外的声誉。在市场机制并未完全建立起来的经济体中，信贷机构通常会将由政治关联所传递的企业质量信号作为风险识别的重要工具。因此，在转型经济体中，具有政治关联的企业通常能够获得信贷机构的青睐，且遭遇融资约束的可能性较小（罗党论和甄丽明，2008）。由此可见，在当前的制度环境下，政治关联有可能缓解融资约束对企业研发的影响。但事实一定如此吗？现有研究并未就此得出令人信服的解答，且大多数研究并未将政治关联、融资约束与企业研发投入纳入统一框架，而仅是单独探讨这三个变量之间的两两关系。只有厘清了这三者之间的作用机制，才能采取对症的措施，破解企业创新投入不足的问题，这就是本文的核心所在。本文通过全面考察企业政治关联、融资约束和企业研发投入之间的关系，探讨政治关联影响企业研发投入的微观机制（谢家智，刘思亚，李后建，2014）。

R & D（research and development）是创新的关键性投入，是经济持续性增长的主要驱动力，R & D 的重要特征之一是知识溢出效应。R & D 的第二个重要特征是容易遭受融资约束，主要原因包括抵押品稀缺和信息不对称等问题。这有可能导致 R & D 面临严峻的逆向选择和道德风险，特别是那些刚起步的中小型企业。如果大量企业长期陷入融资约束的困境，那么，整个国家的 R & D 水平势必大受抑制。

相对于验证融资约束对固定资本投资影响的大量文献而言，鲜有文献关注融资约束对 R & D 投资的影响（Hadlock & Pierce，2009）。现有大多数研究主要关注企业内部研发支出与现金流之间的关系，且所得结论莫衷一是。Hall 和 Lerner（2010）总结现有文献并强调融资约束与 R & D 投资之间的关系仍有待后续研究解决，这是因为现有学者就融资约束与 R & D 投资之间的关系各执一词。众所周知，技术密集型企业通常较少使用债务融资（Hall & Lerner，2010），原因可能是，相对于债务融资而言，R & D 的股权融资有三大优势：①股东能够分享企业创新所带来的正向收益；②没有抵押品要求；③追加股权融资不会给企业财务困境等相关问题带来压力。然而，股权融资的这些优势通常受限于企业的内部现金流水平，这意味着对外发行股票对 R & D 融资起着至关重要的作用（Gompers 等，2006）。

Kim 和 Weisbach（2008）提供的证据表明，虽然股票发行能够缓解 R & D 项目融资约束，但是由于信息不对称所导致的发行成本和“柠檬溢价”，使得公众股权并非外部融资的完美替代品（Myers & Majluf，1984）。这些摩擦加大了内外部股权融资成本之间的裂痕。尽管如此，相对于债务融资而言，股票发行仍是企业创新项目融资的关键来源，对中小型企业而言尤为如此。

然而，由于正处在经济转型发展的关键时期，中国的资本市场体系并不完善，且企业上市条件苛刻，导致大部分企业难以借助资本市场平台，以股权的形式获得 R & D 项目融资。R & D 投资是一个长期和持续的过程（例如，持续引进新技术、新设备和人才)，这意味着在R & D的孕育周期内，企业必须时刻备足大量的资金来支撑R & D项目的规模与效率，否则R & D项目将可能由于融资约束而被迫终止。由此可见，企业有限的内部资金显然难以填补R & D项目的融资缺口，企业必须持续地进行外部融资，以保证R & D项目的持续进行。在当前正式制度缺失的情境下，为了解决企业融资缺口，大部分企业对建立政治关联乐此不疲（张兆国等，2011）。因为，具有政治关联的企业更加容易取得国内银行的融资认可，从而获得更多的信贷优惠（余明桂和潘红波，2008）。事实上，政治关联对企业在争取银行贷款方面存在着三大优势：①在经济转型时期，银行的贷款行为通常是基于国家政策倾向的考虑，因此在同等条件下，它们会将贷款机会让给具有政治关联的企业；②政治关联是一种重要的声誉机制和企业担保贷款的重要资源，因此，具有政治关联的企业通常能够分享到政府部门的外部网络资源，从而获得成本更低、数量更多的信贷资源；③具有政治关联的企业可以获得政府的救助，即使在企业面临财务困境时，政府仍会出手相救（Faccio等，2006)，这在一定程度上降低了银行对具有政治关联企业道德风险的担忧。

在转型经济国家，建立政治关联是民营企业对市场、政府和法律失效的一种积极反应（Chen等.，2005；Li等.，2006）。政治关联能够作为一种替代性的非正式机制，克服法律、产权和金融发展等制度方面的不完善，帮助企业特别是民营企业缓解融资约束，以获得更多的银行贷款（余明桂和潘红波，2008)。政治关联缓解企业融资约束的核心机制可以总结为信息效应和资源效应（于蔚等，2012)，其中，信息效应是指政治关联能够作为企业未来业绩的有效信号；降低资金供求双方的信息不对称，从而缓解民营企业融资约束。在中国资金市场上，资金供求双方关于企业未来经营状态的信息高度不对称，由此导致的逆向选择问题是妨碍民营企业融资的重要因素。而孙铮等（2005）认为，具有良好信用和声誉的企业，银行相信其有能力最终履行债务契约，这类企业事后违约的预期成本较小。因此，若能从其他地方获得担保或“借得”声誉，将对民营企业的债务融资起到重要作用。政治关联正是这样一种潜在的担保和声誉机制，传递企业未来业绩的积极信号，强化金融机构对民营企业的信心，使得银行更愿意贷款给这类企业。而资源效应是指政治关联有助于民营企业与政府建立和维持良好关系，部分消除政策性歧视，提高企业的信贷资源获取能力。在中国以国有商业银行为主的高度集中的金融体制下，信贷分配存在体制性主从次序，民营企业面临严重的融资歧视（Huang，2003）

二、理论分析与研究假设

（一）政治关联与企业创新

资源依赖理论常被用来解释企业的政治行为。Peter和Salancik（1978）指出，政府在土地、上市等资源配置方面拥有决策权，这些资源在市场上不易获得，但对企业发展又至关重要，因此企业不得不与政府建立关联，并为自己创造一个有利的外部环境。事实上，在中国特殊的情景中，政府控制的资源要比 Peter 和 Salancik（1978）所提及的多得多。就企业创新来说，一方面，政府能为企业提供与创新有关的信息、资金、项目、人才引进等重要资源，从而促进企业的创新活动；另一方面，企业的创新活动及其创新成果需要政府提供合同和产权等方面的保护（Khwaja，2005；李爽，2018）。高层梯队理论指出，高层管理人员的特征会对组织战略决策等方面产生影响（Hambrick，2007）。其中，政治关联作为企业高层管理人员的重要背景特征，无疑会影响其对创新方面的资源整合、信息甄别和战略选择。

然而，另一些文献指出，政治关联会阻碍企业创新研发活动的进行。社会交换理论是解释组织行为最有影响力的理论之一。该理论指出，市场交易方通常在预期获得回报的条件下维持与他人的交换关系。交换双方都拥有对方想要的有价值的东西，交换的标的和数量由双方协商决定。标的可以是经济资源，如项目、资金等，也可以是社会资源，如信息、社会声誉等。社会交换理论中有一个著名的交换原则，即互惠原则或对他人的偿还义务。因此，基于互惠原则，有政治关联的企业更易获得优质资源，如资本、土地、贷款与补助，从而取得竞争优势，而这些企业需要为相关政府的短期行为做贡献，比如政绩工程、GDP 等，而对于研发风险较高且周期长的创新活动可能积极性不够。例如，Gentry 等（2013）的研究发现，在受到企业外部尤其是政府短期业绩预期的影响的情况下，在风险厌恶和自利动机的驱使下，政治关联高管在面临外部分析预期时倾向于减少研发投资。同类的研究有谢家智等（2014）、杨筠等（2018）。由于我国当前资本市场的不健全，融资难问题仍然广泛存在，银行信贷资源仍然是公司主要的融资来源，有政治关联无疑是一种隐形的担保机制，有利于提升企业的融资能力，但这也滋养了政府官员做出寻租行为的温床，导致资源的错配；企业决策层由于风险厌恶，获得政治关联等政府资源后更倾向于多元化经营方式，获取稳健的经营回报，减少高风险的创新投入；政治关联的获取成本或道德成本高，企业往往承担就业指标负担或者承担更多的企业社会责任，这也可能会降低企业创新投入。此外，部分文献考虑了企业创新投资的中介和政策不稳定性的调节作用（陈德球等，2016）。

基于以上论证，本文提出以下假设：

H1a：企业政治关联有利于促进企业创新。

H1b：企业政治关联不利于促进企业创新。

（二）政治关联、融资约束与企业创新

政治关联作为一种稀缺性资源，它在某种程度上减少了市场机制不完善对企

业的伤害（Chen等，2011）。更重要的是，政治关联是一种“信号显示”，它体现的是企业对外的声誉。在市场机制并未完全建立起来的经济体中，信贷机构通常会将由政治关联所传递的企业质量信号作为风险识别的重要工具。因此，在转型经济体中，具有政治关联的企业通常能够获得信贷机构的青睐，且遭遇融资约束的可能性较小（罗党论和甄丽明，2008）。政治关联有助于企业与政府建立和维持良好关系，从而提高企业的信贷资源获取能力。

但是，根据管理学的权力理论，权力的产生源于依赖，政治关联带来的资源对企业越是重要，换言之，企业生存发展越是依赖政治资源，企业的决策就越会受到影响。比如，出于提高政府官员的政绩要求，或者承担当地的就业指标要求等，企业可能会将资金、资源投资于正净现值但是低风险的项目，降低创新等高风险项目的投入力度。

鉴于政治关联在缓解融资约束方面的重要作用，本文提出以下假设：

H2：企业的融资约束程度调节了政治关联与企业创新之间的关系。

三、研究设计

（一）样本选择与数据来源

本文的初始样本为中国上市公司2012—2017年的数据。为了保证研究的效度，本研究遵循常规筛选方法对样本进行了如下处理：①剔除了ST和*ST公司，原因在于该类企业经营活动出现异常波动，财务数据可信度下降；②鉴于金融、保险行业的资本结构和经营特点具有特殊性，本文剔除了金融保险行业上市公司；③剔除了指标缺失和无效的样本；④对连续变量在1%和99%分位上进行缩尾处理。通过层层筛选，本文最终的研究样本包括2 407个公司的有效观测值。

（二）变量选取

1. 被解释变量

目前，学界通常采用两种办法来衡量创新，一种是衡量创新投入，如研发投入、研究人员数量等；另一种是衡量创新的产出，如专利等。由于企业建立政治关联的目的之一是要获得资源，并在一定程度上解决融资约束问题，因此，本文采用创新投入来衡量企业创新。

2. 解释变量

借鉴国内外文献的普遍做法和针对中国的特殊情境，将企业高管是现任或曾任政府官员、人大代表或政协委员的视为具有政治关联。本文考察的高管包括企业董事长和CEO，因为他们对企业的创新决策负有重要责任和影响。对政治关联各维度变量的度量采用赋分法。同时，依据高阶理论，各维度变量的定义与测量立足于企业高管团队，对企业高管团队所有高管的政治身份进行全部测量加总。担任政府官员可以按照官员的行政级别赋分，人大代表、政协委员则按照其所处人大和政协的相应级别赋分，不具备政治身份则赋分为0。具体测度方法如下：①政治关联类别，是指按董事长和CEO担任的职务种类，可将其分为官员类、代表类和委员类。根据不同类别与政府间联系的紧密程度，对官员类赋值为2、对人大代表和政协委员类赋值为1，其余赋值为0。②政治关联级别，是指按董事长和CEO所处的行政级别，可将其分为国家级、省部级、地厅级、县处级和乡科级，并分别赋值为5、4、3、2、1，其余赋值为0。③政治关联状态，是指按董事长和CEO的任职状态，可将其分为现任和曾任，并分别赋值为2、1，其余赋值为0。④加总董事长和CEO的政治关联数值，从而得到企业的政治关联。

3. 调节变量

学界关于融资约束的衡量方法有许多，但是目前尚缺乏权威的测度方法。以往学者多用股利支付率、利息保障倍数、企业规模、企业年龄、现金流敏感性、KZ指数、WW指数、SA指数等进行评价。基于某一方面的单一指标对融资约束进行测量，理论上虽然有其合理性，但难以准确反映企业的整体状况。KZ指数和WW指数虽然基于多个变量构造综合指数对融资约束进行测度，但容易受到自相关及多重共线性问题的影响，可能使回归结果产生误差。综合比较各种测度指标，SA指数能够比较准确地对企业融资约束程度进行刻画（Hadlock & Pierce, 2010；孙雪娇等，2019），在中国情境研究中得到广泛应用。鉴于此，本文采用基于公司规模和公司年龄构建的SA指数对样本公司的融资约束进行度量，具体如式（1）所示。

$$SA = 0.043 \times (\ln size)^2 - 0.040 \times age - 0.737 \times \ln size \tag{1}$$

其中，$size = \ln$（企业资产总额/1000000），资产总额单位为元，age为公司的上市年限，由此计算出来的指数为负，且绝对值越大，表示面临的融资约束越严重。（鞠晓生等，2013）

为了从不同角度更准确地衡量企业的融资约束，本文另外采用银行贷款融资指标作为融资约束的替代变量。债务融资在我国是企业的主要外部融资来源，在当前中国资本市场发展较为落后的情形下，只有那些为数不多的、规模较大的企业才能直接在证券市场融资。另外，中国证券市场创立的初衷是为了国有企业脱困，大多数非国有企业很难从证券市场直接融资（解维敏和方红星，2011），因此这两个指标主要是针对债务融资而言，不考虑权益性融资。

Li和Yu（2013）使用企业利息支出的规模来间接度量企业获得银行贷款的规模和面临的融资约束程度，其理由是企业外源融资的成本越低，则越容易获得外部贷款，因而会支付更多的利息，利息支付越多的企业，间接表明该企业获得贷款的规模越大，越容易获得贷款，面临的融资约束更弱。由于企业的借贷能力会受到企业自身规模的影响，Li和Yu（2013）直接使用利息支出度量企业获得银行贷款的规模，忽略了企业规模的影响。考虑到企业获得银行的长期贷款通常需要固定资产作为抵押，而获得银行的短期贷款则对固定资产的要求不大，但对流动资产的要求较大。为了消除企业规模对银行贷款的影响，我们采用利息支出比率，即利息支出与固定资产之比（BLF1）和利息支出与总资产之比（BLF2）来反映企业面临的外源融资约束，该比率越大，表明企业面临的融资约束越弱。

4. 控制变量

根据现有文献的经验（Lin 等，2011；Choi 等，2011；江雅雯等，2011），我们引入的控制变量包括：公司规模（*Firm Size*）、成长性（*Growth*）、财务绩效（*ROA*）、资产负债率（*Leverage*）、股权集中度（*Top Share*）和董事会特征变量［董事会规模（*Board*）、二元性（*Duality*）］的影响。此外，本文还控制了时间因素可能产生的影响，将企业年龄（age）定义为企业成立年数的自然对数（见表 1）。

表 1　变量定义

变量类型	变量名称	变量符号	变量说明
因变量	创新投入	*Rdspendratio*（%）	研发投入×100/营业收入
		Rdpersonratio（%）	研发人员数量×100/员工总数
自变量	政治关联	*totalgov*	具体见解释变量的构建方法
调节变量	融资约束	SA 指数	计算方法见式（3）
		Currentratio	流动资产减流动负债/总资产
		BLF1/BLF2	利息支出与固定资产之比/利息支出与总资产之比
	股权性质	*Owner*	国有=1，非国有=0
控制变量	公司规模	ln*Asset*	公司总资产的自然对数
	成长性	*Growth*	营业收入增长率=（期末营业收入-期初营业收入）/期初营业收入
	财务绩效	*ROA*	资产收益率=净利润/总资产
	财务杠杆	*Leverage*	资产负债率=负债总额/资产总额
	最大股权集中度	*TopShare*（%）	第一大股东持股数/公司股份总数
	董事会规模	*BSize*	董事会总人数
	二元性	*Duality*	董事长和总经理由同一人担任为1，否则为0

资料来源：作者整理

（三）模型构建

本文构建了模型（1），以检验 H1，即政治关联对企业创新的影响。

$$INNO_{it} = \alpha_0 + \alpha_1 PC_{it} + \sum \alpha_j Controls_{j,\ it} + \sum_{1}^{I} \delta_i\ year_{it} + \sum_{1}^{k} \gamma_k\ industry_{it} + \varepsilon_{it} \qquad (1)$$

其中，$INNO_{it}$ 为公司 i 第 t 年的企业创新，PC_{it} 代表企业的政治关联，$Control_{it}$ 代表所有的控制变量，α 为回归系数，j 为控制变量个数，ε_{it} 为随机扰动项。

本文构建了模型（2），以检验 H2，即融资约束对政治关联与企业创新关系的调节作用。

$$INNO_{it} = \beta_0 + \beta_1 FC_{it} + \beta_2 PC_{it} + \beta_3 FC_{it} \times PC_{it} + \sum \beta_j Control_{j,\ it} + \sum_{1}^{I} \delta_i\ year_{it} + \sum_{1}^{k} \gamma_k\ industry_{it} + \varepsilon_{it} \qquad (2)$$

模型（2）与模型（1）的被解释变量、解释变量和控制变量均相同，只是在模型（1）的基础上增加了融资约束 FC_{it} 以及融资约束与政治关联的交互项 $FC_{it} \times PC_{it}$。β 为回归系数，其中，如果 β_3 显著大于 0，则说明母子公司关系强化了政治关联对企业创新的影响；β_3 显著小于 0，则说明母子公司关系弱化了政治关联对企业创新的影响；如果该系数并不显著，则表明母子公司关系不会对政治关联与企业创新之间的关系产生影响。

四、实证结果与分析

（一）描述性统计

表 2 报告了本研究主要变量的描述性统计结果，包括均值、标准差、最小值、最大值、四分之一分位数、中位数和四分之三分位数。

表 2　主要变量描述性统计结果（$N=2407$）

变量	均值	标准差	最小值	最大值	P25	中位数	P75
Rdspendratio（%）	4.274	5.578	0.000	151.610	1.405	3.300	4.970
Rdpersonratio（%）	17.641	156.154	0.000	11 066.000	6.500	11.910	18.230
Rdpersonratio-w（%）	14.969	12.973	0.280	66.200	6.500	11.910	18.230
Totalgov	2.591	4.255	0.000	16.000	0.000	0.000	5.000
SAindex	−3.749	0.255	−4.627	−1.460	−3.926	−3.758	−3.592
*BLF*1	0.082	8.565	−932.831	195.138	−0.004	0.026	0.066
*BLF*1-*w*	0.094	0.408	−0.573	3.143	−0.004	0.026	0.066
*BLF*2	0.007	0.011	−0.057	0.087	−0.001	0.005	0.013
CurrentRatio	0.211	0.255	−1.162	0.965	0.040	0.210	0.387

续表

变量	均值	标准差	最小值	最大值	P25	中位数	P75
lnAsset	22.192	1.319	14.942	28.511	21.296	22.033	22.929
lnage	2.749	0.385	0.769	3.637	2.565	2.805	3.030
Leverage	0.438	0.216	0.008	1.650	0.266	0.429	0.601
ROA	0.037	0.066	-1.324	0.669	0.012	0.034	0.065
Growth	10.149	1 141.427	-0.953	134 607.060	-0.039	0.095	0.266
Growth-w	0.193	0.532	-0.576	3.705	-0.039	0.095	0.266
Duality	0.234	0.423	0.000	1.000	0.000	0.000	0.000
TopShare（%）	34.523	15.104	0.290	89.990	22.650	32.260	44.630
BSize	5.688	1.687	0.000	16.000	4.000	6.000	6.000
Owner	0.395	0.489	0.000	1.000	0.000	0.000	1.000

从表2可以看出，样本公司研发投入占营业收入百分比的均值是4.274%，有半数公司的研发占比低于3.3%。研发人员占员工人数的百分比均值是17.641%，该均值更接近四分之三分位数，可见该均值被样本中异常高的样本数据拉高，用winsor处理后的研发人员百分比数据显示，均值是14.969%，仍然高于中位数，这说明样本中该变量较高值和较低值相差较大。政治关联指数统计显示，至少有一半的样本公司高管不存在政治关联。SA指数均为负数，说明均存在融资约束，大量数据围绕均值-3.749上下小幅度波动。异常值处理后的BLF1均值是9.4%，BLF2均值是0.7%，流动性比率的均值是21.1%，BLF2和流动性比率的均值与中位数接近，且数据分布较均匀。样本财务杠杆均值是43.8%，最小值是0.8%，最大值存在资不抵债的情况，3个四分位数之间以大约0.2为距离逐级提高，分布较为均匀。第一大股东持股比例均值为34.523%，显示样本，公司股权集中度仍然普遍较高，董事会人数均值为5.688人，且波动性较小，Owner数据统计显示，超半数样本公司股权性质不是国企。

（二）回归结果与分析

1. 政治关联与企业创新

针对前文提出的假设1，本文采用模型（1）检验了政治关联对企业创新的影响。通过对面板数据异方差和序列自相关的检验，最终选择FGLS面板数据模型回归方法。实证结果如表3中列（1）~（4）所示。其中，第（1）列控制行业和时间变量；第（2）列控制行业和时间变量，同时删除政治关联变量；第（3）列不控制行业和时间变量；第（4）列不控制行业和时间变量，同时删除政治关联变量。从回归结果来看，变量的系数显著性和方向非常稳定。从实证结果来看，政治关联对企业创新具有显著的负影响，这意味着企业的政治关联程度越高，企业的创新投入强度越低。

表 3 政治关联主效应回归结果

	（1）控制行业和时间变量	（2）控制行业和时间变量	（3）不控制行业和时间变量	（4）不控制行业和时间变量
	rdspendratio		*rdspendratio*	
totalgov	-0.0255 ***		-0.0514 ***	
	(-10.27)		(-17.65)	
lnAsset	-0.168 ***	-0.180 ***	-0.224 ***	-0.217 ***
	(-17.18)	(-18.57)	(-19.58)	(-19.84)
Lnage	-1.082 ***	-1.083 ***	-0.980 ***	-0.977 ***
	(-36.39)	(-36.83)	(-28.42)	(-31.07)
Leverage	-3.775 ***	-3.694 ***	-4.762 ***	-4.858 ***
	(-52.63)	(-49.50)	(-55.69)	(-59.54)
ROA	-2.799 ***	-2.816 ***	-2.352 ***	-2.473 ***
	(-10.81)	(-10.60)	(-7.77)	(-8.50)
Growth	-0.177 ***	-0.169 ***	-0.0991 ***	-0.0760 ***
	(-7.62)	(-7.95)	(-8.61)	(-4.18)
Duality	0.341 ***	0.313 ***	0.443 ***	0.403 ***
	(12.28)	(11.33)	(13.08)	(13.29)
TopShare	-0.0182 ***	-0.0178 ***	-0.0303 ***	-0.0320 ***
	(-27.00)	(-26.43)	(-40.40)	(-49.70)
BSize	-0.0497 ***	-0.0514 ***	-0.113 ***	-0.103 ***
	(-8.89)	(-9.26)	(-15.27)	(-15.74)
年度效应	控制	控制		
行业效应	控制	控制		
_cons	10.70 ***	10.81 ***	15.14 ***	14.89 ***
	(50.54)	(52.18)	(64.57)	(67.79)
N	10 744	10 744	10 744	10 744
Wald chi2	1 418.55 ***	41 061.61 ***	24 888.11 ***	26 233.05 ***

注：*t* statistics in parentheses，* $P<0.1$，** $P<0.05$，*** $P<0.01$

2. 政治关联、融资约束与企业创新

除了前面的理论分析之外，此处将检验融资约束的调节作用是否存在，探索政治关联对企业创新的影响路径。从表 4 第（1）列和第（2）列的回归结果可以看出，政治关联变量系数显著为负，以利息支出占固定资产与利息支出占总资产比例衡量企业债务融资约束的变量 BLF1、BLF2 系数均显著为负，均降低了企业的研发投入水平，这可以解释为当企业债务融资比重过大时，破产风险高以及现金流较紧张，这可能会导致企业减少对研发这类高风险、长周期项目的投资。从政治关联与融资约束的交互项系数来看，债务融资约束的降低削弱了政治关联给企业研发投入带来的负面影响。从表 4 的第（3）列和第（4）列的回归结果可以看出，政治关联变量系数显著为负，SA 指数和流动性比率变量系数显著为正，即企业整体融资约束程度的降低增加了企业的研发投入。但是政治关联和融资约束代理变量的交乘项显著为负，即融资约束放松强化了政治关联对企业研发投入的负面作用。

表 4　融资约束调节作用回归结果

	(1)	(2)	(3)	(4)
	BLF1	*BLF2*	*SAindex*	*CurrentRatio*
totalgov	−0. 028 3 ***	−0. 036 3 ***	−0. 288 ***	−0. 007 16 **
	(−10. 40)	(−11. 24)	(−7. 34)	(−2. 37)
FC	−0. 938 ***	−58. 26 ***	1. 002 ***	2. 484 ***
	(−32. 49)	(−36. 69)	(10. 77)	(35. 68)
Totalgov * *FC*	0. 113 ***	2. 288 ***	−0. 0709 ***	−0. 0801 ***
	(5. 24)	(10. 10)	(−6. 81)	(−7. 75)
lnasset	−0. 162 ***	−0. 158 ***	−0. 182 ***	−0. 123 ***
	(−15. 69)	(−15. 11)	(−15. 46)	(−13. 07)
lnage	−1. 085 ***	−1. 024 ***	−0. 616 ***	−0. 953 ***
	(−35. 55)	(−32. 10)	(−9. 45)	(−33. 07)
Leverage	−3. 618 ***	−1. 943 ***	−3. 679 ***	−2. 267 ***
	(−47. 27)	(−21. 63)	(−46. 87)	(−27. 74)
ROA	−2. 747 ***	−4. 125 ***	−2. 498 ***	−4. 823 ***
	(−10. 16)	(−14. 92)	(−9. 12)	(−19. 83)

续表

	(1)	(2)	(3)	(4)
	*BLF*1	*BLF*2	*SAindex*	*CurrentRatio*
Growth	-0.148***	-0.169***	-0.167***	-0.213***
	(-5.97)	(-6.40)	(-7.19)	(-12.56)
Duality	0.339***	0.382***	0.327***	0.423***
	(11.97)	(14.44)	(11.56)	(16.67)
TopShare	-0.0184***	-0.0223***	-0.0178***	-0.0172***
	(-26.19)	(-32.70)	(-25.38)	(-29.09)
BSize	-0.0505***	-0.0581***	-0.0526***	-0.0603***
	(-7.91)	(-8.63)	(-7.99)	(-12.47)
年度效应	控制	控制	控制	控制
行业效应	控制	控制	控制	控制
_ *cons*	10.53***	10.27***	13.49***	8.188***
	(47.19)	(44.43)	(36.27)	(38.86)
N	10728	10728	10744	10744
*Wald chi*2	32424.89***	65763.58***	69576.56***	106565.66***

注：t statistics in parentheses，* $P< 0.1$，** $P< 0.05$，*** $P< 0.01$

（三）稳健性检验

本文采用经验研究中经常使用的方法做了如下变量的替换来进行稳健性检验：采用科研人员数作为企业创新投入的替代指标。在整理数据时，发现许多公司不报告科研人员的数据，此处将没有报告的数据处理为缺失值，而不是0，所以导致样本量大大减少，但是回归结果仍然稳健。然后依据上述步骤对各个模型重新进行了回归分析，比较后可见，统计结论基本一致，这表明本文的模型是稳健可靠的。表5列出了以上的稳健性检验回归结果。其中，表5的第（1）列显示了研发人员占比作为企业研发投入的替代指标估计结果，与表4中的第（1）列对比可以看出，模型的显著性和变量系数及其方向均没有显著变化，这说明模型非常稳健。

为了进一步厘清产权性质对政治关联与企业创新关系的影响，本文在回归模型（4）中增加了产权性质及其与政治关联的交互项，表5第（2）列的回归结果显示，Gov * Owner 的回归系数为-0.0109，在5%的水平显著为负。这表明国企背景强化了政治关联对企业创新的负面影响，换句话说，在民营背景的企业组别中，政治关联对创新的负面影响减弱。

表5 稳健性检验回归结果

	改变因变量	股权性质调节
	rdpersonratio	*rdspendratio*
totalgov	-0.0990***	-0.0264***
	(-10.40)	(-8.70)
Owner		-0.167***
		(-6.35)
*Gov * Owner*		-0.0109**
		(-2.09)
lnAsset	-0.904***	-0.151***
	(-29.19)	(-14.73)
lnage	-2.459***	-1.048***
	(-25.70)	(-33.97)
Leverage	-5.889***	-3.683***
	(-30.57)	(-49.46)
ROA	3.148***	-2.896***
	(4.72)	(-11.15)
Growth	0.563***	-0.198***
	(6.38)	(-8.86)
Duality	0.887***	0.306***
	(12.95)	(10.91)
TopShare	-0.0501***	-0.0176***
	(-23.73)	(-25.90)
BSize	-0.285***	-0.0488***
	(-13.13)	(-7.87)
Wald chi2	28129.08***	35414.78***

续表

	改变因变量	股权性质调节
_ cons	42.86***	10.22***
	(13.18)	(45.09)
N	5 309	10 744

注：t statistics in parentheses，* P< 0.10，** P< 0.05，*** P< 0.01

五、结论与展望

本文研究表明：①政治关联的存在更多变现为降低企业创新投入，这在国企股权性质组别中更加显著。②以利息支出占固定资产或总资产比率衡量的企业信贷融资约束指标在政治关联与企业创新投入的关系中具有调节作用，企业信贷融资能力的提高削弱了政治关联给创新投入带来的负面效应。

融资约束的缓解确实可以增加企业的创新投入，以往研究指出政治关联的存在可以缓解企业的融资约束，但是根据本文的研究结果，政治关联指数提高，缓解了企业信贷融资约束，但是对 SA 指数和流动性比率的影响却不显著，整体上政治关联降低了企业的创新投入。究其原因，可能是变量选取不精确。本文选用反映企业整体融资约束程度的 SA 指数和流动性比率不能够精确地反映企业的实际融资约束水平。从前文描述性统计分析结果可以看到，SA 指数的波动性很小，这可能会影响实证结果；流动性比率的分布虽然较平均，但是可能流动性水平反映了企业的短期融资能力，不能反映企业的长期融资能力，而创新投入决策属于长期决策。以后可以采用投资—现金流敏感度、现金—现金流敏感度等指标作进一步研究。

参考文献

[1]陈国宏，郭弢．我国 FDI、知识产权保护与自主创新能力关系实证研究[J]．中国工业经济，2008(4)：25-33.

[2]江雅雯，黄燕，徐雯．政治联系、制度因素与企业的创新活动[J]．南方经济，2011(11)：3-15.

[3]解维敏，方红星．金融发展、融资约束与企业研发投入[J]．金融研究，2011(5)：171-183.

[4]温军，冯根福，刘志勇．异质债务，企业规模与 R & D 投入[J]．金融研究，2011(1)：167-181.

[5]李后建．市场化、腐败与企业家精神[J]．经济科学，2013(1)：99-111.

[6]江雅雯，黄燕，徐雯．市场化程度视角下的民营企业政治关联与研发[J]．科研管理，2012，(10)：48-55.

[7]ANG J B，MADSEN J. B. Knowledge production，financial liberalization and growth[Z]．Paper

presented at the financial development and economic growth conference, Monash University,2008.

[8]SAPIENZA P. The effects of government ownership on bank lending [J]. Journal of financial economics,2004,72(2):357-384. PH

[9]MORCK R, WOLFENZON, D. YEUNG B. Corporate governance, economic retrench, and growth [J]. Journal of economic literature, 2005(63):655-672.

[10]LI H, MENG L, ZHANG J. Why do entrepreneurs enter politics? Evidence from China [J]. Economic inquiry,2006 44(3):559-578.

[11]张建君,张志学．中国民营企业家的政治战略[J]. 管理世界,2005(7):94-105.

[12]CHEN S, SUN Z, TANG S, et al. Government intervention and investment efficiency: Evidence from China[J]. Journal of corporate finance,2011,17(2):259-271.

[13]罗党论,甄丽明．民营控制,政治关系与企业融资约束:基于中国民营上市公司的经验证据[J]. 金融研究,2008(12):164-178.

[14]谢家智,刘思亚,李后建:政治关联、融资约束与企业研发投入[J]. 财经研究,2014(8):81-93.

[15]FEE C E, HADLOCK C J, PIERCE J R. Investment, financing constraints, and internal capital markets: Evidence from the advertising expenditures of multinational firms [J]. The review of financial studies,2009,22(6):2361-2392.

[16]HALL B H, LERNER J. 2010. The financing of R & D and innovation[M]//Hall, B. H., Rosenberg, N. (Eds.), Handbook of the economics of innovation, Amsterdam: Elsevier-North Holland.

[17] GOMPERS P A, LERNER J. 1999. The venture capital cycle [M]. Cambridge: MIT Press,1999.

[18]KIM W, WEISBACH M S. Motivations for public equity offers: An International Perspective[J]. Journal of financial economics,2008,87(2):281-307.

[19] MYERS S C, MAJLUF N S. Corporate financing and investment decisions when firms have information that investors don't have[J]. Journal of financial economics,1984,13(2):187-221.

[20]张兆国,曾牧,刘永丽．政治关系、债务融资与企业投资行为:来自我国上市公司的经验证据[J]. 中国软科学,2011(5):106-121.

[21]余明桂,潘红波．政治关系、制度环境与民营企业银行贷款[J]. 管理世界,2008(8):9-21.

[22]FACCIO M. Politically connected firm[J]. American economic review, 2006,96(1):369-386.

[23] CHEN C, LI Z, SU X. Rent seeking incentives, political connections and organizational structure: empirical evidence from listed family firms in China[D]. Hong Kong: City University of Hong Kong, 2005.

[24]于蔚,汪淼军,金祥荣．政治关联和融资约束:信息效应与资源效应[J]. 经济研究,2012(9).

[25]孙铮,刘凤委,李增泉．市场化程度、政府干预与企业债务期限结构:来自我国上市公司的经验证据[J]. 经济研究,2005(5).

[26] HUANG Y. Selling China: foreign direct investment during the reform era [M]. London: Cambridge University Press, 2003.

[27]KHWAJA A, MIAN A. Do lenders favor politically connected firms? rent provision in an emerging

financial market[J]. Quarterly journal of economics,2005,120(4):1371-1411.

[28]李爽．要素价格扭曲、政治关联与中国工业企业的技术创新积极性[J]. 财贸研究,2018,29(7):1-14.

[29] HAMBRICK D C. Upper echelons theory: an update [J]. The Academy of Management Review2007,32(2):334-343.

[30] GENTRY R J, SHEN W. The impacts of performance relative to analyst forecasts and analyst coverage on firmR & D intensity [J]. Strategic management journal,2013,34(1):121 -130.

[31]杨筠,宁向东．政治关联、政府补贴与企业创新绩效[J]. 技术经济,2018,37(5):31-37.

[32]陈德球,金雅玲,董志勇．政策不确定性、政治关联与企业创新效率[J]. 南开管理评论,2016,19(4):27-35.

[33]孙雪娇,翟淑萍,于苏．柔性税收征管能否缓解企业融资约束:来自纳税信用评级披露自然实验的证据[J]. 中国工业经济,2019(3):81-99.

[34]鞠晓生,卢荻,虞义华．融资约束、营运资本管理与企业创新可持续性[J]. 经济研究,2013,48(1):4-16.

[35] LI Z , YU M . Exports, productivity, and credit constraints:a firm-level empirical investigation of China[J]. Economic research journal, 2013.

[36] LIN C, LIN P, SONG F. M, ET AL. 2011. Managerial incentives, CEO characteristics and corporate innovation in China's private sector [J]. Journal of comparative economics,2011(39):176-190.

[37] CHOI S B, LEE S H, WILLIAMSE. Ownership and firm innovation in a transition economy: evidence from China[J]. Research policy,2011,40(3):441-452.

基于 AHP-熵权法的青岛市上市公司经营业绩评估

黄立君　贾丽璇*

摘要：本文综合运用层次分析法（AHP）和熵权法，选取具有代表性的财务分析指标，并将其有机结合构造出青岛市上市公司的经营业绩评价体系，收集整理了 2020 年青岛市上市公司的相关数据，利用 MATLAB 等软件，对 39 家上市公司展开分析，并给出这些上市公司的经营业绩排名。其中，中创物流（603967）和青岛啤酒（600600）的经营业绩最好，可以作为其他上市公司的参考对象。

关键词：层次分析法；熵权法；上市公司；业绩评价

青岛市是山东省经济发展的先锋，凭借得天独厚的地理优势以及人文历史等因素，实现了经济的快速发展。本文尝试对青岛市各个上市公司的经营业绩进行客观评估，综合运用层次分析法和熵权法进行分析与评价，借助 MATLAB 等软件辅助研究，系统构建青岛市上市公司的经营业绩评价体系，查询并运用 2020 年的相关财务数据，进行相应的实证分析来综合评价。评估结果一方面可以供投资者参考，另一方面也为其他上市公司提供了经验借鉴。

一、构建评价体系

参考相关文献资料，本文从以下四个角度对公司业绩进行评价：盈利能力、偿债能力、营运能力和发展能力。盈利能力选用了资产报酬率（息税前利润/平均总资产）、净资产收益率（利润/平均净资产）以及每股收益（企业税后利润/股本总数）；偿债能力选用了资产负债率（负债总额/资产总额）、产权比率（负债总额/所有者权益）以及流动比率（流动资产/流动负债）；营运能力选用了总资产周转率（营业收入/平均资产总额）、存货周转率（营业成本/平均存货）以及应收账款周转率（营业收入/平均应收账款）；发展能力选用了主营业务收入增长率［（本期主营业务收入-上期主营业务收入）/上期主营业务收入］、净利润增长率［（本期净利润-上期净利润）/上期净利润］和总资产增长率［（本期资产规模-上期资产规模）/上期资产规模］，如表 1

* 黄立君，副教授，中国政法大学商学院；贾丽璇，政治经济学专业硕士生，中国政法大学商学院。

所示。

表 1　青岛市上市公司经营业绩评价指标体系

目标层	准则层	子准则层
公司经营业绩评价（A）	盈利能力（B1）	总资产收益率（C1）
		净资产收益率（C2）
		每股收益（C3）
	偿债能力（B2）	资产负债率（C4）
		产权比率（C5）
		流动比率（C6）
	营运能力（B3）	总资产周转率（C7）
		存货周转率（C8）
		应收账款周转率（C9）
	发展能力（B4）	主营业务收入增长率（C10）
		净利润增长率（C11）
		总资产增长率（C12）

二、数据收集与整理

根据评价指标体系，本文选取了青岛市 39 家上市公司的相关数据，选取数据的报告期为 2020 年 9 月 30 日。在收集数据的过程中，已将公司简称以＊ST、ST 开头的公司的数据剔除。表 2 展示了收集到的原始数据，其中 D 代表公司代码。

表 2　山东省青岛辖区 39 家上市公司的财务指标数据

D	C1	C2	C3	C4	C5	C6	C7	C8	C9	C10	C11	C12
000416	2.98	2.90	0.05	1.37	1.39	58.61	0.00	2.86	0.55	-32.45	-12.94	-0.16
000599	-0.06	0.21	0.01	65.67	176.13	0.86	0.32	2.71	3.22	3.41	-136.16	9.06
002073	0.01	0.50	0.02	47.15	87.79	1.61	0.23	0.93	1.86	-10.10	-97.68	-0.13
002094	-1.85	-1.72	-0.07	38.71	62.09	2.10	0.57	3.05	4.20	-23.85	-131.18	-8.87
002498	7.00	9.09	0.15	22.65	22.36	4.41	0.73	2.64	2.13	10.69	37.49	23.87
002537	2.61	4.55	0.15	43.09	74.49	1.78	0.63	5.56	4.45	5.76	285.60	-19.70
002545	1.96	3.01	0.19	35.00	35.34	1.61	0.16	1.27	3.48	11.34	-8.67	1.95

续表

D	C1	C2	C3	C4	C5	C6	C7	C8	C9	C10	C11	C12
300001	0.40	2.68	0.12	68.49	203.95	0.99	0.29	3.61	0.96	15.29	-45.67	17.57
002768	12.59	21.9	2.45	41.24	68.42	2.15	1.04	3.03	0.44	73.79	167.10	23.64
300110	1.93	2.44	0.05	20.26	24.97	2.64	0.36	2.89	1.70	-7.19	95.95	4.84
300183	3.16	3.42	0.21	7.59	7.26	11.31	0.16	1.35	1.97	-1.74	6.79	3.45
300208	-0.15	0.87	-0.02	64.73	183.05	1.39	0.10	0.32	0.64	-20.80	-121.44	-7.79
600060	2.57	3.85	0.44	45.22	78.18	1.92	0.92	7.05	10.32	16.23	131.13	11.19
600229	5.47	7.97	0.33	31.07	44.17	2.22	0.37	1.85	3.52	-6.03	-12.36	5.60
600336	1.59	5.30	0.14	68.96	215.16	1.15	0.74	3.39	4.39	5.43	24.23	7.08
600579	-1.19	-3.72	-0.23	68.01	152.27	1.27	0.41	1.82	3.20	-9.45	-11.80	1.95
600600	7.60	13.98	2.20	46.08	65.94	1.66	0.62	5.34	154.03	-1.91	14.08	11.87
600690	4.01	12.49	0.94	65.85	172.57	1.08	0.80	4.03	11.16	3.70	-28.83	8.65
600735	4.43	3.68	0.09	24.37	30.48	2.87	0.70	2.33	7.38	-12.88	-39.76	6.59
601058	5.78	14.52	0.46	58.97	142.77	0.95	0.58	3.73	5.99	-1.45	25.18	13.69
603798	7.78	9.02	0.45	13.31	13.10	5.71	0.67	3.69	12.80	-2.09	10.41	4.60
603421	3.00	3.73	0.17	19.59	142.77	0.95	0.58	3.73	5.99	-1.45	25.18	13.69
300569	3.65	11.40	0.64	70.04	189.53	1.03	0.30	1.29	1.69	34.32	78.39	46.44
603577	3.54	7.07	0.32	49.48	97.75	1.74	0.61	1.34	2.56	47.48	104.87	-5.89
200992	1.13	1.45	0.05	17.88	20.25	3.35	0.52	1.71	7.91	-20.09	-82.07	-1.98
603639	8.70	13.1	1.4	33.55	46.52	1.96	0.72	2.60	4.55	30.76	20.35	20.60
601366	0.40	1.17	0.06	65.22	143.14	0.72	0.51	2.48	32.27	-31.58	-75.61	11.53
002871	5.34	7.12	0.40	25.01	30.90	2.75	0.30	2.07	4.05	-4.80	8.15	11.13
002899	2.04	2.53	0.23	19.40	23.76	4.07	0.44	2.32	3.15	-9.03	-34.51	2.05
603187	7.46	12.28	1.37	39.56	43.94	3.03	0.55	2.68	3.05	22.83	20.95	44.70
601298	6.08	9.2	0.45	36.21	40.40	1.35	0.18	25.66	3.49	6.50	6.06	7.85
603739	6.06	7.28	0.47	22.36	23.10	2.80	0.52	3.22	3.66	12.27	49.15	11.46
002948	0.46	6.73	0.34	93.18	13.93	65.09	0.02	0.00	0.00	38.37	3.15	25.70
002958	0.63	9.42	0.44	93.09	13.90	64.70	0.02	0.00	0.00	40.08	4.76	19.35

续表

D	C1	C2	C3	C4	C5	C6	C7	C8	C9	C10	C11	C12
603967	5.99	7.02	0.51	22.69	28.18	2.65	1.37	403.46	6.03	5.70	-8.27	4.60
300779	3.41	2.44	0.23	28.48	26.89	2.23	0.27	3.48	2.79	-2.22	-43.11	4.42
300786	5.69	7.01	0.84	18.71	22.76	4.29	0.26	0.67	1.42	-4.62	9.09	6.88
603755	9.33	10.13	0.60	7.88	8.44	11.73	0.29	4.14	3.40	-8.68	7.01	7.13
688139	8.13	10.18	0.86	20.49	24.38	4.29	0.31	4.59	10.12	34.76	104.60	74.68

数据来源：新浪财经、同花顺

三、层次分析法实证分析

采用层次分析法（AHP）进行权重确定在研究分析中得到了广泛的重视和应用，其优点在于将定性与定量有机结合，再以个体的主观判断为依据并且以数量的形式表现出来。层次分析法把复杂问题进行分解，大而化小，以相互之间的相对重要程度为依据进行要素排序，从而形成系统化的体系。如果同时给许多分析指标加以赋权，可能会秩序紊乱而造成误差，但是采用这种方法可以合理避免失误，使操作更加简捷流畅，并且使评价更具有说服力。

（一）基本步骤

第一，建立递阶分层结构。我们将分析评价内容中包含的各个项目构造一个多阶分层结构。在这个结构中，位于最高层次的是提出问题的预定目标，中间部分的项目由上到下依次是准则层、子准则层，最后是决策方案。

第二，评分者在具体问题的分析中融合自己对各项分析指标的主观评价，在各个分析指标之间进行两两对比之后以 9 分位比率排定。

第三，基于分析指标之间相对重要性的顺序将分析指标的判断矩阵构造出来。表 3 是评分者主观判断分析指标的重要性标度含义。

表 3　重要性标度含义表

标度	含义	标度	含义
1	甲和乙同样重要	1/3	乙比甲稍微重要
3	甲比乙稍微重要	1/5	乙比甲明显重要
5	甲比乙明显重要	1/7	乙比甲非常重要
7	甲比乙非常重要	1/9	乙比甲及其重要
9	甲比乙极其重要		

注：2，4，6，8 为上述相邻判断的中值

第四，寻找单一准则下元素的相对优劣程度。通过两两比较判断矩阵，依据各元素分别对于目标元素相对优劣程度的次序求得其权重值；然后计算判断矩阵C的最大特征根λ_{max}和其相对应的经归一化的特征向量$W=(w_1\ w_2\cdots\ w_n)^T$。

$$CW=\lambda_{max}W$$

求得特征向量并将其归一化后的特征向量$W=(w_1\ w_2\cdots w_n)^T$当作本层元素指标D_1，D_2，…，D_n对于目标元素A的排序权值。

第五，判断矩阵一致性检验。

（1）一致性指标：

$$C.I.=\frac{\lambda_{max}-n}{n-1}\text{（判断矩阵的阶数为}n\text{）}$$

（2）表4求解$R.I.$（平均随机一致性指标）。

表4 *R.I.* 值

阶数	1	2	3	4	5	6	7
R.I.	0	0	0.52	0.89	1.12	1.26	1.36

阶数	8	9	10	11	12	13	14	15
R.I.	1.41	1.46	1.49	1.52	1.54	1.56	1.58	1.59

（3）计算一致性比例：

$$C.R.=\frac{C.I.}{R.I.}$$

$C.R.<0.1$说明判断矩阵符合一致性；否则不符合，应修改直至满足一致性要求。

第六，计算各层次上元素的组合权重。

第七，评价层次总排序计算结果的一致性。分别设定$C.I.$和$R.I.$为层次总排序的一致性指标和随机一致性指标。其计算公式为：

$$C.I.=\sum_{i=1}^{m}a_iC.I._i$$

$$R.I.=\sum_{i=1}^{m}a_iR.I._i$$

求得总的一致性指标：

$$C.R.=\frac{C.I.}{R.I.}$$

运用层次分析法最终将得到相对于总目标而言各级指标的优先顺序及权重，并以此做出相应决策，满足决策者的需求。

（二）实证分析

第一，建立多阶分层结构，如图1所示。

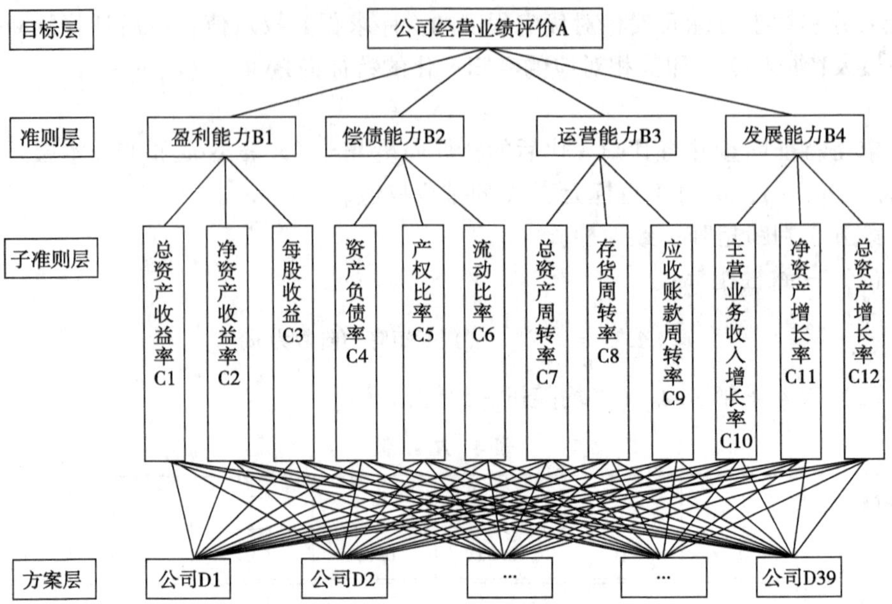

图 1　递阶层次结构示意图

第二，构造准则层对于目标层的判断矩阵及权重，见表 5。

表 5　A-B 判断矩阵

A-B	B1	B2	B3	B4
B1	1	3	3	3
B2	1/3	1	1	1
B3	1/3	1	1	1
B4	1/3	1	1	1

利用 MATLAB 软件得到上述判断矩阵的最大特征值为：$\lambda_{max}=4$；W =（0. 500 0 0. 166 7　0. 166 7　1. 667）是得到的各指标的权重；对该判断矩阵进行一致性检验，*C. R.* =-1. 6633e-16<0. 1，一致性检验通过。

第三，构造子准则层相对于准则层各个指标的判断矩阵及权重，见表 6、表 7、表 8 和表 9。

表 6　B1-C1、C2、C3 判断矩阵

B1-C	C1	C2	C3
C1	1	2	1

续表

B1-C	C1	C2	C3
C2	1/2	1	1/2
C3	1	2	1

判断矩阵的最大特征值为：$\lambda_{max}=3$；$W=$（0.4　0.4　0.2）为各指标的权重；$C.R.=0<0.1$，一致性检验通过。

表 7　B2-C4、C5、C6 判断矩阵

B2-C	C4	C5	C6
C4	1	1	2
C5	1	1	2
C6	1/2	1/2	1

判断矩阵的最大特征值为：$\lambda_{max}=3$；$W=$（0.4　0.4　0.2）为各指标的权重；$C.R.=0<0.1$，一致性检验通过。

表 8　B3-C7、C8、C9 判断矩阵

B3-C	C7	C8	C9
C7	1	1/2	1/2
C8	2	1	1
C9	2	1	1

判断矩阵的最大特征值为：$\lambda_{max}=3$；$W=$（0.4　0.4　0.2）为各指标的权重；$C.R.=0<0.1$，一致性检验通过。

表 9　B4-C10、C11、C12 判断矩阵

B4-C	C10	C11	C12
C10	1	1/2	2
C11	2	1	3
C12	1/2	1/3	1

判断矩阵的最大特征值为：$\lambda_{max}=3.009\ 2$；$W=$（0.297 0　0.539 6　0.163 4）为各指标的权重；$C.R.=0.008\ 8<0.1$，一致性检验通过。

第四，构造方案层相对于子准则层中各个指标的判断矩阵并求出权重，结果参见表 10。

表 10　2020 年青岛市 39 家上市公司的综合权重及排名

公司代码	AHP 法综合权重	熵权法综合权重	主客观综合得分	排名
603967	0.109 1	0.453 8	0.384 86	1
600600	0.104 5	0.322 8	0.279 14	2
002958	0.085 6	0.294 3	0.252 56	3
002948	0.086 7	0.292 5	0.251 34	4
000416	0.048 5	0.217 8	0.183 94	5
002768	0.125 6	0.196 6	0.182 40	6
300569	0.099 9	0.157 2	0.145 74	7
600690	0.064 0	0.161 1	0.141 68	8
688139	0.121 9	0.139 0	0.135 58	9
600336	0.060 0	0.145 1	0.128 08	10
603187	0.094 5	0.135 6	0.127 38	11
603639	0.084 5	0.136 9	0.126 42	12
601058	0.070 7	0.139 8	0.125 98	13
600060	0.078 1	0.132 3	0.121 46	14
601366	0.042 8	0.130 4	0.112 88	15
603577	0.072 2	0.122 5	0.112 44	16
300001	0.055 8	0.123 8	0.110 20	17
603755	0.062 5	0.115 0	0.104 50	18
002537	0.073 9	0.112 0	0.104 38	19
603798	0.061 8	0.113 0	0.102 76	20
601298	0.063 9	0.109 6	0.100 46	21
603421	0.059 9	0.110 5	0.100 38	22
002498	0.075 0	0.104 5	0.098 60	23
603739	0.068 7	0.097 4	0.091 66	24
000599	0.035 4	0.103 7	0.090 04	25

续表

公司代码	AHP 法综合权重	熵权法综合权重	主客观综合得分	排名
600579	0. 039 3	0. 094 4	0. 083 38	26
300786	0. 057 5	0. 088 0	0. 081 90	27
600229	0. 053 4	0. 087 6	0. 080 76	28
002871	0. 058 6	0. 085 9	0. 080 44	29
300183	0. 050 5	0. 085 3	0. 078 34	30
600735	0. 046 3	0. 084 5	0. 076 86	31
300208	0. 021 4	0. 088 7	0. 075 24	32
300110	0. 057 6	0. 070 0	0. 067 52	33
002545	0. 049 0	0. 070 8	0. 066 44	34
002899	0. 041 8	0. 071 7	0. 065 72	35
300779	0. 044 4	0. 070 1	0. 064 96	36
002073	0. 029 7	0. 069 4	0. 061 46	37
200992	0. 030 1	0. 063 6	0. 056 90	38
002094	0. 015 4	0. 060 3	0. 051 32	39

四、熵权法实证分析

熵权法是将各个指标的熵计算出来，然后利用各指标的差异度来衡量包含在现有数据中的有效信息和指标权重。当指标的离散程度较小时，它所对应的熵值就会较大，这表明信息中所包含的对于分析有效的价值比较小，即这项指标在之后的综合评价中对于目标要素的影响比较小。熵权法是一种客观赋权法，避免了人为因素引起的偏差，具有一定的科学性。

（一）基本步骤

1. 标准化初始数据矩阵

假设评价指标及评价对象的个数分别为 m 和 n，构造出初始数据矩阵

$$X = \begin{pmatrix} x_{11} & x_{12} & \cdots & x_{1n} \\ x_{21} & x_{22} & \cdots & x_{2n} \\ \vdots & \vdots & & \vdots \\ x_{m1} & x_{m2} & \cdots & x_{mn} \end{pmatrix} = (X_1 \quad X_2 \cdots X_n)$$

其中，x_{ij}（$i=1, 2, \cdots, m$；$j=1, 2, \cdots, n$）表示第 i 个评价对象在第 j 项

评价指标中的数值；X_j（$j=1$，2，…，n）表示第 j 个评价指标的全部评价对象的列向量数据。

各指标的量纲单位会有一定的差异，这将会对评价结果的客观真实造成影响，为了消除上述差异造成的不良影响，可以对各个分析指标进行无量纲化处理。通常在分析中利用极差变换法进行处理，具体公式为：

$$x'_{ij}=\frac{x_{ij}-\min\limits_i\{x_{ij}\}}{\max\limits_i\{x_{ij}\}-\min\limits_i\{x_{ij}\}} \text{ 或 } X'_j=\frac{X_j-\min\{X_j\}}{\max\{X_j\}-\min\{X_j\}} \text{（适用正向指标）}$$

$$x'_{ij}=\frac{\max\limits_i\{x_{ij}\}-x_{ij}}{\max\limits_i\{x_{ij}\}-\min\limits_i\{x_{ij}\}} \text{ 或 } X'_j=\frac{\max\{X_j\}-X_j}{\max\{X_j\}-\min\{X_j\}} \text{（适用负向指标）}$$

2. 计算第 j 项指标第 i 个评价对象的比重

$$y_{ij}=\frac{x'_{ij}}{\sum\limits_{i=1}^{m}x'_{ij}}$$

$$Y_j=\frac{X'_j}{\sum X'_j} \quad (j=1,\ 2,\ \cdots,\ n)$$

由此得到比重矩阵：

$$Y=(\mathrm{y}_{ij})_{m\times n} \qquad Y=(Y_1,\ Y_2,\ \cdots,\ Y_n)$$

3. 计算第 j 项指标的信息熵的值 e_j

$$\mathrm{e}_j=-K\sum_{i=1}^{m}\mathrm{y}_{ij}\ln\mathrm{y}_{ij} \quad (j=1,\ 2,\ \cdots,\ n)$$

其中，$K=1/\ln m$ 是非负常数，$0\leqslant e_j\leqslant 1$ 为非负常数；规定当 $y_{ij}=0$ 时，$y_{ij}\ln y_{ij}=0$。

4. 计算第 j 项指标的差异系数 d_j

$$d_j=1-e_j \quad (j=1,\ 2,\ \cdots,\ n)$$

5. 计算第 j 项指标的权重 w_j

$$w_j=\frac{d_j}{\sum\limits_{j=1}^{n}d_j}=\frac{1-e_j}{n-\sum\limits_{j=1}^{n}e_j} \quad (j=1,\ 2,\ \cdots,\ n)$$

6. 计算评价方案 i 的评价值 U_i

$$U_i=\sum_{j=1}^{n}y_{ij}w_j \quad (i=1,\ 2,\ \cdots,\ m)$$

（二）实证分析

1. 计算准则层各指标的权重

$$W_{21}=(0.2977 \quad 0.2339 \quad 0.4684)$$

$$W_{22}=(0.0936 \quad 0.1968 \quad 0.7096)$$

$$W_{23}=(0.0541 \quad 0.6172 \quad 0.3287)$$

$$W_{24}=(0.3756 \quad 0.3487 \quad 0.2757)$$

2. 目标层权重

W1＝（0.085 20.291 60.555 10.068 0）

3. 目标层与准则层的综合权重

W＝(0.025 4　0.019 9　0.039 9　0.027 3　0.057 4　0.206 9　0.030 0　0.342 6　0.182 5　0.0255　0.0237　0.0187)

4. 确定各个公司的总绩效值

结果参见表 10。

五、层次分析法与熵权法综合分析

本文参考有关主客观赋权的相关文献，采用层次分析法与熵权法的权重 1∶4 的比例加权平均，即取

AHP 权∶熵权值＝1∶4

主客观综合得分＝0.2×AHP 权+0.8×熵权值

利用 Excel 软件，最终得出 2020 年山东省青岛市 39 家上市公司的主客观综合得分和排名：

从表 10 可知，中创物流（603967）的经营业绩最优，青岛啤酒（600600）的经营业绩排第二位，然后依次是青农商行（002958）、青岛银行（002948）等。

六、提高经营业绩的建议

本文在收集数据的过程中发现，受 2020 年初新冠疫情的影响，青岛市很多上市公司披露的财务指标数据在一、二季度有明显下降，第三季度逐渐恢复，例如，中创物流（603967）、惠城环保（300779）等。因此，上市公司在今后的发展中，首先要增强应对风险的能力，尤其是系统性风险，此次疫情导致的停产停工对上市公司有不小的冲击，上市公司要有在低迷时期维持运营的现金流。

其次，可以根据上市公司的特点及其所处的行业，将现代化科技成果与管理技术和公司优势相结合，不断进行改革创新，合理扩大生产规模，把握市场走向，抓住经济波动带来的机遇，关注政府的相关政策利好，吸纳优秀人才，培育优良企业文化，提升产品质量和服务，树立讲信誉、负责任的企业形象，在实现自身健康发展的基础上带动地区经济发展。

参考文献

[1]汪倜．企业业绩评价指标体系构建与应用的研究[D]．济南：山东财经大学，2013.

[2]张蕊，于海燕．企业经营业绩评价综述：理论、方法与展望[J]．当代财经，2016.

[3]陈平，刘静．上市公司经营业绩评价方法研究[J]．财会通讯，2010.

[4]申志东．运用层次分析法构建国有企业绩效评价体系[J]．审计研究，2013.

[5]王君岩．运用层次分析法构建我国上市公司内部业绩评价体系[J]．会计师,2016.
[6]陈晓红．山东省上市公司财务绩效评价:基于层次分析法的分析[J]．齐鲁珠坛,2008.
[7]郑琨,郭华蕊．青岛上市公司经营业绩综合评价:基于上市公司财务数据的因子分析[J]．中国科技财富,2008.
[8]周沫．青岛市上市公司融资效率实证分析[J]．中国证券期货,2004.
[9]杨德平,刘喜华．经济预测与决策技术及 MATLAB 实现[M]．北京:机械工业出版社,2016.
[10]骆珣,廖艳．熵权法在我国农业板块上市公司经营业绩评价中的应用[J]．生产力研究,2008.
[11]张瑞龙．基于熵权与 AHP 的上市公司经营绩效评价:以路桥类上市公司为例[D]．南京:南京理工大学,2007.
[12]张佳钰．熵权法下"互联网+农业"上市公司经营绩效评价:以 DBN 公司为例[D]．沈阳:沈阳农业大学,2017.
[13]宋效中,李静．基于熵权法的新能源企业经营绩效综合评价[J]．中国集体经济,2014.
[14]王丽娇．企业业绩评价文献述评[D]．沈阳:东北大学,2010.
[15]穆瑞欣,陈晓红,游达明．基于主客观综合赋权的长株潭城市群循环经济评价[J]．系统工程,2010.

高新技术企业科技人员持股问题研究

齐　勇*

摘要：在前一段时间，我国很多地方、很多企业进行了经营者持股、职工持股方面的改革，而高新技术企业科技人员持股改革则相对滞后。科技人员持股参与分配在西方发达国家是通行的做法，而在我国则无成熟的经验和有效的政策措施。本文结合当前我国部分高新技术企业科技人员持股改革方面的实践对这一问题进行研究。

关键词：创新企业；科技人员；持股

一、市场经济条件下高新技术企业对科技人员进行股权激励的必要性

在市场经济条件下，高新技术企业实行科技人员持股改革可以将科技人员的利益同企业的利益紧密结合在一起，有效调动科技人员的积极性，增强企业的活力。

（1）对科技人员实行持股激励是大力发展我国高新技术企业以及科技产业化的需要，是赶超西方发达国家的需要，是承认人力资本重要性的需要，是发挥人力资本作用的需要。

高新技术企业具有高风险性、产品的技术突破难、市场机遇难以确定以及不可预见等特点，同时，高新技术企业也具有产品更新快、创新频繁、生命周期短、市场竞争激烈等特点。高新技术企业的发展依赖于创新的环境与机制，特别是人才的作用。由于我国高新技术企业对科技人员的激励机制不足，人才流失严重。当前，我国已加入 WTO，我国企业在国内与国际两个市场将面临空前激烈的竞争，而跨国公司依赖其资本方面的巨大优势，加紧争夺人才。我国企业面对竞争，必须要采取措施，留住人才，吸引人才。为此，我国企业要充分认识到人才对企业发展的重要性，承认人力资本的价值及其重要性，并且应该采取措施将人力资本的价值量化为股权。国际已有的经验证明，对人力资本实行期权激励是体现人力资本价值并调动人力资本积极性的重要措施与方式，它可以提高科技人员的收入和待遇，调动科技人员的积极性，稳定科技队伍。

人力资本是指劳动者投入企业中的知识、技术、创新观念和管理方法的总

---

* 齐勇，中国政法大学商学院副教授，硕士研究生导师。

称。具体来说，它包括具有企业家才能的经营者和掌握企业核心技术的技术人员。在现代经济中，科学技术的发展所起的作用越来越大，世界上每一个知名的制造业企业要想在激烈的国际竞争中取胜，必须拥有自己的核心技术。而在现代经济中，技术更多地储存在企业技术人员的大脑之中，越来越具有“属人”的特性。因此，在现代经济中，科技人员不仅是企业的雇佣劳动者，更成为企业资本的载体。在这种情况下，考虑到科技人员在企业中的重要性，应该允许技术成果的拥有者将技术折价入股，成为公司的股东。当前我国国有企业中，科技人员人力资本的地位还未得到应有的承认，很多企业科技人员拥有产权的进程很慢，科技人员收入偏低，其积极性得不到鼓励，人才流失严重。在我国高新技术企业中，科技人员待遇低下，科技人员人力资本的价值得不到承认，科技人员的收入只及私营企业或“三资企业”科技人员的几分之一，导致很多企业技术骨干流向其他企业。据相关统计，有的国有企业流失人员高达60%，而外资企业和私营企业中，高级管理人员、技术人员和技工70%以上来自于国有企业。这也是这些年来国有企业竞争力下降的重要原因。

（2）实行科技人员持股有利于科研院所企业化转制。

当前我国科技体制存在严重的不合理性，这些问题主要表现在：①科技与经济脱节，独立于企业之外的科研机构过多，这不利于强化研究开发工作的市场导向，使科技产业化程度较低；②研究机构按照行政隶属关系设置，经费按照行政隶属关系分头拨付，造成部门所有、地方所有、互相分割、各成体系的被动局面，许多研究工作在低水平上重复；③科研机构的任务、资金、人员全部由主管上级下达与配置，研究成果也由国家收购。国家对科研机构包得过多、统得过死，研究机构缺乏应有的自主权，也缺乏经济压力与经济责任。国家对科技人员统包统配，计划经济的人事管理制度、晋级制度、工资分配制度和社会保障制度使人员固化，缺乏有效的更新和吸引人才的机制，难以形成合理的人才布局，科研机构活力不足，制约创新。在这种情况下，中央提出科研院所要以市场为导向，通过联营、兼并、领办、收购、参股、控股、承包、租赁其他企业或科研机构组建高新技术企业或科技企业集团，以多种形式实现企业化转制，进入经济建设主战场。在这种大的背景之下，实行市场化的分配制度，对高新技术企业科技人员实行股票期权激励，可以从根本上废弃原先计划经济体制下的人事管理制度，用市场经济的手段实现企业人力资源的优化配置，有利于科研院所的企业化转制。

（3）实行科技人员持股是节省企业资本，实现企业低成本扩张的需要。

高新技术企业一般资本规模较小，在发展初期受资金实力限制，投入较少。对企业科技人员实行股票期权激励，实际上给予科技人员的仅仅是一个期权，是一个不确定的预期收入，高新技术企业始终没有现金流出。如果以增发新股的形式实施股票期权制度，公司的资本金还会增加。此外，据调查，大多数科技人员在取得股票期权与固定薪金面前选择了股票期权。因此，对科技人员实行股票期权，会使他们比较容易接受相对较低的基本工资及奖金，这对处于创业阶段、缺乏发展资本的高新技术企业来说尤为重要和宝贵。

（4）与企业经营者实行年薪制、股份期权相适应，与职工持股相适应。

近年来，我国很多地方、很多企业实行了经营者持股、职工持股方面的改革，而对科技人员实行股票期权激励方面的改革则相对滞后。目前，随着我国科技体制改革的逐步深化，大规模的科研院所实现企业化转制，很多科研院所要按照现代企业制度和股份合作制的要求转变为高新技术企业或企业集团，在这种情况下，对企业科技人员实行股票期权激励也势在必行，并且必将得到逐步普及和推广。对科技人员实行股票期权，可以提高科技人员的收入及其在企业中的地位，激发科技人员的工作积极性，使之与企业形共存共荣的血肉联系，减少企业对科技人员的监督成本及代理成本，平衡企业经营者、科技人员、企业职工之间的地位与利益关系。

二、高新技术企业科技人员实行股权激励过程中遇到的问题

由于持股激励机制是一种新的经营方式，尚处于试行之中，因此也存在一些带有普遍性的问题。

（一）如何确定科技人员的范围

高新技术企业在对科技人员进行股权激励时，如何确定科技人员的范围是一个关键问题。一般高新技术企业科技人员众多，科技人员的比重占到企业总人数的 30%~40%。可以享有持股权的科技人员到底是掌握企业核心技术的少数几个技术人员呢？还是大多数的科技人员呢？笔者认为，对科技人员实行持股激励的必要性只是在激发人力资本的作用，人力资本的概念不同于人力资源，人力资源是指企业中的所有人，而人力资本仅仅指少数对企业经营和发展起决定作用的具有企业家才能的职业经理人与掌握企业核心技术的技术创新者。因此，当企业确定对科技人员实行持股激励的范围时，应限定于少数几个掌握企业核心技术的科技人员。只有对那些需要进行激励的科技人员才有必要授予股权，而对于那些不需要进行激励的人来说，则不需要授予股票持有权，否则就变成员工持股了。当然，由于每个企业的具体情况有所不同，各个企业可以根据情况将这个范围设定得宽一些或窄一些。

（二）如何处理科技人员与职工收入差距拉大的问题

目前，在体制外存在严重的收入分配差距，并且这种差距仍在进一步扩大。与此同时，体制内平均主义的分配格局还未完全打破。在这种情况下，对少数技术人员实行股权激励可以调动技术人员的工作积极性，同时也会造成科技人员与普通职工之间收入差距进一步拉大，产生新的收入分配不公。有一种观点认为，在强调科技人员持股时加大全员持股的力度，有利于缓和科技人员和职工的关

系，增强企业的凝聚力和稳定度，形成利益共同体。笔者认为，实行员工持股的办法实际上会导致新的大锅饭。这是因为，员工持股与科技人员持股从根本上来说是不同的。实行员工持股所带来的股权收益可以作为员工社会保障金，其出发点是为了对员工实行社会保障；而实行科技人员持股是发挥科技人员人力资本重要性的一种激励制度，把二者混为一谈是不对的。正确的做法是借鉴西方发达市场经济国家的经验，兼顾效率及公平，合理确定科技人员持股比例。科技人员持股比例过小，会使持股流于形式，起不到应有的激励作用；但持股比例过大，会拉大与职工之间的收入差距，损害职工的工作积极性。根据西方发达市场经济国家的经验，结合我国的实际，科技人员的持股比例应确定在公司全部股票的5%~15%之间为宜。

（三）科技人员持股收入所获红利缴税问题：是一次性收入缴纳还是按月缴纳

目前我国股权激励是从成本中列支还是来自税后利润？科技人员获得的红利的个人所得税，是作为一次性收入缴纳，还是按月摊簿缴纳？当前税法还没有给出明确的规定。

（四）如何建立利益兑现机制

为了激发科技人员创新工作的积极性、持久性，使科技人员的利益与企业的利益结为一体，根据科技人员所做贡献的大小，给予他们一定份额的股票期权。股票期权的作用是建立一种机制，使科技人员的个人利益与企业的长远发展紧密结合起来。然而，股票期权能否起到这种作用，关键在于如何确定该股票期权的有效期限以及利益兑现方式。一般科技人员期权的有效期限定的均较长，以使科技人员与企业的利益长期“捆绑”在一起，防止其在短期内将股票悉数抛售光，短期套现获利，使股票期权丧失激励作用。但是，这个期限如果定得过长或干脆规定科技人员所持公司的股票不得转让，则会导致科技人员的股票收益长期不能变现，股票增值所带来的收益只能停留在账面上，其激励作用同样也会受到削弱。根据我国高新技术企业的现实，一般高级技术人员的任职期限短则三、四年，长则七、八年，笔者认为，这个期限一般限定在四、五年左右为宜。

（五）股票来源问题：是从二级市场买还是国有股、法人股转让所得

有一种观点认为，应该通过减持国有股的办法来推行股票期权。这种提议和做法是不妥的。因为，第一，由于国家股与法人股暂时不能流通，将其中的部分分割作为期权授予科技人员，企业科技人员既不能将其兑现，又无法实现增值，难以产生激励效果；第二，随着投资主体的多元化，高新技术企业推行股票期权的成本不应完全由国有股所代表的国有资产来承担，这样做不仅会导致国有资产的流失，而且也存在大股东收买经营者的嫌疑，会影响众多中小股东的利益，给证监会的监管带来困难。

上市公司可以通过在二级市场上直接购买社会公众股来解决这个问题，而对于大量的非上市公司企业来说，期股来源的合法性仍受到质疑，因为回购自身的股份实际上等于减少公司的资本金，这将间接地导致损害债权人的收益，也不利于国家对企业进行监控。此外，这种做法与现行法律也相违背。这个问题需要理论界与实际工作者在实践中继续研究与解决。本文认为，通过由公司增发新股给予科技人员较为可行，即根据公司的扩股计划，经过股东大会批准，在公司每次增资扩股时预留一部分普通股股票作为公司认股权计划可用股份。这种方式实际上是一种特殊的股份转让行为。

（六）期权的流动问题

按照股票期权的本质，股票期权是不可以转让的，否则就会违背实行股票期权的根本目的，即将企业管理人员与科技人员的利益和企业的根本利益相结合。但是也应该有所例外。科技人员如果到退休年龄，或因更换工作单位，或因工作业绩不良被单位辞退而离开原企业，那么，如何兑现科技人员的股份，是由该科技人员继续持股享受分红，还是由被继任者购买，这需要国家相关职能部门做出明确的政策规定。另外，如果该股票可以由继任者购买，那么退出的期股价格如何评估，继任者能否以原价购买，这也需要国家相关职能部门做出明确的政策规定。

三、高新技术企业科技人员持股的具体实施措施

在市场经济条件下，人才作为稀缺的生产要素，人力资本的价值应该得到重视并应该通过股权激励的办法得到实现和承认。遵循国际惯例，我国企业选择股票期权方式进行收益分配，可以增强企业高级管理人员和技术骨干人员的团队意识和凝聚力，鼓励他们成为公司股东，并以产权关系为纽带实现与公司的共同发展。高新技术企业对科技人员实行股权激励和技术要素参股的收益分配的目的是进一步调动企业科技人员的积极性，探索管理、技术等生产要素参与收益分配的多种有效途径，建立和完善企业长期的激励与约束机制。

一般情况下，一些成长性较好的电子、电脑软、硬件产业，网络、通信与生物医药等高科技行业企业实行股票期权比较合适。因为这些新兴产业成长性较好，价值增长潜力较大，初始资本投入较小，这样可以保证有较大的增值空间；而企业增值迅速又可以保证企业有比较快的增值预期。因此，在高新技术企业中，人力资本在增值要素中作用明显，是试行股票期权的最佳温床。与此相反，像纺织、钢铁、汽车制造等传统产业和成熟产业企业则不适合实行股票期权，因为相对于新兴产业来说，成熟产业和夕阳产业在价值增长上已经失去了吸引力。另一方面，从对企业的适用性来说，从国外以及国内的实践来看，大型企业大规模地实行股票期权计划的效果并不太理想，相反，小型企业实行股票期权则效果颇佳。

从我国当前各地的实践来看，一般科技人员持股计划共分四个部分：第一是

推进技术股份化，鼓励科技成果作价入股。技术要素股份共设置技术成果、职务成果和综合技术股份三种形式。一般是根据科技人员的研究开发能力及其技术成果所创造的经济效益，给予其公司一定数量的股权或股份受益权。实行科技人员持股企业的应用开发类成果在经过各省、市、自治区科技行政主管部门认定的情况下，可以作价进入公司股本；第二是鼓励科技人员持股。高新技术企业的骨干科技人员可以持大股。以应用开发类项目的转化应用为主的中小型企业，骨干科技人员的持股比例可以不低于总股本的50%；第三是向科技人员实行股份奖励。经各省、市、自治区科技行政主管部门认定的高新技术企业，在经过相关部门批准后，可以从所有者权益的增值部分中拿出不超过30%的比例作为股份奖励给科技人员；第四是推行股票期权。股票期权是一种可选择的权利，是公司给予企业高级管理人员与技术骨干在一定期限内以一种事先约定的价格购买公司普通股的权利。在高新技术企业对部分骨干科技人员实行期股激励，享有股票期权资格的适用对象是董事会认定的主要技术骨干以及控股母公司的技术业务骨干。企业根据契约确定的指标对科技人员进行考核，并根据考核结果以约定的价格按比例逐年兑现。

一般情况下，股票期权是无偿授予企业科技人员的。也就是说，企业科技人员在一定期限内可以按照预先确定的价格得到公司一定数量的股票选择权，也就是所谓的“期股”。期股的来源主要有公司原有股东转让、资本公积金和盈余公积金转增和配股权陪送。鉴于目前国内股票市场操作的困难，可以采取虚拟股票或期股的变通进行；对于不能上市的高科技中小企业，可以视企业具体情况的不同，借鉴与采用虚拟股票或期股的方式进行期权制设计。从国际经验来看，股票期权的执行期限一般比较长，但最高期限不超过10年。一般情况下，股票期权在授予企业科技人员之后并不能得到马上执行，而必须等到股票期权授予期满一年后才能执行。即使到了行权之时，每年也只能按照一定的比例分批执行。比如，有的公司规定，股票期权行权期限为投予之日起六年，满一年即可行权。但第一年最多行权的数量为20%，第二年为30%，第三年为40%。尚未行权部分可以继续行权，但不得超过六年行权期限，董事会另有规定的除外。股票期权持有人可以行使该权利，也可以放弃该权利。

高新技术企业要对科技人员的基本年薪、效益年薪、股票期权等的全部年收入做通盘考虑，以确定授予科技人员股票期权的数额与比例。一般科技人员持股的数额应在其年收入的1/3左右。确定公司全部科技人员股票期权的比例应控制在公司全部股票的5%～15%。当然，对不同的企业来说，这一比例也不是一成不变的，对于处在初创时期的高科技企业，此比例还可以再高一些。

股票期权不能转让、出售、交换、记账、质押担保、偿还债务等。股票期权应当以现金方式行权。股票期权持有人因为自动离职或被公司辞退或不再续聘，或因为退休（包括病退）而离职的，或因为工（公）伤事故丧失劳动能力而离职的，或因为任职期间部分或全部丧失劳动能力的，或在任职期限内死亡的，该股票期权持有人或其监护人或继承人应在最近一个行权窗口期全部行权，否则将丧失行权资格。

四、相关的配套措施及政策建议

高新技术企业对科技人员实行持股激励，这仅仅是改革迈出了实质性的一步，配套的改革还有相当长的路要走。在目前的情况下，实行持股激励并不能解决一切问题，必须要建立与之相配套的制度与政策环境。

（一）对高新技术企业实行财税、金融扶持政策以及其他专项政策扶持

比如，对高新技术企业免征企业所得税、技术转让收入的营业税、科研开发自用土地使用税等；对高新技术企业实行信贷方面的优惠；完善科技人员管理制度，对高新技术企业给予其他专项政策扶持。科研机构自主选择转为企业的，转制时其全部资产转作企业资产等。对高新技术企业呆坏账处理问题实行不同的政策，比如，科研院所转制为高新技术企业时，其现有全部国有资产转作企业资产；全部资产减去负债，转作国有资本金或股本金等。

（二）积极试行社会化保险制度

按照国家有关政策，积极试行社会化保险制度，统筹解决高新技术企业科技人员的医疗保险、养老保险、失业保险等社会保障问题，要在户籍、住房、子女入学等方面为外来科技人员及海外人才提供便利。

（三）大力发展技术交易中介组织，正确评价科技成果和进行科技奖励

正确评价科技成果和进行科技奖励，继续推进技术市场和人才市场的完善和发展，大力发展技术交易中介组织，完善中介机构服务网络，制定有关管理办法，规范中介机构行为，逐步形成一支技术经济人队伍，为高新技术企业提供多样化的科技成果转化和人才服务，促进技术市场和人才市场在规模、结构、水平和管理方面再上新台阶。

（四）加强对知识产权的管理及保护工作

加强对知识产权的管理及保护，如对知识产权的职务发明人、设计人、作者以及主要实施者给予与其实际贡献相当的报酬和股权收益，引导企业、科研机构和高校奖励和完善知识产权管理制度。

（五）建立人尽其才、优秀人才脱颖而出的人才评价和培养使用机制与环境

建立人尽其才、优秀人才脱颖而出的人才评价和培养使用机制，建立和完善人才合理流动的机制与环境，进一步建立科技人员择业的双向选择和竞争机制。在人才分流过程中要加强重点行业和领域，引导科技人员为中小企业、乡镇企业的科技进步贡献力量。

（六）解决高新技术企业社会负担问题

逐步将高新技术企业的后勤服务性机构分离出去，多渠道分流人员，妥善解决高新技术企业的冗员问题。比如，发展第三产业；对接近退休的老职工和病残职工实行提前退休等办法；通过转业培训、职业介绍等办法让失业人员重新就业。

（七）转变政府职能

政府通过加强宏观调控能力和示范引导能力，变直接管理为间接管理。通过任免理事会、监事会成员，制定机构考评标准，完善相关法律法规，通过行政执法部门实行社会监督方式，保证和引导高新技术企业的健康发展。

产业发展与结构调整

数字经济助推产业结构升级的经济学逻辑

邓 达 陈 建*

摘要：近年来，数字经济成为国家创新发展和供给侧改革的关键动力。数字经济占国内生产总值的比重突破1/3。本文以数字经济为研究对象，将数字经济分为数字产业化和产业数字化两部分；然后分析各自部分的特征，并结合特征分析提出数字经济推动产业结构升级的两种路径及两种路径下的具体推动形式。本文认为，数字产业化下数据化的知识和信息成为新生产要素，数字产品的生产、交换、消费方式发生改变；产业数字化下产业链的结构及以产业链为基础的资源配置方式发生改变，价值创造与分配方式拓展，数字经济从数字产业化和产业数字化两个路径推动产业结构升级。数字产业化下的具体推动形式是通过新要素的投入、新产业的发展在广度上推动产业结构升级；产业数字化则主要通过新数字技术的融合应用、新商业范式的采用、新生产关系的发展在深度上推动产业结构升级。

关键词：数字经济；产业结构升级；数字产业化；产业数字化

一、引言

十九大报告指出，要加快推动互联网、大数据、人工智能和实体经济的深度融合，在共享经济等领域培育新增长点，形成动能。2019年政府工作报告提出深化大数据、人工智能等研发应用，培育新一代信息技术，壮大数字经济。中国信息通信研究院（以下简称“中国信通院”）发布的《中国数字经济发展与就业白皮书（2019）》显示：2018年，我国数字经济总量达到31.3万亿元，名义增长20.9%，占GDP的比重达到34.8%。① 在政策方面，数字经济发展受到了党中央、国务院及世界各国的高度重视；在实际发展方面，数字经济已经成为当下经济发展最活跃的领域。另外，国际上，美国、欧盟、日本等发达国家也纷纷制定数字经济发展战略。

毋庸置疑，以现代信息网络为重要载体的数字经济的发展已经改变了传统经济模式。第一、二次工业革命主要是动力变革，经济快速增长主要依托的是生产方式的转变和大量基础设施的建设。以电子计算机、空间技术为主要标志的第三

---

* 邓达，教授，中国政法大学商学院；陈建，西方经济学硕士，中国政法大学商学院。

① 数据来源：中国信息通信研究院：《中国数字经济发展与就业白皮书（2019）》，http://www.caict.ac.cn/kxyj/qwfb/bps/index_3.htm，2019年，第2页。

次信息技术革命催生了大量新产业，改变了人类生产、生活方式，极大地发展了市场经济。而当下正蓬勃发展的数字经济不仅会再次改变人类的生产、生活方式，更会重塑企业经营模式、资源配置方式和价值创造方式。它也会对传统经济理论造成冲击，让经济学家们重新思考市场结构的改变，重新审视传统经济理论所说的边际报酬递减规律、商品定价规律、劳动价值论等。

我国数字经济发展已进入黄金期，发展数字经济对深化供给侧改革，推动动能转换、效率提升、高质量发展意义重大。为了更好地理解数字经济发展推动产业结构升级、促进经济发展的作用机制，理清其内在的经济学逻辑，本文将从数字经济的特征分析入手，寻求数字经济推动产业结构升级的路径，然后在具体路径下阐述其发挥作用的表现形式。

二、数字经济的界定与特征分析

（一）数字经济的定义

数字经济（digital economy）的概念最早由 Don Tapscott（1996）提出，他将其描述为“利用比特而非原子”的经济。随后日本、美国在 1997、1998 年相继使用“数字经济”这一概念。至今，众多政府部门、研究机构、学者从不同角度对数字经济给出了不同的定义。本文偏向于中国信通院（2017）对数字经济的定义：数字经济是以数字化的知识和信息作为关键生产要素，以数字技术创新为核心驱动力，以现代互联网为重要载体，通过数字技术与实体经济深度融合发展的新型经济形态。[①]

（二）数字经济区别于传统经济的特征

《中国数字经济发展与就业白皮书（2018）》中将数字经济划分为数字产业化和产业数字化两部分。“产业化”是指同一属性的企业或组织集合发展成社会普遍承认的规模，成为国民经济中以某一标准划分的重要组成成分的过程。“数字产业化”是指以数字技术为核心的新兴企业不断出现，逐渐出现企业集群和组织，并达到一定规模，成为国民经济重要组成部分的过程。而“数字化”指的是采用数字技术手段改造升级企业的产、销、存、顾客管理等各个模块，实现企业生产模式、组织模式、经营模式的数字化改造。“产业数字化”是指传统产业采用数字技术进行数字化改造升级的过程。对数字经济特征的分析可以从数字产业化和产业数字化两方面进行，即随着数字技术的市场化发展与应用新出现的数字产业的特征分析和传统产业利用数字技术后其产业内部及产业链的新的特征分析。

---

① 详细定义见中国信息通信研究院：《中国数字经济发展与就业白皮书（2017）》http：//www.caict.ac.cn/kxyj/qwfb/bps/index_ 8.htm，2017 年，第 3 页。

1. 数字产业化下新的数字产业的特征分析

（1）数字化的知识、信息成为新的关键生产要素：从整个历史进程来看，人类每一次社会形态的转变都有其关键的新的生产要素投入社会生产，从而推动社会由前一种社会形态迅速向新的社会形态变革。从原始社会到农业社会的转变过程中，劳动力和土地成为关键的生产要素。社会生产函数表现为：$Y=F_1(L, N)$，其中L代表劳动，N代表土地。从农业社会到工业社会的过渡中，资本和技术又成为继土地和劳动力之后的关键生产要素。于是，工业社会的社会生产函数表现为：$Y=F_2(L, N, K, T)$，其中L代表劳动力，N代表土地，K代表资本投入，T代表技术进步。而从工业社会到数字经济时代转变的过程中，数字化的知识、信息将成为新的关键生产要素，随着数字化技术的飞速发展，数据的生成、传输、储存、编码、解码能力得到极大的提升，数据开始成为企业生产决策、商家精准推销、社会有效治理等方面的必需品。所以，数字经济时代社会生产函数将表现为：$Y=F_3(L, N, K, T, D)$，其中L代表劳动力，N代表土地，K代表资本投入，T代表技术进步，D代表数据信息投入。

（2）数字产品的生产区别于传统产品：世界银行（1998）将狭义的数字产品描述为以比特的形式存在和传输的二进制代码。数字产品本质上是依托于互联网存在和传输的比特流，是一种非物质形态的产品。根据马克思的“劳动价值论”，数字产品的生产需要体力、脑力的消耗，需要耗费劳动时间，因此它具有价值。同时，它也具有能够满足人们某种需要的属性，具有使用价值。不过其使用价值与传统商品的使用价值有很大区别。裴长洪（2018）指出，数字产品的使用价值不再以物质形态作为载体，不同于传统产品，离开了实物载体，其使用价值将难以存在。① 数字产品的生产进一步扩大了马克思所说的“使用价值是价值的物质承担者”的含义，它的使用价值的体现是通过电子设备、互联网等媒介进行查看和使用，是依托于外在的某个媒介的，而不再依托于实物产品本身。另外，传统农业、工业产品的生产所投入的生产要素包括劳动力、土地、资本、企业家才能四种有形生产要素和无形生产要素，而数字产品生产主要是无形生产要素的投入。

（3）数字产品的交换方式不同：数字产品的出现一定程度上是由于后工业社会互联网和电子计算机等技术的高速发展，行业内分工不断细化所推动。马克思政治经济理论认为，商品交换以商品的价值量为基础，遵循等价交换原则。而商品的价值量取决于社会必要劳动时间，商品的价格取决于价值，受供求影响，围绕价值上下波动。但是很多数字产品的生产难以衡量其社会必要劳动时间，也难以用供求平衡来确定其均衡价格。例如，移动手机或App使用者会在使用期间留下很多数据信息，相关企业后台利用大数据、云计算等功能搜集了大量用户信

① 裴长洪：《数字经济的政治经济学分析》，《财贸经济》，2018年第5期。

息，这些信息产品的定价不取决于社会必要劳动时间，也不取决于供求关系。另外，数字产品往往具有无成本复制、传输的性质，数字产品生产的边际成本为零，这意味着数字产品的供给是无穷的，供求关系影响价格的理论对数字产品显然不适用。另外，传统商品交换时商品所有者为了得到其价值必须让渡商品的使用价值，但是数字经济的交换打破了这二者不可兼得的局限性，由于数字产品的无成本复制性，产品售卖者在售卖前后都拥有产品的使用价值（除非特殊合同限定）。

（4）数字产品的消费也不同于传统商品：数字产品的消费同样分为生产消费和个人消费。由于数字产品本身具有使用价值的非独占性特征，导致数字产品的消费也具有非独占性的特点。裴长洪（2018）提出消费者可以突破时间空间的局限，同时、不同地点、做不同形式的使用。

2. 产业数字化下传统产业表现的新特征

（1）产业链的结构属性变化：传统产业的产业链依据其一定的技术经济关联和特定的逻辑关系、时空布局关系，大都呈链条式结构。以制造业为例，产业链上游包括产品设计、研发，原材料采购，产业链中游主要是制造商、仓储运输企业，产业链下游有批发商、零售商。产业内各企业的内在联系呈直线式链条连接，上游企业向下游企业提供服务或产品，下游企业向上游企业反馈信息（如图 1所示）。

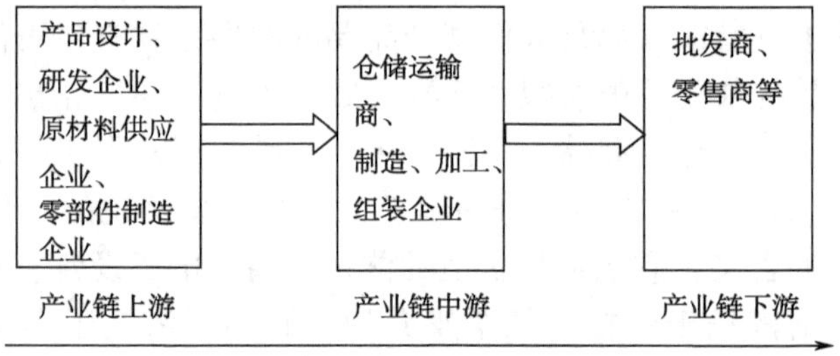

图 1　传统制造业产业链结构①

数字经济时代，由于平台经济模式的出现，包括传统产业在内的众多产业结构发生了很大改变。以互联网、大数据、云计算为基础的平台的出现将生产设计方、制造商、需求者等多方聚集在一起，让“大众创业、万众创新”成为可能。一方面，产业内每个个体都能成为各类产品的供应者，每个供给者又能与需求者直接连接，需求者能参与产品设计、供给者能了解产品需求，在平台上直接实现了产品设计、生产、供应、需求信息的精确匹配，产业发展逐渐形成了以平台为中心的发散式产业结构。另一方面，平台会淡化产业边界，资源的跨产业流动更

① 此图为作者自制，参考史健勇《优化产业结构的新经济形态——平台经济的微观运营机制研究》（上海经济研究，2013）相关论述。图 2 和图 3 同。

容易，产业的跨界融合在平台上更频繁，传统产业的链条式结构被进一步解构（如图 2 所示）。

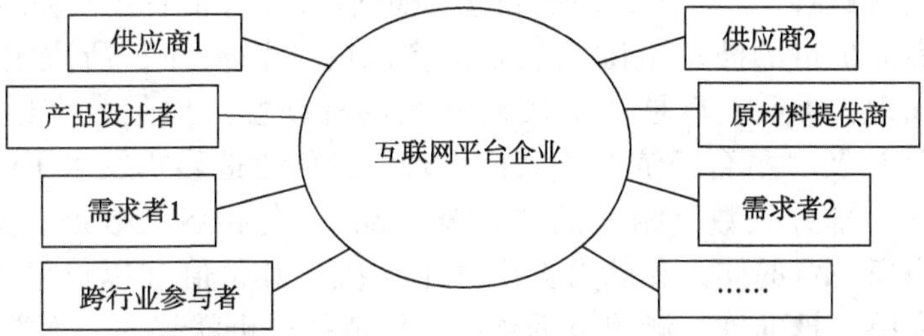

图 2　数字经济时代平台经济产业结构模式

（2）产业链的价值属性变化：施振荣（1992）提出了“微笑曲线（smiling curve）理论”，以制造业为主的传统工业经济时代的价值曲线遵循微笑曲线规律，位于产业链上游的研究、开发、零部件生产企业利润空间大，位于产业链中游的模块零部件生产、组装、制造企业利润空间小，位于产业链下游的批发商、零售商、售后服务企业利润空间大。而数字经济时代，随着平台经济模式的出现，一方面，作为企业和消费者媒介的平台企业利润丰厚，另一方面，由于大量有效需求被激活，交易量上升，供应商的利润也有所增大。整体来看，电商平台在平台经济模式下利润占比较高。产品研发设计、平台企业、产品生产供应商的利润呈倒置的微笑曲线状（如图 3 所示）。

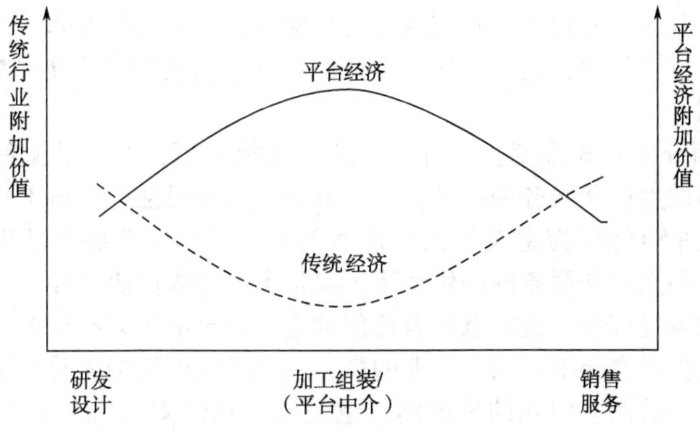

图 3　传统经济与平台经济模式下行业价值分布比较

（3）价值创造方式拓展：亚当·斯密提出商品的价值取决于商品本身所包含的劳动量。大卫·李嘉图更是直言价值的源泉归结为单一劳动，价值实体在任何历史条件下都只会是一般劳动。马克思进一步提出劳动价值论，提出价值是凝结在商品中无差别的人类劳动。他们认为劳动是创造价值的唯一源泉，商品的价值由生产商品的社会必要劳动时间决定，即在社会必要劳动时间内人类平均所花费的无差别的体力和脑力支出量。到19世纪70年代初，边际效用学派开始强调经济资源的“稀缺性”，对作为商品价值表现形式的价格有了更加深入的理解。时至今日，商品价格的波动范围依然是由商品的“稀缺性”所决定的，包括品牌、商誉的出现，本质上也是“优质商品”的稀缺性。但是数字经济时代，随着“数字产品”及“平台经济”模式的出现，价值创造形式发生了改变。“数字产品”中很大一部分是数字格式的“信息产品”，包括各类数据、文字资料等，这类产品本身所花费的体力和脑力支出并不会决定其价值（以价格表现），它的搜集统计越完整、越准确，涵盖范围越广，价值往往也就越大。而数据产品相当一部分又是通过各类软硬件背后的数据库自动搜集完成的，这就意味着软硬件的用户数量决定了对应数据产品的价值。如果说数字产品的价值决定方式依然勉强可以用边际学派以后的“稀缺性”观点来解释的话（用户数量越大，数据越精确，越具有代表性，也越稀缺，所以价值就越大），那么马克思政治经济学就显得无能为力了。因为数字产品的发展趋势在逐渐背离劳动价值论的根基——商品价值以劳动量为基础。现在越来越多的以“大数据”技术为基础的数据信息类产品开始出现，而这些产品中所包含的人的“劳动”成分也越来越少。另外，传统创造商品价值的劳动除了生产环节的劳动，还包括流通环节的运输、包装等劳动，流通环节的劳动也会创造价值。但是在“平台经济”模式下，除了流通中运输、包装等具体劳动以外，平台媒介机构在只提供搭建平台所需的少量资本的情况下参与了全部产品剩余价值的分配。但是，平台在商品流通、合同签订等领域发挥出的价值绝非搭建平台所花费的资金的那一点价值，它的收益也绝非这点资金的利息收入，平台在突破交易的时空限制、提升交易效率、集中闲散资源等方面发挥了巨大作用，它本身的经济价值以及它创造价值的方式都与传统经济理论观点不同。

（4）价值分配方式改变：传统的工业经济模式下，产业链呈线性状，价值创造依靠商品的生产和服务的提供，价值分配也是在线性产业链上进行。在数字经济时代，以平台经济为主要特征的价值创造不再单一依靠商品生产和提供服务，同时商品的生产和服务的提供也不再只是生产者或供应者参与，消费者也能参与到生产决策过程中，这就意味着价值创造的源泉不再只有生产者。同时，由于平台企业让生产变得不再只是企业的事，让交易变得更加容易、更加频繁，以平台为核心媒介的商业模式的价值路径也变成多向交叉。产品设计者、生产者、消费者的交流反馈变得更加频繁且贯穿于整个产品生产、流通周期，产品生产流通过程中的价值转移自然也变得频繁多向。所以，在以平台经济模式为主的数字经济时代，价值分配特征是多方参与、多向转移、平等普惠。

三、数字经济助推产业结构升级的路径

产业结构升级指的是产业结构由低级形态向高级形态转变的过程，其中“形

态”是指经济增长方式和经济发展模式。经济增长方式的转变与经济发展模式的转轨必然是由经济增长驱动力变化引起的。分析数字经济推动产业结构升级必须找出经济社会由工业经济步入数字经济过程中经济增长驱动力的转换。本文前面提到工业经济中经济增长的主要驱动力是自然资源的消耗，而数字经济中经济增长的主要驱动力是数字技术的创新与融合应用。数字经济助推产业结构升级的路径就是数字技术在经济社会中创新发展与融合应用的方式。结合第一部分数字经济的数字产业化和产业数字化的特征分析，笔者认为数字经济是通过数字产业化和产业数字化两种路径来推动产业结构升级的。

（一）数字产业化在产业发展广度上推动产业结构升级

新兴的数字产业包含数字产品与技术的研发、生产行业以及以数字技术为主要技术支撑的新行业。这部分行业在整个产业结构中处于产业高端部分，它们的日常经营活动主要是高新数字技术创新与发展、数字产品的生产与研发等。这部分产业的出现更新了经济增长的模式，也提高了高端产业在整体产业结构中的占比，它代表着经济社会的产业发展在广度上向前探索了一大步。现今以各类数字产品生产、5G、区块链、移动互联网、云计算、大数据、物联网、人工智能的研发应用为代表的数字产业正在高速产业化。5G以高数据速率、低延迟、低成本、高系统容量、大规模设备连接为目标，让各类设备智能互联（物联网）、人工智能设备即时反馈（自动驾驶、远程医疗等）等成为现实。而“大数据”和“云计算”极大提升了人类搜集数据、处理数据的能力，使得企业的生产经营和政府的治理变得不再盲目，决策者对事物的了解和掌握更全面，从而各种政策、策略的制定更加高效、有针对性。区块链的去中心化、分布式储存、点对点传输等能够为各类交易、版权关系进行登记、信用证明，减少中心化的管理机构和媒介，从而降低成本、提高效率，提升各类信息的透明度和可靠性。新技术的出现往往会催生新产业，新的产业和新的产品又会引发产业升级和产品的更新换代。而“萨伊定律”指出，产品本身能创造自己的需求，这意味着产业和产品的更新换代会导致社会消费结构的更新，逐渐改变消费者的消费需求取向，并最终改变我们的生活方式和生活习惯。

据中国信通院测算，2020—2025年，我国5G商用将带动直接经济产出10.6万亿，直接创造经济增量3.3万亿，间接带动经济总产出24.8万亿，间接带动经济增加值8.4万亿，在就业方面将创造直接就业岗位300万个。在大数据、云计算的推动下，2018年我国相关互联网企业创造收入9 562亿，同比增长20.3%。软件和信息技术服务业规模以上企业达3.78万家，业务收入达6.3万亿，占GDP比重达3.6%。数字产业化总体占GDP比重约为7%。[①] 综合来看，

---

① 中国信息通信研究院：《中国数字经济发展与就业白皮书（2019）》，http://www.caict.ac.cn/kxyj/qwfb/bps/index_3.htm，2019年，第14页。

无论是新兴数字产业的技术含量、对人类生产生活效率的提升，还是新兴数字产业带动的直接经济收益，都对产业结构升级起到了巨大的推动作用。

（二）产业数字化在产业发展深度上推动产业结构升级

产业数字化中的产业指的是农业、工业以及服务业中的非数字产业部分。数字技术与这部分产业的深度融合不仅改变了产业内部的生产、经营、销售、服务方式，也改变了整个产业链的结构。首先，农业生产中生产工具及生产管理的数字化缩短了农作物生产周期，也提高了农作物产品质量。其次，工业生产及服务业中企业内部的数字化升级改造会缩短产品生产周期，提升产品质量，降低交易成本，提升生产效率，促进供需精准对接。最后，传统非数字产业的整体数字化重构了产业链结构，使经济社会再生产整个过程更加有效率、技术含量更高。产业数字化是推动所有产业整体在发展深度上的进一步升级。

农业发展中，智慧农业已经起步，物联网技术、各类传感器、软件应用到农业生产中，对农业生产进行控制。据中国信通院估计，我国智慧农业潜在市场规模在 2020 年将达到 268 亿美元。在工业生产中，工业互联网的发展取得了重要突破，制造业积极利用互联网、大数据、人工智能、5G 在工业领域的应用也即将开始。在服务业中，广播、电视、电影、金融、公共管理、邮政、教育、医疗、社会保障等各个领域数字经济比重逐年上升，数字消费规模增长势头良好。相较于数字产业化，我国产业数字化发展潜力巨大。据中国信通院统计，2018 年，我国产业数字化总体规模达到 24.9 万亿，一二三产业的数字化转型持续稳步推进，三个产业中数字经济的比重依次为 7.3%、18.3%、35.9%。[①] 产业数字化发展对产业结构的提升作用巨大，对整个经济社会的经济增长方式、发展模式带来了革命性变化。产业数字化是数字经济推动产业结构升级的重要路径。

四、数字经济推动产业结构升级在两种路径下的具体表现形式

数字产业化下新兴数字产业的特征与产业数字化下传统非数字产业数字化后的新特征是不相同的，因此，数字经济在数字产业化和产业数字化两种路径下推动产业结构升级的主要表现形式也不尽相同。

（一）数字产业化路径下数字经济推动产业结构升级的具体形式

1. 新要素的投入带来高边际生产率

本文第一部分分析中提到数字产业的第一个特征就是新的生产要素的投入，数字经济下数据信息成为生产要素投入到社会生产环节，与资本、土地、劳动力一样，数据也会直接参与产品的生产，决定产品的生产效率和质量。但是在数字经济时代，数据信息与资本、土地、劳动力所不同的是它的边际生产率会更高。

---

① 中国信息通信研究院：《中国数字经济发展与就业白皮书（2019）》，http://www.caict.ac.cn/kxyj/qwfb/bps/index_3.htm，2019 年，第 27 页。

我们知道，生产要素的边际产量曲线都是先升后降，在工业经济时代，社会生产几乎已经最大化了资本、劳动、土地对产量的影响，使得数字经济下再提高这些生产要素对产品质量、产量和生产效率的影响较小。但是数据信息作为新要素投入到生产过程中，对整个社会生产来说，它还在边际产量曲线上升阶段，增大数据信息要素的投入对产品的生产质量、效率、产量都是有显著影响的。另外，数据生产要素对其他传统生产要素的“替代效应”也较强，即数据信息对传统生产要素的“边际技术替代率”较大。所以，数据信息作为新的生产要素的投入不仅提升了产品的生产质量和效率，也通过生产要素的替代效应优化了生产要素组合。

2. 新产业的出现抢占发展先机，获得高附加值的回报

新产业的出现是产业结构提升的直接表现。一方面，新产业发展本身会在国内外市场中占领市场，申请相关技术专利，取得发展先机，从而获得高附加值的回报。这类产业本身就有较高的技术含量，能提高产业附加值和经济发展效率，也意味着这些产业是更高端的产业。另一方面，新产业的发展也是传统行业产业升级的动力源，新产业所研发的部分技术成果、生产的产品对传统产业或多或少都有一定的适用性或者借鉴性，等到技术成熟时，传统产业也会受益。

（二）产业数字化路径下数字经济推动产业结构升级的具体形式

1. 新技术的应用与融合使企业普遍经历了内涵型扩大再生产，提高了经济社会全要素生产率

企业的扩大再生产分为外延型扩大再生产和内涵型扩大再生产。外延型扩大再生产只是在原有生产规模上的复制性扩大，并无技术进步和组织经营进步。而数字经济时代，由于新的数字技术不断发展，不管是新生企业还是传统企业，都纷纷采用数字技术，在企业的生产、管理、销售环节都有数字技术的应用，这使得企业在商品生产方面更有效率，大大缩短了商品生产周期，提高了商品质量，在交易流通环节也更加智能、便捷。新数字技术使企业普遍进行了内涵型扩大再生产，全行业的全要素生产率显著提高，极大改进了社会生产中供给侧的生产结构。

2. 新商业范式提升了交易和流通效率，也兼顾了“规模经济”与“范围经济”

数字经济时代新商业范式的出现是新技术应用与融合的延伸，基于互联网、大数据等技术的平台经济、共享经济、无人经济就是新商业范式的典型代表。一方面，以互联网平台为核心的新型商业模式积聚了社会上分散的各种资源，也汇集了大量消费者，让各类供求有效匹配，激活了市场交易。另一方面，互联网平台在提供中介服务的同时又能充当数字产品的生产者，平台用户数量越多，它所能搜集到的信息、数据越全面，所创造的价值也就越大。平台的出现也扩展了原有的价值创造方式，使得价值更加多元。同时，平台中的个体经营者由于不受实体店面的限制，可以经营多项业务（如售卖不同种类的商品、提供多项服务）。

传统的企业或商家由于受实体空间等硬件条件的限制，即使实力足够强大，一般也不会扩大经营范围，而只会扩大经营规模。互联网平台的出现一定程度上减少了实体空间等方面的限制，使得“规模经济”和“范围经济”可以兼顾。另外，无人经济的发展使得传统的柜台收银员等职位逐渐被替代，同时，数字经济下的其他岗位又在吸纳新的就业人员，这就造成社会就业结构进一步走向高端，人才的使用效率也有所提升。

3. 社会生产关系的拓展提升了个体生产者和消费者的参与度，发展了资源配置方式

新的社会生产关系也是随着以平台经济为主的新的商业范式的出现而出现的。生产力的发展必然会导致生产关系的发展。马克思指出，生产是社会生产，包括生产力和生产关系，生产力是自然属性，生产关系是社会属性。数字技术的发展改进了社会生产力，即改进了社会生产的自然属性，自然而然，社会生产中属于社会属性的生产关系也有了进一步的发展。除了传统的社会生产关系以外，以互联网平台为基础的“平台经济”新增了“企业/商家——平台——消费者”形式的关系。这类关系是在原有的生产资料所有制关系、生产中人的地位及相互关系、资源分配关系之上新增的一种关系，它既不是雇佣关系，也不是纯合作关系，而是基于中介平台的相互依存、相互发展的关系。正是因为这个关系，才让平台中的小型商家和企业、消费者都有机会充分参与各类商业活动，充分参与各种资源分配。

五、结论

数字经济助推产业结构升级是通过数字产业化和产业数字化两个路径进行的，数字产业化路径下主要是新要素的投入、新兴行业的出现使产业结构在广度上进一步升级，产业数字化路径下主要是新技术的融合应用、新商业范式的出现、生产关系的拓展使产业结构在深度上进一步升级。如果说第一次产业革命催生了工业和制造业，构建了传统的直线型产业链结构，第二、三次产业革命进一步发展了工业和制造业，催生了服务业，巩固了传统产业链结构，那么此次数字经济的发展则进一步优化了几乎所有产业，重塑了产业链结构。本文在前人研究基础上将数字经济的特征从数字产业化和产业数字化两个维度进行分类总结，提出了数字经济推动产业结构升级的两种路径，并系统分析了两种路径下数字经济发挥作用的具体形式，理顺了数字经济推动产业结构升级的经济学逻辑。这对进一步深刻认识数字经济的作用、了解产业结构升级的内在逻辑具有重要意义。

参考文献

[1]中国信息通信研究院．中国数字经济发展与就业白皮书(2019)[R/OL]．[2019-03-21]．

http://www.caict.ac.cn/kxyj/qwfb/bps/index_3.htm.
[2]中国信息通信研究院．中国数字经济发展与就业白皮书(2018)[R/OL].[2018-04-13]. http://www.caict.ac.cn/kxyj/qwfb/bps/index_7.htm.
[3]中国信息通信研究院．中国数字经济发展白皮书(2017)[R/OL].[2017-07-09]. http://www.caict.ac.cn/kxyj/qwfb/bps/index_8.htm.
[4]江小涓．高度联通社会中的资源重组与服务业增长[J]. 经济研究,2017,52(3):4-17.
[5]裴长洪．数字经济的政治经济学分析[J]. 财贸经济, 2018.
[6]史健勇．优化产业结构的新经济形态:平台经济的微观运营机制研究[J]. 上海经济研究, 2013(8):87-91.
[7]田丽．各国数字经济概念比较研究[J]. 经济研究参考, 2017(40).
[8]谢志刚．"共享经济"的知识经济学分析:基于哈耶克知识与秩序理论的一个创新合作框架[J]. 经济学动态,2015(12):78-87.
[9]杨新铭．数字经济:传统经济深度转型的经济学逻辑[J]. 深圳大学学报(人文社会科学版),2017,34(4):101-104.
[10]张鹏．数字经济的本质及其发展逻辑[J]. 经济学家, 2019, 2(2):25-33.
[11]张于喆．数字经济驱动产业结构向中高端迈进的发展思路与主要任务[J]. 经济纵横, 2018, 394(9):91-97.
[12]BUKHT R, HEEKS R. Defining, conceptualising and measuring the Digital Economy[M]. Manchester:University of Manchester, Global Development Institute. 2017:1-24.
[13]KNICKREHM M,BERTHON B, DAUGHERTY P. Digital disruption:the growth multiplier[M]. Dublin:Accenture,2016.
[14]MESENBOURG T L. Measuring the Digital Economy[M]. Suitland, MD: US Bureau of the Census,2001.

服务业升级、就业增加与我国城市精准扶贫研究

陈明生　马慧博*

摘要：基于我国城市贫困人口的较大规模及其持续扩大化的趋势，在城市进行精准扶贫同样重要。不同于对丧失劳动能力贫困人口实行的政府分配型精准扶贫方式和在农村地区实行的政府主导型精准扶贫方式，我国城市应主要采取将精准识别出的有劳动能力的贫困对象人群通过市场引导到国家推动发展的特定产业就业的市场主导型精准扶贫方式，推动服务业升级和发展，提高劳动者的收入和素质，促进就业增加，使贫困人口获得及提高收入。我国要充分发挥市场的作用，转变政府职能，尤其是充分发挥行业组织的作用，打破服务业发展对于“粗放经营模式”路径的依赖，推动服务业升级和发展，实现城市精准脱贫。

关键词：城市精准扶贫；服务业升级；就业增加；粗放经营模式

一、引言

扶贫对于解决贫困人口的生存和生活问题、实现我国全面建设小康社会的目标具有极为重要的意义，“精准扶贫”思想和政策的提出标志着我国扶贫工作进入了新的阶段。我国学术界和实践界更多关注农村地区的精准扶贫问题。事实上，城市地区也存在大量的贫困人口，国家主要通过社会保障等进行“救济式”扶贫。随着我国城市化进程的深入，更多农业转移人口进入城市并在城市落户。李克强总理在2016年《政府工作报告》中提出：要深入推进以人为核心的新型城镇化，实现1亿左右农业转移人口和其他常住人口在城镇落户。在该背景下，国家应更加重视城市扶贫脱贫问题，努力避免农业转移人口一在城市落户即成为贫困人口。当前，在城市贫困人口和潜在贫困人口规模巨大且仍在持续增长的情况下，“救济式”扶贫将给国家财政带来沉重的负担，也不能从根本上提高城市贫困人口的生活水平，从而拖累我国小康社会建设目标的实现。对于城市贫困人口和潜在贫困人口同样应该“精准扶贫”，实现由“救济式扶贫”向“造血式扶贫”的转变。

我国学者对于扶贫问题的研究对推动我国的扶贫工作意义重大，相比我国学者对于农村扶贫问题的大量研究，对于城市扶贫问题的研究相对更少。一些学者

---

* 陈明生，教授，中国政法大学商学院；马慧博，政治经济学专业硕士生，中国政法大学商学院。

对城市贫困问题及对策进行了综合研究，但研究思路仍然是传统的“输血式”的思路，主张通过社会保障的方式进行救济式扶贫。“精准扶贫”思想和政策虽然主要是针对农村扶贫问题提出来的，但对于城市扶贫同样具有重要的指导意义。本文拟研究通过服务业升级发展推动城市贫困人口脱贫的“造血式”城市精准扶贫路径。

二、我国城市贫困问题及城市精准扶贫

（一）我国城市的贫困问题

评估我国城市贫困问题的严重程度，需要估算我国城市贫困人口的规模。估算我国城市贫困人口规模有一个起点，那就是最低生活保障对象人数。根据《2016 年国民经济和社会发展统计公报》，2016 年末全国共有 1 479.9 万人享受城市居民最低生活保障。但最低生活保障对象人数远未涵盖我国全部的城市贫困人口，该数据未包括外来常住贫困人口。据调查，城市外来常住人口中的贫困率要远远高于户籍人口，约占外来常住人口的 15%[1]；由于政府财政困难等各种原因，我国城市仍然存在大量最低生活保障“应保未保”的人口；此外，城镇失业人员也有部分可能转化为贫困人口。根据《2016 年度人力资源和社会保障事业发展统计公报》，2016 年末城镇登记失业人数为 982 万人，城镇登记失业率为 4.02%，领取失业保险金人数为 230 万人。对于城市总体贫困人口的规模，学者有不同的估算和研究结果，包括 6 000 万左右[2]、4 071 万[3]、5 000 万[4]等。学者们估算的是不同年份的城市贫困人口，但具体为哪一年的规模，对于评估我国城市贫困的严重程度可能并不重要，根据骆祚炎、吴鹏森和崔学刚等学者的估计，我国城市贫困人口的规模有扩大趋势。如此庞大的城市贫困人口规模，如果都通过最低生活保障进行救济式扶贫，不但给国家财政造成巨大的压力，而且让这么多人的生活水平只能达到最低生活保障标准，不符合我国全面建设小康社会的目标。

根据邓新华的概括，城市贫困主要存在于以下三类人群中：第一，老弱病残和“三无”（无固定职业、无固定收入、无固定生活来源）人员；第二，下岗、失业人员；第三，流动贫困人口或称农民工贫困人口[5]。

（二）精准扶贫的含义及城市精准扶贫

自习近平总书记提出“精准扶贫”思想后，精准扶贫成为我国农村地区扶贫工作的指导思想。精准扶贫是指扶贫政策和措施要针对真正的贫困家庭和人口，通过对贫困人口有针对性的帮扶，从根本上消除导致贫困的各种因素和障碍，达到可持续脱贫的目标。精准扶贫的主要内容包括：贫困户的精准识别和精准帮扶，扶贫对象的动态管理和扶贫效果的精准考核。《中共中央、国务院关于打赢脱贫攻坚战的决定》对精准扶贫提出了“扶持对象精准、项目安排精准、资金使用精准、措施到户精准、因村派人精准、脱贫成效精准”的基本要求[6]。

农村精准扶贫的实质是针对准确识别出的特定贫困人口制定合适有效的扶贫措施，是一种个人定制式的扶贫措施，是政府主导型精准扶贫方式：国家给予资金、项目以及其他支持，同时需要发挥贫困人员的劳动能力和个人能动性。

国家针对农村地区提出的精准扶贫政策，其精神完全可用于城市地区，当然，完全照搬针对农村地区的精准扶贫政策既不现实，也无必要。我们可以将城市贫困人口分为两类，一类是没有劳动能力的贫困人口，另一类是有劳动能力的贫困人口。

对于没有劳动能力的贫困人口，应采取政府分配型精准扶贫方式，通过救济、最低生活保障等措施，由政府或社会直接提供资金或实物满足其生存和生活的需求，不需要受助者付出劳动。对于该类贫困人口的精准扶贫，应准确识别需要帮助的人群，既不漏保，也不错保；采取灵活的符合当地特点的救助方式，包括货币、实物、服务等，让各地贫困人口达到国家规定的生活标准，学术界和实践界应对此进行充分研究。

有劳动能力的贫困人口，他们有基本的工作技能，但难以适应市场的需求，国家的作用应体现在帮助其适应市场的需求，使他们找到工作。对于这些贫困人口，国家应采取市场主导型精准扶贫方式，不是通过给予资金或项目的方式对贫困人口进行直接扶助，而是政府将精准识别出的对象人群通过市场引导到国家推动发展的特定的、合适的项目或产业，使贫困人口获得及提高收入。当然，对于城市中有劳动能力的贫困人口，也需要政府分配型精准扶贫方式进行拾遗补阙。如果对有劳动能力的贫困人口全部实行政府主导型或政府分配型精准扶贫方式，会给国家财政造成沉重负担，也不利于他们提高自己的生活水平。本文要研究的就是市场主导型精准扶贫方式。

在城市中，居民就业的产业几乎只能是第二、第三产业。根据《2016 年国民经济和社会发展统计公报》和《2016 年度人力资源和社会保障事业发展统计公报》，2016 年我国第三产业在国民经济中比重已经达到 51.6%，就业比重为 43.5%，第二产业在国民经济中的比重降为 39.8%，就业比重为 28.8%。而美国第三产业的比重在 30 多年间保持在 80%左右[7]，就业比重则占 80%以上[8]。与美国相比，我国服务业具有巨大的发展空间。随着我国环境污染和“城市病”越来越严重，我国将进一步推动制造业向农村转移，而经过几十年的积累，我国城市建设已经达到一个新的高度，建筑业发展的巅峰期已经过去，服务业已成为支撑我国城市经济发展和就业的主要行业。

近些年来，我国服务业发展虽然取得了巨大成就，但仍然滞后于我国经济发展程度，不但与美国相比差距很大，就是与发展程度或发展阶段相似的国家相比也存在较大差距[9][10]。我国服务业在国民经济中的比重偏低，新兴服务业和生产性服务业比重偏低，生产性服务业和生活性服务业中高档次服务所占的比重偏低，这种结构不但使得服务业容纳的就业量较小，而且使得工作技能较高的人群挤占了工作技能较低人群的就业空间。因此，服务业升级和发展应成为我国城市市场主导型精准扶贫工作的基本举措：通过服务业的升级，使劳动技能较高的人群在更高层次和档次的服务业领域实现就业，使劳动技能较低的人群在对劳动技能要求不高、层次和档次相对较低的服务业领域实现就业，解决他们的生存及发展问题。

三、服务业升级、劳动者收入及素质提高与就业的增加

（一）服务业升级的内涵

“产业升级”是一个相对较新的概念，学者们对于其内涵和外延的认识有所不同，国内外存在“产业结构调整”和“价值链升级”两种认识和研究思路[11]。很多学者从同时涵盖上述两者的角度来把握产业升级[12][13]，本文也从这个思路来理解产业升级概念。综合学者们的研究成果，我们把产业升级界定为通过提高生产要素素质及使用效率创造出更多的附加值。生产要素素质的提高是指生产要素中资本品的知识技术含量的增加和劳动者素质及劳动技能的提高。附加值是指生产和流通过程中附加到生产要素上的价值，即产品总价值减去企业投入的生产要素价值后剩余的部分[14]。创造更多的附加值是产业升级对于产品和服务提供者的意义；而对消费者而言，产业升级意味着得到更好的产品或服务，其需求得到更好的满足，当然也就愿意支付更高的价格。

比照前述产业升级的内涵，服务业升级就是服务业通过提高生产要素素质及使用效率创造出更多的附加值。《中共中央关于制定国民经济和社会发展第十三个五年规划的建议》提出了我国服务业升级的内容：推动生产性服务业向专业化和价值链高端延伸、生活性服务业向精细和高品质转变。

（二）服务业升级与劳动者收入的提高

服务业升级的结果之一是提高生产要素的使用效率，而劳动生产率的提高会直接提高劳动者的收入：劳动者的工资是由劳动需求和劳动供给共同决定的，劳动需求的数量取决于劳动边际产量曲线上满足劳动边际产量等于实际工资这一条件的点，劳动生产率的进一步提高会推动劳动需求曲线向右移动；劳动供给的影响因素包括实际工资、财富以及人口及工作意愿等。王增文建立 VAR 模型和脉冲响应图像进行分析，并结合方差分解，系统分析了浙江省 1985—2008 年全员劳动生产率与各行业工资之间的影响状况，研究结果表明，劳动生产率是工资增长的决定性因素。[15]另一方面，工资提高对于劳动生产率的提高也具有重要的促进作用：工资上涨将促使企业在生产过程中更多地选择价格相对较低的生产要素，使劳动的边际生产率得到提高；工资上涨会增加企业的生产成本，迫使企业增加研发投入或引入更加先进的技术；工资上涨将使企业加大员工的培训力度，以提高员工的劳动熟练程度和生产效率，也使员工有条件增加人力资本的投资；对员工而言，更高的工资有利于提高其工作的努力程度，吸引高素质的劳动力，

减少工作转换，提高员工的忠诚度。李平等的研究表明，高工资、高劳动生产率的结论适用于中国。可以看出，劳动生产率提高和工资提高之间是循环累积的因果关系，一旦形成良性循环，将有力推动服务业的升级，实现经济的增长和人民生活水平的提高。[16]

（三）服务业升级与劳动者素质的提高

劳动者素质是劳动者的思想素质、身体素质、文化科学知识素质和技术能力素质等的总称，文化科学知识素质是劳动者素质的主要内容，而技术能力素质是劳动者素质的核心内容。[17]劳动者素质的提高对提升一个国家的劳动生产率和产业竞争力，推动国家科技、经济、社会发展具有极为重要的意义。劳动者素质的提高不仅是个人和家庭努力的结果，也与国家财富积累、社会医疗保健体系、全民健身体系、教育培训体系、实验实践体系、工作训练体系乃至社会文明程度息息相关。

作为知识和技能传递的重要方式，正规的初等教育、中等教育、高等教育、成人教育、在职培训对提高劳动者的素质意义重大，人力资本理论在该方面有丰硕的研究成果。对于劳动者的知识积累和能力提高而言，“干中学”更加重要。“干中学”的基本含义是：经济增长有相当一部分来源于伴随投资的积累和国民生产总值增长带来的生产经验、认识和解决问题经验的积累。[18]阿罗（Arrow）认为，一个国家从投资的积累中所累积的生产经验是劳动生产率提高、进而是经济增长的源泉之一。在服务业领域，劳动者工作过程中学到的不仅是工作岗位所要求的具体技能，还包括有关服务行业的知识，以及服务和市场竞争理念。随着服务业向规范化、专业化和精细化方向升级，部分劳动者将学到更高档次服务业的相关知识和技能，以及相关理念，使其职业空间得到拓展。服务业中劳动者生产率的提高和知识及技能的积累将提高劳动者的收入，从而使其个人增加人力资本投资成为可能，进一步提高劳动者的素质。所以，劳动生产率的提高及劳动者收入的提高与劳动者素质提高之间也是累积循环的因果关系。

（四）服务业升级与就业的增加

服务业升级意味着生产性服务业向分工更加细化、更加专业化，以及价值链更高端的方向延伸，生活性服务业向更加多样化、更加便利化，以及更高档次的服务领域延伸，在保持原有服务领域优势不变的情况下，这将极大拓展服务业的发展空间，扩大服务业的市场范围，快速提高服务业的需求收入弹性，从而扩大服务业的规模。可以看出，服务业升级是推动服务业发展的关键性举措。

服务业的升级和发展将极大促进服务业领域就业的增加。随着服务业的发展，尤其是服务业的升级，将带动服务业劳动者素质的提高，伴随着服务业向高端、精细化和专业化方向的发展，部分服务业劳动者跟随进入新领域工作和发展，工作经验和技能得到进一步提升，其原有工作机会将留给其他劳动者。在生产性服务业中，不同档次的服务业领域中的劳动者需要不同等次的专业技能，而从事辅助工作的服务人员具有基本工作能力即可；在生活性服务业中，不同档次服务业的劳动者需要不同等次的服务技能；服务业的升级将扩展中高档次的生产性及生活性服务业的范围和规模，从而扩大就业规模；原来在中低端服务业领域工作的劳动者随着知识的积累和技能的提升，能够逐渐适应中高端服务行业的工作要求并进入这些领域工作；同时，中低端服务业领域再吸引大量原本不在服务领域就业的劳动者进入；在中低档次的生产性及生活性服务业之间也会出现频繁的人员流动，使劳动者找到更加适合自己的工作，并积累知识和提升技能，使他们有可能进入更高档次的服务业领域工作（见图1）。

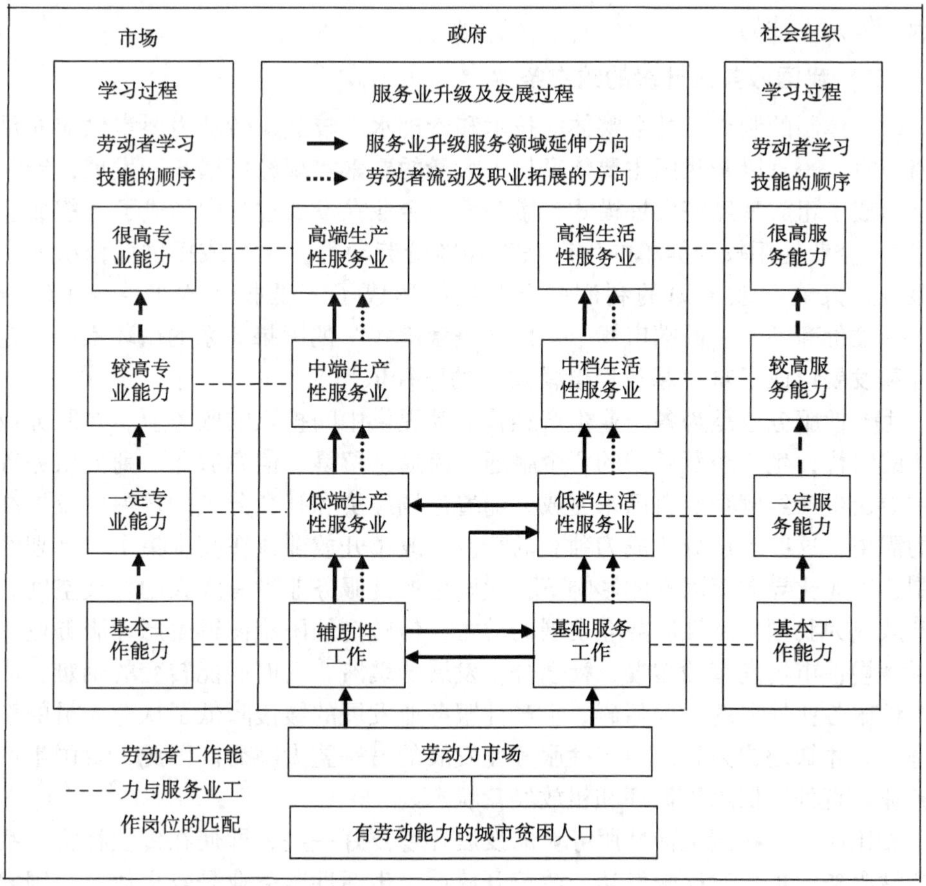

图1　我国城市的市场主导型精准扶贫体系

四、我国服务业升级的约束条件及对策

（一）服务业升级的影响因素

探讨推动城市精准扶贫的服务业升级的对策，首先要识别服务业升级的影响

因素。我国学者对产业升级的影响因素有较多研究[19][20][21]，对这些研究进行概括，可以将产业升级的影响因素划分为技术进步、要素条件、市场环境、制度四个，其他因素是通过影响上述四个因素而发挥作用的。第一、第二产业生产的是有形的物质产品，而服务业提供的主要是无形的服务，各因素影响产业的生产及经营效率，从而影响产业升级的程度会有所差异，如技术进步对第一、第二产业生产效率及产业升级有着极为重要的影响，而对服务业的影响较小。总体而言，技术进步对于信息服务、软件等服务业升级的影响较大，是其他生产性服务业升级及发展的重要外部因素，而对于生活性服务业升级的影响很小。此外，所有产业都是劳动者通过劳动资料作用于劳动对象，其他影响因素对各产业升级的作用机制大体是一致的。

（二）我国服务业升级的约束条件

由于体制的制约、社会整体的技术和管理水平较低、劳动力要素供应充足且价格便宜，一直以来我国主要依靠投入大量的要素实现经济增长和发展，宏观上逐渐形成了粗放型经济发展模式；微观上，企业在发展过程中形成了“粗放经营模式”：企业使用较为简单的生产条件和廉价劳动力，生产或提供低档次的产品或服务，只能获取微薄的利润；企业层面形成了“低技术水平——廉价劳动力——廉价商品——低端市场——低端经营模式”的因果关系的循环累积，企业生存和发展形成了对“粗放经营模式”的路径依赖。

生产性服务业是为各企业生产经营活动提供中间投入的服务业。在服务业不发达的时代，生产经营所需的资金融通、流通、贸易、信息服务、商务服务等环节主要由生产经营企业自己来完成。随着市场经济和社会分工的发展以及提高效率的需要，这些工作分化成为独立的行业。改革开放前，在高度集中的计划经济体制、工业化导向等因素的影响下，我国生产性服务业没有太大的发展空间。改革开放成为我国生产性服务业发展的动力，但转型的困难使得生产性服务业一直发展缓慢；市场发育的缓慢、社会分工发展的缓滞、政府职能转变的困难，成为生产性服务业发展的主要障碍。生产性服务业发展的缓慢降低了从业人员的学习效率，人才缺乏成为我国生产性服务业发展的另一重大障碍。因此，我国生产性服务业一直处于低水平循环和粗放经营状态。

相比而言，我国生活性服务业的发展环境要好一些，即使在传统社会，我国生活性服务业也相对比较发达。改革开放后，生活性服务业是较早放开、国家控制较少的行业，而较快的收入增长为我国生活性服务业的发展提供了市场需求。当然，我国处于转型之中，市场发育的缓慢、法治发展的滞后、市场秩序的混乱也严重影响了生活性服务业的发展，贫富差距的扩大分割了我国生活性服务业的市场需求。在这样的环境下，我国生活性服务业吸引了大量的廉价劳动力，满足人们基本的消费需要，加上激烈的低层次竞争，处于低水平循环和粗放经营的状态。

（三）促进城市精准脱贫的服务业升级对策

改革开放后我国服务业内逐渐形成了“粗放经营模式”及相应的理念、制度、市场需求、消费者观念等，改变“粗放经营模式”，打破服务业发展对“粗放经营模式”的路径依赖，推动服务业的升级和发展，急需注入新的动力。

1. 充分发挥市场的作用。从根本上说，服务业的发展是社会分工深化的结果，是市场需求多样化的必然表现。抑制、扭曲市场的作用是我国服务业发展不充分、层次低的根本原因。服务业的绝大多数领域都不属于存在规模报酬递增的领域，也较少涉及国家安全问题，应允许社会资本自由出入服务业领域，促进其自由公平竞争，则市场的发育、需求的扩张、分工的细化、服务业的深化发展都会成为自然的结果。

2. 转变政府的职能。如果说充分发挥市场的作用是服务业升级及发展的基础，政府职能转变则是关键。发挥市场的作用需要减少政府配置资源的作用；国家资本退出服务业，关键同样在于政府身上；即使事关国家安全或存在规模报酬递增的服务业领域，也应该让国有企业成为市场竞争的主体，而非国家意志的延伸。在服务业的升级及发展上，政府的作用应主要体现在制定规则、维护市场秩序方面。此外，从精准扶贫的角度，国家应该在职工教育培训、就业服务、减轻服务业企业的税费负担方面加大投入，积极发挥作用；尤其可以加大对聘用享受最低生活保障人员（如三年内享受过该待遇）企业的支持力度。

3. 充分发挥行业组织的作用。在体制转型面临巨大困难、政府职能转变举步维艰的情况下，服务业升级和发展应该引入新的力量，那就是行业协会等。行业协会作为从业者的联合组织，既熟悉服务业发展的问题和方向，有足够的动力推动服务业的升级发展，又能推动企业避免机会主义和短期行为，从而替代政府的某些功能。行业协会可以通过制定具有事实上约束力的行业服务规范、档次划分及标准、价格标准、劳动者准入资格等，迫使服务业提高服务质量，提供更高档次的服务。行业协会还可以在劳动者教育培训、就业服务、避免政府不当干预等方面发挥作用。在当前环境下，无论从短期还是长期的角度，推动服务业内各行业协会规范行为、发挥重大作用都是服务业升级发展最重要、最有效的措施。当然，要做到这一点，同样需要政府发挥其关键作用。

五、结论

在城市贫困人口规模已经很大、城市化深化发展及农业转移人口加快落户于城镇的背景下，城市扶贫成为更加艰巨而紧迫的任务。除了失去劳动能力的城市居民外，对城市贫困居民进行救济式扶贫难以真正解决城市贫困问题。区别于国家在农村推行的国家主导型精准扶贫方式，我国应在城市施行市场主导型精准扶贫方式：政府将精准识别出的对象人群通过市场引导到国家推动发展的特定的、合适的项目或产业，使贫困人口获得收入及提高收入。鉴于城市各产业发展状况及发展前景、贫困人口的素质等因素，服务业升级和发展应成为我国城市市场主导型精准扶贫的基本举措。服务业升级的实质是通过提高生产要素素质及使用效率创造出更多的附加值；服务业升级能促进劳动者增加收入和提高素质，推动服务业范围的拓展和规模的扩大，从而大幅增加就业，最终使贫困人口获得或增加收入。当前，我国服务业升级和发展面临“粗放型经营模式”的约束，只有充分发挥市场的作用、转变政府职能，尤其是充分发挥行业组织的作用，才能打破服务业发展对于“粗放经营模式”的路径依赖，推动服务业升级和发展，实现城市精准脱贫。

参考文献

[1]吴鹏森．中国城市贫困问题及其现代保障体系的建构[J]．南京师大学报(社会科学版)，2008(2):33-39.

[2]马春辉．中国城镇居民贫困化问题研究[J]．经济学家,2005(3):75-82.

[3]骆祚炎．我国城镇贫困人口规模再估算[J]．财经科学,2006(9):82-89.

[4]崔学刚,等．新型城镇化背景下我国城市贫困问题及对策[J]．宏观经济管理,2015(7):34-36.

[5]邓新华．城市贫困人口规模、来源及成因[J]．中国国情国力,2008(1):27-29.

[6]汪三贵,刘未．“六个精准”是精准扶贫的本质要求:习近平精准扶贫系列论述探析[J]．毛泽东邓小平理论研究,2016(1):40-43.

[7]张辉,丁匡达．美国产业结构、全要素生产率与经济增长关系研究[J]．经济学动态,2013(7):140-148.

[8]袁帅．战后美国城市化与产业结构的关系研究:基于ECM模型的实证分析[J]．中国物价，2014(8):76-78.

[9]谭洪波,郑江淮．中国经济高速增长与服务业滞后并存之谜:基于部门全要素生产率的研究[J]．中国工业经济,2012(9):5-17.

[10]郭进,徐盈之．城镇化扭曲与服务业滞后:机理与实证研究[J]．财经研究,2015(12):118-127.

[11]陈羽,邝国良．“产业升级”的理论内核及研究思路述评[J]．改革,2009(10):85-89.

[12]韩红丽,刘晓君．产业升级再解构:由三个角度观照[J]．改革,2011(1):47-51.

[13]冯梅．比较优势动态演化视角下的产业升级研究:内涵,动力和路径[J]．经济问题探索，2014(5):50-56.

[14]莫涛．汇率变动、产品附加值和内涵经济增长[J]．国际金融研究,2007(1):58-62.

[15]王增文．浙江省劳动生产率与工资关系的敏感性分析[J]．公共管理学报,2010(3):58-64.

[16]李平,宫旭红,张庆昌．工资上涨促进劳动生产率提升:存在性及门槛效应研究[J]．山东大学学报(哲学社会科学版),2011(3):83-91.

[17]李华,许晶．我国劳动者素质现状、评价及其对策[J]．中国科技论坛,2012(10):86-91.

[18]佟家栋,彭支伟．从“干中学”到“加工中学”:经济全球化背景下的国际分工、技术外溢与

自主创新[J]. 南开学报(哲学社会科学版),2007(6):71-81.
[19]黄菁,杨三根. 中国加工贸易结构升级影响因素的实证分析[J]. 世界经济研究,2006(1):41-47.
[20]何佳佳. OEM 企业转型模式及其影响因素[D]. 杭州:浙江大学,2008.
[21]吴盼,杜明星. 上海市产业升级影响因素研究[J]. 科技管理研究,2014(3):74-77.

地方发债、债务投向与产业结构升级

司海平　李　群*

摘要：地方发债是地方政府引导地区产业结构升级的重要行为。本文利用 2009—2017 年地级市城投债发行数据，实证分析了地方债务对产业结构升级的影响效应，结果表明，城投债发行对产业结构升级具有积极影响，城投债债务投向不同行业对产业结构升级的影响效应存在差异。债务资金投入到建筑业和交通运输等传统基础设施行业对产业结构升级没有显著影响，投入到综合类行业、房地产业、科技文化行业中将对产业结构升级产生明显的正向影响，投入到金融行业不利于产业结构升级。上述研究对如何提升债务资金利用效率和合理规划地方政府债务投向提供了启示。

关键词：地方发债；城投债；产业结构升级

一、引言

中国各个产业的发展受到了众多地方政府产业政策的影响。目前国内的研究大多关注政府产业政策的实施是否对产业升级有效，却忽略了产业政策实施的环境与条件。债务融资缓解了地方政府的财政资金压力，可能使地方政府有更多的手段去扶持产业，改善了政府实施产业政策的环境与条件。

目前，我国经济已由高速增长阶段向高质量发展阶段转变。党的十九大报告指出，“支持传统产业优化升级，加快发展现代服务业，瞄准国际标准提高水平”。促进产业结构转型升级已成为我国在新阶段发展过程中的重要任务。面对转型发展的要求，政府为推动产业结构升级实施了一系列支持政策，如进行财政补贴、加大税收优惠力度、建立产业园区等。但是，1994 年分税制改革后，地方政府财权和事权的不平衡导致财政资金紧张，地方政府可能没有充足的资金去扶持产业，产业政策的实施效果将不如预期。债务收入使地方政府有了更多财权来缓解资金约束，特别是近年来随着城市化进程的加快，需要更多城市基础设施建设资金供给，迫切要求政府拓宽投融资渠道。债务资金用于建设产业园区、交通运输设施、水利电力等基础设施投资，不仅投资项目本身会促进三次产业的调

* 司海平，讲师，中国政法大学商学院；李群，教授，中国社会科学院数量经济与技术经济研究所。

整，还会通过吸引人才、促进科技产出带来溢出效应，而溢出效应则会推动各行业产出增长。因此，债务融资可能是地方政府推进产业升级的重要手段。现实中，地方政府债务资金投向不同行业，合理的地方政府债务投向与债务规模可以带动产业的合理化和高度化；而不当的地方政府债务投向不仅会降低金融市场的资金使用效率，进而不利于产业结构升级，更严重的是可能诱发“地方债务陷阱”，最终对产业升级产生负面影响。那么，地方政府债务资金是否会促进产业升级，债务资金如何进行配置才更有利于产业结构的优化？

本文利用2009—2017年地级市城投债发行数据，实证分析了地方债务对产业结构升级的影响。结果表明，城投债的发行推动了产业结构升级，债务资金投向不同行业对产业结构升级的影响存在差异。债务资金投入到综合类行业、房地产业、科技文化行业，将对产业结构升级产生明显的正向影响；投入到金融行业，不利于产业结构升级；投入到建筑业和交通运输等传统基础设施行业，对产业结构升级没有显著影响。本文的研究对如何提升债务资金利用效率和合理规划地方政府债务投向将有所启示。

相比现有文献的研究，本文在以下几个方面有所贡献：第一，丰富了对地方政府融资后果的认识。大多数文献关注地方大规模借债的负面影响，较少文献从产业升级的角度考察地方债务带来的积极效应。本文一定程度上填补了这方面的空白。第二，拓宽了产业政策的研究文献。在理论层面，致力于产业优化升级的地方政府并不一定能够顺利实施对产业发展有积极作用的政策，因为产业政策的实施需要一定的财力支持。地方债务融资为产业政策的实施提供了优越的资金条件，而地方政府通过债务投资带动产业升级也是产业政策影响经济的一部分。第三，探讨投向不同行业的债务资金对产业结构的影响，所得结论为今后地方政府如何有效利用债务资金提供了启示。

本文余下的结构安排如下：第二部分为城投债影响经济增长的理论分析和文献综述；第三部为实证分析，包括所用数据与模型说明，检验城投债规模与投向对产业结构升级的影响结果分析；第四部分为结论和政策建议。

二、理论分析与文献综述

我国的地方政府是支持产业发展最主要的行动者。地方债务作为地方政府可支配的资金来源之一，能够有效缓解地方政府的财政压力，使其拥有更大的能力与更多的手段去实施产业政策，地方债务在产业政策实施和产业升级中所起的作用越来越显著。

政府债务的扩张意味着政府正在实施积极的财政政策。一些学者发现，政府财政政策与产业结构升级有着紧密的关系。张同斌、高铁梅（2012）发现，政府利用财政激励手段与税收优惠政策能够有效地提高高新技术产业产值，且前者比后者的效果更好。[1]地方政府以债务融资的手段获取了更多经济自主权。王立勇和高玉胭（2018）根据准自然实验的数据，分析了财政分权改革对产业结构升级的影响。他们发现，当地方政府拥有更多经济自主权时，就有更多的机会去发展经济、推动当地产业结构升级。[2]地方大规模举债的同时，预算外支出也会增加。一些学者认为，政府在不同领域的支出对产业结构优化的影响效果不同。储德银和建克成（2014）发现，我国政府行政管理支出和投资性支出对产业结构调整存在负面效应，而教育支出和科技支出显著正向影响产业结构调整。[3]贾敬全和殷李松（2018）认为，政府在社会保障、医疗卫生、文化传媒方面的财政支出可以促进产业结构优化。[4]具体而言，科技支出、社会保障支出等能够提高人力资本，推动企业科技创新的积极性，最终促进产业结构发展[5][6]。张旭和伍海华（2002）认为，我国银行和资本市场通过提供金融服务，影响储蓄投资，改变生产要素配置结构，最终实现我国产业结构调整。那么，当地方政府将债务资金投向不同领域和不同行业，对产业结构的影响效应也应该不尽相同。[7]

地方债务融资可能在三个方面对产业结构升级的起到支持作用。一是地方政府通过债务融资为企业创新提供补贴，企业创新投入可能因此增加，这将改善产业间的资源流动与关联，改造传统产业，延伸产业链向纵深发展，最终促进产业转型升级。二是地方债务融资对于交通运输、水利、电力等城市基础设置的投入，使人力资本与物质资本不断积累，将推动城市化进程，城市化进程的加快促进了产业集聚，使产业间技术水平和创新能力得到提高，形成带动产业升级的强大引擎。三是地方政府融资建立起产业园区，通过共享资源、克服外部负效应，带动关联产业的发展，有效地推动产业升级。周彬等（2018）认为，土地财政表面上看通过招商引资、发展房地产业促进了经济增长，但是因为提前去工业化损害了干中学的人力资本积累，损害了市场自发的匹配和集聚效应，缩短了生产性服务业充分发育的阶段，也使得供需结构提前发生变化。[8]司海平等（2017）发现，地方政府以发行城投债的方式融资能够促进产业结构调整。[9]然而，地方政府对债务融资管理的缺陷造成重复建设与资源浪费，更严重的将引发债务危机。[10]地方债务融资是我国地方政府获取财政资金的主要手段之一，一方面，地方政府融资平台日渐规范，中央逐步放开地方政府自行举债的权力；另一方面，地方政府推动产业升级、落实产业政策急需大量资金支持。债务融资使地方政府在财政收支方面拥有了更大的自主权，其在产业政策实施和产业升级中所起的作用也越来越显著。

三、地方发债对产业结构升级影响的实证分析

（一）模型设定

本部分使用实证模型检验城投债发债规模与发债投向对于产业升级的影响。每年的发债城市并不完全相同，最终使用的样本数据属于非平衡面板数据。面板数据分析方法主要使用固定效应和随机效应模型，即通过控制随个体变化但不随

时间变化的因素来减少回归的内生性，同时使用固定效应和随机效应模型回归，然后根据豪斯曼检验方法来判断哪种模型更具有效性。具体设定回归模型如下：

$$industrup_{it} = \alpha + \beta bond_{it} + \gamma X_{it} + u_i + \varepsilon_{it}$$

其中，下标 i、t 分别代表城市、年份。$industrup_{it}$ 代表 i 城市的产业升级指数，$bond$ 代表发债规模或者城投债资金投向各个行业的比例。X_{it} 代表经济发展水平、人力资本、投资率等一系列控制变量。α 代表回归方程的截距项，u_i 表示城市固定效应，ε_{it} 表示误差项。

（二）变量说明与数据分析

1. 被解释变量。产业结构的升级代表了产业结构高级化与合理化的提高，也代表了产业结构的变迁和产业生产效率的提升。大多数文献使用三次产业之间的变动关系来衡量产业结构的升级。根据陈淑云和曾龙（2017）[11]的做法，测算产业结构升级水平，构建产业结构升级指标。测算公式如下：

$$industruc = \sum_{k=1}^{3} I_k \times k = I_1 + I_2 \times 2 + I_3 \times 3$$

其中，$industruc$ 表示产业升级指数，该指数越大，代表产业结构升级水平越高。I_k 表示第 k 产业的产值占总产值的比例，即 I_1、I_2、I_3 分别表示第一、二、三产业占国民生产总值的比重。

2. 城投债债券是中国地方政府在现有制度下创新出来的一种“市政债券”，探索城投债规模及投向对产业升级的作用，不仅有利于今后地方融资平台的规范化发展，也为以后发行市政债券有所启示。基于前文分析，将核心解释变量设定为：①城投债规模变化。这里使用每年发行城投债的对数表示。发债规模代表了城市募集资金的规模。发债速度越快，说明政府募集的资金越多，政府债务资金投入到各个行业各个领域的资金越多。②城投债资金投向比例。该比例使用投入到城市每个行业当年的债务资金与该城市该年城投债发债总额的比值衡量。债务资金投向是指地方融资平台募集的资金投入到不同行业中去。按照 wind 城投债中的“所属证监会行业名称”来确定债务资金投向行业。2009—2017 年城投债发债投向比例如表 1 所示，从城投债投向细分行业来看，投向总额居前几位的依次是建筑业，综合类，交通运输、仓储和邮政业，房地产业，电力、热力、燃气及水生产和供应业，金融业，水利、环境和公共设施管理业。由于城投债投向其他行业的比例过少，这里不再进行研究，只针对投向比例排名前几位的行业进行研究。“交通运输、仓储和邮政业”“电力、热力、燃气及水生产和供应业”“水利、环境和公共设施管理业”都是明显属于城市基础设施建设的行业（张军等，2007）[12]，因此将这三个行业的投向比例加总组成“基础设施”行业投向比例。“文化、体育和娱乐业”与“信息传输、软件和信息技术服务业”分别属于科技与文化领域，具有典型研究价值，将其投向比例加总得到“科技文化业”。

表1　2009—2017 年城投债发债总额投向比例

门类行业	占比（%）
农、林、牧、渔业	0.09
文化、体育和娱乐业	0.08
住宿和餐饮业	0.05
租赁和商务服务业	0.83
居民服务、修理和其他服务业	0.09
信息传输、软件和信息技术服务业	0.09
采矿业	0.18
批发和零售业	0.97
制造业	0.97
水利、环境和公共设施管理业	1.46
金融业	1.26
电力、热力、燃气及水生产和供应业	5.94
房地产业	5.41
交通运输、仓储和邮政业	14.57
综合	30.14
建筑业	37.76

由于一些城投公司已经脱离地方政府控制，完全市场化运营，因此只保留所属实际控制人为“地方国资委”与“地方政府”的城投债数据，剔除其他属性控制人的城投债数据。

3. 控制变量。为了减少内生性的影响，控制了其他影响产业结构升级的变量。具体有以下几个：①经济发展水平。经济的发展可能会带来产业结构的升级，借鉴大多数文献的做法，可使用人均 GDP 代表经济发展水平。②投资率。房产、机器等是企业用于建设、生产的固定资产，是影响产业发展的主要因素，可使用固定资产投资占 GDP 的比重衡量投资率。③人口规模。人口规模的扩大可能会通过促进劳动力需求来影响产业结构升级。这里使用常住人口的对数来表示人口规模。④人力资本。人力资本可能会通过推动地区创新能力、促进全要素生产率推动产业结构的升级[13]。参考宋凌云等（2013）[14]的方法，采用每万人在校大学生人数与总人口的比重衡量人力资本。由于《中国城市统计年鉴》中 2016 年之后不再统计这个指标，且相邻年份在校大学生人数差别不大，本文使用 2015 年数据将其补齐。⑤对外开放程度。采用实际利用外商直接投资与 GDP 的比重衡量地区的对外开放水平。⑥城市市税负水平。使用预算内财政收入占 GDP 的比重表示。各变量数据主要来源于国泰安数据库、万德数据库与《中国城市统计年鉴》，2017 年固定资产数据来自于各城市“国民经济与社会发展统计公报”或“政府工作报告”。

上述数据统计如表 2 所示，投向建筑业占比平均值达到 0.463，说明在选取的样本中建筑业占比始终最大。

表 2 描述统计

变量	含义	观测值	平均值	标准差	最小值	最大值
bond	发债规模的对数	1 352	3. 371	1. 204	-2. 302	7. 137
constru	投向建筑业占比	1 352	0. 463	0. 438	0	1
general	投向综合类占比	1 352	0. 279	0. 385	0	1
infru	投向基础设施行业占比	1 352	0. 145	0. 290	0	1
estate	投向房地产业占比	1 352	0. 046	0. 176	0	1
finan	投向金融行业占比	1 352	0. 009	0. 081	0	1
sciculture	投向科技文化行业占比	1 352	0. 000 1	0. 008 8	0	0. 032
industruc	产业升级指数	2 318	225. 9	14. 08	183. 1	279. 7
rengdp	人均 GDP	2 299	47 924	45 310	1 489	506 301
invest	投资率	2 298	0. 841	1. 858	0. 070 2	62. 97
popula	人口对数	2 299	5. 844	0. 761	-3. 219	8. 129
humancapi	人力资本	2 293	0. 817	3. 078	0. 005	63. 89
fdi	外商直接投资/GDP	2 194	0. 019 7	0. 026 5	0. 000	0. 956
shouru	城市税负水平	2 300	0. 077 8	0. 110	0. 007	5. 501

（三）实证分析

本文首先实证分析了城投债规模变化对产业结构升级的影响，结果见表 3。表 3 中（1）（2）列使用固定效应模型进行回归，在不断加入控制变量的过程中，城投债的系数在 1%的水平下显著为正，说明城投债规模增加越快，对产业结构升级的正向影响越大。表 3 的（3）（4）列使用随机效应模型进行回归，从回归结果可以看出，城投债的发行速度显著促进了产业结构升级指数的提高。无论是使用固定效应模型还是随机效应模型，结果都显示，城投债发行是影响产业结构升级的重要因素。由于在不同的估计模型下，bond 的系数存在一定程度的差异，因此针对表3中的各回归进行豪斯曼检验，以确定最佳估计模型。由于豪斯曼检验分析方法最后结果中Prob的值为0，小于临界值0.01，故拒绝原假设，均应采用固定效应模型的回归结果。如表3（2）所示，城投债规模每增加1个百分点，产业升级指数平均增加0.867，说明地方政府发行城投债一定程度上为产业升级提供了支持。

表3　城投债规模对于产业结构升级的影响

	(1) fe	(2) fe	(3) re	(4) re
bond	0.831 5***	0.867 1***	1.106 3***	1.136 3***
	(0.208 5)	(0.212 3)	(0.205 2)	(0.207 7)
rengdp	1.158 0***	1.125 8***	1.163 9***	1.170 0***
	(0.095 1)	(0.096 4)	(0.079 9)	(0.079 6)
invest	0.283 5***	0.262 2**	0.092 1	0.018 9
	(0.092 0)	(0.123 4)	(0.079 2)	(0.099 7)
popula	10.199 6***	9.183 4***	6.503 8***	6.285 9***
	(1.463 8)	(1.700 9)	(0.902 1)	(0.971 2)
humancapi	-0.121 2	-0.042 7	1.276 1***	1.187 0***
	(0.390 8)	(0.392 0)	(0.353 3)	(0.359 1)
fdi		-34.371 1**		-24.692 4*
		(14.646 3)		(14.000 2)
shouru		6.454 5**		6.806 2***
		(2.718 7)		(2.525 0)
Constant	158.953 8***	165.452 5***	178.302 3***	179.378 6***
	(9.105 9)	(10.589 1)	(5.494 1)	(5.908 0)
Observations	1 036	1 036	1 036	1 036
R-squared	0.266	0.282		

注：*、**、***分别代表10%、5%、1%的显著性水平，括号里面为标准误

对其他控制变量而言，人均GDP对产业结构升级存在显著的正向作用，经济实力越强的地方，产业结构升级越快，这符合直观逻辑。固定资产的投入也显著促进了产业结构升级，符合理论预期。外商直接投资对产业结构升级呈现显著负向效应，可能由于市场分割等问题加剧了城市间的资源竞争，外商直接投资的扩大不仅没有形成对产业结构升级的拉动效应，反而不利于对地区的产业结构升

级。人口规模显著促进了产业结构升级。城市人口扩张带来的人口集聚效应可能是有效地拉动产业结构升级的重要原因。城市税负水平显著带动产业结构指数，原因可能是税收越高的地区，其地方政府越有更多的手段和财力去发展产业，从而促进产业升级。

表4、表5呈现了城投债投向各行业的比例对产业结构升级的影响。如表4所示，城投债资金投向各行业的比例对产业结构升级的影响存在明显差异。在控制其他因素的影响后，城投债投向建筑业占比（constru）对产业结构升级的影响并不显著。投向综合类债务资金占比（general）的系数为0.7516，且通过了5%水平下的显著性检验，表明随着投向综合类的城投债资金的增加，产业结构升级指数越大。综合类城投债资金能够有效地推动产业结构升级。“交通运输、仓储和邮政业”等基础设施行业（infru）的系数为-0.290，并不显著。这意味着投向基础设施行业的债务资金并没有发挥其对产业结构升级的促进作用，资金利用效率亟待优化。投向房地产行业（estate）的系数为3.3068，在5%的水平下通过了显著性检验，说明债务资金投向房地产业的占比越大，产业结构升级指数提高得越快，投向房地产业的资金有利于产业升级。这可能有两个方面的原因：一是房地产业属于第三产业，房地产业直接增加了第三产业占比，二是房地产业包括房地产开发、建设、经营、管理，为第三产业的发展提供了机会。金融业属于第三产业，可以直接通过增加第三产业占比促进产业升级指数的提高，但实证结果表明，债务资金投向金融业向占比（finan）对产业结构升级存在显著的负向影响，如表5的（9）列所示。这可能因为城投公司利用债务资金从事资本运营、资本投资等业务，挤占了较多信贷资源，过多地干预抑制了城市金融体系的发展，进而对产业升级造成负面影响。表5的（10）列中，债务资金投向科技文化行业占比（sciculture）显著正向影响产业结构升级，且回归系数较大，说明将债务资金投入到科技文化行业将对产业升级的产生重要的促进作用。科技创新是产业转型升级的原动力，加大对科技的投入往往会带来创新能力的提高，从而作用于各个产业中产品、工艺的升级换代。债务资金投入到科技文化行业中，能够促进文化产品和服务的提升，带动其他领域和其他产业的创新发展，进而有利于实现产业结构的优化升级。

通过以上实证分析，发现城投债发行显著促进了产业升级。地方政府可以利用债务资金投向各个行业，推动产业结构的优化升级。但是债务收入投向不同行业的资金使用效率不同，对产业结构的影响存在差异。债务资金投入到综合类行业、房地产业、科技文化行业中将对产业结构升级产生明显的正向影响。

表4 城投债投向各行业比例对产业结构升级的影响（1）

	(5)	(6)	(7)	(8)
rengdp	-0.279 5***	-0.281 2***	-0.280 3***	-0.279 2***

续表

	(5)	(6)	(7)	(8)
	(0.075 8)	(0.075 7)	(0.075 8)	(0.075 9)
invest	-1.090 3***	-1.092 1***	-1.087 4***	-1.086 9***
	(0.082 1)	(0.082 0)	(0.082 1)	(0.082 2)
popula	-9.447 1***	-9.469 7***	-9.404 9***	-9.389 3***
	(1.155 6)	(1.153 1)	(1.155 3)	(1.156 0)
humancapi	-0.257 7	-0.242 5	-0.255 6	-0.255 7
	(0.229 9)	(0.229 6)	(0.230 0)	(0.230 2)
fdi	0.791 3	0.256 5	0.134 6	0.509 0
	(8.560 3)	(8.542 8)	(8.588 9)	(8.566 2)
shouru	7.244 1***	7.336 0***	7.337 4***	7.261 2***
	(1.582 7)	(1.580 3)	(1.589 2)	(1.584 1)
constru	-0.377 2			
	(0.356 3)			
general		0.751 6**		
		(0.373 3)		
infru			-0.290 3	
			(0.477 9)	
estate				3.306 8**
				(1.347 5)
constant	285.706 0***	285.368 8***	285.395 8***	285.243 7***
	(7.275 0)	(7.251 4)	(7.270 0)	(7.274 7)
observations	1 036	1 036	1 036	1 036
R-squared	0.762 0	0.762 9	0.791 8	0.761 7

表 5 城投债投向各行业比例对产业结构升级的影响（2）

	(9)	(10)
rengdp	-0.159 6*	-0.355 7***
	(0.092 4)	(0.122 7)
invest	-0.986 0	-0.784 6

续表

	(9)	(10)
	(0.613 3)	(0.773 5)
popula	-7.512 0***	-6.856 4***
	(1.807 0)	(2.120 0)
humancapi	-0.226 4	-0.128 8
	(0.160 7)	(0.174 4)
fdi	-17.562 5**	-17.259 7**
	(7.231 2)	(8.662 3)
shouru	9.735 1**	7.971 8
	(4.392 3)	(5.443 3)
finan	-2.938 3*	
	(1.530 0)	
sciculture		43.492 9*
		(23.554 2)
constant	275.037 7***	270.834 0***
	(11.082 5)	(13.094 5)
observations	1 036	1 036
R-squared	0.723 5	0.750 3

注：*、**、*** 分别代表 10%、5%、1%的显著性水平，括号里面为标准误

（四）进一步讨论

为了更清楚地了解我国城投债投向的变化趋势，将历年城投债投向行业比例在表 6、表 7 中列出。结果发现，债务资金投向房地产行业的比例呈现逐年递增的趋势，投向建筑业的比例始终较高。这可能与我国近几年来城镇化速度较快、人们住房需求加大的现实有关。在其他方面，科技文化类的投向比例始终较少，投向综合类行业呈现明显的逐年递减趋势。科技文化类投资项目未来收益慢且风险较大，而地方政府官员由于晋升激励，有短期提高 GDP 增长率的动力，更倾向于将资金投入到收益快、政绩显著的市政项目中。结合结论可见，城投债投向总体变化趋势不利于产业的发展，地方政府有必要以行政手段科学规划债务投向。

表 6　历年城投债投向行业比例（1）

年份	2009	2010	2011	2012
sciculture	0	0	0.49%	0.28%
finan	1.11%	4.92%	1.48%	1.19%
estate	3.90%	3.13%	3.46%	3.60%
infru	18.44%	8.76%	17.87%	22.07%
general	51.03%	34.36%	45.61%	34.00%
constru	23.62%	47.08%	28.47%	37.44%

表 7　历年城投债投向行业比例（2）

年份	2014	2015	2016	2017
sciculture	0.35%	0.31%	0.14%	0.06%
finan	1.15%	1.49%	0.81%	1.06%
estate	5.52%	6.07%	7.76%	4.47%
infru	26.30%	24.34%	19.31%	18.13%
general	29.07%	27.43%	26.12%	28.40%
constru	34.61%	35.90%	41.74%	44.90%

四、结论

本文利用 2009—2017 年地级市城投债发行数据，实证分析了地方债务对产业结构升级的影响，结果表明，城投债发行对产业结构升级具有积极影响，城投债债务资金投向不同行业对产业结构升级的影响效应存在差异。城投债债务资金投向“建筑业”与“交通运输、仓储和邮政业”等基础设施行业对产业结构升级的影响并不明显，投入到综合类行业、房地产业、科技文化行业中将对产业结构升级产生明显的正向影响。将城投债资金投入到金融行业，不仅不能促进产业升级，反而可能会影响信贷资金的配置效率。城投债对产业结构升级的影响效果与资金投向行业紧密相关。结论对如何提升债务资金利用效率和合理规划地方政府债务投向提供了启示。

地方政府在利用发行城投债融资的同时，应注重对债务资金投向行业的选择。首先是避免过多资金投入到“建筑业”与“交通运输、仓储和邮政业”等传统基础设施行业。传统基础设施行业投资回报率下降，政府资金投入该领域的正向效应已经减退。其实基础设施除了包括传统的交通、能源、饮水等设施外，还包括在环境保护、生命支持、信息网络等方面的新型设施，地方政府在债务融资时应考虑到对新型基础设施建设的扶持。其次是债务投向领域尽量更加多元化，同时加大对科技文化行业的资金支持。因为多元化投资不仅可以分散地方政府债务风险，还能提供较为稳定的收益预期。最后，减少和限制地方政府对金融行业债务资金的投入规模，合理规范地方政府对房地产业的债务资金投入。政府从事资本运营、资本投资等业务，难免破坏公平竞争的市场环境，挤占信贷资源，严格规范政府对垄断性金融行业的涉足有利于保证资金的使用效率。

参考文献

[1]张同斌,高铁梅．财税政策激励、高新技术产业发展与产业结构调整[J]．经济研究,2012,47(5):58-70.

[2]王立勇，高玉胭．财政分权与产业结构升级:来自“省直管县”准自然实验的经验证据[J]．财贸经济，2018(11):145-159.

[3]储德银，建克成．财政政策与产业结构调整:基于总量与结构效应双重视角的实证分析[J]．经济学家，2014(2):80-91.

[4]贾敬全，殷李松．财政支出对产业结构的诱导效应研究[J]．财政研究，2018(3):42-56.

[5] CZARNITZKI D, HUSSINGER K. The link between r & d subsidies, r & d spending and technological performance[Z]. Zew Discussion Papers, 2005,4-56.

[6] BALDACCI E, CLEMENTS B, GUPTA S, et al. Social spending, human capital, and growth in developing countries[J]. World Development,2008,36(8):1317 -1341

[7]张旭，伍海华．论产业结构调整中的金融因素:机制、模式与政策选择[J]．当代财经，2002(1):52-56.

[8]周彬，周彩．土地财政、产业结构与经济增长:基于284个地级以上城市数据的研究[J]．经济学家，2018(5):39-49.

[9]司海平,刘小鸽,范玉波．地方债务发行与产业结构效应[J]．经济评论,2017(1):15-27.

[10]郭玉清．逾期债务、风险状况与中国财政安全:兼论中国财政风险预警与控制理论框架的构建[J]．经济研究，2011(8):38-50.

[11]陈淑云,曾龙．地方政府土地出让行为对产业结构升级影响分析:基于中国281个地级及以上城市的空间计量分析[J]．产业经济研究,2017(6):89-102

[12]张军,高远,傅勇,张弘．中国为什么拥有了良好的基础设施？[J]．经济研究,2007(3):4-19.

[13]李成友,孙涛,焦勇．要素禀赋、工资差距与人力资本形成[J]．经济研究,2018,53(10):113-126.

[14]宋凌云,王贤彬,徐现祥．地方官员引领产业结构变动[J]．经济学(季刊),2013(1):71-92.

创意产业集聚系统的创新机理研究

邓　达*

摘要：近年来创意产业在全球迅猛发展，其集群化趋势和创新活动成为学术研究的热点。本文从以下三个方面深入分析创意产业集聚创新的机理：集聚系统功能产生的创新环境、外力作用下的创新动力机制，以及系统内部各行为主体之间的内部演进创新动力机制。本文首次引入了复杂系统研究方法，将创意产业集聚区作为一个复杂经济系统和开放的空间组织系统来研究，认为其具有的创新优势正是源于经济空间系统本身的运行机制所具有的优化协调结构和良性的运作功能，特别指出，创意产业集聚系统创新能力提高的重点在于集聚区系统内部演进的动力机制。

关键词：创意产业；产业集聚；技术创新；产业创新

一、引言

自 1998 年英国政府第一次正式提出创意产业的概念之后，创意经济浪潮便席卷全球。英国创意产业工作小组在 1998 年发布的《英国文化创意产业路径文件》中将创意产业定义为："源于个人创造力的技能及才华，而通过知识产权的开发和运用，可创造财富并增加就业潜力的产业。"[1]创意产业的发展已经成为发达国家和地区产业发展新的风向标，其发展规模和程度成为衡量一个国家或地区综合竞争力高低的重要标志。正因为如此，近年来，不少国家和地区都开始把创意产业作为战略产业和支柱产业，并采取相应的政策措施和手段来积极推动和扶持其发展。

国外对创意产业的研究主要围绕概念界定、产业特征、创意阶层和产业集聚等方面展开。两位美国学者凯夫斯[2]与霍金斯[3]在这个概念上的观点最有代表性，对于"创意产业"研究影响较大。目前关于创意产业特征的研究尚未形成比较统一的观点。凯夫斯[2]的研究颇具代表性，他从创意产品的艺术商业化的角度，对该产业的特征作了细致且系统的分析。佛罗里达[4]等学者指出了创意阶层的存在，一群拥有独特生活和工作方式的社会"创意阶层"对企业管理、产业组织及社会结构都将产生一定的影响。地理集中性的产业集聚被认为是创意经济

* 邓达，教授，中国政法大学商学院。

时代的重要特征。

与此同时，国内研究者密切跟踪国外最新研究进展，研究视角从对创意产业概念的诠释、国内外成功经验引介等方面，逐渐投射到对概念的深度理解与扩展。花建[5]、厉无畏[6]等介绍了创意产业概念的缘起、特征及本质，为创意产业在国内的研究做了概念上的铺垫。在国内，很多学者探讨了创意产业对经济发展的重要性。[7]

总体而言，国外学者对创意产业做了大量理论与实证方面的研究，国内的相关研究则处于起步阶段，对共性问题和定性研究比较多。就创意产业集聚的创新机理方面，尚没有专门的理论研究。本文首次将创意产业集聚区作为一个复杂经济系统和开放条件下的空间组织系统来研究，分析其创新优势的来源，即经济空间系统本身的运行机制所具有的优化协调结构和良性的运作功能。本文将通过图 1所示的结构对创意产业集聚系统具有的创新机理进行研究。

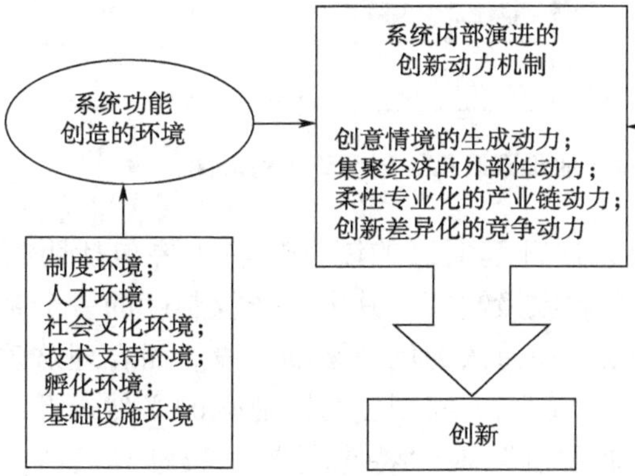

图 1　创意产业集聚系统的创新机理示意图

二、系统功能角度的创新环境

由创意产业集聚区构成的经济空间系统所具有的系统功能如图 2 所示，主要包括制度环境、人才环境、社会文化环境、技术支持环境、孵化环境和基础设施环境，并通过网络结构的作用产生动力，推动创意产业的创新不断向前发展。

（一）制度环境

创意企业是控制要素转移的主体，生产要素或资源向优势地理区位的集中过程，实质上是它们谋求因选址不同而获得生产率优势的过程。对所有企业而言，只有在存在利益关系的前提下，才可能导致要素的流动和产业的聚集。这种集聚在形成和完善过程中将逐渐构建良好的制度环境，为集聚区内产业的发展提供良好的条件。新制度经济学认为，制度的存在可以解决不断出现的社会问题，约束人们的竞争和合作方式。所以，制度的作用主要体现在两个方面：一是降低创新中的不确定性和交易费用；二是提高对创新的激励。这一核心功能的实现是通过降低创新活动中的交易成本、减少技术创新的外部性、减少技术创新活动中的不确定性和为创新创造合作机会等次一级功能来实现的。

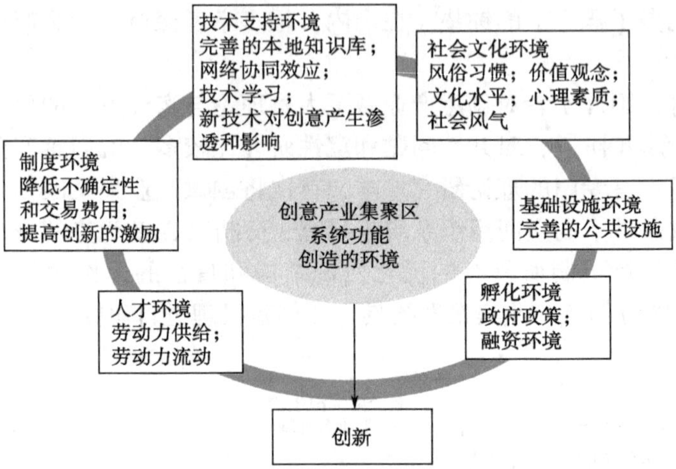

图 2　创意产业集聚区系统创新环境构成图

对创意产业集聚区创新能力提升起促进的制度环境主要包括明晰的产权制度、完善的市场制度和合理的财政政策制度。其中，产权制度的一个基本功能是激励，产权的确定是最经济有效、最持久的创新激励手段。而合理财政政策的选择是政府介入创意产业、促进技术创新、实现创意产业化的必然选择，也是促进创意产业发展的关键。通过“低税制”或“特惠税制”鼓励其发展，政府财政也可以通过对创意产业的直接投资、对风险投资业的资助和政府采购等方式扶持创意产业的发展。

（二）人才环境

衡量一个产业劳动力市场环境的标准，主要是指产业内劳动力的供给情况和劳动力在产业内的流动性。人力资本在创意产业生产中起决定性作用，创意人才的多样性带来文化的多样性，而文化创意正是在不同文化间的交流、碰撞中产生的，这又为创意产业的发展带来了活力和动力。创意产业集聚区为创意人才提供了相互交流、共享信息、相互启发的平台，同时也为人力资本的流动创造了良好的渠道。企业与创意人才的聚集带来大量信息的集中。无论从企业的角度还是创意人才的角度，这都会大大降低工作匹配的搜寻成本，从而使创意人才的流动更加便利。从整个产业的角度看，创意人才的流动实际上促进了创意产业核心生产要素的有效配置。

创意空间的形成不是如传统理论观点所认为的那样光靠吸引企业进驻或建设工业区就可以。佛罗里达的创意资本理论认为：创意人才掌握创意资本，他们对于地点的选择能够带动地方经济的增长，而他们比较偏好多元化、包容力大、对新观念开放的地方。[4]创意人才的聚集为城市带来了创意资本，而创意人才之所以会聚集在特定的地方，是因为该地方有独特的性质与吸引力。佛罗里达称这些特质与吸引力为地方品质。创意产业园区通常会在区域内形成吸引创意人才的地方品质，这种区域内的独特性质与生活风格会逐渐引领整个城市的风尚与潮流，改变城市的生活风格，吸引大批的创意人才源源不断地进入该城市，从而为该城市提供了构建创意城市的基础性条件。

（三）社会文化环境

创意产业发展所要求的社会文化环境包括产业内成员的风俗习惯和价值观念、劳动力资源平均文化水平、心理素质、主流的价值观念、社会风气等。它代表着深层次的社会文化环境，直接影响着人们是否有追求创新的热情，人与人之间能否建立起相互信任、相互合作的关系。事实证明，创意集聚区内具有独特的社会和文化环境，这种社会和文化环境作为一种隐含经验类知识，深深地影响着区域经济的发展，被称为创意情境（creative milieu）。[8]

很多学者的研究中提出，创意产业集聚过程中，创意情境提供了基本动力，让创意在最合适的环境中成长繁荣。“创意情境”的提出表明了一个地方思想和发明创造的前提是由硬件和软件公共设施组成，并允许面对面接触、网络化联系和思想流动。[9]这里的硬件基础设施指的是建筑物与制度所形成的联结，包括研究机构、教育文化设施、会议场所以及相关的支援服务，如交通、医疗保健等。软件基础设施则指的是社群结构与社会网络系统，有助于个人之间与制度之间观念的交流。城市中创意产业集聚的建立与发展可以提供营造创意情境所必需的硬件条件，在创意产业集聚的实体建设中，其地理位置与物理空间相应确定，同时伴随的则是相关基础设施的建设。一个规划设计适当、建设成功、发展良好的创意产业集聚区应当具有创意情境所必需的相关硬件基础设施。而对软件基础设施而言，创意产业中大量相关人员、企业聚集，同时各种观念、制度交汇，伴随着创意产业集聚的发展，相关要素自然会相互交织形成无形网络。这样，创意产业集聚在创意情境形成的软硬件基础条件上均发挥作用，创造出创意形成和技术创新的必要条件。

（四）技术支持环境

产业集聚使生产成本、仓储成本和物流成本都得以削减，也建立了竞争对手无法复制的竞争优势。这种优势存在于集聚区企业与合作伙伴的地理接近上，更存在于企业之间的无形网络中。创意产业的发展离不开技术创新，而技术创新需要一定的技术环境为支撑。在技术创新理论中，技术和市场被认为是技术创新的两个直接动力。绝大部分技术创新活动都来源于技术推动和市场拉动效应。技术环境是指一个区域的技术发展轨迹和技术水平，它是本区域企业技术创新和技术发展的基础。每一个企业只能在已有的社会技术环境中获取所需的知识，一个良好的技术发展水平可以推动技术创新和协同创新行为的发生；相反，如果技术水平低下，它也可能对技术创新活动产生制约作用。创意产业集聚的技术环境优越性主要通过企业网络体现出来。

1. 丰富的本地知识库和学习途径

即创新活动所要求的知识存量以及创造、学习和传播知识的途径。在创意产业集聚的发展过程中，区内积累了丰富的、完善的知识库，这些知识往往以经验、隐含类知识等未编码的形式存在，难以简单移植，在集聚区内部的企业间常以非正式交流的形式传播、交流和相互学习，技术创新活动体现出地域集中的特征，创新活动依赖于产业集聚。

2. 网络协同效应

创意产业集聚的企业网络具有较大的跨行业按需组合的特征，其主要构成包括：相关文化艺术创意设计方面的企业，提供高科技技术支持如数字网络内容方面的企业，企业国际化的策划推广信息咨询等方面的中介机构，文化创意产品生产企业，以及有经济管理、商品管理方面经验的公司。这种构成有助于开放集群内企业间的动态联系，构成立体的多重交织的产业链条网，形成综合融合的协同效应。

3. 新技术对创意的渗透和影响

高新技术的产生和现代工业的发展对传统艺术创作造成了巨大冲击，直接导致创作、创新的升级换代和现代更新。突出表现为各类创意产业的数字化步伐日益加快，信息化形成了虚拟空间，拓展了创意产业的领域，新技术极大促进了产业融合，不同行业的界限开始模糊，它们在信息化平台上互相交融，从而延长了创意产业的产业链。

（五）孵化环境

创意产业的集聚地——创意产业园区通常优惠政策充分、基础设施雄厚、创意人才云集，还有多元化的、宽松和谐的生活和工作氛围，这些要素共同创造了良好的孵化环境，促使文化创意企业不断繁衍和集聚。

孵化环境的一个重要环节是政府政策。在政府产业政策的指导下，创意产业园区可以获得鼓励企业投资发展的特殊政策，明确支持创意企业落户发展，特别是园区内的初创企业可以避免烦琐冗长的审批程序，获得税收优惠政策，甚至还能够得到一定的资金支持，度过初创企业常有的资金饥渴期。此外，创意产业园区也能够提供比成熟的商业写字楼更为低廉的租房成本，园区内创意企业之间产业链上的网络关系等也为初创企业提供了更多便利。简言之，创意产业园区在很大程度上降低了创业的成本，更有利于创意产业的发展。

孵化环境的另一个重要环节是融资环境。创意产业的创新和产品制造是一项高投入、高风险活动，需要大量的资金投入，这就需要建立包括政府投入、金融机构融资和风险投资在内的完整的融资体系。与国内大多数中小企业和民营企业一样，处于起步阶段的单个创意企业很难直接获得银行贷款。创意产业集聚形成以后，一方面便于政府制定优惠政策，增加政府资金的投入和金融机构的贷款投入，另一方面，产业集聚更能吸引风险投资家的目光，使他们在关注集聚区的过程中更容易了解行业发展动向，加快他们的投资决策进程，从而使集聚区内的企业更容易获得发展资金。在以上两方面的共同作用下，创意产业集聚区内的融资体系不断完善，为区域内的创新活动解决了资金不足的问题，从而加快了集聚区内创新的步伐。

（六）基础设施环境

创意产业的发展是以完善的基础设施环境为支撑的。这里的基础设施环境主要是指为本地创意产业创新主体服务的公共设施，如道路、自来水、公共交通、电力、通信、公用图书馆、公用实验室，公共信息服务机构等。这些具有公共物品属性的基础设施通常是由政府来提供的，产业的集聚有利于政府提供完善的基础设施。一个成熟的创意产业集聚区通常都有完善的基础设施，集聚区内的企业可以获得外部经济和规模经济的好处。同时，完善的基础设施也是集聚区保持竞争力和吸引外部企业进入的重要因素之一。集聚区内的企业通过这些创新基础设施，可以跨越许多无形的障碍，方便快捷地接触到创新思想的来源及知识、信息，从而有助于创新，促进产业的发展。

综上所述，创意产业集聚的形成和完善为创新提供和优化了制度环境、人才环境、社会文化环境、网络技术支持环境、孵化环境和基础设施环境，从而促进了集聚区内创新的发展。

三、来自外部的创新动力

一般来说，外部作用动力机制的主要推动要素是市场和政府。对于所有的经济系统来说，经济发展都是以市场为基础的；政府作为管理者，通过政策和规划调控市场，通过市场引导企业的行为。对于创意产业集聚区来说，创意氛围的形成有赖于政府对公共产品的提供和营造，政府对创意产业集聚区的干预最重要的是制度安排。尽管一个良性循环的经济系统是市场和政府共同作用的结果，但对于创意产业集聚区来说，政府的作用尤为重要。因此，本文将政府的作用看成是创意产业集聚区发展的重要条件，已在上一部分系统功能中分析，本部分重点分析市场的外部动力作用。

对于创意产业集聚区的发展来说，创意阶层早期选择“阁楼”和“旧城区”等破败了的地区创业，成本因素是很重要的原因，可以说正是市场价格调控机制的作用在引导创意产业区的演进与发展。当这种价格机制和创业主体结合在一起时，就形成了一种新的经济增长模式。在这里，完善的市场机制可以确保创意产业区合理的分布，并确保区内资源要素的合理流动、组合和产业结构的不断升级以及空间结构的有序性。产业集聚推动创新发展的市场机制通常包括竞争机制、成本机制、创新扩散机制和风险规避机制，如图 3 所示。

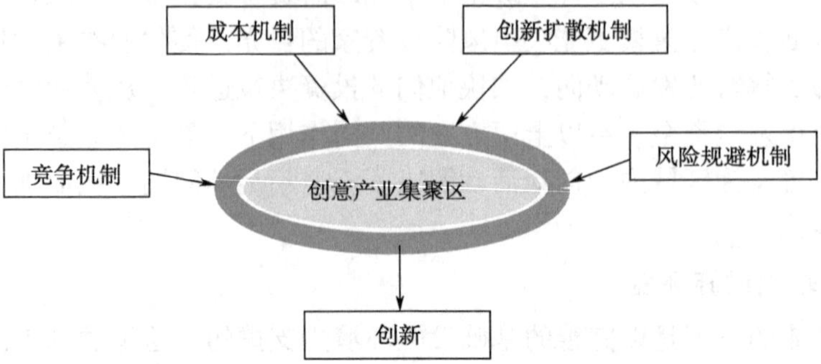

图 3　创意产业集聚创新外部动力示意图

（一）竞争机制

企业进行创新的基本动力是竞争，随着市场上参与企业个数的增加，竞争程度也随之加剧。创意产业以中小企业为主，在产业集聚的相对狭窄的地理范围内通常集聚着几十家甚至上百家企业，进行着同类或相似产品的生产，集聚区内的竞争非常激烈。而且集聚区内的企业在技术、管理等方面的竞争优势差异很小，这就迫使企业必须通过不断的创新来降低成本或实现产品差异化，以持续获取竞争优势。因此，与集聚区外的企业相比，集聚区内的企业更具有创新的动力。除此以外，在集聚区内，由于创新而获得的超额利润给其他企业以很大的压力和动力，从而推动所有企业重视技术升级和创新。正如波特所指出，“发生在集群内部的绝对性压力，包括竞争性压力、同等条件下的压力以及持续比较的压力激励着集群内企业进行创新以突出自己。”[10]

（二）成本机制

创意产业集聚区往往会成为创新过程所需要的创意阶层的汇集地，集聚区内的人才在数量和质量上都可以真正实现有效供给，集聚还能增加人才流动的机会，降低人才流动的成本，这就大大降低了企业在人力资源方面的搜寻成本和交易成本。此外，集聚区内的企业可以利用园区共同的硬件有形资源，极大地降低企业在创新过程中需花费的固定成本。而创意产业集聚区内企业对无形资源（信息、知识、技术等）的共享又使整个集聚区保持了充足的创新和竞争力。产业集聚效应还可以吸引风险资本的加入。

（三）创新扩散机制

技术创新是知识学习、知识转化的过程。按照 OECD 分类法，知识可分为编码化知识和隐含知识。在这两类知识中，隐含知识占据整个知识体系的绝大部分。从创意产业竞争优势的角度来看，起决定作用的往往是隐含知识。产业集聚为隐含知识提供了非正式方式传播的交换机制。产业集聚区内部企业地缘上的接近，区域内部形成共有的亚文化，为隐性知识的获得和传播带来了极大的便利。由于知识活动的外溢效应，地缘上的接近使得相互竞争的企业或者具有互补性生产活动的企业可以彼此受益。随着时间的推移，知识将不断积累，技能将在人员之间传递，尤其是当管理者和创意人才在区域内流动时，将更快地促进知识和技术在产业集聚区内的扩散。这样，产业集聚区内各个企业的知识和技能就可能在一定程度上逐渐成为集聚区内的公共知识。产业集聚为创新活动提供了一种其他组织模式难以获得的动力来源和传播途径，提高了区域内组织获得创新资源（隐含知识）的能力，从而极大地促进了技术创新活动的发展。

（四）风险规避机制

针对个性化消费的创意产品的技术创新是一个复杂的过程，存在技术和市场两方面的不确定性，但产业集聚能够降低单个企业在创新活动中所无法控制的风险。首先，在技术发展方向上，产业集聚有利于企业对主导产业技术路径的把握和对相关产业联动发展的先觉，了解产品的发展方向或潜在的市场空间，从而降低技术上的风险。其次，产业集聚使企业大大降低了创新的市场风险。企业参与到产业集聚中，当地强大的市场需求，特别是相关行业的需求使企业更容易发现产品和服务的市场缺口，寻找创新机会。生产商、用户在地缘上的聚集使企业能够获得大量与用户进行交流的机会，当地供应商和合作伙伴紧密地参与创新过程，确保与用户需求保持一致，而且缩短了创新的反馈回路，加快了企业的创新速度，使新产品尽快推向市场，抢占市场先机。

四、系统内部演进的创新动力机制

创意产业集聚区的演进发展是系统不断自我反馈、自我重构的过程，集聚经济在发展初期占主要地位，带来了专业化分工、竞争合作、交易成本和空间成本的降低，从而促使创意产业集聚区不断发展扩大，产业联系越来越趋于紧密，随着产业链的不断延伸，促使产业融合和关联度加深，不断创造出新创意和新产业。如图 4 所示，创意情境的生成动力、集聚经济的外部性动力、柔性专业化的产业链动力和创新差异化的竞争动力使集聚区中既有竞争又有合作，既有分工又有协作，形成一种互动的关联和竞合效应，激发创意产业不断创新，从而促进产业和区域竞争力的提高。

（一）创意情境的生成动力

创意产业集聚形成和发展的外部氛围被称为创意情境。很多学者论述了创意情境在城市发展中对创意产业集聚区形成和发展的重要性，认为它是创意产业集聚区发展的基本动力，这种“氛围”也形成了集群的创新文化。

创意产业集聚区的起源和发展是创意阶层的“集体企业家精神”的汇聚。在新经济背景下，创意阶层比以往任何时期的企业家都要求更多的新技术和充分的信息资源，所以对创新的推动力量更为明显。一方面，创意产业本身就是创意

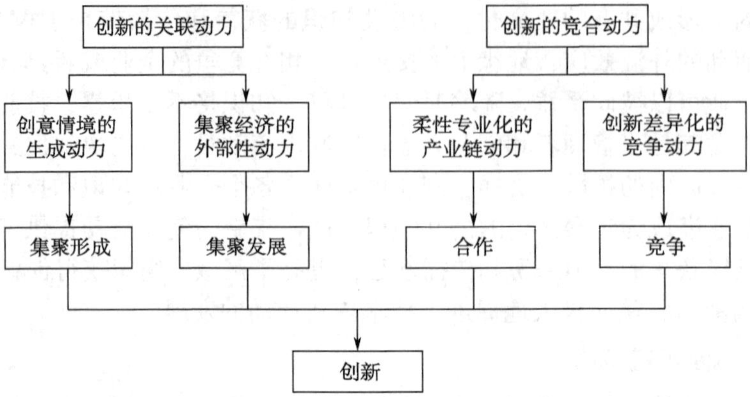

图 4　创意产业集聚系统内部演进的创新动力机制形成图

阶层利用文化和技术对传统已有的产业进行重新组合，完成了产业的创新；同时，创意阶层本身又是创意产品的重要消费团体，代表市场需求，并快速对市场和产品做出反应，表现出比其他企业家更强的创新能力。创意阶层对城市环境条件和设施的要求也是促进创意产业区发展和创新的动力，并在与其他产业结成的各种经济社会关系和网络中再创新，使其具有非线性创新模式的特点。创新情境和创新网络推动形成“学习型区域”，促使创意人才不断学习，不断交流和碰撞，从而使创新效应与新产品和服务方式的不断产生，促使创意产业集聚区走上高速、良性发展的路径。

（二）集聚经济的外部性动力

集聚经济（economics of agglomeration）是一种通过专门化经济和规模与范围经济的获得来提高效率、降低成本的系统力量，它是由集聚规模经济（包括内部、外部规模经济）和集聚范围经济或外部空间经济共同作用而形成的一种复合经济。现代意义上的集聚概念通常与波特提出的“产业群落”（industrial clusters）思想相联系。[11]波特认为，集聚主要是指在地理上一些相互关联的公司、专业化的供应商、服务提供商、相关的机构（如学校、协会、研究所、贸易公司、标准机构等）在某一地域与某一产业的空间集中，既相互竞争又相互合作的一种状况。群落形成的主要因素在于：一些企业在价值链上具有上下游关系；企业间的横向联系十分密切；企业与其他机构，如高校、科研机构紧密联系；灵敏经济基础的作用。产业群落及其集聚状况对经济空间发展可以产生良好的动力功能：第一，可以更经济地获得专业化的投入要素和人力资源；第二，可以更低成本地获取相关信息；第三，可以增强企业间的互补性；第四，可以低成本地获取公共产品；第五，可以提供更有效的激励。

创意产业集聚区从一开始出现就显现出了巨大的群落性集聚效应。实践证明，最初艺术家们选择租金便宜的阁楼和老仓库，看似被这些地区的低成本所吸引而集聚，事实上，更深层次的原因是这些地区靠近市中心，文化积淀非常明显，而且可以方便地获得信息、资源、公共产品和服务，获得“正外部性”经济。创意产业集聚区的发展是多元文化碰撞与交流而产生的火花，因此，集聚对于创意产业区的发展是必需的。创意产业集聚区的形成在于提供创意产业发展所需的各种信息、人才、发明和市场需求，由此把相关的各种企业、研发机构、大众传媒、工作室、艺术家俱乐部、服务机构、教育培训机构等组合在同一个空间。这样不但降低了开发成本，更重要的是能形成许多新的生产力组合。

（三）柔性专业化的产业链动力

柔性专业化（flexible specialization）的理论基础是分工和专业化。社会分工和地区生产专门化使柔性专业化生产成为可能。柔性专业化也称为“弹性专精”，源于刚性的“福特制”生产方式和弹性的“后福特制”生产方式的比较。20世纪50年代，日本丰田汽车公司倡导一种新的“即时生产”（just-in-time）方式，成为以“弹性生产”（flexible production）为标志的“后福特制生产方式”。由于其灵活特征明显，又称为“柔性专业化”、“弹性专业化”或“精益生产”（lean production）。“弹性”表明生产可随时依据需求或竞争的变化而加以调整，同时又无须为调整付出高昂的成本代价，产品多样化、小批量。“弹性”是后福特制生产方式众多变化中的关键要素，为此要求劳动者更倾向于具有多种技能。“专业化”则是与大规模生产比较而言的，使工人劳动、生产空间、设计和投产时间、库存量等都大幅度减少，从而提高了生产效率。

现代经济尤其是新经济的出现对生产“弹性”（即灵活性）的要求日益提高，对整个生产链条上各个部分之间的协作也提出了更高的要求。一方面，由于产品生命周期缩短，生产的各个过程都参与到创新的互动之中，要求上下游企业之间的协作非常紧密，沟通与交流也越发频繁；另一方面也要求从生产到市场整个生产链条上的分工更加紧密，增值服务越来越多地处于市场信息的搜集和整理阶段，以及设计和研究新产品、新工艺和新的管理运营方式之中。[11]这样，通过柔性专业化生产使上下游生产、服务环节和产品价值链紧密联系，实现时间与空间上的链动发展。

创意产业集聚区的特点是由于大量专业化分工的创意企业集聚一起，很容易使得区内企业通过专门化分工与协作实现规模产出。不同的行业，如高技术产业、新手艺制造业、文化产业（包括媒介、时尚消费）等部门集聚形成创意产业区，得益于地方劳动力市场的完善和生产网络的形成，特别是地方生产网络的形成，可以使创意产业集聚区组织管理呈柔性化特征（organisational flexibility），并具体表现在个体自由职业者以项目导向的团队工作为主的实时生产组织形式。这种实时生产使生产者倾向于改变过程和生产融合，反过来又不断地转换与其他生产者的联系，使产品符合消费者多样化和个性化的需求。这种专业化分工和互补性密集网络精确地提供了生产的弹性化，进一步推动了创意产业和其他相关产业与部门的链动发展，使创意产业区带有“柔性专业化”生产的固有特性，可以对不稳定和不确定的外部环境做出快速反应，并通过自增强的传导机制不断调整系统的演进路径，使系统能够不断创新，更具灵活性和创新力，为产品的差异性和创新性提供了可能。

（四）创新差异化的竞争动力

创意产业集聚的形成和发展是一种典型的“重复性囚徒困境博弈”。集聚区内的企业既有竞争又有合作，以此形成创意产业区有序演进的动力机制。一般而言，竞争的形成主要在于“同类产品的供应和销售”，而创意产业集聚区通过个人创造力生产的创意产品和服务，本身要想成为“创意产业”，一开始就是“独一无二的”，因而更容易形成“差异竞争”，也就是“创新竞争”。因此，跟一般产业区相比，创意产业区内的合作要大于竞争。在一般情况下，创意产业区更易达到“重复性囚徒困境博弈”的最优配置。创意产业区通过相同的产业空间和文化背景，上、中、下游企业形成产业链和价值链相互衔接且关系密切。企业在生产、服务、营销、培训等方面都有博弈行为，特别是由于信息资源比较开放健全，知识扩散速度也比较快，与相关机构彼此有条件的合作，即竞合能使各方获利，从而达到帕累托最优。

五、结论

综上，创意产业集聚形成以后，首先是通过建立制度环境、人才环境、社会文化环境、网络技术支持环境、孵化环境和基础设施环境等外在的创新环境，为创新主体创新能力的提高提供良好的条件；然后再通过集聚区内外创新主体间的不断磨合逐渐形成竞争机制、成本机制、创新扩散机制和风险规避机制等外部动力机制，实现创新主体创新能力的提升。更重要的是，创意产业集聚区的演进发展是系统不断自我反馈、不断自我重构的过程，集聚经济在发展初期占主要地位，带来了良好的集聚环境和外部环境，随着创意产业集聚区的不断发展扩大，产业链不断延伸、产业融合和关联度加深，通过创意情境的生成动力、集聚经济的外部性动力、柔性专业化的产业链动力和创新差异化的竞争动力，使集聚中既有竞争又有合作，既有分工又有协作，形成一种互动的关联和竞合效应，激发创意产业不断创新，从而促进产业和区域竞争力的提高。因此本文认为，创意产业集聚区创新能力的提高不仅依赖于创新环境的建立与完善，更得益于集聚区系统内部演进的动力机制。

参考文献

[1] Creative Industries Mapping Document 1998 [EB/OL]. [2020-11-04]. http://www.culture.gov.uk.

[2]CAVES R. Creative Industries: Contracts between Art and Commerce[M]. Cambridge, Mass: Harvard University Press, 2000.

[3]HOWKINS J. The Creative Economy: How People Make Money from Ideas [M]. Allen Lane: The Penguin Press, 2001.

[4]FLORIDA R. The Rise of the Creative Class[M]. New York: Basic Books, 2002.

[5]何增强,花建. 创意都市[M]. 上海:百家出版社,2007.

[6]厉无畏. 创意产业导论[M]. 上海:学林出版社,2006.

[7] Deng Da, Study on creative industries correlativity for sustainable economy [J]. Advanced materials research, 2014:962-965.

[8] LANDRY C. Creative city: A toolkit for urban innovation [M]. London: Comedia Earthscan Publication, 2000.

[9] PUMHIRAN N. Reflection on the Disposition of Creative milieu and its implications for cultural clustering strategies[A]. 41st ISOCARP Congress, 2005.

[10]波特. 竞争优势[M]. 北京:华夏出版社,2003.

[11]周维颖. 新产业区演进的经济分析[M]. 上海:复旦大学出版社,2004.

长三角、珠三角和环渤海经济区空间集聚效应比较研究

邓　达*

摘要：本文以我国长三角、珠三角和环渤海三大经济区作为研究对象，运用对Segal进行改进后的新模型，分析2000年以来三大地区的集聚效应。实证研究表明，三大经济区在样本期间均存在城市内和区域内城市间正集聚效应，能促进城市经济发展。从整个时期来看，长三角的区域内集聚效应程度最强，其次是珠三角，最弱的是环渤海地区。分时期看，长三角和珠三角的区域内集聚效应呈递增的趋势，而环渤海的区域内集聚效应变动并不明显，不存在时期上的变动趋势。在城市内集聚效应达到一定程度后，其集聚性会向周边城市扩散，使得区域内集聚程度加强。产业结构升级是导致集聚的一个重要因素，旧产业的淘汰和新产业的集聚会对整个城市及整个区域的集聚效应产生影响。

关键词：空间集聚效应；长三角；珠三角；环渤海；Segal模型

一、引言

在区域发展问题上，有关集聚的研究越来越受到关注。集聚是会促进经济发展，带来规模报酬递增，导致集聚正效应，还是会阻碍经济发展，带来规模递减，导致集聚负效应？长三角、珠三角和环渤海作为我国最发达的三个地区，无论是产业还是资本或是人口，都存在集聚特征。在经历了三十多年的高增长之后，中国经济步入新常态，板块经济亟待新的发展路径，在这样的背景下，对目前我国三大经济区域内部集聚效应的研究就显得尤为重要。本文将从空间集聚的角度分析我国三大经济区域的城市集聚效应和区域内城市间的集聚效应。

二、国内外文献综述

（一）集聚经济和集聚效应

集聚经济的含义较广，它既描述了经济活动在空间内集中的现象，又能表示成一个过程。一般而言，集聚效应可以表述为经济活动在地理上的集中，体现为

* 邓达，教授，中国政法大学商学院。

相同、相似或者互补的产业的地理集中所形成的产业群或区域网络。

马歇尔在1898年最先提出集聚经济的思想，却没有提出具体的概念；韦伯在20世纪初提出了集聚经济的概念。韦伯在研究工业布局问题时提出了集聚效应的概念，并建立了工业区位论。胡佛（1948）将规模报酬递增的含义引入集聚效应，并将集聚细化为三种：内部规模经济、地方化经济和城市化经济。科斯通过交易费用理论也解释了集聚，他认为，在一个地区，企业越多越可以增加交易频率，有助于减少厂商的交易费用；同时在这个地区，厂商由于空间位置较为接近，有助于信息的对称并节省厂商信息搜寻成本。保罗·克鲁格曼在解释集聚的产生时，认为有一种向心力把两个开始相类似的区域演化成一个核心与外围的产业集聚模式，而这种向心力来自于报酬递增、运输成本与要素流动所产生的相互影响。波特在1998年提出了新竞争经济学的产业集群理论，他认为产业集群能提高公司竞争力。

本文将集聚效应界定为在城市或地区在发展过程中，由于城市之间的分工与协作、统一的劳动力市场、技术和创新的共享，使得生产成本降低或产出增加，从而促进城市和整个地区的发展。

（二）三大经济区的集聚效应

对长三角、珠三角和环渤海经济区集聚效应进行研究的主要是国内学者。

魏忠、李杰（2006）的研究显示，滨海新区的优势在于产业集聚，如果要继续领跑环渤海地区，还需持续不断地提高其产业集聚能力，与此同时，还要加大基础设施建设的投资力度。吴楠（2007）在研究环渤海地区产业集群时发现，产业集群的内生变量和其产生的外部规模经济在一定的作用下会产生竞争优势，进而可以提高经济发展的速度，并且经济增长率与产业集聚程度和区域内差异化程度成正比。管福泉、诸保金（2010）通过一组金融发展指标对长三角区域金融一体化的情况进行了研究，并得出结论：其金融一体化发展相对过慢，且各地区的金融发展水平存在很大差异。杨卫欣（2011）对长三角、珠三角和环渤海地区的集聚效应进行计量，并从两个方面进行对比分析：在城市集聚效应上三大经济区都呈正值，由大到小分别是珠三角、长三角和环渤海地区，但区域的集聚效应很小。

（三）本文的研究目的

不同于以往文献只讨论产业集聚效应或者城市集聚效应，本文将集聚效应分为两个方面，一是城市内集聚效应，二是区域内城市间集聚效应，分别采用带有横截面加权的面板数据模型进行估计，并且采用了两种估计模型。本文不仅讨论整个样本期内的空间集聚效应，同时对三个地区均分阶段进行考察，检验了集聚效应的动态性，并进行三个区域和三个阶段的比较，结合三个区域的经济发展阶段，发现集聚效应和地区发展阶段之间的联系。

三、三大经济区空间集聚效应实证分析

（一）基于改进后的 Segal 模型与数据选取

1. 模型的设定

本文采用的是基于传统的 Segal 模型，引入新变量的函数模型。假定本文研究的长三角、珠三角和环渤海三大经济区的生产产出符合经典的柯布—道格拉斯生产函数形式：

$$Y = AgK^{\alpha}L^{\beta} \tag{1}$$

其中，Y，A，K，L 分别表示区域的产出、技术进步要素、资本存量要素和劳动力要素。α、β 分别表示资本存量对产出的弹性系数和劳动力要素对产出的弹性系数；g 也称为集聚因子，$g = BL^{\gamma}$，其中，B 为常数。

假定 $\alpha+\beta=1$，因此对于方程 $Y=AgK^{\alpha}L^{\beta}=ABL^{\gamma}K^{\alpha}L^{\beta}$，就可以通过观察 γ 系数来判断集聚效应的存在，如果 γ 系数显著大于0，就说明 $\alpha+\beta+\gamma>1$，即劳动力越大，产出规模越大，存在规模递增的正集聚效应；相反，如果系数显著小于0，就说明 $\alpha+\beta+\gamma<1$，即劳动力越大，产出规模越小，存在规模递减的负集聚效应；如果系数等于0或者统计不显著，就说明规模报酬不变，区域经济不存在集聚效应。

为了观察单城市（不含农村地区）的集聚效应以及区域内（城市间）的集聚效应，下面本文将建立新的模型，一方面用于观测城市经济的集聚效应是否存在及其强度如何，作为 Segal 模型的稳健性检验；另一方面将引入新变量，用来观察区域内集聚效应是否存在及其强度如何。下面建立如下的新模型：

$$\ln W_{it} = C + \beta \ln E_{it} + \mu_{it} \tag{2}$$

其中，$i=1, \cdots, N$，$t=1, \cdots, T$，分别表示城市截面维度和时期维度。W 为城市经济单位劳动力产出，E 为城市（不含农村）劳动力，β 为城市集聚效应。如果 β 显著大于0，说明存在正向的城市集聚效应；如果 β 显著小于0，说明存在负向的城市集聚效应；如果 $\beta=0$ 或者统计不显著，则表明不存在城市集聚效应。

为了检验区域内集聚效应，本文加入一个可以度量一个经济体（城市）与其他经济体（其他城市）之间联系紧密度的指标，Keith Head 和 Thierry Mayer（2002）指出，可以使用市场潜力指标对城市间是否存在经济关联进行衡量，实际上也是经济体与经济体联系紧密度的一个测量方式。如果用 M 来表示市场潜力，就可以建立如下方程模型：

$$\ln W_{it} = C + \beta \ln E_{it} + \phi \ln M_{it} + \mu_{it} \tag{3}$$

其中，M 为市场潜力因子，ϕ 即为区域内集聚效应。如果 ϕ 显著大于0，说明存在正向的区域内集聚效应；如果 ϕ 显著小于0，说明存在负向的区域内集聚效应；如果 $\phi=0$ 或者统计不显著，则表明不存在区域内集聚效应。

本文使用面板数据进行回归估计，在估计中进行模型选择以及是否加权的判断。

2. 变量选取和数据来源

对于城市实际产出 W，本文用城市内职工平均工资指代，尽管平均工资比单位劳动力产值要小，但二者理论上有较强的相关性，在（工业）企业计算增加值时，劳动者报酬比重大概占到70%左右。对于城市就业劳动者数量 E，地区统计年鉴中包含有城镇单位的就业人员数量，本文用该指标代替。对于市场潜力 M，本文参考 Head 和 Mayer（2002）的计算公式：

$$M_j = \sum_i \phi_{ij} u_i Y_i \tag{4}$$

受数据所限，本节模型估计选择的样本期间为 2003—2014 年，数据来源于历年《中国区域经济统计年鉴》和《中国城市统计年鉴》。

（二）三大经济区域的集聚效应估计结果及分析

1. 三大经济区域的估计结果

表 1 显示了采用新模型估计的三大区域城市经济集聚效应的结果，其中每个区域中前面三列是未引入市场潜力时的方程结果，后面三列是引入市场潜力时的方程结果。可以看到，三大区域都拒绝了随机效应，最终选择固定效应模型。在估计过程中用横截面加权作为调整。

表 1　基于新模型的三大经济区域估计结果

区域	因变量	lnW					
	模型	混合回归	固定效应	随机效应	混合回归	固定效应	随机效应
长三角	C	6.481	6.597	6.476	6.112	6.152*	6.136*
		-0.168	-0.123	-0.14	-0.107	-0.075	-0.083
	lnE	0.108**	0.120**	0.111**	0.106*	0.073**	0.088**
		-0.021	-0.013	-0.015	-0.057	-0.042	-0.045
	lnM	–	–	–	0.053***	0.049***	0.055***
					-0.008	-0.002	-0.003
	F test and Prob	7.87（0.000）			9.82（0.000）		
珠三角	C	5.383*	5.485	5.518*	5.116*	5.422*	5.334*
		-0.085	-0.112	-0.079	-0.052	-0.083	-0.083
	lnE	0.085**	0.076**	0.078**	0.083*	0.071**	0.074*
		-0.021	-0.018	-0.019	-0.077	-0.048	-0.063
	lnM	–	–	–	0.041***	0.035***	0.036***
					-0.003	-0.001	-0.002
	F test and Prob	8.92（0.000）			7.25（0.000）		

续表

区域	因变量	lnW					
	模型	混合回归	固定效应	随机效应	混合回归	固定效应	随机效应
环渤海	*C*	3.425*	3.520*	3.522*	3.528*	3.501*	3.533**
		−0.076	−0.062	−0.067	−0.052	−0.053	−0.039
	ln*E*	0.061**	0.057**	0.060**	0.040*	0.059**	0.042*
		−0.028	−0.036	−0.024	−0.071	−0.048	−0.063
	ln*M*	–	–	–	0.023***	0.025***	0.022***
					0	−0.001	0
	F test and Prob	6.55（0.000）			8.19（0.000）		

（1）长三角地区的估计结果。

根据 ln*E* 变量系数可以看出，城市劳动力增长对长三角区域城市经济发挥了正效应。ln*E* 变量系数（β）为 0.073>0，显示在 5%概率水平下统计显著，说明长三角地区存在城市的正集聚效应。ln*M* 变量系数（ϕ）为 0.049>0，且高度统计显著，说明市场潜力能增加城市居民的工资水平，即存在区域内（城市间）空间集聚效应。

（2）珠三角地区的估计结果。

与长三角地区相同，城市劳动力增长对珠三角区域城市经济也发挥了正效应。珠三角地区同样存在城市的正集聚效应。ln*M* 变量系数（ϕ）为 0.035>0，且高度统计显著，说明市场潜力能增加城市居民的工资水平，即存在珠三角区域内空间集聚效应。

（3）环渤海地区的估计结果。

与前两大经济区相同，城市劳动力增长对环渤海区域城市经济发挥了正效应。观察 ln*E* 变量系数（β）为 0.059>0，显示在 5%概率水平下统计显著，说明环渤海地区同样存在城市的正集聚效应。ln*M* 变量系数（ϕ）为 0.025>0，且统计显著，说明市场潜力能增加城市居民的工资水平，即存在环渤海区域内空间集聚效应。

2. 分阶段的三大区域估计结果

为比较不同时期三大区域是否存在集聚效应以及集聚效应的变化趋势，下面将对样本期进行划分估计，将 2000—2014 年分为三个阶段，分别是 2000—2007 年、2008—2010 年和 2011—2014 年。第一个阶段是我国经济高增速期，第二个阶段是国际经济危机时期，第三阶段是我国经济转型调整期。表 2 是三大区域在三个时期的样本模型估计结果，可以看出，F 统计量检验对应的概率水平和

Hausman 统计量检验对应的概率水平表明模型都选择了面板数据固定效应。

表 2 基于新模型的分阶段三大区域估计结果

区域	因变量	lnW					
	时期	2003—2007	2008—2010	2011—2014	2003—2007	2008—2010	2011—2014
长三角	C	6.303	6.357	6.454	6.218	6.022	6.118*
		-0.152	-0.13	-0.141	-0.214	-0.161	-0.095
	lnE	0.104**	0.081**	0.075**	0.069**	0.045**	0.034*
		-0.047	-0.042	-0.039	-0.029	-0.027	-0.062
	lnM				0.037***	0.041***	0.052***
					-0.001	-0.004	-0.002
珠三角	C	5.428	5.389	5.272	5.651	5.711	5.456*
		-0.154	-0.162	-0.129	-0.116	-0.152	-0.081
	lnE	0.077**	0.061*	0.065**	0.055*	0.046**	0.048**
		-0.029	-0.052	-0.046	-0.069	-0.026	-0.042
	lnM				0.026***	0.033***	0.047***
					0	0	-0.002
环渤海	C	3.795**	3.656**	3.725**	3.737**	3.224**	3.689**
		-0.036	-0.022	-0.027	-0.042	-0.043	-0.048
	lnE	0.052**	0.064**	0.072**	0.044*	0.051**	0.060**
		-0.045	-0.034	-0.026	-0.052	-0.019	-0.033
	lnM				0.025***	0.028***	0.027***
		—	—	—	-0.001	-0.001	0

（1）长三角地区分阶段估计结果。

观察空间弹性系数 lnE，与前面一致有下降的趋势，说明随着长三角地区工业化进程的深入和产业结构的调整，以往的产业集聚效应对经济的正效应逐渐减弱。观察市场潜力 lnM 的变量系数，可看到系数递增，城市（间）即区域内经济集聚效应是上升的。

（2）珠三角地区分阶段估计结果。

观察城市集聚因子指标 lnE，可以看到变动幅度不大，说明在三个时期珠三角地区都存在区域经济的城市空间集聚效应，但集聚程度变化不大，并没有呈现出递增或者递减规律，观察到市场潜力 ln*M* 的变量系数递增，说明对于珠三角地区，城市（间）即区域内经济集聚效应同样是上升的。

（3）环渤海地区分阶段估计结果。

城市集聚因子指标 ln*E* 在三个阶段递增，说明在三个时期环渤海地区都存在区域经济的城市空间集聚效应，并且集聚效应有递增的趋势。再观察引入市场潜力时的方程估计结果，可以看出，集聚经济效应在环渤海地区处于上升状态。再观察市场潜力 ln*M* 的变量系数，可以看到变动不大，说明对于环渤海地区，城市（间）即区域内经济集聚效应处于一种平稳状态，并未出现明显上升或下降。

（三）小结

根据上述实证分析可以看出：从整个时期来看，无论是城市内集聚效应还是区域内集聚效应，长三角地区的集聚效应程度最强，其次是珠三角地区，最弱的是环渤海地区。不过，从时期比较来看，长三角地区的城市内集聚效应和区域内集聚效应都呈现递减趋势，珠三角地区变化不明显，而环渤海地区的城市内集聚效应和区域内集聚效应都呈现上升趋势。在近期的样本内（2011—2014 年样本），三个地区的集聚效应强度发生了改变，城市内集聚效应方面，环渤海地区最强，长三角地区最弱，但区域内集聚效应方面仍然是长三角地区最强，环渤海地区最弱。

实证结果说明，三大经济区域的产业集聚程度不一，集聚效应也随着经济发展状况、产业结构调整等发生改变。在城市内集聚效应达到一定程度后，城市内的正集聚效应会减弱，而区域内的正集聚效应会增强。因此，需要因地制宜，在对本地区优势产业进行集聚性发展的同时，要兼顾地区之间产业的联系，不仅是区域内城市间的产业协作，也可以在区域与区域之间进行协同发展，使经济体之间优势互补，通过先进技术的引导带动落后地区发展。

四、三大经济区空间集聚效应差异与成因分析

（一）三大经济区的集聚特点

通过前面建立的模型，对长三角、珠三角和环渤海经济区的城市内、区域内集聚效应的实证测量后，可以发现三大经济区的集聚效应与地区的经济和社会发展结构是相联系的，下面就差异现象进行讨论。

1. 长三角地区

长三角地区是中国民营经济最发达的地区，推动长三角地区经济快速发展的一个要素是资本，产业纷纷崛起，快速地形成了产业集聚效应。继而带来与之相配套的资本、人才、技术、金融等的集聚。温州模式和苏南模式是 20 世纪末 21 世纪初长三角地区集聚经济的初始模型，在这些模式下，长三角地区城市和农村经济都获得了快速发展，也为后来深层次的产业集聚奠定了资金、人力和资源基

础。21世纪后，长三角地区主要在产业集聚和产业升级两个方面进行了快速飞跃。在产业集聚上，温州模式尽管存在多种弊端，但政府合理引导和市场制度规范后，也演变成了其他地区产业集聚的模板，江浙大地出现了一个个产业集聚点，如海门家纺、海宁皮革等，这种制造业的“产业集群”一度引领着江浙经济的快速发展；而在产业升级上，主要是以上海为代表，在2008年全球性经济危机后，加工贸易和出口导向的企业大批倒闭，逼迫大量企业开始走转型升级道路，政府部门也出台大量文件，促进地方产业结构转型。

2. 珠三角地区

珠江三角洲地区是我国外向型经济最发达的地区，改革开放的起点可以说也是珠三角。改革开放以来，珠三角地区凭借其毗邻港澳、靠近东南亚的地缘优势和大量华侨资源，与我国台湾、南亚和东南亚地区经贸往来密切。珠三角以“三来一补”“大进大出”的加工贸易起步，大量吸引了境外投资。实际上，珠三角的发展模式与长三角有相同点，即都是利用外部资源进行加工贸易，不同的是，珠三角是外来（境外）加工，长三角是以国内市场需求来加工。

珠三角地区的产业多属于劳动密集型产业，产业发展中最有代表性的就是东莞模式。东莞模式最突出的特点就是外向性：外资主导、外部技术消化、出口导向。也正是在承接外来加工的过程中，企业规模越来越大，使得当地出现了加工贸易的集聚产业区，如电子加工、玩具加工等产业的集聚。

总体来看，在珠三角过去二十年实施外向型带动战略的过程中，市场导向起到了决定性作用，并在发展过程中逐渐形成了各地的加工贸易业规模报酬递增的正集聚效应。

3. 环渤海地区

环渤海地区处于东北亚经济区的中心地带，相对来说，环渤海地区在三大经济区中发展相对落后。首先，该地区的产业优势不明显，没有突出的产业集群，同时资本、人力资源也偏向于京津两地，山东和辽宁的资源较少。在历史产业发展中，环渤海地区形成了自身的产业集聚，但是在发展过程中，各地区的产业集聚对经济发展带来的效应开始分化，甚至部分地区由于对某一支柱产业依赖过重，使得产业集聚甚至出现负效应。

（二）集聚差异成因

1. 从集聚力和扩散力理论的角度

以Krugman（1991）以及Fujita（1999）等为代表的新经济地理学理论指出，当一个地区的经济出现了外部要素冲击使得该地区的产业或者市场的规模扩大，会带来两方面的效应，首先是随着资源、人力的不断集中，会产生市场的扩大效应和集聚效应，其次是当要素和市场集聚达到一定程度后，因产能过剩问题，会产生一种与集聚相反方向的扩散力，这种力量将阻止产业集聚的持续。

对于三大经济区集聚效应的变动，长三角地区存在集聚效应递减趋势，珠三角地区集聚效应的时间趋势不明显，而环渤海地区存在集聚效应递增趋势。本文认为导致这一差异的原因与各自地区经济产业集聚所处的阶段有关。近十几年的发展实践表明，长三角地区经济发展最前，已经进入后工业化时代，整体产业面临着转型升级，因此，尽管仍然有正向的集聚效应，但城市内部的扩散力已经超过集聚力，同时也可以看出，城市与城市之间的联系紧密度开始上升，即区域内的集聚性处于上升阶段。对于珠三角地区，目前来看集聚程度也较高，但珠三角以往多是基于外贸加工业的产业，在产业转型上具有较大的回旋空间。这几年来，珠三角地区的产业置换逐步推进，传统的外贸加工业规模减小，取而代之的是快速崛起的优势制造业，而这些产业正处于集聚阶段，最终使得整体上的集聚效应变化不大。对于环渤海地区，则表现为集聚效应递增，该地区在 21 世纪以前的工业主要以重工业为主，随着政府推动产业转型，新产业逐步进入环渤海地区，而这些产业远未达到集聚状态，这就导致产业集聚程度在上升，同时产业集聚也对经济产生正效应。

2. 从产业结构调整的角度

2011 年开始，国家提出了加快产业结构调整、经济转型升级的发展思路。对于本文的三大经济区而言，更是有转型发展的迫切要求。在经过 2000—2007 年这一阶段的快速发展后，三大经济区都出现了快速增长，工业企业无论从数量上还是规模上都迅速扩大，同时产业集聚程度也在加强，但经济危机以前却存在一个较为严重的现象，大量的中小企业倒闭，而这些中小企业主要是从事传统的加工制造企业，并且多分布在长三角、珠三角地区，这就促使当地政府加快认识到转型升级的重要性。

长三角地区是最早实施工业企业转型升级的地区，也正是因为转型升级，使得原先已经成熟的产业集聚程度开始减弱；对于珠三角地区而言，城市内的集聚效应变动不明显。随着交通物流改善、产业间协同作用的加强，珠三角区域内部城市间的集聚效应也在递增；环渤海地区是三个地区中产业发展最落后的，并且区域内城市间的发展差距较大，近几年来，山东、辽宁和河北已经开始走长三角地区几年前的工业化道路，并且由于有自然资源、劳动力成本低，这些产业发展更加快速，这就使得集聚程度上升，集聚效应明显。

五、结论与建议

本文主要以我国长三角、珠三角和环渤海三大经济区作为研究对象，运用对 Segal 进行改进后的新模型，分析 2000 年以来三大地区是否存在城市内集聚效应以及区域内城市间集聚效应。通过带有横截面加权的面板数据模型（GLS panel data）估计方程，最终得到以下研究结论：

（1）三大经济区在样本期间均存在城市内集聚效应，集聚能促进城市经济发展（即正集聚效应）。从整个时期来看，长三角地区的集聚效应程度最强，其次是珠三角地区，最弱的是环渤海地区。分时期看，长三角地区的城市内集聚效应呈现递减的趋势，珠三角地区前后期变化不明显，而环渤海地区的城市内集聚效应呈现上升趋势。近期（最新的样本阶段）三个地区的城市内集聚效应强度发生了改变，环渤海地区最强，长三角地区最弱。由此说明区域城市内集聚效应并不是不变的，在集聚达到一定程度后，集聚效应反而会减弱。

（2）三大经济区在样本期间均存在区域内城市间集聚效应，并且该集聚效应为正，能促进城市经济的发展。从整个时期来看，长三角地区的区域内集聚效应程度最强，其次是珠三角地区，最弱的是环渤海地区。分时期看，长三角地区和珠三角地区的区域内集聚效应呈现递增的趋势，而环渤海地区的区域内集聚效应变动并不明显，不存在时期上的趋势。此结果说明，在城市内集聚效应达到一定程度后，其集聚性会向周边城市扩散，使得区域内集聚程度加强。

本文对实证结果进行了解释，认为一方面，当一个地区的产业集聚发展到一定程度后，尽管其对经济仍然有正向作用，但扩散力开始增强。长三角地区城市内集聚效应之所以开始减弱，主要是已有足够高的城市集聚度，而新进入企业反而会导致边际集聚效应递减，相反，对于环渤海地区，其产业集聚度还不高，因此边际集聚效应仍有上升空间。产业结构升级也是导致集聚的一个重要因素，旧产业的淘汰和新产业的集聚都会对整个城市以及整个区域的集聚效应产生影响。

对于长三角地区，政府部门要逐渐抛弃支柱产业为大的思想，要用市场经济思维，以社会需求为导向，逐步培养适合本地发展的主导产业，使主导产业代替原先的支柱产业，并形成正向集聚效应；对于珠三角地区，要坚持两方面的思维，一是坚持腾笼换鸟的政策策略，逐步淘汰或转移旧的低端的传统加工贸易产业，引进新兴战略产业。另一方面，要用机器人来代替逐渐上升的劳动力成本；对于环渤海地区，要继续扩大产业集聚度，与此同时，要积极探索更加适合本地区发展的产业，因地制宜，发展与本身优势互补的产业，进一步加强区域内部城市间的协作。

参考文献

[1] DAVIS M A, FISHER J D M, TM Whited. Macroeconomic implications of agglomeration [J] Econometrica, 2014, 82(2): 731-764

[2] BRIANT A, COMBES P-P. Does the size and shape of geographical units jeopardize economic geography estimations [M]. Paris: Paris-jourdan Sciences Economiques, 2007.

[3] CARLINO. Manufaeturing agglomeration economies as return to scale: a production function approach [J]. Papers in regional science, 1982(50): 95-108.

[4] SEGAL D. Are there returns to scale in city size? [J]. The review of economics and statisties, 1976(58): 339-350.

[5] 魏忠，李杰. 产业集聚与区域经济增长：滨海新区与环渤海发展新探讨[J]. 天津社会科学，

2006(4):65-68.
[6]吴楠,刘保珺．工业经济增长集聚弹性研究:对中国三大经济圈的实证分析[J]. 统计与信息论坛,2007(2):89-93.
[7]管福泉,褚保金．长三角区域金融发展水平对比分析[J]. 经济纵横,2010(03):55-58.
[8]杨卫欣．三大经济圈集聚效应研究[D]. 广州:暨南大学,2011.
[9]戴志敏,罗燕．我国特大城市金融辐射力提升路径[J]. 开放导报,2016(1):21-25.
[10]国家发改委国土开发与地区经济研究所课题组,肖金成,李忠．京津冀区域发展与合作研究[J]. 经济研究参考,2015(9).
[11]赵勇,魏后凯．政府干预、城市群空间功能分工与地区差距:兼论中国区域政策的有效性[J]. 管理世界,2015(8):14-29.
[12]赵娴,陈阳．空间经济视角下"经济引力"模型的构建与运用:以2013年环渤海经济圈数据为例[J]. 商业经济研究,2015(36):36-38.
[13]颜洋明．文化产业集聚与城市经济增长的关系研究[J]. 商场现代化,2015(27):248-249.
[14]朱舜．长三角及其经济腹地城市化空间格局优化的区域治理研究[J]. 中国行政管理,2015(12):64-67.
[15]梅志雄,徐颂军,欧阳军．珠三角县域城市潜力的空间集聚演化及影响因素[J]. 地理研究,2014(2):296-309.
[16]隆宏贤,姚楚君．珠三角区域研发产业空间集聚及影响因素研究[J]. 科技管理研究,2014(7):185-190.

乡村振兴与城市化

贫困农村教育收益率影响因素研究*

——基于 CGSS 2017 调查数据实证分析

黄立君　杜函辉**

摘要：贫困问题是任何一个国家都不能忽视的问题，而发展教育是解决贫困问题最好的手段。本文通过建立明瑟收入函数计量模型，测量我国贫困农村的教育收益率，以此衡量教育收益率的影响因素。通过对明瑟收入函数的多元回归分析，本文发现，教育收益率与受教育水平呈正相关，收入与工龄呈正相关；同时收入还受到性别差异的影响，男性收入比女性要高。针对这些研究成果，本文提出了两个政策建议：一是着力发展高等教育，二是规范教育财政投入机制。

关键词：贫困农村；教育收益率；明瑟收入函数

一、绪论

伴随着我国经济的不断发展，人民生活质量不断提高，社会日益和谐稳定，但农村贫困问题仍然是一个不容忽视的问题。十九大报告明确指出，在我国现行标准下，2020 年农村贫困人口要实现脱贫，贫困县全部摘帽，解决区域性整体贫困，做到“脱真贫、真脱贫”。为实现这一宏伟目标，中国政府采取了产业扶贫、转移就业、教育扶贫、移民搬迁、社会保障、医疗救助等一系列精准扶贫措施，旨在帮助贫困人口彻底脱离贫困。其中，教育被认为是帮助贫困人口脱贫的最有效手段和增强贫困人口可持续发展能力的根本举措。而贫困农村教育面临的严峻问题是教育资源严重不足，农村学校、教师以及学生受重视程度不够，由此造成了越来越多的教师不愿意留在农村学校教书的现象。对比城乡教育，农村和城市的教育差距明显，一是国家教育资源分配不均；二是教师很少往贫困农村流入。因此，研究贫困农村教育发展的道路是非常有必要的。

本文旨在探究影响我国贫困农村教育发展的因素，找寻我国贫困农村教育投

* 本文感谢国家社科基金后期资助项目（19FJLB006）的资金支持。本文为中国政法大学第一批“课程思政示范课”（2019）阶段性研究成果。

** 黄立君，副教授，中国政法大学商学院。杜函辉，政治经济学专业硕士生，中国政法大学商学院。

资的正确方式，从教育收益率的角度来研究贫困农村教育的产出，分析教育收益率的影响因素。教育收益率是个人因社会增加其受教育数量所得到的经济回报的一种测度，所以教育收益率是测量贫困农村教育产出的一种重要方式。本文通过明瑟收入函数来研究我国贫困农村教育收益率的影响因素。通过对我国贫困农村教育发展阻碍因素的成因等加以分析，找出我国贫困农村教育结构存在的问题，以及投资应该集中在哪个方向才能使得我国的特殊教育得到有效发展，以明确我国贫困农村教育的投资方向，优化贫困农村教育投资效果和贫困农村教育经费支出结构，从而提高贫困农村教育的投入产出效率和收益率。

二、文献综述

在已有文献中，学界对教育收益率的研究成果较为丰富。黄林芳(2005)运用了因子分析方法，通过分析高等教育的经费投入和产出这两个因素，对相似的变量进行了相关分析，构建了一个指标体系，分析和评价了我国高等教育投入和产出的效率；薛海平、郭俞宏(2011)分析了我国对义务教育阶段学校资源的投入数据，并对它们进行了实证分析；杨斌(2011)对我国农村教育投入的数据进行了收集，并用 Tobit 计量模型进行了 OLS 回归估计，找出了影响我国农村教育投入的各项因素。关于教育收益率，国内学者已经有了大量的成果。农村居民的教育收益率要远远低于城镇居民，这可能是由教育资源的分配不均衡所导致的(王海港等，2007；杜两省、彭竞，2010)；不同城市之间的教育收益率也有所不同，一线城市的教育收益率要高于其他城市；不同地区之间的教育收益率也不同，中西部地区的教育收益率要低于东部地区的教育收益率(聂盛，2005；梁润，2011；李春玲，2013)；不同家庭背景下的教育收益率也不相同，贫困家庭的教育收益率比非贫困家庭的教育收益率要低(黄斌等，2014)；教育收益率在不同收入群体间也有差异，低收入群体的教育收益率要比高收入群体高(张永丽、李青原，2018)；农村居民的教育收益率随着他们个人收入的变化而变化，随着个人收入的提高，农村居民的教育收益率先升高后趋于平缓(赵显州，2015)，等等。纵观上述研究，我国对于普通教育教育收益率各方面的影响因素研究得很是透彻，但是对于贫困农村教育收益率影响因素的相关研究却很少。研究贫困地区农村教育收益率的具体影响因素，能够反映出教育作为一种人力资本投资对贫困地区教育的收益，而收益的高低能够反映对贫困农村地区的教育投资是否充足，从而能够更好地为贫困地区教育事业、经济发展以及加速脱贫提出切实可行的建议。

可以看出，现有研究对教育收益率各方面影响因素的探讨也比较深入，但是很少关注影响贫困农村教育产出的具体影响因素，很少有学者关注贫困农村的教育收益率。本文尝试通过研究人力资本来研究贫困农村教育收益率的影响因素，运用明瑟收入方程和工资差异理论对贫困农村教育收益率进行分析，找出我国贫困农村教育收益率的各项影响因素，期望能对我国贫困农村地区教育的发展提出建设性的意见，促进我国贫困农村教育的发展。

三、模型设计

（一）明瑟收入函数

本文研究的是特殊教育的教育收益率。衡量教育收益的指标有很多种，本文选取了人力资本这一个指标，因为人力资本一般是通过教育来获取的。因此，本文使用明瑟收入函数这一计量模型来研究贫困农村地区的人力资本，以此来测算贫困农村地区人们的教育收益率，衡量贫困农村教育收益率的影响因素。

明瑟收入函数是人力资本理论中的模型，它是研究收入决定的一个函数，利用这个模型我们可以研究教育收益率的各项影响因素，并且测算出教育收益率的具体数值。在这个模型中，一共包含了两个基本变量，一个是受教育年限，还有一个是工龄。在这个模型中，教育收益率就是其中一个变量受教育年限的系数，也就是明瑟收益率，它的含义是人们平均每多接受一年的教育可引起的收入增加率。从这里可以看出，明瑟收入函数就是字面上的含义，是一个研究收入由什么因素来决定的模型。我们还可以根据需要以及研究目的来对模型进行扩展，在模型当中加入所需的虚拟变量或者其他控制变量，比如性别、地区、婚姻状况、工作部门等。

（二）变量以及模型设计

明瑟收入函数只考虑了两个变量对工资收入的影响，一个是受教育年限，相当于我们在学校所获得的知识等；二是工龄，也就是工作经验，这是衡量我们在社会中通过工作所学到的东西。于是，我们可以将明瑟收入函数的计量模型通过数学公式表达如下：

$$\ln Y = \gamma + rS + uEX + \varepsilon \tag{1}$$

式中，$\ln Y$ 是对个人工资收入取对数后的变量，Y 表示收入，S 为受教育年限，EX 表示人们的工龄，也就是工作经验，r、u 代表每个变量的回归系数。系数 r 是教育收益率，它表示人们每接受多一年的教育可引起的收入的增加率。

在中国，受教育水平一般被划分为几个阶段，所以公式（1）可以变化为：

$$\ln Y = \gamma + r_i S_i + uEX + \varepsilon \tag{2}$$

按照中国的国情，公式（2）可以具体写成：

$$\ln Y = \gamma + r_1 S_1 + r_2 S_2 + r_3 S_3 + uEX + \varepsilon \tag{3}$$

这里 S_1、S_2、S_3 分别代表 3 个阶段的受教育水平，分别是初中、高中、大学及以上。

在上述公式当中，只考虑了受教育年限以及工龄对个人收入和工资的影响。但是，众所周知，影响收入和工资的因素有很多种，不同地区之间存在着收入差异，性别差异同样会影响就业者收入。本文研究的是贫困农村地区人群，所以剔除了地区差异的影响。方程还应加入性别差异这一变量，公式具体写成：

$$\ln Y = \gamma + r_1 S_1 + r_2 S_2 + r_3 S_3 + uEX + eX + \varepsilon \tag{4}$$

其中 e 表示性别对收入的影响，X 表示性别，当就业者为男性时，X 取 1，就业者为女性时，X 取 0。公式(4)就是本文对贫困农村教育收益率研究的主要计量模型。

四、实证结果及分析

(一)数据基本情况

本文的数据来源于 CGSS 2017 年的社会调查数据。本文共选取了 282 个样本，但是本文选择了有收入的贫困农村地区人群，剔除了不符合条件的样本，并整合出相关的数据，共选取了符合筛选条件的样本劳动力数 185 人。样本基本情况如表 1 所示。

表 1　样本基本情况

	样本总数	男性	女性
劳动人数(人)	185	115	70
平均受教育水平(年)	6.2	7.3	4.9
平均年收入(元)	29 338.5	32 763.9	23 710.9

从表 1 我们可以清楚地看到。在教育概况方面，男性劳动力的平均受教育水平要高于女性，男性平均受教育水平为 7.3 年，女性平均受教育水平为 4.9 年，这意味着贫困农村地区人群中男性比女性更容易接受教育。在收入水平方面，男性的平均年收入要高于女性，男性平均年收入为 32 763.9 元，女性平均年收入为 23 710.9元，男性平均年收入约为女性的 1.38 倍，这表明在社会就业中，可能还是存在性别歧视。

(二)受教育水平与收入水平之间的关系

本文将受教育水平分为 3 个不同的层次：初中相当于接受教育 9 年，高中相当于接受教育 12 年，大学及大学以上相当于接受教育 16 年。为了探究受教育水平和收入水平之间的关系，本文将男性和女性的受教育层次以及相对应的收入选取出来，见表 2。

表 2　男、女劳动力受教育层次情况

	初中及以下	高中	大学及以上
占总样本百分比(%)	59.5	16.2	24.3
男性占总样本比例(%)	37.3	13.0	11.9
占男性比例(%)	60.0	20.9	19.1
男性年平均收入(元)	22 927.5	36 660	59 364

续表

	初中及以下	高中	大学及以上
女性占总样本比例(%)	22.2	8.6	7.0
占女性比例(%)	58.6	22.9	18.5
女性年平均收入	14 335.7	33 750	40 923

从表2可以看到,随着受教育水平的提高,男性和女性劳动力的工资也相应地增加。我们还看到,在同一个受教育水平,男性劳动力的年平均工资要比女性劳动力的年平均工资高且高很多。在受教育水平层次较低和受教育水平层次高的样本里面,男性所占人数都要高于女性。但是在各个受教育水平层次,男性和女性的各个受教育水平层级比例并无太大差别,并且受教育水平层次低的人占绝大部分。这表明,在贫困农村地区,男性比女性更容易接受教育,大多数贫困农村地区都存在重男轻女的现象。同时,贫困农村地区教育资源较匮乏,人们受教育水平普遍较低,并且受教育水平的提高能够大幅度提高收入。

本文采用了明瑟收入函数对特殊教育收益率进行测量,并对影响贫困农村教育收益率的因素进行衡量,本文所建立的明瑟收入函数模型如下:

$$\ln Y = \gamma + r_1 S_1 + r_2 S_2 + r_3 S_3 + uEX + + eX + \varepsilon$$

其中,$\ln Y$ 代表劳动者收入的对数,S_1、S_2、S_3 表示三个阶段的受教育水平,分别是大学及大学以上、高中、初中及以下。EX 代表工龄,工龄在本文被设置为劳动者年龄减去15(15岁为劳动力界限)。X 代表性别,当劳动者为男性时,$X=1$;劳动者为女性时,$X=0$。

本文采用SPSS软件,首先对收入的对数和受教育水平进行单因素方差分析,结果如表3所示。

表3 单因素方差分析

$\ln Y$

	平方和	df	均方	F	显著性
组间	100.357	10	10.036	9.943	0.000
组内	175.629	174	1.009		
总数	275.985	184			

表3中的回归结果显示,根据F值和显著性水平可以判断,收入和受教育水平的线性关系是显著的,受教育水平确实对收入有显著影响。

然后,本文用SPSS软件对上述方程进行了多元回归分析,为了研究各个受教育水平层次下特殊教育收益率有什么不同,本文对在不同教育层次下的样本数据进行了回归，回归结果如表4、表5、表6所示。

表4 Anova[a]

模型		平方和	df	均方	F	Sig.
1	回归	66.699	4	16.675	14.341	.000[b]
	残差	209.286	180	1.163		
	总计	275.985	184			

a. 因变量：ln$Y$

b. 预测变量：（常量），S_3，X，EX，S_2

表5 回归结果

模型		非标准化系数		标准系数	t	Sig.	相关性			共线性统计量	
		B	标准误差	试用版			零阶	偏	部分	容差	VIF
1	（常量）	8.794	0.233		37.690	0.000					
	EX	0.006	0.004	0.111	1.686	0.094	0.079	0.125	0.109	0.978	1.022
	X	0.291	0.164	0.115	1.776	0.077	0.117	0.131	0.115	0.997	1.003
	S_2	0.800	0.199	0.270	4.012	0.000	0.159	0.286	0.260	0.932	1.073
	S_3	1.445	0.211	0.463	6.860	0.000	0.381	0.455	0.445	0.924	1.082

a. 因变量：ln$Y$

表6 已排除的变量[a]

模型		Beta In	t	Sig.	偏相关	共线性统计量		
						容差	VIF	最小容差
1	S_1	.[b]	.	.	.	0.000	.	0.000

a. 因变量：ln$Y$

b. 模型中的预测变量：（常量），S_3，X，EX，S_2

从表5中的回归结果可以看出，各个变量的VIF都在1左右，远低于10，我们可以判断，变量之间并不存在严重的多重共线性。根据各个变量的T值和显著性水平我们可以看出，对于高中、大学及以上，它们的T值分别为4.0和6.9，且都在5%的水平下显著。但是对于性别和工作经验，我们可以看到，它们在5%的显著水平下并不显著，由此可以判断，工作经验和性别差异对于收入的影响似乎并不是很大。

根据F值可以判断，本文所建立的函数关系是线性显著的。从表5中的结果我们可以看出,各个受教育水平层次下的特殊教育收益率都不相同,上过大学的教育收益率为144.5%,高中为80%,而初中以下学历的教育收益率明显降低。可以看出,受过高等教育之后,教育收益率有了明显增长,而且教育收益率随着受教育年限的增长不断增长。

经过上述对明瑟收入模型的单因素方差分析以及多元回归结果的分析可以看出,不同受教育水平的教育收益率不同,低学历的教育收益率较低,收入也较低,而受过高等教育的人,教育收益率有着明显的增高,贫困农村教育收益率随着受教育水平的增长而增长。而且工龄也就是工作经验对收入有着较小影响,贫困农村地区人群收入与工龄呈正相关。

五、结论及政策建议

(一)结论

本文通过对贫困农村人力资本的研究,对总结的样本数据进行描述性统计分析,建立明瑟收入函数的计量模型,从而对明瑟收入函数进行多元回归分析以及单因素方差分析,可以得出如下结论:

(1)在贫困农村地区人群中,低学历的人力资本占大多数,受过高等教育的人只占少数。男女之间受教育水平也有差异,男性样本当中受过高等教育的人数比女性样本当中的人数要多。

(2)男性人均年收入不管在什么受教育水平,都要比女性人均年收入高且高得多。由此可见,男性的教育收益率比女性高,教育收益率受到性别因素的影响较小。

(3)贫困农村地区人群人均年收入随着受教育水平的提高而增加,受过高等教育的人的年收入相较于低学历的人有大幅度的增长。贫困农村教育收益率随着受教育水平的提高而增长,不同受教育水平的教育收益率不同,且高等教育的教育收益率较高。

(二)政策建议

贫困农村人口的就业水平以及收入水平和教育有着很大的关系,这也是贫困农村人口教育收益最直接的体现。教育能提高个人收入,主要表现为教育能促进就业,提高贫困农村人口的生产力并发挥其潜在的创造财富的能力,一旦他们的受教育程度提高了,他们的收入水平也会大幅提升,特别是接受过高等教育的人的平均收入远高于只有中学文化水平的人。因此,我们要提高贫困农村人口的收入以及社会地位,发展教育是最好的选择。根据上述分析结果,本文提出以下几个政策建议:

1. 着力发展高等教育

教育对贫困农村人口的发展有着不可估量的作用,特别是高等教育,能够大大提升他们的市场竞争力。虽然在发展教育的道路上遭遇了许多的挑战，发展高等教育更是艰难。在这条道路上，我们要努力的方向应该是贫困农村学生享受与正常学生同样的待遇。因此，第一，我们不得歧视贫困农村学生，对贫困农村学生与普通学生一视同仁；第二，国家应该加大教育经费投入，积极支持高等教育的发展；第三，为贫困农村学生提供社会实践的机会，并且为他们提供更多的专业选择、更多的师资和学习资源，确保高等教育的培养质量。

2. 规范教育财政投入机制

我国必须加大贫困农村教育经费的投入。目前，我国贫困农村教育经费使用效率较低，所以我们首先要解决的是教育经费往哪儿投和怎么投的问题。我国应该学习国外的先进经验，利用相关的计量经济模型确定经费的投入方向。并且，我国应该建立相应的政策法律，规范贫困农村教育的投入，鼓励社会捐赠，监督政府的投资行为，让我国贫困农村教育经费的投入更加合理、高效。

六、结语

贫困农村教育在我国的发展并不顺利，虽然国家在贫困农村教育方面投入的经费每年都在增长，但是贫困农村教育的发展却非常缓慢。本文从教育收益率的角度，利用人力资本函数中的明瑟收入函数这一计量模型，对它进行了多元回归分析，对贫困农村人口的教育收益率进行了测算，研究并分析了贫困农村人口教育收益率的影响因素，从而对我国教育经费的投入方向和使用结构提出了几个建议，期望能对我国贫困农村教育的发展起到一定的参考作用。

参考文献

[1]魏梅．我国高等教育效率增长率区域差异及其影响因素分析：基于空间计量模型的实证研究[J]．清华大学教育研究，2012(4)：97-102.

[2]黄林芳．高等教育投入产出主成分分析[J]．财经研究，2005，31(7)：112-122.

[3]杜两省，彭竞．教育回报率的城市差异研究[J]．中国人口科学，2010(5)：85-94.

[4]梁润．中国城乡教育收益率差异与收入差距[J]．当代经济科学，2011(6)：64-71.

[5]张永丽，李青原，张河森．贫困与非贫困家庭教育收益率的差异及原因分析：基于甘肃省 14 个贫困村 1749 个农户的调查[J]．教育与经济，2018，34(3)：65-74.

[6]赵显洲．教育收益率的地区差异研究[J]．技术经济与管理研究，2015(1)：88-91.

[7]黄晓波．教育收益率性别差异的实证分析[J]．经济研究导刊，2009(22)：211-212.

[8]杜育红，孙志军．中国欠发达地区的教育、收入与劳动力市场经历：基于内蒙古赤峰市城镇地区的研究[J]．管理世界，2003(9)：68-75.

[9]高梦滔，张颖．教育收益率、行业与工资的性别差异：基于西部三个城市的经验研究[J]．南方经济，2007(9)：46-59.

[10]高梦滔，和云．妇女教育对农户收入与收入差距的影响：山西的经验证据[J]．世界经济，2006，29(7)：82-91.

[11]侯风云．中国农村人力资本收益率研究[J]．经济研究,2004(12):75-84.
[12]黄斌,高蒙蒙,查晨婷．中国农村地区教育收益与收入差异[J]．中国农村经济,2014(11):28-38.
[13]黄斌,钟晓琳．中国农村地区教育与个人收入:基于三省六县入户调查数据的实证研究[J].教育研究,2012(3):18-26.
[14]黄志岭,姚先国．教育回报率的性别差异研究[J]．世界经济,2009(7):74-83.

人口流动视角下我国低成本城市化模式的形成与转型

陈明生　马慧博*

摘要：我国传统的数量上快速扩张但质量低下的粗放型城市化被称为“低成本城市化”。从人口流动的视角，我国低成本城市化模式的形成是由我国的经济社会条件决定的，其转型受到财政约束和粗放型经济发展方式的约束。由此，人口流动视角下我国低成本城市化模式的转型只能是渐进式的：农村居民收入的提高为我国低成本城市化模式转型提供了推动力，分步骤向农民工提供平等的社会保障和公共服务，按照一定次序分行业进行渐进式产业升级。

关键词：低成本城市化；人口流动；转型；产业升级

我国在快速城市化进程中出现了严重的资源浪费、环境污染、保障水平低下、城乡分化等问题，理论界和实践界因此提出了“新型城市化”的模式和道路。走新型城市化道路对于克服传统城市化中出现的问题无疑是有意义的，但如何由传统的城市化模式转型到新型城市化模式才是问题的关键，这就需要我们对于传统城市化道路或模式进行深入研究，找到传统城市化模式的实质，探寻其形成原因，以及转型的约束条件，进而提出向新型城市化转型的对策。

一、我国的低成本城市化模式

城市化是由传统的农业社会向现代城市社会发展的自然历史过程，它既是城市人口比重不断提高的过程，也是城市产业结构转变、居民消费水平不断提高、人的整体素质不断提高和城市文明不断发展及传播的过程（孙久文，2003）。从量上看，改革开放后我国城市化进入了快速发展的过程，我国的城镇人口由1978年的17.9%提高到2012年的52.57%，年平均提高大约1个百分点。但从质上看，有学者认为，1949年以来的中国城市化发展一直是“不健康”的。（闫小培等，2008）学者们概括了我国传统城市化的问题：城镇化与工业化不匹配、土地城镇化超越人口城镇化、不完全城市化、城市病与乡村病、城镇化负面效应等。（沈清基，2013）概言之，我国的传统城镇化表现为数量上快速扩张但质量低下的粗放型城市化。

---

* 陈明生，教授，中国政法大学商学院；马慧博，政治经济学专业硕士生，中国政法大学商学院。

粗放型增长方式是指通过增加生产要素的投入量提高产量或产值的增长方式。在一定时期内，这种增长方式有可能实现经济的快速扩张，如我国和苏联都曾实现了经济的高速增长。通过一定方式汇集大量生产要素并投入生产是这种方式实现高速增长的关键，而要素使用的低效率则是这种方式运行的必然结果。改革开放后，我国通过制度改革使得农村大量的廉价剩余劳动力涌入城市，通过征地制度使城市发展获得了大量廉价土地；大量低成本生产要素的投入实现城市化的快速发展是我国传统城市化的基本特点，这种城市化被称为“低成本城市化”。（于猛，2012）

在我国的低成本城市化中，大量农村剩余劳动力的涌入为城市发展提供了充足的劳动力，他们的工资水平非常低，没有社会保障或者保障不全，享受的公共服务很少，使得他们没有融入城市而呈现出所谓的“半城市化”状态（王春光，2006）；大量征用农村土地为城市提供了充足的土地，在缺乏科学的土地使用规划及集约使用土地激励不足的情况下，使得土地粗放使用并造成大量浪费；资源、能源的大量开采、进口及粗放使用造成了严重的环境污染……

二、人口流动视角下我国低成本城市化模式的形成

大量农村廉价剩余劳动力进入城市是我国低成本城市化模式的主要特点。我们可以用刘易斯的“二元经济理论”来解释人口流动视角下我国低成本城市化模式的形成。按照二元经济理论，生产技术差异及由此引起的劳动生产率差异使得在城乡间形成二元结构：在农村的传统农业部门，使用土地等非再生性资源，存在大量并持续增加的人口，劳动的边际生产力低下，劳动者的收入水平很低；而在城市的现代工业部门，大量使用厂房、设备等再生性资源，雇佣劳动力为利润而生产，生产规模随着资本的积累不断扩大，扩大的速度可以超过人口的增长。在二元结构中，工业部门工人的工资不是由工人的边际劳动生产力和劳动市场的供求关系决定的，而是由传统农业部门农民的平均收入决定的。一般情况下，工人的工资水平略高于农民的平均收入，当城市工业部门以现行工资率增雇工人时，就能吸引大量农村劳动力的流入。资本家持续通过资本积累扩大生产并吸收更多的剩余劳动力，进而获得更多的利润，这一过程反复进行，使得农业的边际劳动生产力提高及农业劳动者的收入增加，并迫使工业部门提高工资水平；最终工业部门的扩张将剩余劳动力吸收干净，实现二元经济的一元化转变。尽管二元经济理论的假设条件与我国的情况未必完全符合，但基本可用来解释人口流动视角下我国低成本城市化模式的形成。

改革开放后，我国的城市化进程是在市场和政府的共同推动下发展的：城乡间巨大的收入差距成为追求个人利益最大化的农民向城市流动的强大推动力，而政府逐渐弱化乃至拆除城乡间人口流动的障碍，使大量农村人口向城市流动成为现实。从表 1 可以看出，除了改革开放初和最近几年，城乡居民收入比一直处于

持续地扩大之中（近几年城乡居民收入相对差距的缩小是“民工荒”出现的重要原因）。在人口流动政策方面，从1984年开始，我国开始出台政策允许农民进城务工经商；1992年后，政策调整为鼓励、引导和实行宏观调控下劳动力的有序流动；进入2000年后，政策又调整为鼓励农民工的流动，并提出要改革城乡分割体制，取消对农民进城就业的不合理限制，推动城乡劳动力市场逐步一体化。

表1 1980—2012年城镇居民可支配收入与农村居民纯收入比

年份	1980	1981	1982	1983	1984	1985	1986	1987	1988	1989	1990
城乡居民收入比	2.30	2.05	1.83	1.70	1.71	1.86	2.12	2.17	2.17	2.29	2.20
年份	1991	1992	1993	1994	1995	1996	1997	1998	1999	2000	2001
城乡居民收入比	2.40	2.59	2.80	2.87	2.72	2.51	2.47	2.51	2.65	2.79	2.90
年份	2002	2003	2004	2005	2006	2007	2008	2009	2010	2011	2012
城乡居民收入比	3.11	3.23	3.21	3.22	3.28	3.33	3.31	3.33	3.23	3.13	3.10

数据来源：利用国家统计局各年统计公报城乡居民人均可支配收入或纯收入数据计算而得，1980—1984年“城镇居民人均可支配收入”数据用“人均生活费收入”代替

由于农民的低收入及城乡间巨大的收入差距，以及农村大量的剩余劳动力，即使存在一些阻碍农民进城的障碍，仍然形成了对于城市劳动力的“无限”供给，农民大量进入劳动密集型产业而只获得很低的工资收入。在低成本劳动力“无限”供给及财政收入有限的情况下，城市政府将资金更多地投入生产领域及基础设施建设，有利于促进城市经济的发展以及为农民工提供更多的工作机会，因此，迫使企业提高农民工工资及大力改善其生活条件不会成为城市政府的逻辑选择。可见，我国低成本城市化模式的形成是由我国的经济社会条件决定的。

三、人口流动视角下我国低成本城市化转型的约束条件

我国的低成本城市化模式促进了城市化水平的提高，也是我国经济快速发展的重要原因，但这种模式的潜力已经消耗殆尽并难以为继，我国已经难以大量获得并使用各种廉价的生产要素来推动城市化的发展，也难以继续承担这种模式产生的成本及造成的各种问题，如环境污染、土地及资源的浪费、农民工生活水平低下、收入两极分化造成的社会不稳定等。对此，我国学界及政府提出应该走新型城市化道路。

正如前述，我国走低成本城市化道路是由我国的经济社会条件决定的，我国城市化发展和经济社会条件的变化存在相互作用、相互影响和相互制约的关系。因此，与当前社会经济条件相适应的城市化模式要转型为新型城市化模式面临着巨大的困难。总体而言，人口流动视角下我国低成本城市化模式的转型面临以下两个约束条件。

（一）财政约束

人口流动视角下我国的低成本城市化表现为进城农民工的低工资、低社会保障水平和残缺的公共服务。提高其社会保障水平及公共服务水平直接表现为政府财政支出的增加，而在产出一定的条件下，提高农民工的工资必然导致企业利润的减少、政府税收的减少或者消费者支出的增加。根据国家统计局发布的《2012年全国农民工监测调查报告》，到2012年，我国农民工的总量已经达到26 261万人，其中，外出农民工达到16 336万人；根据中国发展研究基金会发布的《中国发展报告·2010》，当前农民工市民化的平均成本为10万元左右，因此只是外出农民工的市民化就需要16.336万亿元人民币，各级政府显然难以在短时间内拿出这么多资金。

（二）粗放型经济发展方式的约束

我国低成本城市化道路与我国粗放型经济发展方式是一脉相承且相辅相成的。在技术水平较低的情况下，城市依靠吸收大量廉价的农村劳动力生产劳动密集型产品并低价销售或出口，形成了“低技术水平——廉价劳动力——廉价产品——低端市场——低端经营模式”的累积循环和路径依赖，劳动者的工资水平的提高会受到技术水平、产业层次、经营模式、消费者的观念等的制约。

四、人口视角下我国低成本城市化模式的渐进式转型路径

人口流动视角下我国低成本城市化模式的转型面临着财政约束和粗放型经济发展方式的约束，使得我国城市化模式的转型只能是渐进式转型。根据上述对人口视角下我国低成本城市化模式形成原因的分析，我国在低成本城市化模式转型方面应采取以下的对策。

（一）提高农村居民收入——我国低成本城市化模型转型的推动力

在城乡间劳动力流动的成本比较低的情况下，城乡间收入水平存在相互影响的关系。此前出现的几轮“民工荒”并不是真的缺乏农民工，或者说农村的过剩人口已经吸收完毕，而是在当时的工资水平下难以招聘到足够多的农民工。“民工荒”的出现已经切实提高了城市农民工的收入水平。在全社会高度关注“三农问题”的情况下，社会应该加大投入，提高农民的收入，这成为人口流动视角下低成本城市化模式转型的巨大推动力。

（二）分步骤提供平等的社会保障及公共服务

为进城农民工提供平等的社会保障及公共服务是学者们目前最关注的问题，也是农民工融入城市的前提。当前，很多学者主张尽快给予农民工城市户籍，这种方式有利于让农民工尽快获得平等的社会保障及公共服务，但受到城市政府财力的限制。应根据农民工问题的关注程度，优先提高农民工的就业及工作能力，考虑政府的支付能力，本着先易后难的原则，在一定期限内按照以下顺序分步骤

向农民工提供平等的社会保障和公共服务：①子女教育（幼儿园教育、义务教育、异地高考等）；②人力资本积累（就业培训、职业教育、就业优惠、就业服务等）；③社会保障（医疗保险、失业保险、养老保险、最低生活保障等）；④住房保障（廉租房、公租房、经济适用房等）。

（三）农民工就业产业的渐进式升级

在农民工提高收入、融入城市等问题上，理论界及实践界将更多注意力放在户籍制度与社会保障及公共服务的提供上，但仅依靠再分配及政府服务来达到目标是很困难的，关键仍然在于生产领域，这就需要改变我国粗放型的城市化模式及经济发展模式，切实推动产业升级。

要进行产业升级，就需要打破传统的产业经营模式及对其的路径依赖，而产业经营模式改变的难易程度又取决于以下三个因素：①技术水平，产业技术水平的提升可能需要较长的时间才能完成；②购买者的支付能力，在消费者收入短期变化不大的情况下，消费者的支付意愿与产品档次的划分（人们愿意为更高档次的商品支付更高价格）及服务质量（消费者愿意为产品或服务质量的改进支付更高价格）有关；③其他因素，如竞争等（竞争越激烈，提高产品价格的难度就越大）。根据这三个因素（见表2），结合农民工就业的主要行业（见表3），我们可以设计出分产业的、有步骤的渐进式产业升级顺序：居民服务和其他服务业——住宿餐饮业——交通运输、仓储和邮政业——建筑业——批发零售业——制造业。对于这些行业，政府应通过行业协会、相关服务机构等制定强制性的行业服务规范、档次划分及标准、价格标准、劳动者准入资格等，迫使行业提高服务质量，提供更高档次的服务；而在服务或商品价格提高后，企业有能力投入更多资源用于劳动者的教育和培训，最终达到产业升级及提高劳动者收入的目标。

表2　技术、消费者支付能力、竞争等因素对产业升级的影响

行业	制造业（劳动密集）	建筑业	交通运输、仓储和邮政业	批发零售业	住宿餐饮业	居民服务和其他服务业
产业升级对技术进步的依赖	依赖大	小	依赖较大	小	小	小
消费者支付能力（产品档次多少、服务改进空间）	产品档次较少，质量改进空间较小	服务档次少，质量改进空间小	服务档次较少，质量改进空间小	服务档次少，质量改进空间小	服务档次多，质量改进空间较大	服务档次多，质量改进空间大
竞争	激烈	比较激烈	比较激烈	激烈	激烈	激烈

表3　农民工从事的主要行业分布

行业	制造业	建筑业	交通运输、仓储和邮政业	批发零售业	住宿餐饮业	居民服务和其他服务业
就业比重	35.7%	18.4%	6.6%	9.8%	5.2%	12.2%

五、结论

我国的低成本城市化模式是由我国的经济社会条件决定的，并与我国粗放型经济发展模式相辅相成。我国低成本城市化模式的转型面临着财政约束和粗放型发展方式的约束，因此，我国低成本城市化模式的转型只能采取渐进式的转型方式：利用城乡间相互作用的关系，通过提高农村居民收入为城市农民工收入提高注入强大推动力；根据城市政府的财政能力，优先考虑提高农民工及其后代的发展能力，分步骤向其提供平等的社会保障和公共服务；打破传统的产业经营模式及对其的路径依赖，根据技术水平、消费者的支付能力及竞争的情况，采取各种措施分行业进行渐进式的产业升级。

参考文献

[1]王鹤,尹来盛,冯邦彦．从传统城市化到新型城市化:我国城市化道路的未来选择[J]．经济体制改革,2013(1):17-21.

[2]沈清基．论基于生态文明的新型城镇化[J]．城市规划学刊,2013(1):29-36.

[3]于猛．城市为谁而建[N]．人民日报,2012-12-3:7.

[4]孙久文．区域经济学教程 [M].2 版．北京:中国人民大学出版社,2010.

[5]闫小培,魏立华．健康城市化、和谐城市与城市规划的转型[J]．规划师,2008(5):46-51.

[6]王春光．农村流动人口的“半城市化”问题研究[J]．社会学研究,2006(5):107-122.

农业科技推广、资本深化与就业替代

——基于国家科技富民强县专项行动计划的实证分析*

周敏丹　尹志锋**

摘要：用科技创新引领、驱动农业发展，是我国在经济新常态下巩固农业之基础地位、破解“三农问题”的核心战略。农业科技推广通过将科技创新成果转化为现实生产力，构成战略实施过程中重要的政策着力点。本文着眼于农业生产过程中资本与劳动两大要素，利用倾向得分匹配法及双重差分法对我国具有代表性的农业科技推广政策——国家科技富民强县专项行动计划的政策效果进行实证评估，考察该政策与农村就业、资本深化之间的因果关系。研究发现，该计划虽然没有显著拉动农村就业，但能够显著提高人均农业机械动力使用量。相应的政策含义是，以该计划为代表的农业科技推广政策是深化资本、推广技术、提高农业科技含量的有效途径；但由于农业科技的推广与使用具有劳动替代的特征，农业科技推广政策对农村就业的拉动作用受科技“劳动替代性”特点的限制，政府在制定农业科技推广政策时需高度关注农村就业问题。

关键词：农业科技推广；资本深化；就业替代；倾向得分匹配法；双重差分法

一、引言

“三农问题”一直是中国经济发展过程中的棘手问题。改革开放初期，政府试图通过实行诸如家庭联产承包责任制等农村经济体制方面的改革来推动农业发展，这一制度变革取得了明显成效：经过30多年的发展，中国的经济社会结构发生了深刻的变革，成功实现由温饱型社会向小康型社会的转变；与此同时，中国的人口结构也发生了较大变化，伴随着劳动力成本的上升和刘易斯拐点的到来，中国的人口红利正逐步消失[1]，农村经济体制改革所释放的制度红利也已接近饱和。在此背景下，农村的经济增长、农业的现代化和农民的致富亟须发掘新的接力引擎。2004年以来连续14份与“三农”主题有关的中央一号文件表明，

---

* 本文原载于《经济学家》2017年第5期，第91~96页。

** 周敏丹，副教授，中国政法大学商学院；尹志锋，副教授，中央财经大学经济学院。

中国政府越来越重视科技对于农村发展和农业现代化的支撑作用。① 譬如，政府在十八大报告中明确提出要“实施创新驱动发展战略”，2012年的“一号文件”指出，“要把农业科技摆上更加突出的位置”，2016年的“一号文件”更是强调要“加大创新驱动力度、推动农业供给侧结构性改革、加快转变农业发展方式”。显然，用科技引领农业发展、用创新驱动农业发展的改革思路已上升为重要的国家发展战略。农业科技创新对于农业发展的提升作用一方面依赖于大量农业创新技术的产生[2]，另一方面依赖于创新技术在农业中的广泛应用[3]。在我国，农业科技的推广主要依靠政府来进行。政府除在全国范围内建立了中央、省、市、县、乡五级农业科技推广体系外，还制定和实施了一系列专门针对农业的科技计划，旨在解决农业生产中科技服务的“最后一公里”问题。

在政府实施的农业科技计划当中，2005年开始启动的国家科技富民强县专项行动计划（简称IRSC计划）因其持续性强、辐射面广而受到广泛关注。该专项行动计划以项目为载体，由各县（市）首先进行申报，科技部、财政部每年从申报的县（市）中遴选一批具有较强区域带动性的农业科技推广项目作为试点，并提供相应的资金支持（各级政府需要提供配套经费），旨在发挥项目的示范引导作用，从整体上带动县域经济发展。该计划的重点受资对象为中西部地区和东部欠发达地区的县（市），项目的持续时间通常为3年，对于项目实施效果较好的县（市）可酌情进行追加资助。自2005年启动实施以来，该计划的覆盖面越来越广，影响力越来越增大，国家也投入了大量的财政资金用于项目的开展和实施。作为一项系统、庞大的农业科技推广计划，它对于农村就业、农业生产方式的转变产生了怎样的影响？对上述问题进行回答，不仅有利于考察我国科技资金使用的真实效果，也有利于探析以IRSC计划为代表的农业科技推广政策是否能够以及通过何种方式改变农业生产中劳动与资本两大要素的相对稀缺性，进而推进我国创新驱动发展战略的实施。鉴于此，本文从IRSC计划对农村就业、人均农业机械动力使用量影响的视角，对其进行严格的、基于因果关系的实证评估。

与本研究相关的文献主要有三支。一支是讨论农业技术扩散的影响因素及其对就业、生产方式影响的文献。在考察农业技术扩散影响因素的研究中，有学者将这些因素归结为系统层面与个体层面两类，前者是指从整个社会系统来寻找技术扩散的原因，后者则将技术扩散的原因归于农户个人层面的特征。[4]根据这一分类，一些学者着重强调系统因素的作用，如农业技术是否能够适应当地的环境、技术扩散地与技术发源地的环境是否具有相似性[5]、技术推广地的气候条件和农业研发体制等[6]；一些学者则强调个体因素对农业技术扩散的影响，包括农户的教育水平[7]、农户之间的相互学习或社会式的网络学习[8]、获得贷款的机

① 如2007、2008和2009年的“一号文件”明确指出农业科技对现代农业的支撑作用；2016年的中央“一号文件”更是直接以“关于落实发展新理念 加快农业现代化 实现全面小康目标的若干意见”为主题。

会[9]等。第二支文献围绕技术创新的就业促进作用展开，如 Harrison et al.[10]基于法国、德国、西班牙和英国的企业数据发现，流程创新对就业具有负的影响，而产品创新则有利于拉动就业；Hall 等[11]基于意大利的企业数据发现，流程创新并未对就业带来显著的负向影响，产品创新的就业拉动能力在意大利也较 Harrison 等[10]研究中涉及的四个国家低。这些研究对于我们理解技术创新对就业的促进或替代效果具有启示意义。与本研究密切相关的第三支文献来自对我国科技政策评估的研究。一些学者对我国执行的科技政策进行了广泛而深入的研究，包括考察政府资助政策对企业创新的影响[12]、知识产权政策对企业创新的影响[13]、专利资助政策对创新的影响[14]等。但聚焦于农业科技政策评估的研究相对较少，聚焦于 IRSC 计划的效应评估研究则更少。从整体上看，有关这一政策的研究主要集中于对政策效果的描述统计分析[15]、相关性分析[16]和案例分析[17]。这些研究对我们理解 IRSC 计划的作用效果具有参考价值，但均难以揭示该计划与其政策效果之间的因果关系。

本文通过收集 2005—2010 年间实施的国家科技富民强县项目数据，并将其与县级经济发展数据相匹配，构造了 2000—2010 年的县级面板数据，采用倾向得分匹配法与双重差分法，旨在从揭示因果关系的视角考察 IRSC 计划的作用效果。结合政策目标与数据的可获得性，我们聚焦于农业生产过程中的劳动和资本两大要素，探讨该农业科技推广计划对农村就业及人均农业机械动力使用量的影响。本文从以下方面丰富了既有文献。其一，丰富了农业技术扩散影响因素及其作用效果的文献。本文所考察的 IRSC 计划所带来的技术扩散在一定程度上体现了自上而下的政府政策推动，即具有系统性因素特征，同时项目申报过程也体现了自下而上的选择性特点，具有个体性因素特征，因而体现了两类因素的综合。其二，丰富了关于技术创新与就业的文献。与 Harrison 等[10]、Hall 等[11]基于微观个体数据考察创新与就业的相关性分析构成互补，本文基于中国的农业科技推广项目数据，从技术推广的视角考察农业创新对于农村就业和农业机械动力使用量的影响，有利于丰富基于这一研究主题的分析视角。其三，本文对 IRSC 计划的作用效果进行严格的实证检验，对于该计划及相关农业科技政策的评估均具有借鉴意义。其四，探究技术推广对农业生产中劳动与资本两大要素相对稀缺性的影响，有利于为我国构建现代农业体系、实现农业产业结构升级提供实证支撑。

二、研究设计

本文采用双重差分法评估 IRSC 计划的政策效果。我们将在样本期间获得过 IRSC 计划资助的县（市）归为被试组；其余县（市）归为控制组。由于我们可以确定被试组中每个县（市）接受资助的具体年份，故可以定义 IRSC 政策变量：当某县（市）属于被试组且所处年份为接受该项目资助当年及其以后的年份时，将其定义为 1；其余情况定义为 0。使用双重差分法的前提是，在政策执行前，刻画政策作用效果的被解释变量在被试组与控制组中具有相同的增长趋势。我们采用双向固定效应模型进行同趋势检验，在控制了个体和时间固定效应后，检验在IRSC计划启动前的2000—2004年，被试组与控制组的被解释变量是否具有相同的增长趋势。我们选取刻画农村就业的乡村从业人员数以及刻画农村资本使用情况的人均农业机械动力使用量作为核心的被解释变量，将县（市）在整个样本期间是否接受过该计划资助的虚拟变量与时间趋势变量的乘积作为核心解释变量。当核心解释变量的系数不显著时，表明被试组与控制组被解释变量的发展趋势不存在显著差异。

在满足共同趋势的前提下，我们采用双重差分法估算政策的作用效果。使用双重差分法会遇到的一个关键问题，即政策的内生性，它会导致政策效果的估算系数出现偏误。一个重要的修正方法是，首先将被试组与控制组进行匹配，提高二者在除是否获得项目资助外的其他特征方面的可比性；然后采用双重差分法估算该计划的作用效果。我们采用倾向得分匹配法对被试组与控制组进行匹配。在选择匹配变量时，主要选取那些能够显著影响县（市）获得该计划资助的变量，以控制样本间能够观测的异质性。本文构建了双向固定效应模型，并选择如下变量作为模型的核心解释变量：第一，反映农业发展规模的变量，包括农业的绝对发展规模与相对发展规模。其中，绝对发展规模用该县（市）第一产业增加值衡量，相对发展规模用该县（市）第一产业增加值占第一、二产业增加值之和的比重衡量。第二，反映地方资金配套能力的财政收入水平及金融发展水平的变量。其中，财政收入水平用地方财政一般收入这一指标及其二次项衡量，金融发展水平用年末金融机构贷款余额衡量。第三，我们控制了一些反映经济地理特征的变量。[①] 由于该计划在2005年开始实施，我们选取2004年以后的数据以及上述各解释变量用倾向得分法进行匹配，进而采用双重差分法来估算该计划的作用效果。

三、数据及实证结果

本文使用的县域经济数据来自历年《中国县（市）社会经济统计年鉴》，IRSC计划的项目数据来自手动网络搜索。本文的数据结构为非平衡面板数据，时间跨度为2000—2010年，历年的县（市）数量均位于2 044~2 079（含）个之间。本文用乡村从业人员数代表农村就业情况，用人均农业机械动力使用量衡量农业生产中的资本深化程度。对于价值变量，我们依变量特征采用不同的平减指

---

① 反映经济地理特征的变量包括：是否为陆地边境县、是否位于九大农区、是否位于牧区半牧区、是否为沿海开放县、是否为粮食生产大县，以及反映地形特征的变量。

数进行了平减。①

（一）同趋势检验

遵循同趋势检验的模型设定，本文依次检验在 IRSC 计划实施前（2000—2004 年），被试组与控制组在农村就业、人均农业机械动力使用量上是否具有相同的变化趋势。进一步，考虑到预期的作用效果，即一些县（市）在申报过程中的努力可能会对被解释变量的趋势产生影响，我们将该计划实施前一年（即 2004 年）的数据剔除，采用 2000—2003 年的数据进行稳健性检验。表 1 的回归结果表明，控制组与被试组的被解释变量在该计划实施前均具有相同的变化趋势。

表 1　同趋势检验

	2000—2004 年		2000—2003 年	
	(1)	(2)	(3)	(4)
	乡村从业人员数	人均农业机械动力使用量	乡村从业人员数	人均农业机械动力使用量
同趋势变量	-71.84	0.006 8	-215.20	0.005 3
	(213.00)	(0.005 2)	(228.60)	(0.005 9)
R^2	0.046 9	0.082 9	0.032 1	0.059 0
样本量	10 304	10 156	8 240	8 124

注：控制了时间和个体固定效应；括号内为稳健标准误；*、** 和 *** 分别表示在 10%、5% 和 1% 的水平上显著

（二）IRSC 计划的作用效果检验

我们依双重差分法的模型设定进一步检验 IRSC 计划与农村就业及人均农业机械动力使用量的因果关系。表 2 的回归结果表明，IRSC 计划对于农村就业量的影响不显著；但该计划能够将人均农业机械动力的使用量提升 54.6 瓦，且在 5%的水平上显著。为了验证该结论的稳健性，我们接下来从政策变量的定义及标准误的计算等方面重新估算该计划的政策效果。考虑到位于同一省份的县（市）会受省内农业政策的影响、县（市）获得立项批准的当年可能并未完全实施该计划、项目资助期满后若不能获得追加立项，就不再获得资助，我们做了如下稳健性检验：第一，计算了省份层面的聚类标准误；第二，将被试组中立项当年的样本删除后重新检验；第三，将被试组中项目实施超过三年样本的政策变量

① 第一产业增加值、财政收入、年末金融机构贷款余额用消费者价格指数进行平减；第二产业增加值用出厂价格指数进行平减。为克服离群值对回归结果的影响，我们对连续型变量在上下端 5%处进行了缩尾处理。

重新赋值为0。回归结果表明，无论是采用不同的标准误估算方法，还是采用不同的政策变量赋值方式，所得到的结果均与基本回归高度一致①，即IRSC计划不能显著拉动农村就业，但能显著提高人均农业机械动力使用量。

表2 IRSC计划对农村就业与人均农业机械动力使用量的影响：基本回归

	(1)	(2)
	乡村从业人员数	人均农业机械动力使用量
IRSC政策变量	1 185.2 (808.3)	0.054 6** (0.021 5)
R^2	0.118	0.304
样本量	22 456	22 099

注：控制了时间和个体固定效应；括号内为稳健标准误；*、**和***分别表示在10%、5%和1%的水平上显著

（三）考虑内生性问题的作用效果检验

1. 考察获得IRSC计划支持的影响因素

在处理内生性问题之前，本文先考察影响县（市）获得IRSC计划支持的主要因素。回归结果表明②：第一，是否获得项目资助与农业生产的绝对规模具有正相关性，与相对规模的相关性不显著。本文的经济解释是，农业科技推广项目一般会选择农业发展绝对规模较大的区域，以充分发挥农业科技的规模效应；而农业产值在某地区的相对占比反映的是产业结构方面的特征，它并不能完全反映某地区是否具备实施某项技术的农业基础。第二，获得资助的概率与地方财政一般收入呈倒U形关系，这说明具有适度财政收入水平的县（市）更有可能获得项目资助。这是因为：一则，IRSC计划与扶贫政策不同，它要求地方政府提供配套资金，因此，具有一定规模财政收入的县（市）更有能力来争取这些项目；二则，由于该计划所推广的主要为农业技术，因而申报项目资助的县（市）大多为农业大县。相对于那些以工业、服务业为主要产业的县（市），农业大县的财政收入要略低于前者，这就导致那些财政收入规模适中的县（市）更有可能获得该计划的项目资助。第三，年末金融机构贷款余额与获得项目资助的概率具有显著的正向关系。这可能是因为，项目的有效实施，除了需要中央政府与地方政府的资金支持外，还需要项目承担方提供配套资金，在项目承担方自有资金不足的情况下，当地金融市场的发展将有利于项目的融资及推进。进一步，项目要发挥带动效应，将会产生更多的资金需求，这些资金需求是否能够得到满足，也

① 结果未在正文中报告，感兴趣的读者可以向作者索要。

② 结果未在正文中报告，感兴趣的读者可以向作者索要。

在很大程度上依赖于当地金融市场的发育程度。

2. 倾向得分匹配法及双重差分法处理内生性问题

为了进一步验证结论的稳健性，本文试图排除内生性问题对于估计的影响。我们首先依据上述影响因素在该计划实施前采用核匹配方法对被试组与控制组做一个匹配，以增强二者的可比性，然后在此基础上进行双重差分法分析。结果显示，经匹配后，上述变量在被试组与控制组间均不存在显著差异。① 表 3 列示了匹配后双重差分法的结果。经过匹配，回归系数均有一定程度的下降，但显著性基本没有发生变化。

表 3 IRSC 计划对农村就业与人均农业机械动力使用量的影响：匹配后双重差分法

	(1)	(2)
	乡村从业人员数	人均农业机械动力使用量
IRSC 政策变量	847.6	0.046 9**
	(884.4)	(0.021 7)
R^2	0.127	0.331
样本量	21 682	21 386

注：控制了时间和个体固定效应；采用基于核匹配权重的双重差分法；括号内为稳健标准误；*、**和 *** 分别表示在 10%、5%和 1%的水平上显著

（四）政策效果的异质性

考虑到 IRSC 计划的作用效果在具有不同经济地理特征的县（市）可能存在差异，我们基于匹配后的双重差分法，从如下三个维度进一步考察该计划作用效果的异质性：其一，根据各地的主产农作物特征，将各县（市）分为粮食生产大县、棉花生产大县及其他县；其二，根据各地的地形特征，将各县（市）分为平原县、丘陵县及山区县；其三，根据两者的综合，依地理位置将样本县（市）区分为长江中下游区、东北区、甘新区、华南区、黄淮海区、黄土高原区、内蒙古及长城沿线区、青藏高原区及西南区。本文得到如下实证结果②：第一，相对于粮食生产大县，该计划在其他县（市）的就业拉动能力及人均农业机械动力使用量的提升能力显著偏低。第二，相对于平原县（市），山区县（市）的项目对于人均农业机械动力使用量的促进效果显著更弱。第三，从细分地区来看，相对于长江中下游地区，该计划在东北地区的就业拉动能力与机械使用提升效果均显著更高；该计划在华南地区的就业拉动能力显著更强，但机械使用提升效果要相对较弱；该计划在青藏高原区的就业拉动能力明显偏弱。

---

① 结果未在正文中报告，感兴趣的读者可以向作者索要。

② 结果未在正文中报告，感兴趣的读者可以向作者索要。

四、结论及政策启示

本文从就业拉动及农业机械动力使用的角度，对国家科技富民强县专项行动计划的政策效果进行了评估，得到主要结论如下：第一，IRSC 计划并没有显著地拉动农村就业。这一结论丰富了既有的实证发现，虽然未能像 Harrison 等[10]那样分别考察不同类型创新对就业的影响，但本文立足于中国这样一个具有庞大农业人口的发展中国家，得到技术推广不能显著促进农村就业的结论，对基于发展中国家数据的研究具有一定的启示意义。第二，IRSC 计划能够显著地提高人均农业机械动力的使用量。这一发现从一定程度上能够解释为何该计划没有显著拉动农村就业，即农业生产任务可能通过更多地使用农业机械动力来完成，而机械化程度的提高对就业增加具有替代作用，从而使得该计划并没有展现出较大的就业拉动能力。第三，IRSC 计划对农村就业与人均农业机械动力使用量的影响依各地的主产农作物特征、地形特征及地理位置特征不同而存在差异。相较而言，该计划在粮食生产大县同时表现出较强的农村就业与农业机械使用拉动能力，而在具有山区地理特征的区域表现出相对较弱的农业机械使用拉动作用。

本文的政策启示在于：以 IRSC 计划为代表的农业科技推广政策是深化资本、推广技术、提高农业科技含量的一种有效途径，但农业科技推广在整体上具有节约劳动的倾向，因此，这类科技推广政策对农村就业的拉动能力可能会受到科技的“劳动替代”属性的制约。考虑到我国农业人口数量庞大，政府在制定农业科技推广政策时需要高度关注农村就业问题。

参考文献

[1]蔡昉．中国经济增长如何转向全要素生产率驱动型[J]．中国社会科学，2013，(1)：56-71.

[2]WRIGHT B. ，SHIH T. Agricultural innovation[R]. NBER Working Paper, No. 15793, 2010.

[3] PARDEY G. P. , ALSTON J. M. , RUTTAN W. V. The economics of innovation and technical change in agriculture [M]// BRONWYN H. , ROSENBERG N. (eds.): Handbook of the Economics of Innovation, North-Holland, 2010.

[4]ROGERS E. M. Diffusion of Innovation[M]. New York：The Free Press, 1983.

[5]EVENSON R. International diffusion of agrarian technology[J]. The Journal of Economic History, 1974, 34(1)：51-73.

[6]黄季焜，胡瑞法，智华勇．基层农业技术推广体系 30 年发展与改革：政策评估和建议[J]．农业技术经济，2009，(1)：4-11.

[7]FUGLIE K O, KASCAK C A. Adoption and diffusion of natural-resource-conserving agricultural technology[J]. Applied economic perspectives and policy, 2001, 23(2)：386-403.

[8]SHAMPINE A. A Compensating for information externalities in technology diffusion models[J]. American journal of agricultural economics, 1998, 82(2)：337-346.

[9] ABDULAI A, HUFFMAN W E. The diffusion of new agricultural technologies: the case of

crossbred-cow technology in Tanzania[J]. American journal of agricultural economics, 2005, 87(3):645-659.

[10] HARRISON R, JAUMANDREU J, MAIRESSE J, et al. Does Innovation stimulate employment? a firm-level analysis using comparable micro-data from four european countries[R]. NBER Working Paper, No. 14216, 2008.

[11] HALL B H, LOTTI F, MAIRESSE J. Employment, innovation, and productivity: evidence from italian micro-data[J]. Industrial and Corporate Change, 2008, 17(4):813-839.

[12] 秦雪征,尹志锋,周建波,等. 国家科技计划与中小型企业创新:基于匹配模型的分析[J]. 管理世界,2012,(4):70-81.

[13] 史宇鹏,顾全林. 知识产权保护、异质性企业与创新:来自中国制造业的证据[J]. 金融研究,2013,(8):136-149.

[14] LI X B. Behind the recent surge of chinese patenting: an institutional view[J]. Research policy, 2012, 41(1):236-249.

[15] 林涛,张爱国,王强,胡宝民,尹昌斌. 科技富民强县专项行动计划试点工作现状分析[J]. 中国科技论坛,2008(12):95-98.

[16] 许奇峰,张雨. 国家科技富民强县专项行动计划对县域经济发展的影响研究[J]. 陕西农业科学,2010(5):147-150.

[17] 肖广岭. 集成相关资源培育特色产业:科技富民强县专项行动计划的主要特色与机制[J]. 中国农村科技,2008(4):69-72.

浅析我国乡村振兴中的“精英俘获”破解

支小青　李　祎*

摘要：2017 年，十九大提出“实施乡村振兴战略”，并指出“产业兴旺、生态宜居、乡风文明、治理有效、生活富裕的总要求”。乡村治理体系是乡村振兴的制度保障。改善基层治理，重在破解“精英俘获”，其关键是发展混合所有制经济、加强对基层公共权力的监督和约束。本文基于改善基层治理视角，就实施乡村振兴战略的“精英俘获”破解加以阐述。

关键词：基层治理；乡村教育；乡村振兴

一、乡村振兴的必然性

十六大以来，连续多年的中央一号文件都强调把“三农”问题作为全党工作的重中之重。其实，乡村振兴是解决“三农”问题的终极战略，解决“三农”问题是乡村振兴的前奏。实施乡村振兴，是社会主义共同富裕的本质要求，是我国经济转型升级的需要，也是我国社会长治久安的重要保障。

当前，我国社会的主要矛盾是人民日益增长的生活需要和不平衡不充分发展之间的矛盾。不平衡不充分发展的一个重要表现就是城乡发展差距，图 1 显示，我国城乡居民人均可支配收入与人均消费支出的不平衡还是十分显著的。中国特色社会主义的本质要求是共同富裕，先富带动后富，所以，实施乡村振兴、缩小和控制城乡差距，是解决我国社会主要矛盾、建设中国特色社会主义的必然要求。

农业是国民经济的基础，农村是中国社会稳定发展的“压舱石”。小农经济在我国普遍和长期存在，囿于历史和现实，虽然农业基础薄弱和生产效率低下是我国的基本国情，但农村的土地和住宅却可以为农民提供最基本的生活保障，而无论农民是否进城以及收入高低。农民的稳定是农业发展的重要基础，更是我国社会长期稳定的重要基础。实施乡村振兴，就是在夯实国家社会稳定的基石。

近年来，以中美贸易战为代表的贸易摩擦屡屡发生并不断升级，我国对外贸易和经济全球化均面临极大挑战，2020 年新冠肺炎疫情更使全球经济陷入深度衰退。短期内，我国依靠外需拉动经济持续增长的动力明显不足，而构建以国内

* 支小青，副教授，中国政法大学商学院；李祎，政治经济学专业硕士生，中国政法大学商学院。

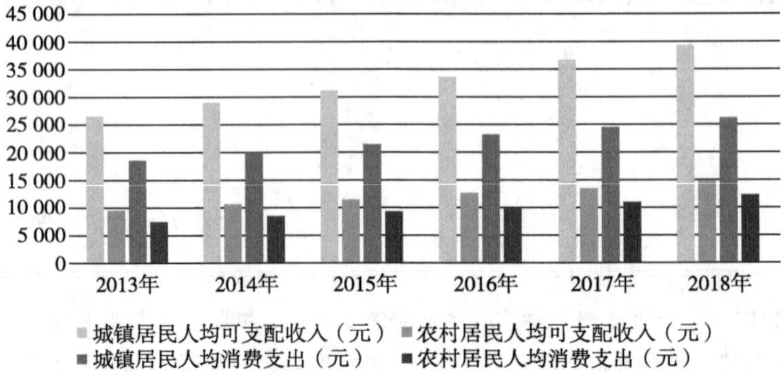

图 1　2013—2018 城乡居民人均可支配收入与人均消费支出

资料来源：国家统计局。

大循环为主、国内国际双循环相互促进的格局势在必行。但是，内需疲软却是重要的经济现实。我国农村经济基础薄弱，农民收入低，消费信心不足，只有实施乡村振兴，增加农民收入，才能有效地拉动内需，使国内国际双循环相互促进，进而推动我国经济转型升级。

二、"精英俘获"存在的原因

"精英俘获"原是发展社会学中的一个概念，是指地方精英凭借其自身具有的参与经济社会发展的优势，支配和破坏社区发展计划和社区治理，扭曲和绑架了发展项目的实施目标，进而影响了社区发展项目的实施效果。① 温铁军等认为，"精英俘获"是地方政府和农村中的政治精英、经济精英相结合，把政府专项转移的项目做成套取财政补贴的项目②，使中央政府善意的惠民政策往往无法有效落实到基层。事实上，我国广大农村在村民主体缺位、地方政府选择性治理的逻辑下，作为乡村绝对权力核心的农村精英已然成为俘获农村支配扶贫资源和其他资源的主体。

我国农村的"精英俘获"现象常表现为，有人凭借跟政府的密切关系，通过搭国家或地方财政的便车或钻政策的空子来承揽工程或开展其他业务，甚至还会介入公权力。近几年国家大力实施乡村振兴和精准扶贫的背景下，投往农村的财政项目种类多且资金量大，虽然纪检监察部门及时跟进对相关项目保驾护航，但是依然有很多项目最终只是少数农村精英从中受益。

"精英俘获"之所以在当下的中国农村基层较为常见，其原因主要有：

① 李祖佩、曹晋：《精英俘获与基层治理：基于我国中部某村的实证考察》，《探索》2012（5）。

② 温铁军、张俊娜、邱建生：《居安思危——国家安全与乡村治理》，东方出版社，2016 年版，前言第 16 页。

第一，日常工作中，县级及以上政府部门对农村实际情况的了解大多通过下层官员而不是实地考察和深入调研，就算调研，很多也是流于形式的走马观花，了解其外而难以知其里。在一个县域经济体中，县级政府一般承担决策和监督的职能，乡镇政府和村两委承担执行的职能，而后者是面向具体的基层对象，面广量大，这就导致决策主体对执行主体的监督成本和监督难度极大，很难真正实现决策目标；执行主体在支配大量财政资金的过程中，上级无法有效监督，群众无法了解细节，此时，参与者套取资金不仅便利，而且代价低、风险小。

下面是来自甘肃省的两个案例。2011 年 12 月至 2014 年 10 月，张某在任玉门市某乡乡长期间，通过伪造易地扶贫搬迁试点项目工程资料、搬迁补助花名册，借用公司账户和资质、虚列工程支出等方式，套取易地扶贫搬迁试点项目资金 109.5 万元；采取降低补助标准、编造虚假花名册等方式，套取截留农村危房改造资金 826 万元；通过虚报冒领等方式，套取退耕还林、粮食直补、农资综合补贴等资金 35.9 万元。[①] 2013 年至 2017 年，庆阳市某村原党支部书记罗某等四人在其亲属名下违规领取低保金共 98 896 元，虚报村务开支套取群众困难补助资金及危房改造资金 12 700 元。此外，还违规领取危房改造补助资金 1.6 万元。[②] 这两个案例中，乡长和村干部之所以能利用异地扶贫搬迁、农村危房改造、退耕还林补贴等项目套取资金，就是因为他们的行为无人监督，而且有人积极配合。

第二，我国基层社会治理体制正处于转型的过程中，在市场经济体制建立和发展的过程中，基层社会也已经“市场化”，以乡贤代表的“德治”体系全面瓦解，而制度化的“法治”体系尚未适应乡土社会，这就导致公共权力和资源无法被用来为公众谋福利，相反，很大程度上被经济精英和政治精英的结合体用来为少数人谋利。所以“精英俘获”就其本质来说，是由资本追求利润的规律和基层政治权力追求金钱的动机相结合形成的社会行为。而现实中资本对利润的追逐，农村经济精英需要寻找投资机会，在投资的过程中势必会有很多寻租行为。

第三，农村精英一般包含以下几类：乡镇政府领导及普通公职人员；有一定经济实力的商人，如工程承包商、建材厂老板等；村支书、村主任等村干部；通过暴力手段起家的组织。当然，迫于近几年依法治国和“扫黑除恶”的压力，他们已经“洗白”或者正在“洗白”。这些人一般都具有以下优势：本身就是乡镇政府公务员或跟政府内部人士关系密切，办事方便；信息灵通，能及时了解最新的政策和财政资金动向，知道如何做出最有利的投资安排；能利用自己的权力或资金优势笼络更多能办事的人为己所用。这些精英结合起来会组成一个比较封

---

① 甘肃省纪委监委通报 4 起扶贫领域腐败和作风问题典型案例，http：//www. gsjw. gov. cn/content/2020-08-27/36236. html。

② 庆阳市纪委监委通报 10 起扶贫领域腐败和作风问题，甘肃省纪检监察网，网址，http：//www. gsjw. gov. cn/content/2020-08-11/35973. html。

闭的政商圈子，这个政商圈就是一个由熟人组成的利益共同体，因为有共同的利益，所以他们一般都会遵守自觉或不自觉形成的内部规则，例如，不轻易让陌生人介入当前的生意，严格保守商业秘密等。这个利益共同体形成之后，成员之间你中有我，我中有你，就算他们违法谋利，在面对纪检监察机关的时候通常也能一致应对，使案件的侦查工作很难完成。

三、“精英俘获”的影响

精英俘获困境是当前乡村振兴过程中公共事务治理存在的突出问题。研究表明，精英俘获容易造成固化的排斥、治理内卷化、地方分利集团、贫困代际传递、政策执行失灵、基层治理扭曲、市场机制被破坏等一系列问题。具体而言：

第一，精英俘获会严重扭曲国家制度和基层治理体系。经济精英和政治精英的结合使基层党政机构的行为目标不再是群众的公共利益最大化，而是尽一切可能使精英结合体的私人利益最大化，最直接的表现就是基层选举被经济精英绑架。理想的情况下，有选举权的村民秉持己见独立投票，选举出德行与能力兼备的人来主持村委会工作，但这种情况在现实中并不多见。现实是：通常很难有德才兼备、只对全体村民负责的人，即使存在，最终也逃不过两种结局，要么是在精英利益与公共利益的博弈中倒向精英一边，要么是被经济精英使绊子、穿小鞋，使正常工作无法开展，甚至还可能被赶下台去。基层选举最普遍的情况是，经济精英组团拉选票，选举自己的人，最终把持基层政治权力，更好地为自己服务。经济精英绑架基层选举的后果就是真正有能力和德行、能为群众代言的人远离基层政治，群众也不再重视选举，对基层选举的态度就是你玩你的、我干我的，长此以往，只会让“精英俘获”更容易，基层治理更扭曲。这一情况恰是劣币驱逐良币规律在农村基层治理中的典型体现。

第二，精英俘获是对市场机制的破坏。无论城市还是农村，经济健康发展的基础是有效的市场机制，各种主体能够在市场中公平竞争。“精英俘获”使要素价格和交易费用只向少数人降低，大多数的收益只归少数人，而且往往还要群众承担“俘获”过程中的一系列负外部性，这将严重挫伤农民的积极性，破坏基层营商环境，使各种创新创业活动很难在基层生根、发芽。

第三，精英俘获也会破坏执政党和政府在基层的形象。群众普遍相信中央的政策是“好”的，而基层官员大多数是“坏”的，所以领导层的政策意图很难推进到农村基层，很多项目和资金也很难落实到百姓手中。长此以往，党和政府的形象与公信力会严重受损。

四、“精英俘获”的破解

乡村振兴过程中公共事务治理出现的“精英俘获”困境，本质上体现了对中央政府意愿的违背以及民众利益的侵害。破解“精英俘获”这一现实困境，需要探索自主型治理模式，以发挥中央政府和普通民众的“双重”自主性。自主型治理体现在两个方面：一方面，自上而下提高国家自主性，即提高中央政府规制地方政府及其代理人行为的能力，确保“委托—代理”关系不违背委托人的意志；另一方面，自下而上推动基层民主治理，加强基层行政组织的建设和对公权力的监督，提升民众的知情权、参与权以及治理的“可行能力”。

从我国基本国情出发，破解精英俘获亟待解决以下几个问题：

第一，完善基层信息公示、政策宣讲制度。与乡村精英相比，普通群众信息相对闭塞，不能非常及时和清楚地了解政策，不能充分利用政策的支持进行创业活动。乡镇政府和村两委应该建立完善的信息公示和政策传达机制，让农民及时、准确、透彻地学习政策，从而抓住致富的机遇。

第二，加强对乡镇政府、村干部的权力监督。乡村精英之所以能简单、顺利地实现“精英俘获”，一个重要的原因是基层政府和公务人员的权力缺乏监督，不受监督的权力会在可能的范围内最大限度地谋取私利。强化对基层公职人员的监督则需：①搭建上级政府和群众的信息互动平台。如果上级政府的政策和资金不能到达基层，或者乡镇政府和村两委没有很好地承担分内职责，群众可以直接和上级政府沟通以求解决。②完善基层纪检检查系统。因为基层工作人员直接与群众打交道，他们的行为直接关系到群众的利益，在群众心目中，他们代表了党和政府的形象，加强基层纪检监察系统的工作力度，及时制止各种歪风邪气，对于改善群众福利、完善党和政府的形象具有重要意义。③加强县级及以上政府对基层工作的督查力度。对于群众反映的问题，不经过乡镇政府和村两委，由督察组负责调查，并和群众协商处理意见，最后交由乡镇政府和村两委负责落实，继续督办。

第三，构建完善的财务公开和审计制度。基层财务资金的开支应该全部公示并接受群众的质询。为此，可以部署异地交叉审计，基层工作中每一笔财政资金用往何处以及是否落到实处，都应经过审计部门的全面、严格的审计。

第四，积极发展壮大混合所有制和集体经济。经济精英之所以具有和政治精英相结合的强烈动机，是因为他们有一定的资本实力，而资本的本质就是追求利润。在农村项目和资源有限的情况下，经济精英追求利润和政策惠及广大群众是一对竞争关系，由于经济精英人数少、有组织、交易费用低，他们更容易和政治精英达成合作协议，在竞争中处于优势。要破解“精英俘获”，节制资本是一个重要的切入点。节制资本如同治水，重点在疏而不是堵，把资本引到合理的地方，令资本发挥“善利万物而不争”的作用，这个合理的地方就是混合所有制经济。让经济精英和广大群众都作为股东参与到混合所有制经济当中，“精英俘获”及其一系列负面影响便会自然消失，因为经济精英和广大群众的利益不再是冲突的，相反，他们会成为利益共同体。发展混合所有制经济，就是要充分发挥经济精英的资金优势，允许广大群众共同参与发展项目，并因地制宜，开展各种在地化的创业活动，真正实现发展过程群众参与，发展成果由群众共享。陕西省礼泉县袁家村的相关探索取得了巨大成功，可供其他地方借鉴。

五、结论

一个经济体在资源禀赋确定的条件下其经济绩效如何，制度安排起决定性作用。我国正处于全面建成小康社会的关键时期，贫困地区精准脱贫又是重中之重，如何破解精英俘获，对我国反贫困目标的实现和乡村治理体系转型具有非常重要的现实意义。研究表明，"精英俘获"既是导致扶贫资源瞄准偏离的重要原因，也是我国基层治理的一大痛点。只有破解"精英俘获"，打通中央和各级政府到基层群众的政策通道，才有可能建立起完善的乡村治理体系，从而避免扶贫资源瞄准偏离，继而乡村振兴战略的一系列具体目标诸如"产业兴旺、生态宜居、乡风文明、治理有效、生活富裕"也才能最终实现。

参考文献

[1]孔祥智．乡村振兴的九个维度[M]．广州：广东人民出版社，2018.

[2]温铁军，张孝德．乡村振兴十人谈 乡村振兴战略深度解读[M]．南昌：江西教育出版社，2018.

[3]温铁军，张俊娜，邱建生．居安思危：国家安全与乡村治理[M]．北京：东方出版社，2016.

[4]李祖佩，曹晋．精英俘获与基层治理：基于我国中部某村的实证考察[J]．探索，2012(5).

[5]贺雪峰．关于实施乡村振兴战略的几个问题[J]．南京农业大学学报（社会科学版），2018，18(3).

[6]蒋和平．实施乡村振兴战略及可借鉴发展模式[J]．农业经济与管理，2017，6(46).

[7]郭晓鸣．乡村振兴战略的若干维度观察[J]．改革，2018，3(289).

[8]熊小林．聚焦乡村振兴战略 探究农业农村现代化方略："乡村振兴战略研讨会"会议综述[J]．中国农村经济，2018(1).

[9]陈龙．新时代中国特色乡村振兴战略探究[J]．西北农林科技大学学报（社会科学版），18(3).

[10]余长林．财政分权、公共品供给与中国城乡收入差距[J]．中国经济问题，2011，9(5).

法与经济学

离婚冷静期的法经济学分析*

黄立君　陈天晟　黄秦佳茗**

摘要：经济学家通常把“婚姻”视为一种契约关系，因而“离婚”就是契约关系的解除。离婚具有负外部性，持续攀升的离婚率容易引发严重的社会问题，需要国家采取措施进行干预。《中华人民共和国民法典》引入离婚冷静期制度，目的在于防止冲动离婚，进而降低离婚率。离婚冷静期制度的实施既会产生成本，也会获得收益，故有必要对它进行成本收益分析，同时研究该制度对离婚率的实际影响。由于《民法典》2021年1月1日才正式实施，故其实际效果目前尚待考察。但韩、美两国相关实证研究表明，离婚冷静期制度的确可以降低一国离婚率。

关键词：离婚；契约关系；离婚冷静期；社会成本；离婚率

一、文献综述与问题提出

2020年5月28日，《中华人民共和国民法典》（以下简称《民法典》）由十三届全国人大三次会议表决通过，并于2021年1月1日起施行。《民法典》婚姻家庭编第一千零七十七条规定：“自婚姻登记机关收到离婚登记申请之日起三十日内，任何一方不愿意离婚的，可以向婚姻登记机关撤回离婚登记申请。前款规定期限届满后三十日内，双方应当亲自到婚姻登记机关申请发给离婚证；未申请的，视为撤回离婚登记申请。”这条规定就是通常所说的“离婚冷静期”。“离婚冷静期”实际上是冷静思考期，是指当事人到婚姻登记机关申请离婚①时，依法应当对是否离婚进行冷静思考，经过30天冷静思考后认为确实需要离婚的再办理离婚登记。该制度的直接功能或主要功能在于防止草率离婚。它以防止少数人草率离婚为目标，针对协议离婚中的冲动型、赌气性等草率离婚当事人（王礼仁，2020）[1]。

尽管美国、韩国、德国、法国、瑞典等发达国家早已通过“离婚冷静期”

* 本文感谢国家社科基金后期资助项目（19FJLB006）的资金支持。本文为中国政法大学第一批“课程思政示范课”（2019）阶段性研究成果。

** 黄立君，副教授，中国政法大学商学院；陈天晟、黄秦佳茗，均为中国政法大学商学院2017级本科生。

① 离婚冷静期仅适用于协议离婚，不适用于诉讼离婚。

“离婚熟虑期”等制度安排对夫妻离婚行为进行干预，但对中国而言，“离婚冷静期”乃是法律上的新鲜事物，它不仅引发了普通百姓的热议，而且也激发了学术界对这一“热议话题”进行深层次的冷静思考。

制度乃一个社会的博弈规则，更规范地说，制度是一些人为设计的、型塑人们互动关系的约束。它们通过为人们提供日常生活的规则来减少不确定性，界定并限制人们的选择集合（诺思，2008）[2]。制度也为公民提供信息，以便他们知道哪项制度符合他们的特定利益。换句话说，就是更好地提供涉及人们生计的正式制度选择的信息（斯密德，2004）[3]。因此，《民法典》关于“离婚冷静期”的设立无疑将改变人们的预期，影响人们的行为，进而对婚姻家庭中的夫妻双方产生重要影响。

法律对人们的行为有着很强的规范和调节作用，知道规则将产生何种效果，对人们理解现有规则和决定应有规则都至关重要，而考察一种法律制度的角度却多种多样（弗里德曼，2004）[4]。一个国家关于婚姻制度的变化将对夫妻双方产生怎样的影响？什么样的法律和政策有助于增强婚姻的稳定性？离婚冷静期这一制度安排又将如何影响人们的行为，进而对离婚、离婚率产生什么样的影响？等等，这一系列问题引发了学术界的思考，国内外学者也的确提供了丰富的研究成果。譬如：

霍克（Hawke，1969）[5]认为，国家应当通过立法对离婚行为进行干预，以避免离婚可能给社会、子女、配偶带来的诸多弊端。斯科特（Scott，1990）[6]认为，可强制执行的婚姻预承诺制度会使离婚的代价更高，从而阻止草率的离婚决定。斯威兹和泰芬塞勒（Sweezy & Tiefenthaler，1996）[7]研究了包括有子女家庭补助计划（AFDC）、食品券支付、财产分配法律、离婚等待期等国家宏观层面的因素对公民离婚意愿的影响，发现宏观政策可以作为降低离婚率、调节社会矛盾的重要工具。斯科恩等（Schoen 等，1975）[8]研究了美国的无过错离婚制与离婚率之间的关系，认为这一制度并未提高离婚率，离婚率的上升只是离婚者利用法律的新规定在行为上做出的某些改变。怀特和思特森（Wright & Stetson，1978）[9]对比了美国无过错离婚制改革州和非改革州的离婚率之后，也认为此种改革并未导致离婚率上升。彼得斯（Peters，1986）[10]运用契约理论框架对无过错离婚制进行实证分析，得出同样的结论，并进一步认为无过错离婚制与过错离婚制的差别在于前者的和解金较低。但艾伦（Allen，1992）[11]认为，无过错离婚制度确实提高了离婚率。格鲁伯（J. Gruber，2004）[12]通过研究 40 年间美国人口普查数据以及各州离婚法律的变化得出了同样的结论，并且发现，在离婚家庭环境中长大的孩子更缺乏教育、收入更低、结婚后更早分居、成年后自杀概率也更高。希普曼和童（G. Shipman & H. Y. Tien，1965）[13]对 235 对申请但并未前去领取结婚证的夫妻进行调查，探究结婚等待期以及结婚条件对不同社会和种族背景的人产生的影响，得出结婚等待期虽可降低高风险婚姻（即容易离婚的婚姻关系，如草率的婚姻、被强迫的婚姻）的出现率，但无法完全消除它。李姜敏（Lee，2013）[14]运用回归分析方法估计离婚冷静期对韩国离婚率的影响，发现法定离婚冷静期有助于鼓励和解，降低离婚率。韦戴恩和金衡钟（Wie & Kim，2015）[15]则运用双重分差法对韩国离婚冷静期的实施效果进行研究，得出了相同结论。

国内也有学者从经济学视角对婚姻家庭进行分析。比如，齐良书（2008）[16]从理论和实证两个方面对国外关于婚姻的经济学研究进行了综述；田开友（2008）[17]从法经济学视角研究结婚和离婚的经济缘由以及影响婚姻效力的主要因素；朱海忠和蔡砚秋（2010）[18]对增加离婚成本是否能够降低离婚率进行了质疑；石伟伟（2012）[19]运用经济学的分析方法，阐述婚姻的成立、家庭、离婚以及离婚后财产的分配等问题的表象和成因，以此说明婚姻家庭背后深刻的经济学原理。刘明瑞和毛颖（2014）[20]将家庭内部的利他主义引入经典的犯罪时间配置模型，从婚姻和家庭稳定性的视角为刑事犯罪率的攀升提供了一个新的解释。研究同时发现，离婚率对犯罪率的影响显著为正。

综上，就离婚冷静期而言，目前只有李姜敏（2013）[14]、韦戴恩和金衡钟（2015）[15]对韩国该制度对离婚率的影响进行过经济学分析。国内学者王礼仁（2020）[1]对“离婚冷静期”提出的意义和功能、适用范围与对象、冷静期夫妻的权利与义务、离婚冷静期的消灭与终结等进行过阐释，但其研究属纯法学研究，没有实现法学与经济学研究方法的交叉。本文尝试从法经济学视角，通过考察理性行为个体如何根据他们所面对的法律规则来调整自己的行为，以及这种调整将产生何种后果来理解我国新近出台的“离婚冷静期”制度。主要研究内容包括：经济学视域下“离婚”的本质；我国在离婚程序中引入“离婚冷静期”的原因；实施“离婚冷静期”制度可能的成本是什么、预期的收益有多大；“离婚冷静期”的实施可否实现减少冲动离婚、降低离婚率的初始目标等。本文的研究主要是定性分析，原因在于《民法典》2021 年 1 月 1 日才正式实施，基于中国本土数据的研究难以展开，故对“离婚冷静期”制度相关成本收益的具体计算以及对“离婚冷静期”制度实施效果的定量分析目前尚无法进行。为了说明“离婚冷静期”对离婚率的可能影响，本文主要借用他国（韩国、美国）经验来进行阐释。

二、经济学视域下的“离婚”

（一）离婚：契约关系的解除

根据联合国人口统计年鉴的定义，“离婚”是指一个婚姻在法律上的最终解体，夫妻双方分开，并按照国家的法律，在民事、宗教或者其他条件下都有再婚的权利。经济学家普遍认为，结婚是一种契约，因而离婚就是契约关系的解除。

关于婚姻，学术界的主流视它为一种契约。譬如哲学家康德（2002）[21]把婚姻看成是“依据人性法则产生其必要性的一种契约”。中国著名婚姻家庭法学家巫昌祯（2002）[22]也认为婚姻是一男一女为了共同利益而自愿终身结合、互为伴侣、彼此提供性的满足和经济上的帮助以及生男育女的契约。但在拜考克（Babcock，1978）[23]看来，由于是法律而不是婚姻双方来定义配偶各自的义务，所以婚姻应该是身份关系，而不是契约关系。布雷克（Brake，2011）[24]也认为，婚礼誓言不是允诺，婚姻关系也不是契约关系。尽管如此，婚姻是契约关系的观点仍在学术界占主导地位。尤其是经济学家或者法经济学家，更是坚持婚姻的契约性质，如诺贝尔经济学奖获得者贝克尔（Becker，2002）[25]，他是第一个把经济学理论运用于分析婚姻关系的经济学家。他在《人类行为的经济分析》一书中充分论证了“婚姻市场”的存在。在这个“婚姻市场”中，每个人都试图寻找最佳的配偶。当且仅当甲和乙两人的境况都能有所改善——即两者的效用均有所增加时，他们才会彼此结婚。法国经济学家科恩（Cohen，1987）[26]认为，婚姻之所以是一种契约关系，其本质在于它是由两个符合法定条件的成年人自愿达成的协议，尽管协议的权利、义务和特权大部分由国家来定，不是婚姻双方加以明示或暗示的规定。

笔者认同“婚姻关系在本质上基本上是一种契约关系”（波斯纳，1997）[27]的观点，因为婚姻的成立类似于商业合伙，通常需要基于双方的合意而自愿达成。夫妻双方在婚姻关系中彼此交换“商品”（如性、生育能力、身体保护、生计维持、家务劳动、子女养育等），彼此提供补充式（互惠的）服务（科恩，2005）[28]，以此追求“合作”带来的“剩余”，实现自身效用的最大化。因此，结婚，跟现实中契约的订立与履行一样，可以抽象成一种经济行为。

基于婚姻的“契约性”，那么，离婚就是契约关系的解除。

关于离婚，经济学家通常不会像费舍尔（Fisher，1973）[29]那样，用非常文学化的语言描述为“离婚是婚姻的死亡：夫妻及其孩子是葬礼的吊唁者，法官是葬礼的执行者，法庭是棺材被封、已死婚姻埋葬的墓地”。经济学家对结婚和离婚的阐释是非常理性的。婚姻关系中的夫妻双方被视为典型的“经济人”，各自追求自身利益最大化。夫妻双方之所以离婚，源于婚姻当事人认为维持婚姻的成本大于维持婚姻的收益。正如贝克尔（2002）[25]所言，“如果某个人对婚姻的预期效用超过恪守独身或继续寻找更合适的配偶所带来的效用，那么他就会决定结婚；同样道理，当重归独身或另行婚配的预期效用大于离异的效用损失——包括与亲生骨肉分离、家庭财产的分割、法律费用的支出及其他损失时，已婚者将终止他（或她）的婚姻”。如此看来，结婚相当于一种投资，夫妻双方在投资过程中扮演的都是“合同人”或“契约人”（威廉姆森，2002）[30]的角色。而“合同人”具有机会主义倾向，会投机，所以，科恩（2005）[28]认为，夫妻之间如果不被要求坚持履行准契约义务，将会鼓励投机行为。实践中，如果法律制度规定的离婚费用与预期的终身供养费用相比较为低廉的话，女性，特别是年龄较大的女性，即便是把自己生命中最美好的年华给了他，也容易被男性乘机抛弃，婚姻关系因此走向灭亡。田开友（2008）[17]则把离婚的原因归结为不完全信息、边际效用递减规律、经济价值的变化和过错等四个方面的经济因素。

（二）离婚的社会成本

婚姻家庭是社会的基础细胞，对社会稳定与和谐发展至关重要；而离婚却是婚姻的敌人，使这一神圣的制度遭受根本性损害（斯帕特，2005）[31]。婚姻的本质或它的社会属性决定了离婚并不仅仅是个人行为，它不仅会给对方造成一定的影响，更会对未成年子女在心理、行为模式等方面产生重大影响。用经济学语言来说，离婚，既让夫妻双方承担私人成本，它还制造外在成本，产生了负外部性。而这个负外部性最大的受害者就是婚姻双方的子女。同时，其他社会成员也是离婚负外部性的承受者，他们要么直接从夫妻的离婚中，要么间接从夫妻在婚姻制度下的离婚选择中——对离婚中违约行为的不完善的救济——承担负的外部性。

就夫妻双方而言，离婚就像协议合伙被解除，合伙财产要在两人之间进行分割。因此，离婚会导致夫妻双方经济福利下降。相比于那些结婚的成年人，离婚的成年人倾向于拥有更少的物质财富、更少的幸福以及更差的自我观念，他们有着更多的健康问题，更大的死亡风险，更低的生活水平，面临更多的经济困难以及更容易陷入贫困（Amato，2001[32]；Waite & Gallagher，2000[33]；Bahr，2001[34]）。夫妻双方不仅之前因结婚组成家庭而获得的规模经济以及因家庭劳动分工取得的专业化收益（波斯纳，1997）[27]会随婚姻的解除而烟消云散，还要承担再次寻找一个与前妻/前夫具有同等“价值”的配偶的交易成本。离婚中的过错方也会丧失配偶所提供的终身的、持续的服务（科恩，2005）[28]。此外，丈夫还可能被要求向其妻子支付：①她再婚前定期定量的（抚养费）；②抚养婚生子女的一部分成本（子女抚养费）（波斯纳，1997）[27]。失婚的妻子承受的成本更大，无论是精神上（困窘、精神苦闷、耻辱和心理上的伤害）还是物质上（更重的金钱负担、更低的生活水平）。弗里德曼（2004）[4]发现，虽然在离婚时，有时妻子要求丈夫支付赔偿金，但平均来看，离婚后女性的情况普遍比原来糟糕。皮特森（Peterson，1996）[35]根据20世纪70年代后期洛杉矶市的数据分析发现，离婚后，女性的生活质量下降了27%，男性下降了10%。邓肯和霍夫曼（Duncan & Hoffman，1985）[36]的研究结果表明，女性在离婚后的第一年里，经济状况平均下降约30%。而且离婚时，妻子常常失去更多。由于生育和抚养子女，女性在离婚后找到一位与其前夫具有同等“价值”的丈夫的概率很小，这使得女性在再婚市场中的价值比她结婚之前的市场价值要低（科恩，2005）[28]。

至于离婚产生的负外部性，大量研究表明，对大多数儿童来说，父母离异对他们的社会融入能力、受教育水平、事业发展以及心理健康等各方面都有严重的负面影响。对青少年而言，离婚家庭中的孩子在一系列幸福指标上都表现出更少的分值，他们会更沮丧、更多的心理健康问题、更差的成绩、更多的不良行为和更多的身体健康问题，也更容易陷入贫困（叶文振和徐安琪，2002）[37]。麦克拉纳翰和桑德弗（McLanahan & Sandefur，1994）[38]在他们有关单亲家庭的权威著作中，对单亲子女和双亲子女在受教育程度、勤奋与否以及婚前生育行为等方面进行比较研究后发现，单亲子女相较双亲子女在中学退学的可能性更大，数据显示，单亲家庭子女的辍学率是双亲家庭子女的两倍。单亲家庭男青年与双亲家庭男青年退学后不参加工作、游手好闲的比例是1.5∶1。单亲家庭少女与双亲家庭少女相比，未婚先育的危险性较高，如果女孩未与父亲一起生活，这种危险性更高。此外，生活于单亲家庭的孩子身心健康状况也比较差。我国学者的研究也表明，离婚家庭的孩子在各种心理状态上都比正常家庭同龄儿童差。他们容易形成抑郁、憎恨、易怒、自卑、多疑、嫉妒、胆小、孤僻、情绪不稳定等心理特征（程鑫，2003）[39]。田国秀（2014）[40]则把离婚对孩子的危害概括为以下几个方面：①父母离婚导致父亲缺位，对孩子成长不利；②单亲母亲面临着经济压力大、精力有限、情绪不良、关系紧张等困境，使孩子处于不利的生活状态，加剧或激化孩子成长问题的出现；③父亲缺位与母亲困境导致孩子出现情绪障碍、心理不适、学业不良、辍学、抽烟、酗酒、暴力倾向、离家出走、少女早孕、性交混乱等严重后果。除此之外，研究还发现，离婚率与犯罪率有很强的正相关关系。美国芝加哥大学社会学教授桑普森（Sampson）① 的研究发现：无论一个地区的经济和种族组成如何，都可以根据离婚率预测任何一个相应地区的抢劫率。桑普森研究了171个人口10万以上的美国城市。在这些城市的社区中，他发现，离婚率越低，正式和非正式社会控制的程度越高，犯罪率越低。来自美国威斯康星州的数据显示，父母离异的少年罪犯监禁率高出与已婚父母在一起生活的少年儿童12倍。刘瑞明和毛颖（2014）[41]利用1995—2008年的省级面板数据研究后也发现，离婚率对犯罪率的影响显著为正。他们将家庭内部的利他主义引入经典的犯罪时间配置模型，发现稳定的婚姻和家庭使得人们从中获取的收益率较高，具有非常明显的犯罪抑制作用；离婚则降低了人们从家庭所获取的收益和对家庭成员的利他性，从而使得家庭的犯罪抑制功能减弱，社会离婚率的上升往往伴随着刑事犯罪率的急剧攀升。

对其他社会成员而言，他们也直接或间接地承担离婚所产生的负外部后果。正如巴尔（Bahr，2001）[34]所总结的那样，离婚带来了一系列的社会成本和公共成本，这些社会成本包括健康医疗保障紧张、福利成本增加、犯罪率攀升、高等教育入学率降低和犯罪惩罚支出增加等。丹尼斯和罗森（2005）[42]的研究发现，在美国，近几十年离婚率的上升使得纳税人的负担不断增长。此类费用有一部分涉及司法部门的开支，另外的部分来源于婚姻破裂对福利社会提出了更多额外要

① 转引自夏吟兰：《对离婚率上升的社会成本分析》，《甘肃社会科学》，2008年第1期，第23~27页。

求，包括对受伤害的孩子或抑郁的父母提供福利、为分居后维持额外的家居提供财政帮助、当以前的配偶无力或不愿继续支付抚养费时对孤独的孩子或父母进行资助。离婚率的增长以及与此相关的结婚率的下降同样给大众福利带来了更加广泛的、非金钱的问题。夏吟兰（2008）[43]的研究发现，高离婚率除了导致离婚妇女及其抚养的子女生活贫困化、未成年子女身心不健康、犯罪率提高外，还影响公众对婚姻的信心。她认为，在一个离婚已经司空见惯、习以为常甚至成为标准生活方式的社会里，不仅有更多不幸福的婚姻会以离婚告终，而且更多婚姻会变得不幸福。

三、中国快速上升的离婚率及“离婚冷静期”的引入

“离婚率”一般是指在一定时间内，离婚人口占总人口的千分比，即通常所称的粗离婚率。离婚率是衡量一个地区婚姻和睦和稳定性的重要指标。过高的离婚率会导致严重的社会问题，因此需要国家进行干预。

（一）中国快速上升的离婚率

根据民政部发布的“社会服务发展统计公报”，自1986年开始至2018年，中国的离婚率呈逐年上升趋势。2018年，粗离婚率已经高达3.2‰，离结率①达到令人吃惊的44.0%。

按夏吟兰（2008）[43]的说法，在中国，每一次婚姻立法变革都导致了离婚率的上升。新中国成立后到《民法典》颁布之前，我国《婚姻法》共经历了三次比较大的立法变化：1950年《婚姻法》、1980年对1950年《婚姻法》的修订以及2001年对1980年《婚姻法》的修改。为了保障《婚姻法》的贯彻实施，国务院还于1955年、1980年、1985年、1994年、2003年批准出台了5部行政法规。2003年10月1日实施的《婚姻登记条例》取消了婚姻登记时提交单位或村（居）民委员会证明的做法，是婚姻登记制度的重大创新。②《婚姻法》及相关行政法规的变迁总体而言使得离婚登记手续更加简便，离婚变得更加容易。

夏吟兰（2008）[43]的研究发现，1950年第一部《婚姻法》颁布之后，1953年人民法院受理的离婚案件高达117万件。1980年《婚姻法》首次将“夫妻感情确已破裂”作为判决离婚的法定标准后，1981年离婚绝对数较1980年增长了4.8万件，离婚增长率则高达14.1%。2001年4月《婚姻法（修正案）》颁布施行后，2001年较2000年离婚绝对数上升3.7万对③；2003年8月，《婚姻登记条例》颁布，大大简化了在民政部门办理登记离婚的手续，实现了由婚姻登记管理到婚姻登记服务的转变，这个制度创新一方面保障了离婚自由，另一方面也给

---

① 离结率，即在某段时间内，通常为当年，离婚对数与结婚对数之比。

② 参阅民政部官方网站“新闻中心”文章“《婚姻法》70年 带您了解它的历史变迁”。

③ 通过查阅中华人民共和国民政部官方网站发布的2000、2001年民政事业发展统计公报，2001年比2000年实际增加的对数应为3.8万对。

那些冲动型离婚或草率型离婚打开了方便之门。2003 年当年，离婚绝对数为 133.1 万对，达到新中国成立以来的顶点。

笔者根据中华人民共和国民政部历年发布的社会服务发展统计公报，统计了 1988—2018[①] 年的结婚率和离婚率（见图 1），发现 30 年间，结婚率从 1988 年的 16.6‰，下降到了 2018 年的 7.3‰；离婚率则从 1988 年的 1.2‰，上升到 2018 年的 3.2‰。[②]

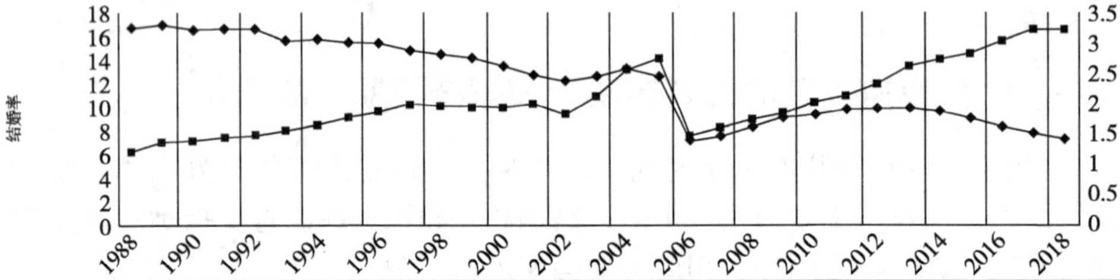

	1988	1989	1990	1991	1992	1993	1994	1995	1996	1997	1998	1999	2000	2001	2002	2003
—◆— 结婚率（‰）	16.6	16.8	16.4	16.5	16.5	15.5	15.6	15.4	15.3	14.7	14.4	14.1	13.4	12.6	12.2	12.6
—■— 离婚率（‰）	1.2	1.35	1.38	1.43	1.47	1.54	1.64	1.75	1.85	1.94	1.92	1.91	1.91	1.96	1.8	2.1

	2004	2005	2006	2007	2008	2009	2010	2011	2012	2013	2014	2015	2016	2017	2018
—◆— 结婚率（‰）	13.3	12.6	7.19	7.5	8.3	9.1	9.3	9.7	9.8	9.9	9.6	9	8.3	7.7	7.3
—■— 离婚率（‰）	2.56	2.73	1.46	1.59	1.71	1.85	2	2.1	2.3	2.6	2.7	2.8	3	3.2	3.2

图 1　1988—2018 年结婚率和离婚率

数据来源：笔者根据民政部官方网站发布的历年社会服务发展统计公报整理绘制

笔者也统计了 1988—2018 年我国登记结婚对数、离婚对数，并对离结率进行了计算。发现 30 年间，我国离婚的绝对数量大幅度增加，从 1988 年的 65.5 万对上升到了 2018 年的 446.1 万对。离结率逐年上升（2002 年除外），由 1988 年的 6.9%上升到了 2018 年惊人的 44.0%（见图 2）。

另外，笔者对 2002—2018 年[③]离婚总数中两种不同离婚方式各自所占百分比进行了计算。从 2002 年开始到 2018 年止，离婚人群中以“登记离婚”方式离婚的占总离婚数的百分比分别为 48.7%，51.9%，66.3%，67.5%，69.4%，71.4%，73.0%，75.1%，76.8%，78.1%，80.4%，81.3%，83.8%，84.7%，85.5%。其中，2013—2018 年，平均有 83.14%的夫妻以“登记离婚”的方式离

① 民政部官方网站发布的“社会服务发展统计公报”包含了 1986 和 1987 年的。但这两年都没有提供结婚率和离婚率的数据。

② 民政部发布的“社会服务发展统计公报”所说的“结婚率”和“离婚率”，指的是“粗结婚率”和“粗离婚率”。粗结婚率，即在一定时间内，结婚人口占总人口的千分比。粗离婚率，即在一定时间内，离婚人口占总人口的千分比。但在 2006 年前后，民政部使用的结婚率和离婚率指标口径不一样。2006 年之前民政部统计公报中使用的是结婚和离婚人数口径，自 2006 年开始，使用结婚和离婚对数口径。利用这两个不同口径计算出来的指标，在分母口径不变的情况下，数值会相差一倍。所以读者可以发现 2006 年的离婚率会从 2005 年的 2.73‰骤然下降到 1.46‰，结婚率也从 12.6‰下降到 7.19‰。参阅夏吟兰：《对离婚率上升的社会成本分析》，《甘肃社会科学》，2008 年第 1 期，第 23-27 页；宋健：《结婚率新低现象的人口学解读 》，《人民论坛》，2020 年第 3 期，第 70~74 页 .

③ 2002 年之前民政部发布的社会服务发展统计公报中只公布了总离婚数，没有分类。

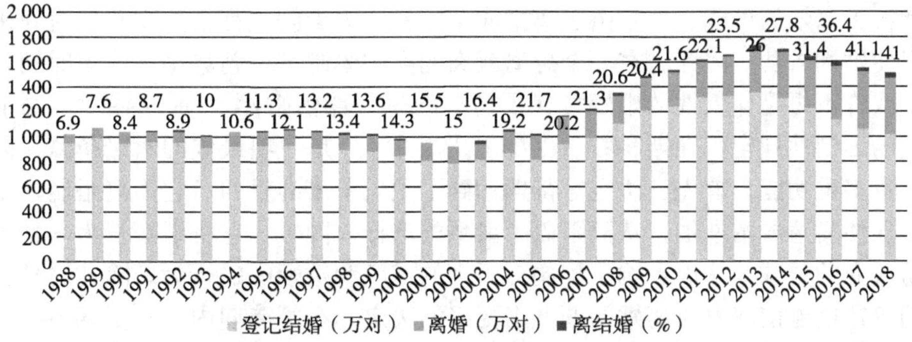

图 2　1988—2018 年登记结婚、离婚和离结率

数据来源：笔者根据中华人民共和国民政部官方网站发布的历年社会服务发展统计公报整理绘制

婚，16.86%的夫妻以“法院判决、调解离婚”的方式离婚。这意味着，《民法典》关于“离婚冷静期”的规定至少会影响到 80%以上的离婚夫妻。

（二）“离婚冷静期”的引入

婚育率的下降和离婚率的上升表示传统家庭正在衰退。随着离婚率的快速攀升，离婚产生的私人成本和负外部性日趋增加，公众对婚姻解体、家庭破裂的忧虑日益增长。因此，不少国家与地区纷纷尝试通过在离婚登记制度中设置离婚障碍、增加离婚“门槛”，应对轻易离婚对婚姻家庭体制的威胁，比如德国、瑞士、意大利等国将分居作为离婚的前置条件；韩国、美国、英国等则通过引入“离婚冷静期”“离婚熟虑期”的方式来防止冲动离婚。《韩国民法典》（2007）规定，申请离婚的夫妇如有子女，必须经过 3 个月的“熟虑期”，如无子女，则“熟虑期”为 1 个月；《英国家庭法》（1996）规定，婚姻当事人一方或双方做出离婚声明后，须经过 9 个月的反省与考虑期，如果离婚申请人和当事人都认为婚姻无法维持，则准许离婚。若子女中有不满 16 岁的，则最短期限增加到 18 个月；美国的普通离婚程序中，需要经过 6 个月的等候期之后，离婚手续才会办理完成，夫妻关系才可以终止（侯晓然，2018）[44]。由此可见，设置离婚冷静期保护婚姻关系是世界上大部分发达国家的通行做法。而离婚冷静期政策背后的信念（idea）则是：由暂时的负面情绪冲击导致的离婚，可以通过给人一段审慎思考的时间缓解情绪爆发而得以避免（李江敏，2013）[14]。

西方国家对离婚冷静期的引入说明，国家在促进婚姻的稳定上可以扮演重要的角色。不少国家在经历了急剧攀升的离婚率之后发现，过于宽松的法律环境，或者说，那种使离婚变得更容易的法律法规（如美国从 1969 年前的过错离婚转向无过错离婚），会让夫妻间期初的承诺丧失约束力而被轻而易举地抛在一边（斯科特，2005）[45]。正如波斯纳（2002）[46]所言：“婚姻越是容易解除，人们对婚姻的承诺就会越少。因此，如果允许想离就离，那么结婚者花费在婚姻搜寻上的时间就会更少，结果是夫妻更不般配，这转过来又会破坏婚姻的伴侣性，并由此增大了离婚的可能。并且由于离婚非常容易，夫妻俩也都会更少花费时间来努力促使婚姻成功。因此，在一个想离就离的离婚体制下，趋势是一连串时间较短的、或许不再是伴侣性的婚姻替代了持久的单一伴侣婚姻。”而法律对离婚前等待期的强制性规定，在斯科特（2005）[45]看来，“是一项最佳的承诺条款，因为它具有多重功能。首先，法定等待期达到了预先承诺的目的。它为离婚制造了障碍，促使离婚成本增加，从而阻碍了离婚的选择。同时，它将婚姻视为一种不可轻易放弃的关系，从而影响了配偶对婚姻的态度和婚姻中的行为。除此之外，较长的等待期能使双方对离婚问题做出更好的决定。在等待期内，对婚姻不满的一方可以更加清楚地认识到自己的离婚决定是一时之气还是符合自己的长远利益……最后，等待期可以阻止人们离婚后迅速建立新的家庭——这可能损害前一段婚姻中子女的权益。”由此可见，离婚程序中强制设立冷静期可以提高离婚成本、增加离婚的难度，防止草率离婚，而这也正是我国《民法典》采纳“离婚冷静期”的重要原因。

为了减少冲动离婚，我国曾在诉讼离婚中试行离婚冷静期制度。2016 年 4 月，最高人民法院公布了《最高人民法院关于开展家事审判方式和工作机制改革试点工作的意见》，随后于同年 6 月在全国范围内选择了大约 100 个中基层法院，展开了为期两年的试点工作。在实务操作中，各地法院分别发布离婚冷静期通知书，以缓解夫妻矛盾，减少离婚数量。山东省武城县人民法院针对争议较大、一方不愿离婚，或者未成年子女面临中高考的情形，经双方一致同意后设置不超过半年的冷静期，其间当事人可采取一系列措施解决家事矛盾，挽救婚姻。而广东省高院颁布了《广东法院审理离婚案件程序指引》，该指引对离婚冷静期进行了较细致的规定，将其分设为情绪约束冷静期和情感修复冷静期，并列出了不同的适用条件、期限及规则（魏静，2019）[47]。2018 年 7 月 18 日，最高人民法院在总结试点工作的基础上，通过《关于进一步深化家事审判方式和工作机制改革的意见（试行）》正式确立离婚案件设置冷静期不超过 3 个月，在冷静期内，人民法院可以依据具体情况展开调解、家事调查、心理疏导等工作。最高法院这一规定的颁布意味着离婚冷静期在试点工作中取得了一定程度的成功，挽回了相当一部分濒临破裂的婚姻关系。也正是在广泛试点的基础上，《民法典》于 2020 年 5 月 28 日，由十三届全国人大三次会议表决通过，离婚冷静期制度最终得以确立。可以说，本次立法即是对前述试点的法律总结。

“离婚冷静期”的设立体现了各国对草率离婚的干预原则。我国《民法典》关于“离婚冷静期”的规定一方面体现了国家维护婚姻稳定的态度和决心，即国家反对草率离婚；另一方面，使“离婚冷静期”具有广泛的警示价值，它向所有人发出了一定要善待婚姻的信号（王礼仁，2020）[1]。以法律的名义设置离婚冷静期，尤其给那些一言不合就冲动离婚的夫妻套牢冷静的法律辔头，不仅有助于他们冷静理性地对待离婚，更有助于依法遏制不理性的冲动型离婚。

四、“离婚冷静期”制度的预期成本和预期收益

对法律法规进行成本收益分析，已从20世纪80年代开始为许多政府机构和公共团体广泛接受。例如，美国的里根总统于1981年通过的12291号总统令，要求所有新制定的政府规章都要符合成本收益分析的标准；奥巴马2011年1月签署的13563号行政命令，也要求运用成本收益分析方法、成本有效性分析方法和风险评估方法，评估设计的制度和规则对经济、社会和环境的影响。《民法典》关于“离婚冷静期”制度的出台无疑需要学术界对该制度实施的成本收益进行评估，以检验其效率。基于《民法典》刚刚实施，因而无法对这一事实进行实证研究，本文对“离婚冷静期”制度可能产生的预期成本和预期收益进行事前定性分析。

（一）实施“离婚冷静期”制度的预期成本

1. 离婚冷静期提高了当事人的离婚成本

首先是从时长的角度考虑，登记离婚的时间从原来的1天延长至30～60天[①]，大幅提高了离婚的等待成本。其次，因为对离婚合意有维持30天不变的要求，当事人双方需要达成一份更为复杂的“合同”：双方均做出离婚的意思表示，并在30天内履行不撤回离婚申请的义务，所以离婚当事人的谈判成本大幅上升。最后，当事人需要支付的金钱和劳务成本提高，因为原先只需要去一次民政机关登记离婚，而在离婚冷静期施行后，双方当事人需要去两次民政部门，分别完成提交离婚登记申请和领取离婚证两个行为。除此之外，在一方想要离婚、另一方不想离婚的情形中，不想离婚的当事人可以通过撤回离婚申请的方式将对方强行留在婚姻契约中，然而却无法使对方心甘情愿地履行契约义务，而契约义务的不履行势必会导致另一方的利益损失，故在这种情况下，无论是想离婚的一方还是不想离婚的一方，都因为冷静期的存在而承担了更大的物质或者精神上的损失，造成两败俱伤的局面。总的来说，离婚冷静期的设置使登记离婚的成本大幅提高，一定程度上限制了离婚的自由。

2. 离婚冷静期提高了行政机关的执法成本

对于每一对离婚登记申请人，民政部门的工作人员需要处理两次申请：接受离婚申请，冷静期后发放离婚证或者在冷静期内处理当事人的撤回申请，相比之前每对申请人仅需处理一次申请，原本一次可以完成的处理工作被拆分成两次，工作量提高了一倍，一定程度上造成行政资源的浪费。

3. 离婚冷静期可能间接增加司法机关的法律实施成本

离婚冷静期的设置，使得登记离婚的难度增大。在一方坚决想要离婚、另一

① 离婚冷静期30天。冷静期结束后，如果确定离婚，可在接下来的30天内领取离婚证。

方较为犹豫的婚姻关系中，登记离婚制度可能无法满足想离婚当事人离婚的需求，因而转向登记离婚的替代制度——诉讼离婚，由此人民法院面对的离婚案件将会增加。诉讼离婚耗时更长，人力成本和物力成本也远高于登记离婚，对双方当事人感情的破坏程度更大、更彻底。在当下司法案件数量激增、司法资源紧张的现实情况下，离婚案件的增加会加速司法资源的消耗。

4. 离婚冷静期可能扩大潜在的侵权损害，产生隐性成本

根据最高人民法院 2018 年公布的《司法大数据专题报告之离婚纠纷》，有 14.86%的夫妻因家庭暴力向法院申请解除婚姻关系。最高人民法院 2015 年的统计显示，全国约有 24.7%的家庭存在不同程度的家庭暴力；妇联每年受理 4 万～5 万件家暴投诉；近 10%的故意杀人案件涉及家庭暴力。由此可见，我国家庭暴力的情况并不少见。而鉴于诉讼离婚周期长、花费大、一审判离的比例只有 34.19%的情况，仍有许多家庭暴力的受害者选择登记离婚的方式来解除婚姻关系。现实中施暴方通常是不愿离婚的一方，即使一时答应离婚，也可能在冷静期内反悔，通过撤回离婚申请的方式将对方留在婚姻关系中，即使不撤回，那么婚姻关系也至少要延长 1 个月的时间。对于受害方而言，延长其婚姻关系的存续时间就等于增加其遭受家庭暴力的可能性，继而使其身体和心理蒙受更大的损害。

（二）实施“离婚冷静期”制度的预期收益

实施“离婚冷静期”制度的预期收益之一是可以降低人们的离婚需求。理由是，身处婚姻“围城”中的夫妻双方，作为理性“经济人”，会对约束条件的变化做出反应，以寻求自身利益的最大化。《民法典》关于结婚离婚的规定相当于给“结婚”和“离婚”这两种特殊“商品”进行定价，在离婚程序中强制设定为期 30 天的“离婚冷静期”，意味着“离婚”的价格上升。经济学的需求定律表明，商品的需求量与价格之间呈反方向变动的关系，即价格上涨，需求量减少；价格下降，需求量增加。《民法典》对“离婚冷静期”的规定，相当于“离婚”这种特殊商品的价格提升，因而会降低人们对“离婚”的需求，降低离婚率。离婚冷静期的设置方便让当事人冷静下来认真权衡离婚的成本和收益，并帮助夫妻双方实现他们的目标，维持婚姻的长久，以便可以继续获取家庭带来的婚姻收益。

其次，“离婚冷静期”可以减少离婚带来的负外部性，降低因离婚而产生的社会总成本。前述离婚产生的私人成本与外在成本之和，就是离婚产生的社会总成本。强制设立“离婚冷静期”后，夫妻双方获得一个法律规定的冷静期。较长的等待期能使双方对离婚问题做出更好的决定。在等待期内，夫妻双方进一步沟通、谈判、协商。当事人至少可以就财产分割、子女抚养等问题进行更充分的讨论，从而减小万一最后离婚对孩子社会融入能力、受教育水平、事业发展以及身心健康等各方面的不利影响。而对婚姻不满的一方则可以更加清楚地认识到自己离婚的决定是一时之气，还是符合自己的长远利益。如果夫妻双方彼此冷静下

来之后，发现对婚姻的不满只是暂时的，等待期过后，当事人决定不再离婚。离婚申请的撤回使濒临死亡的婚姻得以挽救，不仅节约了因离婚而产生的巨大私人成本，同时也避免因为家庭破裂而导致的巨大外在成本。社会原本因为夫妻离婚而额外承担的健康医疗保障紧张、福利成本增加、犯罪率攀升、高等教育入学率降低和犯罪惩罚支出增加等问题，也因婚姻的持续而得以缓解。

五、“离婚冷静期”对离婚率的影响：他国经验

《民法典》规定的离婚冷静期制度能否减少冲动离婚，进而降低离婚率，这是《民法典》出台后公众热议的话题之一。王礼仁（2020）[1]在关于“离婚冷静期为何成为社会热议题”的论文中提出，应正确认识“离婚冷静期”与离婚率的关系。在他看来，“离婚冷静期”的主要功能在于防止草率离婚，而草率离婚只是增加离婚率的一个因素之一，并不是主要因素。因而，不能对“离婚冷静期”降低离婚率的期望太高，更不能把“离婚冷静期”作为降低离婚率的“神丹妙药”。而朱海忠和蔡砚秋（2010）[18]则对通过增加离婚成本降低离婚率提出质疑。《民法典》实施后能否减少冲动离婚，进而降低离婚率，这的确是需要学术界进行科学论证的重要问题。由于“离婚冷静期”刚刚实施，基于中国本土数据的研究目前还无法展开，但依然可以从为数不多的其他国家相关政策的研究中获得启示。从已有研究成果来看，美国和韩国是实施离婚冷静期制度最具有代表性的两个国家。

（一）离婚冷静期对美国离婚率的影响

作为一种制度创新，美国的伊利诺伊州最早从 1949 年开始由立法机构制定有关“离婚冷静期”的法案，但先后三次被最高法院以不合宪等理由予以否定和拒绝实施。经过 8 年的努力，最后于 1955 年通过了《60 天冷静期法令》（*The Sixty-Day “Cooling-Off” Period Statutes*），并于 1956 年开始实施。伊利诺伊州（芝加哥）库克县巡回法庭法官米勒（Miner，1956）[47]对该州离婚冷静期立法的艰难历程进行了回顾，发现《1953 离婚冷静期法》（*The 1953 “Cooling Off” Period Law*）从 1953 年 7 月 1 日试行到 1954 年 3 月宣告无效期间，伊利诺伊州离婚率显著下降。根据库克县（Cook County）官方巡回法庭和高级法院的记录，申请离婚的行为下降了 37.57%，获准离婚率下降了 37.09%。在这 9 个月内，有 7 306 个申请离婚案例，其中 6 285 例获批离婚。而在这之前未试行冷静期的 9 个月数据显示，共有 11 703 例申请离婚，其中 9 991 例获批离婚。《1953 离婚冷静期法》被宣告无效后的 9 个月之内，有 11 496 例申请离婚，其中8 564例获批离婚。据此，拥有与 12 万名婚姻诉讼当事人打交道经验的米勒法官认为至少有 1/3 的离婚可以被防止。

伊利诺伊州《离婚冷静期法》的实施是对离婚设置衡平机制的一种尝试。之后，加利福尼亚州于 1969 年率先废除过错离婚原则，成为美国首个采用无过

错离婚法的州。其他各州随之跟进，美国离婚率由此一路攀升。居高不下的离婚率促使各州通过设置离婚障碍来限制无过错离婚自由的滥用。离婚等待期就是其中的一种。为了保护未成年子女的利益，各州通常以婚姻中是否有未成年子女为标准来确定不同的离婚等待期。在有未成年子女的情况下，夫妻离婚等待期的时间往往最长，有的甚至长达半年。离婚冷静期究竟多大程度上降低了离婚率，笔者没能从已有的为数不多的相关研究中找到具体的结论。但美国马里兰大学研究人员提交的一份报告显示，2008 年至 2016 年，美国离婚率下降了 18%，主要归功于“80 后”和“90 后”的离婚率显著降低（侯晓然，2018）[44]。

（二）离婚冷静期对韩国离婚率的影响

在韩国，为了遏制持续增长的离婚率，2004 年起，一些地方法院自愿施行“离婚冷静期”制度，不同地区采取的冷静期时长从一个星期至三个星期不等。截至 2008 年 6 月韩国正式在全国范围内确立这一制度，54 个地方法院中已有 46 个采纳了该制度，冷静期的时长最终也被确立为 3 个月。文献检索到两项关于韩国离婚冷静期制度实施效果的研究，其中一项由李姜敏（Lee，2013）[14]做出，另一项由韦戴恩和金衡钟（Wie & Kim，2015）[15]做出。两项研究都借助韩国关于离婚冷静期的准自然实验（a quasi-natural experimental），对离婚冷静期制度的实施效果进行实证分析。在韩国，大约有 84.9%的离婚者采取协议离婚的方式，只有 15.06%的离婚者采取诉讼离婚的方式（Wie & Kim，2015）[15]。

李姜敏（2013）[14]的数据来源主要包括两个：一是 1989—2009 年国家高级法院发布的《法院月度统计数据》（*Monthly Court Statistics*）获取每个法院及其分支机构的申请离婚数（number of divorce filings）；二是从 2000—2009 年韩国国家统计局（National Statistical Office of Korea）发布的《重要数据年度报告》（*Annual Report of Vital Statistics*）获取所有的个人离婚数据，包括年龄、受教育程度、职业、孩子个数、婚姻持续时长、离婚原因等。他采用的研究方法为回归分析方法，分析离婚冷静期的实施对韩国离婚率的影响。研究发现，韩国实施强制离婚冷静期之后离婚率（divorce rate）显著下降。而且，更长的冷静期，效果更明显，影响也越大。一个为期三周的冷静期可以让月度一般离婚率（refined monthly divorce rate）下降大约 4%。而在 2003 年未实施离婚冷静期之前，月度平均离婚率大约为 10%。研究还发现，离婚冷静期没有改变离婚申请率（the divorce filing rate）。这意味着，该政策从一开始就没能阻止夫妻申请离婚。离婚率下降而离婚申请率几乎没有变化意味着许多夫妻在冷静期撤回了离婚申请。

韦戴恩和金衡钟（2015）[15]的数据来源主要有两个：一是 2010 年韩国微观数据服务系统（Korea Micro Data Service System）中不同地区的月度离婚率以及离婚夫妻的详细信息；二是韩国最高法院的统计月报（*Monthly Court Statistics Report*）中协议离婚申请数和离婚申请撤回数。作者采用了不同于李姜敏（2013）[14]的研究方法——双重差分法（difference-in-differences，DID），分别考察冷静期制度对离婚申请率、离婚申请撤回率、最终的离婚率的影响，来考察离婚冷静期制度是否影响人们的离婚决定。结果显示，强制离婚冷静期显著增加了离婚申请撤回数（大约增加了8%），减少了最终的离婚率（大约降低了9%），但对最初的离婚申请率没有影响。而且，那些分居夫妻或有毋庸置疑原因决定离婚的夫妻，对离婚冷静期没有反应。离婚冷静期对诉讼离婚率也没有显著影响。

六、结语

本文从经济学视角剖析了离婚的实质，进而探讨了离婚产生的私人成本和外在成本。基于中国快速上升的离婚率，国家尝试通过设置“离婚冷静期”来对离婚行为（尤其是草率离婚）进行干预，以降低离婚引致的社会成本。离婚冷静期制度的实施，一方面可以增加夫妻双方的离婚成本，同时也增加了行政机关的执法成本、司法机关的法律实施成本以及其他隐性成本。另一方面，离婚冷静期制度的实施可以带来收益，如降低人们的离婚需求，减少离婚产生的负外部性，降低因离婚而产生的社会总成本。由于离婚冷静期在中国正式实施的时间较短，其实际影响尚需时日加以考察。但有关韩、美两国离婚冷静期实施效果的实证研究表明，该制度的实施的确可以降低离婚率。

参考文献

[1]王礼仁.“离婚冷静期”为何成为“社会热议题”的若干问题解读：民法典婚姻家庭编的立法亮点热点与难点（二）[EB/OL].http://article.chinalawinfo.com/ArticleFullText.aspx?ArticleId=114560,2020-06-30.

[2]诺思.制度、制度变迁与经济绩效[M].上海：格致出版社,2008.

[3]斯密德.制度与行为经济学[M].刘璨,吴水荣,译.北京：中国人民大学出版社,2004.

[4]弗里德曼.经济学语境下的法律规则[M].杨欣欣,译.北京：法律出版社,2004.

[5]Lee A H. Divorce procedure: a fraud on children, spouses and society[J]. Family law quarterly. 1969, 3(3):240-253.

[6] SCOTT E S. Rational decision-making about marriage and divorce[J]. Virginia law review. 1990, 76(1):9-94.

[7]SWEEZY K,TIEFENTHALER J. Do state-level variables affect divorce rates[J]. Review of social economy. 1996, 54(1):47-65.

[8]SCHOEN R, GREENBLATT H N, MIELKE R B. California's experience with non-adversary divorce[J]. 1975, 12(2):223-243.

[9]WRIGHT G C, Jr., STETSON D M. The impact of no-fault divorce law reform on divorce in American States[J]. Journal of Marriage and Family. 1978, 40(3):575-580.

[10]PETERS H E. Marriage and divorce: informational constraints and private contracting[J]. The American Economic Review, 1986, 76(3):437- 454.

[11]ALLEN D W. Marriage and divorce: comment[J]. The american economic review. 1992, 82(3):

679- 685.

[12]GRUBER J. Is making divorce easier bad for children? the long-run implications of unilateral divorce[J]. Journal of labor economics. 2004,22(4):799-833.

[13]SHIPMAN G, TIEN H Y. Nonmarriage and the waiting period[J]. Journal of Marriage and Family. 1965, 27(2):277-280.

[14]LEE J. The impact of a mandatory cooling-off period on divorce[J]. The Journal of Law & Economics. 2013,56(1):227-243.

[15]WIE D, KIM H. Between calm and passion:the cooling-off period and divorce decisions in Korea [J]. Feminist economics,2015. 21(2):187-214.

[16]齐良书. 婚姻经济学研究进展[J]. 经济学动态,2008(9):85-89.

[17]田开友. 婚姻的法经济学机理[J]. 制度经济学研究,2008(1):125-155.

[18]朱海忠,蔡砚秋. 增加离婚成本能否降低离婚率[J]. 南通大学学报(社会科学版),2010,26(5):58-64.

[19]石伟伟. 婚姻家庭的经济分析[J]. 长春工业大学学报(社会科学版),2012,24(1):38-40.

[20]刘瑞明,毛颖. 中国转型时期的离婚和犯罪:法律经济学的解释和验证[J]. 世界经济文汇,2014(5):84-104.

[21]康德. 法的形而上学原理:权利的科学[M]. 沈叔平,译. 北京:商务印书馆,2002.

[22]巫昌祯. 婚姻家庭法新论:比较研究与展望[M]. 北京:中国政法大学出版社,2002.

[23]BABCOCK B A. Sex discrimination and the law:causes and remedies[M]. Boston, MA:Little, Brown, 1978.

[24]BRAKE E. Is divorce promise-breaking? [J]. Ethical theory and moral practice, 2011, 14(1): 23-39.

[25]贝克尔. 人类行为的经济分析[M]. 王业宇,陈琪,译. 上海:上海人民出版社,2002.

[26]COHEN L R. Marriage, divorce and quasi rents; or "I Gave Him the Best Years of My Life" [J]. Journal of Legal Studies,1987,16(2):267-303.

[27]波斯纳. 法律的经济分析[M]. 蒋兆康,译. 北京:中国大百科全书出版社,1997.

[28]科恩. 婚姻:长期契约[M]//丹尼斯,罗森. 结婚与离婚的法经济学分析. 王世贤,译. 北京:法律出版社,2005.

[29]FISHER E O. A guide to divorce counseling[J]. The family coordinator,1973, 22(1):55-61.

[30]威廉姆森. 资本主义经济制度:论企业签约与市场签约[M]. 段毅才,王伟,译. 北京:商务印书馆,2002.

[31]斯帕特. 路易斯安那的契约婚姻法:为了孩子重塑婚姻的意义[M]//丹尼斯,罗森. 结婚与离婚的法经济学分析[M]. 王世贤,译. 北京:法律出版社,2005.

[32]AMATO P R. The consequences of divorce for adults and children[M]//MILARDO R M. Understanding families into the new millennium: a decade in review. Minneapolis, minnesota: national council on family,2001.

[33]WAITE L J,GALLAGHER M. The case for marriage:why married people are happier, healthier, and better off financially[M]. New York:Doubleday,2000.

[34]BAHR S J. Social science research on family dissolution:what it shows and how it might be of interest to family law reformers[D]. Provo: Brigham Young University,2001.

[35]PETERSON R R. A re-evaluation of the economic consequences of divorce[J]. American sociological review. 1996, 61(3):528-36.
[36]DUNCAN G J,HOFFMAN S D. A reconsideration of the economic consequences of divorce[J]. Demography,1985,(22):485-4-97.
[37]叶文振,徐安琪．父母离婚与子女福利:西方学者的研究成果及其学术启示[J]. 国外社会科学,2002(2):75-82.
[38]MCLANAHAN SARA S.,SANDEFUR G. Growing up with a single parent:what helps[M]. Cambridge, MA:Harvard University Press,1994.
[39]程鑫．离婚家庭对子女心理发展的影响[J]. 辽宁税务高等专科学校学报,2003(6):43-44.
[40]田国秀．父母离婚对孩子的影响:20 世纪 50 年代以来美国学界研究的五个阶段[J]. 北京社会科学,2014(9):110-117.
[41]刘瑞明,毛颖．中国转型时期的离婚和犯罪:法律经济学的解释和验证[J]. 世界经济文汇,2014(5):84-104.
[42]丹尼斯,罗森．结婚与离婚的法经济学分析[M]. 王世贤,译．北京:法律出版社,2005.
[43]夏吟兰．对离婚率上升的社会成本分析[J]. 甘肃社会科学,2008(1):23-27.
[44]侯晓然．离婚冷静期在国外[N]. 中国妇女报,2018-11-19(05).
[45]斯科特．婚姻义务与离婚的法律调整[M]//丹尼斯,罗森．结婚与离婚的法经济学分析．王世贤,译．北京:法律出版社,2005.
[46]波斯纳．性与理性[M]. 苏力,译．北京:中国政法大学出版社,2002.
[47]魏静．离婚诉讼中冷静期制度研究[J]. 河南科技学院学报,2019,39(3):50-53.
[48]MINER J H. An Illinois innovation:the "cooling-off" divorce law[J]. American bar association journal, 1956(42):1131-1134, 1172-1174.

反向刷单案件的法经济学分析

——以浙江省首例反向刷单案件为例

支小青　赵米洋*

摘要：本文基于电子商务市场发展过程中出现的“反向刷单”问题，以浙江省首例反向刷单案件为例，分析反向刷单行为主体、“刷手”和电子商务平台决策中的成本收益，再对当前刷单发展现状及相关立法情况进行梳理，然后从电子商务平台规则设计、立法、司法、执法和守法方面提出建议，以期通过提高“反向刷单”行为的违法成本来减少此类恶意竞争行为，优化电子商务的营商环境。

关键词：法经济学；电商规则；反向刷单；案例分析；成本收益分析

一、引言

随着电子商务的普及，网购成为我国民众日常生活中不可或缺的一部分，其迅速发展也引起了商家间的不良竞争。不少商家为了获得更高的综合排名以吸引更多买家“光顾”而不惜采取“刷单”行为。

刷单是指电商平台上的商家通过雇佣“刷手”到自己店铺下单并给予好评的行为。这种行为并非实质性的下单，通常商家与“刷手”间并不会最终完成交易，而是通过虚构交易来提高店铺的销量与综合排名，严重危害了真实的交易质量评价体系。针对这种行为，电商平台设置了相应的惩罚机制，对大数据监控下涉嫌“刷单”的店铺采取扣分、屏蔽等措施。基于这种惩罚机制，反向刷单应运而生。

反向刷单是指商家雇佣“刷手”在短期内大量购买竞争者的商品，从而形成竞争者自身刷单的假象，以致电商平台误认为是竞争者采用刷单的方式虚构交易，进而对其采取商品下架、店铺降级乃至退出平台等惩罚措施的行为。我国电商市场尚不成熟，规则尚不健全，因此对商家实行“反向刷单”行为的成本收益进行考量并从法律的角度提出相应的规制建议，对于优化我国营商环境、推进

* 支小青，副教授，中国政法大学商学院；赵米洋，本科生，中国政法大学商学院。

我国电子商务健康良性发展，其重要意义不言而喻。

不同于大多学者对“反向刷单”行为性质所进行的法理层面的讨论与界定，本文的研究更贴近于在当前法律环境下不同经济个体实施反向刷单行为的损益得失，期冀由此得出的法律规制建议更能从微观层面发挥作用；在研究方法上，本文从浙江省首例反向刷单案件出发，运用案例分析、博弈分析的方法，探究当前法律环境下“反向刷单”行为发生的原因，随后运用法经济学理论对不同主体的成本收益进行衡量，从而得出结论。区别于法学学者的法理分析和逻辑分析，本文的研究方法应该更贴近制度发挥作用的过程。

二、反向刷单行为概述

随着电商市场的不断发展和刷单行为的频繁发生，人们越来越关注“刷单”带来的不利影响。随着刷单行为破坏力和影响面的增大，越来越多的学者加入了刷单行为的研究行列。目前已有大量基于电商平台信用评价体系的漏洞与改进建议的研究，近年来，对影响更为恶劣的“反向刷单”行为的研究较之于普通“刷单”的研究数量较少，且多基于法学理论，少有对其进行法经济学分析的研究。

反向刷单是基于电子商务平台对正向刷单行为设计的规范机制而产生的。针对破坏电子商务平台市场质量评价体系的正向刷单行为，电子商务平台设置了对应的惩罚机制，对大数据监控下涉嫌“刷单”的店铺采取扣分、屏蔽等措施。基于这种惩罚机制，反向刷单应运而生。

狭义的反向刷单是指商家雇佣“刷手”在短期内大量购买竞争商家的商品，从而形成竞争商家自身刷单的虚假表象，致使电商平台误认为是竞争商家采用了刷单的方式虚构交易，从而对其做出商品下架、店铺信誉降级等惩罚措施的行为（见图1）。

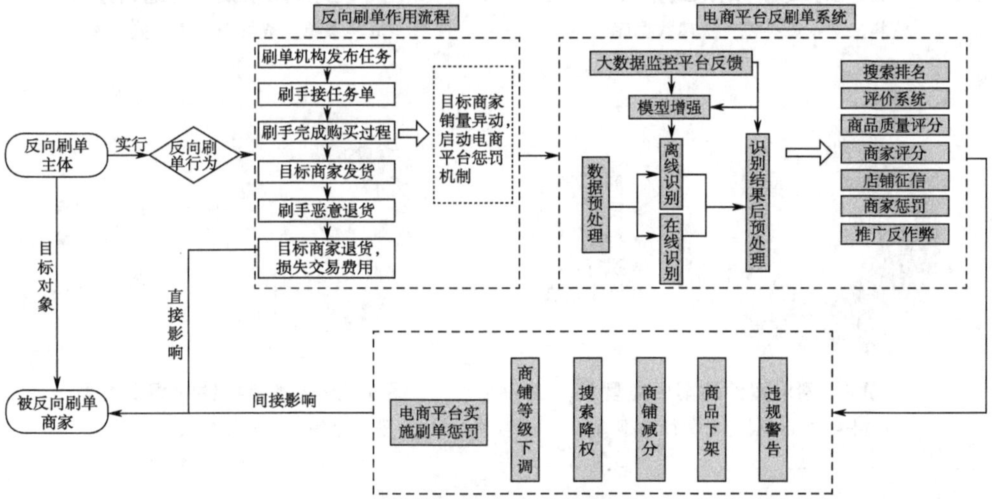

图1 （狭义）反向刷单行为示意图

资料来源：本文作者整理

广义的反向刷单根据刷单方式的不同，可以分为两类，一类是狭义的反向刷单，另一类就是雇佣他人对竞争者商铺的商品和服务进行恶意评价，也就是人们常说的“刷差评”。结合浙江省首例反向刷单案件案情，下文所述的“反向刷单”均指狭义的反向刷单，即商家通过电商平台对短期内交易量激增的竞争者的“惩罚”而受益的行为。

三、案件情况

（一）司法现状

在中国裁判文书网上输入“刷单”，可以搜索到6 181篇裁判文书[①]，这说明“刷单”在司法领域已占据了相当的资源。具体来看，我国刷单案件有8 687个，其中反向刷单案件有59个，占比为0. 68%。具体数据资料见图2至图5。

地域	占比	案件数
浙江	17.3%	1,500
广东	14.51%	1,258
安徽	8.76%	760
江苏	7.15%	620
福建	6.45%	559
上海	6%	520
北京	5.5%	477
河南	5.22%	453
山东	3.55%	308
黑龙江	3.52%	305

图2　刷单案件的地域分布

资料来源：威科先行法律数据库

地域	占比	案件数
浙江	32.2%	19
江苏	11.86%	7
广东	10.17%	6
安徽	10.17%	6
甘肃	8.47%	5
湖北	5.08%	3
重庆	5.08%	3
吉林	5.08%	3
福建	3.39%	2
陕西	3.39%	2

图3　反向刷单案件的地域分布

资料来源：威科先行法律数据库

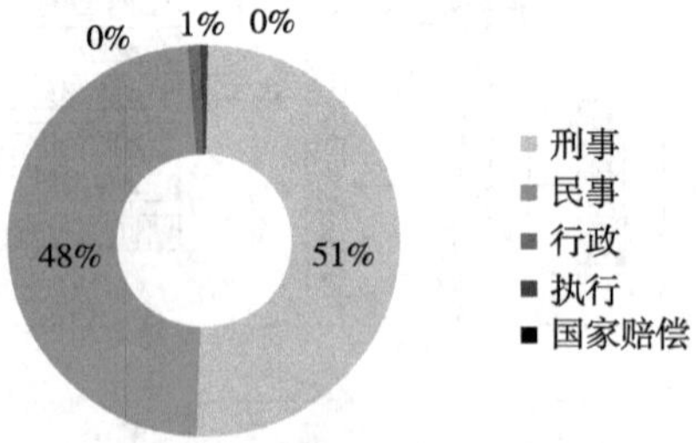

图4　刷单案件的案由类型

资料来源：威科先行法律数据库

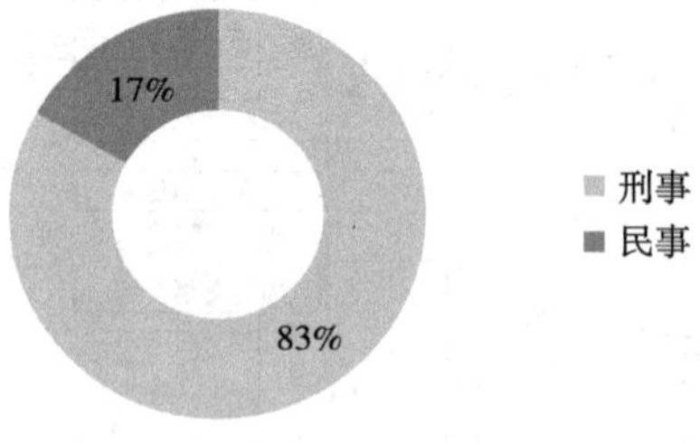

图5　反向刷单案件的案由类型

资料来源：威科先行法律数据库

① 搜索结果见“中国裁判文书网”，http：//wenshu. court. gov. cn/website/wenshu/181217BMTKHNT2W0/index. html？pageId = fc6ee338914740566e21d9e166a85747 & s21 = %E5%88%B7%E5%8D%95。

从地域来看，刷单案件发生数量最多的省份是浙江省、广东省、安徽省、江苏省和福建省，而反向刷单案件发生数量排名前五的省份是浙江省、江苏省、广东省、安徽省和甘肃省。从案由来看，刷单案件多为刑事和民事案件，也包含少量的行政和国家赔偿案件，而反向刷单案件中，刑事案件占 83.05%，民事案件占 16.95%。

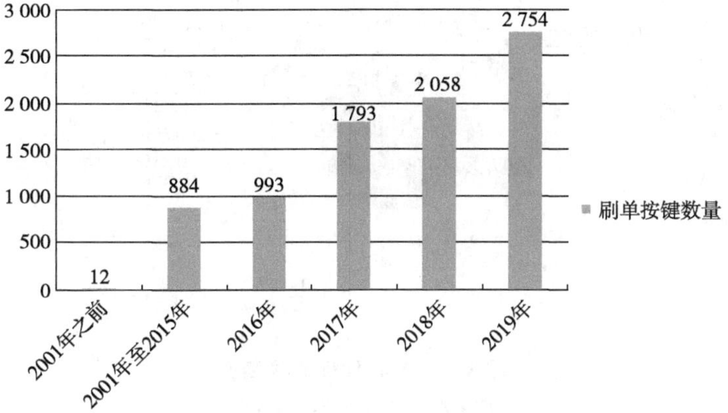

图 6　刷单案件审理年份分布

资料来源：威科先行法律数据库

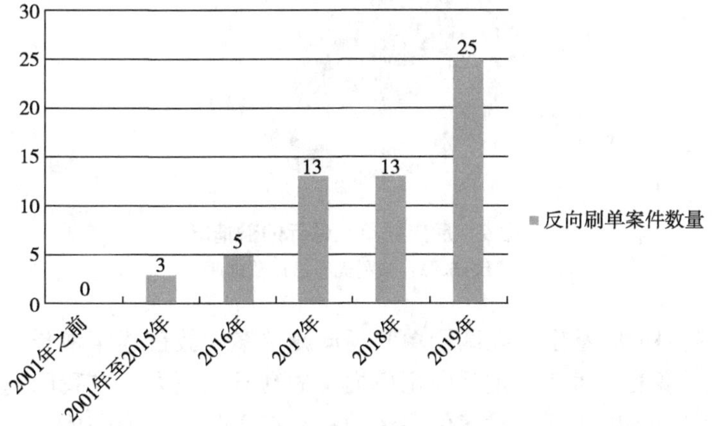

图 7　反射刷单案件审理年份分布

资料来源：威科先行法律数据库

从审理年份来看（见图 6 和图 7），2016 年刷单案件的数量激增，2017 年数量翻倍，2019 年审理的刷单案件竟多达 2 754 个。反向刷单案件的数量近年来亦呈现不断增长的态势，2019 年的案件数量约是 2018 年的两倍之多，达到 25 个。

另外，从涉及的标的额来看，刷单案件的标的多为 50 万以下，而反向刷单案件的标的反而较大，其中 50 万以下的占比 66.67%，50 万～100 万的占比 33.33%（见图 8 和图 9）。[①]

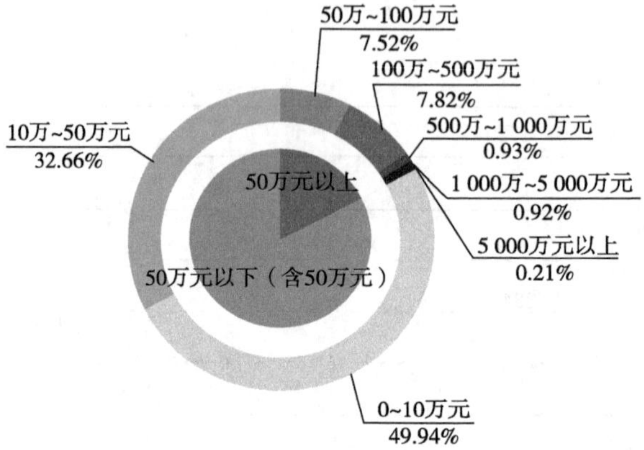

图 8　刷单案件标的额情况

资料来源：威科先行法律数据库

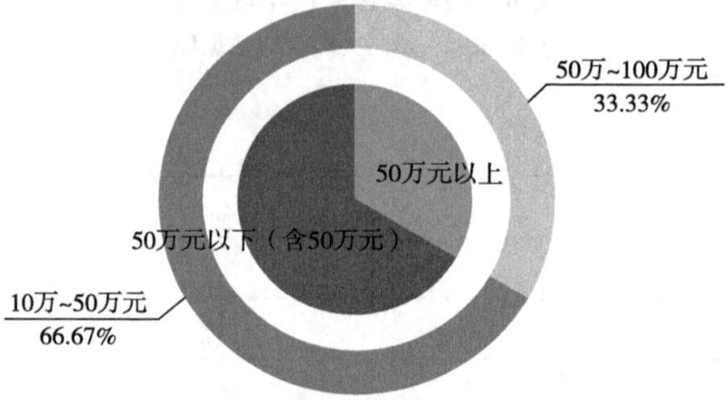

图 9　反向刷单案件标的额情况

资料来源：威科先行法律数据库

从以上数据可以看出，我国刷单与反向刷单案件数量逐年增长，分布地域较为集中，民刑事案件居多，且反向刷单损害的利益额更大。在我国刷单及反向刷单相当严峻的司法现状下，对案件主体的法经济学分析更为必要。本文重点分析

① 刷单案件搜索结果见：https：//law. wkinfo. com. cn/case－visual/search－detail/all/none？ q＝%E5%88%B7%E5%8D%95%C7%81bodyExtend：（（%22%E5%88%B7%E5%8D%95%22））；反向刷单案件搜索结果见：https：//law. wkinfo. com. cn/case－visual/search－detail/all/none？ r＝78957 ＆ ＆ q＝%E5%88%B7%E5%8D%95%C7%81bodyExtend：（（%22%E5%88%B7%E5%8D%95%22））＆ q＝%E5%8F%8D%E5%90%91%E5%88%B7%E5%8D%95%C7%81bodyExtend：（（%22%E5%8F%8D%E5%90%91%E5%88%B7%E5%8D%95%22））。

的浙江省首例刷单案件情形如下。

（二）案情简介

一审法院认定事实：被告人钟家杰为打压竞争对手经营的网店，通过 QQ 与梁某联系，谎称该店铺为其本人所有，雇佣梁某召集淘宝刷单人员恶意对被害人经营的网店进行刷单，共计 1 998 单，每单货款为 29.9 元人民币。[①] 之后，天猫平台通知被害人其店铺存在虚假交易，存在使用非常规方式获得虚假的商品销量、店铺评分、信用积分、商品评论等不当利益的行为。

刷单后，刷单人员申请退款成功但未退回刷单的有 1 247 个订单，共计退款人民币 37 285.3 元；因虚假地址造成退款退货的有 571 单，网店为此实际支出来回运费 9 097 元。综上，造成天猫被害人经营的网店直接经济损失人民币 4 万余元，并使该店铺面临违规处罚、搜索降权、被封店的可能，给该店造成了极大的损失。[②]

二审法院认为，被告人钟家杰出于个人目的，用恶意刷单的形式破坏他人正常生产经营，其行为已构成破坏生产经营罪。[③] 对方店铺因被告人恶意刷单而遭受的人民币 4 万余元经济损失，两者有直接因果关系，原判认定该损失数额并无不当。驳回上诉，维持原判。

四、本案中反向刷单行为产生的原因

（一）商家竞争激烈，行为收益明显高于成本

本案中，被告人钟家杰经营的电子商铺与对方商铺经营的是同类产品，而且品牌与产品质量也具有一致性。在电商市场份额的抢占上，两家商铺的竞争极其激烈，通过价格战来增加销量、提升商铺排名的行为已持续了半年之久。钟家杰为快速打败竞争者，想到利用电商平台规则漏洞，启动淘宝的稽查系统，从而达到“一劳永逸”的目的。最终，他花费了 3 万多元的商品购买费和 7 000 元的刷手雇佣费，以扭转商铺每年亏损十几万元的形势，相比之下，“反向刷单”行为的收益明显高于刷单成本。

（二）惯用竞争手段，行为规制不明确

随着电商平台的发展，“刷单”逐渐成为电商之间心照不宣的基本竞争手段。由于电商信用评价体系与商家和商品的竞争力直接相关，而市场信息不对称问题基于网络的虚拟性[④]更加严重，因此“刷单”成为电商惯用的竞争手段。

---

① 周光权：《刑法软性解释的限制与增设妨害业务罪》，《中外法学》，2019 年第 4 期。

② 引自浙江省义乌市人民法院刑事判决书（2018）浙 0782 刑初 596 号；另见周光权：《刑法软性解释的限制与增设妨害业务罪》，《中外法学》，2019 年第 4 期。

③ 曹波、陈娟：《反向刷单炒信刑法规制新解》，《时代法学》，2019 年 12 月，第 17 卷第 6 期。

④ 李治华：《电子商务不正当行为的法学分析》，《重庆教育学院学报》，2010 年第 1 期。

我国法律对于“刷单”行为并未做出明确的定义和规制，在司法实践中，涉及“刷单”行为的案件诉求多依照《反不正当竞争法》①、《消费者权益保护法》②、《广告法》③、《网络交易管理办法》④和《电子商务法》⑤等法律条款审理。从现行条款可以看出，“刷单”案件的法律适用范围较广，但并未明确其行为性质及危害，这使得法律对潜在违法行为的威慑性和规范性有所减弱，潜在刷单者对于自身行为付出的法律成本认识不足，更容易去施行刷单甚至反向刷单行为。

（三）行为隐蔽性高，监管及处罚可能性低

虽然淘宝稽查系统设置了一系列参数来区分潜在的“刷单行为”和“正常交易”，但很快刷手也会像正常的消费者一样，从搜索商品开始并保证在相应页面停留一定时间再下单，这种不断完善的虚构交易过程增强了刷单的隐蔽性。由于在技术上难以解决区分虚构交易和真实交易的问题，监管及处罚刷单行为的难度增大，这使得刷单产业链不断延伸，以低廉成本进行数量庞大的刷单行为成为可能，从而派生出恶意的反向刷单行为。

（四）机制漏洞明显，危害效果具有间接性

刷单主体和监管主体双方在“战争”中总是“见招拆招”，本案中钟家杰正是通过淘宝规则的缺陷来打击竞争对手。对方商铺的普通交易量是一天 3 000 单，而在某一天突然增加了 2 000~3 000 单的交易，由于该商铺既没有打开相应的活动入口，也没有加大推广力度，依照它每天的交易量平均水平，淘宝的稽查系统便会启动，从而做出处罚。从最终的危害效果来看，这一结果是由淘宝制定

---

① 《中华人民共和国反不正当竞争法》第八条规定：经营者不得对商品的性能、功能、质量、销售状况、用户评价、荣誉等进行虚假或者误导性的商业宣传，欺骗、误导消费者。经营者不得以组织虚假交易等方式，帮助其他经营者进行虚假或者误导性的商业宣传；第十一条规定，经营者不得捏造、散布虚假、误导性信息，损害竞争对手的商业信誉和商品声誉；第二十条规定，经营者违反本法第八条的规定，对商品进行虚假或者误导性的商业宣传的，或者以组织虚假交易或者其他方式帮助其他经营者进行虚假或者误导性的商业宣传的，监督检查部门责令停止违法行为，处二十万元以上一百万元以下罚款；情节严重的，处一百万元以上二百万元以下的罚款，可以吊销营业执照。经营者违反本法第八条规定，发布虚假广告的，依照《中华人民共和国广告法》的规定处罚。

② 《中华人民共和国消费者权益保护法》第五十六条规定：经营者对商品或者服务作虚假或者引人误解的宣传的，由工商行政管理部门或者其他有关行政部门责令改正、警告、没收违法所得、处以违法所得一倍以上十倍以下的罚款，没有违法所得的，处以五十万元以下的罚款；情节严重的，责令停业整顿、吊销营业执照。

③ 《中华人民共和国广告法》第二十八条第四款规定：虚构使用商品或接受服务的效果的，为虚假广告。

④ 《网络交易管理办法》第十九条第四款、第五款规定：以虚构交易、删除不利评价等形式，为自己或他人提升商业信誉和以交易达成后违背事实的恶意评价损害竞争对手的商业信誉是不正当竞争行为。

⑤ 《中华人民共和国电子商务法》第十七条规定：电子商务经营者应当全面、真实、准确、及时地披露商品或者服务信息，保障消费者的知情权和选择权。电子商务经营者不得以虚构交易、编造用户评价等方式进行虚假或者引人误解的商业宣传，欺骗、误导消费者。

的“刷单处罚”直接导致的，但是触发其进行处罚的“开关”却是钟家杰实行的反向刷单行为。

五、反向刷单行为的法经济学分析及其启示

法律主要对犯罪行为起事前威慑和事后补救两方面的作用，法经济学的分析更侧重于对前者的分析，其原理是从当事人的理性出发，在收益最大化条件下研究不同法律规则对当事人行为选择的可能影响。本文对反向刷单行为主体、刷手和电子商务平台的经济分析表明，我国现行法律制度对反向刷单行为主体、“刷手”和电子商务平台的事前威慑作用明显不足。

（一）对反向刷单行为主体的经济分析

反向刷单的行为主体在电商市场中处于供给端且具有信息优势，他们在市场活动中的决策可以视为博弈的过程。为了在市场竞争中获得有利地位，商家需要不断地综合消费者心理、竞争者心理、刷单成本与收益等各种因素进行行为决策。对一般的刷单行为而言，商家会考虑到消费者对于评价体系的依赖以及好评率与购买量之间的正相关关系，从而将刷单直接影响的好评率认定为具有相当价值的无形资产。为增加这种无形资产，商家在与其他商家的博弈中倾向于选择刷单行为，以期获得更多的利润。

		商家B	
		刷单	不刷单
商家A	刷单	（$P_{A1}+P_{A2}$，$P_{B1}+P_{B2}$）	（$P_{A1}+P_{A2}$，P_{B1}）
	不刷单	（P_{A1}，$P_{B1}+P_{B2}$）	（P_{A1}，P_{B1}）

图 10　商家刷单博弈的收益矩阵

资料来源：本文作者整理

在双方的博弈矩阵中，商家选择刷单与不刷单具有明显的收益差异：在采取不刷单的策略下，收益为一般利润 P_1；而在采取刷单的策略下，收益为一般利润与刷单利润的总和 P_1+P_2。在刷单成本较低的市场环境下，刷单利润 P_2 为正值，商家的理性选择是最大化经营利润，采取刷单策略。当刷单利润 P_2 为负值时，经济利润上的激励不复存在，但在这种情况下，商家仍有可能选择刷单策略来获得经济利润以外的刷单附加值 V_a（见图 10）。这样的情况多出现在商家入驻平台初期以及平台统计评价排名前，在这个阶段，商家往往不计成本地进行刷单，以获得较高的评价和较大的销量，较好的信誉以及商品推广等非经济性附加值，这说明经济利润并不是商家选择刷单的唯一动力。

在商家经营进入成熟期之后，由于刷单的普遍性，使得商家同样选择刷单以

保持现有的优势地位。这样即使在刷单利润 P_2 为负值时，商家也会做出刷单的决策，从而形成了电商间的恶性竞争。

针对电商平台的惩罚机制，开始有商家进行反向刷单。在与其他商家的博弈过程中，有商家发现对其他店铺进行大量刷单的行为是有利可图的，尤其是发现电商平台惩治规则的漏洞可以很好地隐藏其真实身份，同时明显降低竞争对手的竞争力，从而有强烈的动机将“反向刷单”列为自己的优势选择。

就我国现行立法来说，《反不正当竞争法》对进行刷单的店铺和组织刷单的机构进行了相当严厉的处罚①，从条文内容来看，对这两类主体的处罚主要是高额罚款以及对其营业资格的限制。但对刷单行为的处罚只限于“自用”经营主体，“反向刷单”的行为主体尚未入法。对刷单组织的高额罚款威慑可以在一定程度上遏制刷单产业链的迅猛扩张，但对于反向刷单行为主体来说，并不会影响其决策的最终结果。现行法律只是使得刷单的费用有所升高，反向刷单主体的行为成本相对升高，但远远低于其预期收益，其仍会选择“施行”自己的占优策略。

而就近年来“反向刷单”案件的判决来看，法院多以《刑法》上的“破坏生产经营罪”对反向刷单行为主体进行处罚。将反向刷单行为“入刑”在事前震慑方面起到了一定作用，但对于改变商家决策的作用却微乎其微。在信息不对称的情况下，有限理性的反向刷单主体做出的决策更倾向于施行机会主义行为。作为机会主义行为的受益者，准备实施反向刷单行为的竞争者在预期收益明显高于预期成本的条件下，会倾向性地低估反向刷单行为被司法机关发现的风险。持续的价格战和经营状况的良莠不齐都会增加其“冒险”的概率，因此，现存法律对潜在的“反向刷单者”的事前威慑作用并不足以让其改变策略。

（二）对“刷手”的经济分析

“刷手”是反向刷单行为中不可或缺的微观个体，也是刷单领域的“主力军”。其特点是身份隐秘、分布广泛、刷单成本低、收益快、个体作用难以区分。

“刷手”是刷单环节中的一类特殊主体，他们通常隐藏在绑定的账号背后，在虚拟的网络环境中以虚拟身份进行交易，这在很大程度上降低了其违法操作行为被发现的风险。对于刷单行为的监控者和司法机关来说，“刷手”分布广泛、数量众多的特点使得监控和司法成本上升，因此，在立法时会充分考量这一成本，从而减少甚至免除对“刷手”这一主体的处罚。另外，对“刷手”本身而言，其多选择分散时间进行刷单，且收益确定、返现快，并不会有额外成本产生。在现有法律规制体系下，“刷手”甚至可以完全忽略其受到惩罚的风险。

---

① 《中华人民共和国反不正当竞争法》第二十条规定：经营者违反本法第八条规定对其商品作虚假或者引人误解的商业宣传，或者通过组织虚假交易等方式帮助其他经营者进行虚假或者引人误解的商业宣传的，由监督检查部门责令停止违法行为，处二十万元以上一百万元以下的罚款；情节严重的，处一百万元以上二百万元以下的罚款，可以吊销营业执照。

按照我国现行《反不正当竞争法》第二十条的规定，对于组织“刷手”进行刷单的机构进行了高额的罚款处罚，但对“刷手”个体并未做出处罚规定。除此之外，我国现行其他法律对“刷手”个体也并未进行明确规制，主要是因为：第一，“刷手”的作用力效果不可分，其作用效果往往是集合性的，一次较多数量的刷单行为所引起的电商的收益或损失难以准确分配到每个“刷手”身上，因此其应承担的责任也难以划分。第二，“刷手”分布广泛，司法成本高。为防止刷单被电商平台直接识别，刷单组织者通常会选择分布在全国各地的“刷手”进行同一笔刷单，对每个“刷手”都进行法律上的惩罚会耗费大量无谓的成本。第三，对单个“刷手”来说，其进行刷单的收益实现快，而且不怎么需要专业能力，几乎没有成本，因此在机会成本较低（几乎没有其他更高收益的选择）的群体中，是否进行刷单的决策结果明显偏向于前者。

对于“刷手”不容忽视的破坏作用，电商平台也可能将其诉上法庭，但结果并不尽如人意。全国首例起诉“刷手”案的判决结果是法院象征性地做出了“一元”赔偿的判决，这一结果对刷手来讲并没有起到相应的威慑作用，甚至降低了刷手预期的违法成本。

综上所述，目前的法律法规尚未将“刷手”划入其中，但无疑这些微观个体的集合作用是非常显著的，法律的事前威慑作用明显不足。

（三）对电商平台的经济分析

电商平台的发展经历了漫长的预备期，在这段时期，无论是从电商平台本身还是从国家经济出发，无疑都希望降低市场主体进入的成本，从而吸引供给方和需求方的进入，进而形成规模效应，以促进我国电商市场快速发展。因此，电商平台会尽可能地降低市场主体的进入门槛，这却为之后的管理埋下了隐患。

在市场初期，平台对于商家刷单不加约束，这也是平台进行成本收益考量之后的决策。此时电商平台的首要任务是抢占市场份额，争夺入驻商家及消费者，而不是打击刷单行为。虽然这一阶段的刷单行为也具备相应的危害性，但因为刷单数量少，危害性相对较小，因而电商平台耗费资源在惩治刷单行为上必然得不偿失。除此之外，刷单行为也增加了平台的成交数量和质量，为优化平台数据和提高市场份额做出了贡献，这正满足了市场初期电商平台及其投资人的需求。因此，即使平台发现了刷单行为的存在，也往往任其自行发展，这样的决策符合作为理性市场主体的电商平台的成本收益衡量。

当市场份额基本定型、形成寡头垄断市场之后，电商平台对于自身交易数据的质量要求高于数量要求，而刷单行为的弊端也逐渐明显起来。刷单引起的虚假推广问题使得消费者对平台的信任度下降，而基于刷单的骗补行为更是让平台在经济利益上有所损失，因此平台对于刷单行为的态度发生了明显的转变。

对于有着众多数量店铺入驻的电商平台来说，对“刷单”和“反向刷单”行为进行监管以及惩罚的成本仍然要远远高于其从中获得的收益。一般而言，电商平台的利润主要来自于服务推广费用和商铺租金，在市场成熟期，商铺的数量和服务基本固定，因此电商平台的利润增长明显放缓。在打击刷单时，电商平台需要花费额外的资源来进行数据监控，要打击刷单等违法行为，平台需要对交易数据中的静默转化率、访客停留时间、访问深度、下单及咨询时间、确认收货时间、好评形式及关键词搜索等方面进行深入分析，这无疑需要耗费较多的经济资源。从电商平台的角度出发，其对刷单行为进行识别并采取相应手段进行处罚是没有相应激励的，打击反向刷单行为同样如此。反向刷单行为是在平台对监控数据做出应对时产生的漏洞，目前在技术上仍没有可行的解决方案，因此，平台需要在系统设计上投入更多的资源才能有效克服“反向刷单”。

国家目前也只是在强制性的领域内对电商平台的运营做出了规定，因此电商平台具有相当程度的自治权利。那么，能否要求电商平台对刷单和反向刷单行为进行充分制裁呢?

其实，电商平台依据其规则已经尽到了必要的义务，对其课以潜在经济损失来激励其做出制裁便是增加企业的额外负担。另外，对整个社会来讲，只有当社会整体的收益大于所付出的成本时，制度设定才是更优的。因此，我们没有必要对电商平台课以严格责任，并要求其付出更多的成本来规制刷单行为，这样的制度安排也不符合电商平台的占优策略选择。

六、规制我国反向刷单行为的建议

针对决策环节和电商整体环境对潜在反向刷单行为主体的影响，本文从以下方面提出建议。

（一）电商平台规则方面

随着电商平台的成熟化，之前为鼓励电子商务发展而实行的低门槛准入等规则应逐步加以改变，以不断完善电商平台的制度建设。

1. 建全平台信用体系

电商平台在建立信用体系初期需要补全市场主体的个人信息，可以通过设置不同的商家推广和消费者服务权限来促使电商市场主体双方完善与真实个体相一致的个人信息。尤其在个人信息的保护和使用受到格外关注的当前，做好对市场主体双方真实信息的保护并防止其过度使用无疑是完善信息的重要保障。

另外，在平台信用体系的构建中，充分使用“刷脸”等高新科技，以确认电子商务平台参与者身份的真实性与一致性，真正做到让电商市场的交易数据充实社会信用体系制度，从而实现对“刷手”个体的责任监督和身份识别，从微观个体入手，以期瓦解集合性的刷单产业链问题。

2. 加强政企合作，建立信用网络

国家和政府应与电商平台、个人信息识别技术企业加强合作，共同建立起全面的电商市场个人信用采集网络。电商信用体系无疑是社会信用体系中的重要一

环，建立起两者之间的联系将有利于社会信用网络的整体搭建。同时，也应确立起相应的权责边界，防止私人信息更多地进入公权部门。

（二）立法方面

加强立法是解决电商实践新问题的优先选择。对于反向刷单行为的规制，需要在相应立法中具体化、明确化，才能建立起从私法到公法的完整的责任体系，为有关部门监管和规范“反向刷单”行为提供法律依据。

1. 对“反向刷单”行为从严处罚

除已规定的两类主体外，可在《反不正当竞争法》第二十条中加入对“反向刷单”恶意竞争行为的规制，对其课以高额罚款，以增加反向刷单行为主体的行为成本，减低其施行机会主义行为的可能。

2. 完善电商信用体系立法

配合社会信用体系的完善与建立，国家应制定相应的法律法规，为电商信用体系和社会信用体系的连接提供法律依据，这既是电商信用体系发展的趋势，也是社会征信体系建设不可或缺的一步。目前各个领域的信用数据尚未形成统一整体，各个部门的信用数据也处于割裂状态。我们对市场个体的评价是零散的、非标准化的，立法先行将为整个社会信用体系的整合提供最基本的制度保障。

（三）执法方面

执法环节是维持市场规范、和谐秩序的有力保障。通过行政法规对市场进行调控，能够克服市场调节的滞后性。因此，在执法环节明确权责范围和程序步骤对反向刷单行为的规制具有不可忽视的直接作用。

1. 明确执法主体

明确规定工商部门等相关部门为执法主体，划分管辖范围时给予反向刷单损害承担主体更多的选择权。加强执法监督工作，并建立全国各省市电子商务执法部门的协调机制、网络联合调查机制和部门联动机制，可以及时让信息在相关部门间沟通和流动，能大幅提高“反向刷单”案件的执法效率，有利于维护电商市场秩序。

2. 利用新兴技术

除了利用人工智能识别技术来保障电商市场主体身份的真实性，新兴技术同样可以在执法环节大显身手。如在电子证据的搜集和整理上，可以运用网络爬虫对相关商家的进货及销售数据进行抓取与核实，对其发货、存货和销售数据的吻合性进行检验，并调取与核对相应的交易清单，从而提高电子证据的收集速度和质量。

（四）司法方面

司法是对反向刷单行为最有力的规制和威慑手段。公正的司法在维持电商市场秩序的同时，对于潜在的反向刷单行为主体也能起到强有力的震慑作用。因此，在对行为主体决策的影响上，司法裁判结果往往能够降低机会主义行为发生的概率。但在反向刷单行为的性质界定上，仍然要严格遵守罪刑法定原则，充分保证市场主体的权利。

（五）守法方面

基于经济案件的特殊性，在经济领域实施执法行为往往会产生更多的额外成本。因此，对专业性较强的经济领域来说，守法这一环节将发挥更为重要的作用。对电商经营者来说，激励其守法的因素有内在因素和外在因素两个方面：内在因素包括意识、名誉、身份和风险等，外在因素则主要是惩罚和利益。因此，通过责任威慑和利益激励，可以更好地保障相关利益主体在法律限界内从事经营活动。

1. 建立行业自律机制

行业自律是由行业内部形成的、具有一定专业性的组织管理模式。当前我国在专业性较强的领域都设置了相应的行业监管机构来施行和完善行业自律体系。在电商市场逐步成熟的同时，引入相应的行业自律体系，形成一套行业运营者、监管者和市场主体共同接受和遵守的行业规范，从而将法律法规内化为行业规范，才能提高电商平台市场主体的守法意识，从而解决刷单、反向刷单等一系列问题。

2. 完善信用奖惩系统

目前我国电商平台已初步建立起信用惩罚制度，这也是“反向刷单”案件出现的基础条件之一。对于行业管理的有效方法不能单单依靠惩罚，也应该设置相应的信用奖励方式，给予诚信交易的商家更高层次的推广服务和店铺评级奖励。除此之外，还应把消费者也纳入信用奖惩系统之中，对进行虚假交易的消费者进行交易便利上的限制，以激励其杜绝刷单行为，当然，这就需要补足与完善消费者个人信息，使得奖励与惩罚都有明确的权责对象。

七、结论

电商市场的迅猛发展可以发掘互联网技术下的经济潜力，从而给人们的生活提供更大便利，越来越多市场主体的加入也让电商平台的行业管理与相关法律法规面临相应挑战。电商运营中的刷单问题以及由此派生出的针对电商规则漏洞的“反向刷单”行为，都在极大地损害电商信用体系的构建和相关经济主体的长远利益。在此背景下，联系当前法律及经济环境，本文以浙江省首例反向刷单案件为例，通过对相关主体行为决策的成本收益分析，在电子商务平台规范、立法、执法、司法和守法的不同方面分别提出对策及建议，希望能够抛砖引玉，引起更多学者的关注，从而就电商平台法律规制的相关问题进行更加深入的研究，助力行业与社会经济的发展。

参考文献

[1]R H COASE. The problem of social cost[J]. Journal of law and economics, 1960,3(10):1-44.

[2]GEFEN D, STRAUB D. Consumer trust in B2C e-Commerce and the importance of social presence:experiments in e-Products and e-Services[J]. Omega, 2004(32):407-424.

[3] MARSDEN C. Beyond Europe: The internet, regulation, and multistakeholder governance: representing the consumer interest[J]. Journal of consumer policy, 2008, 31(1):115-132.

[4]Lawrence L. Code and other laws of Cyberspace[J]. Journal of institutional and theoretical economics, 2001, 157(4):685-689.

[5]MUI L, HALBERSTADT A, MOHTASHEMI M. A computational model of trust and reputation [C]. Proceedings of the 35th Hawaii International Conference on System Science, 2002:1-9.

[6]EKO L, SPIDERS M. One worldwide web: towards a typology of internet regulation[J]. Communication law and policy, 2001,6(3):445-484.

[7]考特,尤伦. 法和经济学[M]. 史晋川,董雪兵,等,译. 上海格致出版社,2012:451.

[8]麦克亚当斯. 博弈思考法[M]. 北京:中信出版社,2017:210.

[9]史晋川. 法经济学[M]. 北京:北京大学出版社 2014:325.

[10]张维迎. 博弈论与信息经济学[M]. 上海:上海三联书店,2002:355.

[11]曹波,陈娟. 反向刷单炒信刑法规制新解[J]. 时代法学,2019,17(6):35-43.

[12]陈美辰. 网络刷单行为法律规制的前世今生:从"电商起诉刷单平台第一案"落槌到新《反不正当竞争法》实施[J]. 现代商业,2018(17):184-186.

[13]丁乃鹏,方萍. 电子商务环境下"信用炒作"现象分析及对策探讨[J]. 经济与社会发展,2012,10(4):17-19.

[14]金立印. 网络口碑信息对消费者购买决策的影响:一个实验研究[J]. 经济管理,2007(22):36-42.

[15]李紫阳,朱佩. 反向刷单行为的刑法规制:以南京市反向刷单第一案为例[J]. 金华职业技术学院学报,2018(1):58-62.

[16]廖以臣. 信息内容呈现对消费者在线信任的影响:以 C2C 网上商店为例[J]. 经济管理,2012(2):159-165.

[17]祁云波. 刷单行为成因、危害及法律规制分析[J]. 中国工商报,2016(3):1-3.

[18]王恩海. 反向刷单难构成破坏生产经营罪[N]. 上海法治报,2017(B06):1-2.

[19]王雪梅. C2C 网站店铺信用评价体系分析与改进研究:以淘宝网为例[J]. 生产力研究,2012(8):104-105.

[20]王昳玢. 电子商务 C2C 交易模式中诚信问题分析:基于博弈论视角[J]. 中国管理信息化,2014,17(2):109-110.

[21]杨立新,吴烨,杜泽夏. 网络交易信用欺诈行为及法律规制方法[J]. 河南财经政法大学学报,2016(1):1-19.

[22]张欣. 淘宝网信用体系评价研究[J]. 经济研究导刊,2017(19):4-26.

[23]陈鹏翔. 电子刷单行为的法律规制研究[D]. 兰州:兰州大学,2018.

[24]李程晨. 我国 C2C 诚信交易的博弈分析与研究[D]. 合肥:合肥工业大学,2009.

[25]许红冉．基于博弈论的 C2C 动态信用评价模型的研究与实现[D]．淄博：山东理工大学，2012.

[26]叶付祺．后规制视角下的“恶意刷单”行为治理研究[D]．厦门：厦门大学，2017.

他山之石

OECD国家房产税对房价的影响研究

邓　达*

摘要：房产税从2011年在中国上海、重庆两地试点以来，社会对征收房产税的反响不一。本文以OECD国家为研究对象，检验房产税对房价的影响机制。通过对OECD国家31个有效样本1993—2015年房价、预期房价、人均可支配收入、房产税率、公共支出的研究，笔者发现房产税对房价的影响为正，预期房价与人均可支配收入对房价也有显著的正影响。房产税对房价的影响分为两方面，税收本身提高了使用成本，税收又通过公共服务增加对住宅的需求，最终房产税对房价的影响取决于两个效应之和。就OECD国家而言，房产税对房价具有正向影响，因税收通过周边的公共服务增加了房价，所以OECD国家房产税对房价不会有抑制作用，更多的是为地方政府提供收入和用于公共支出。

关键词：房产税；公共支出；OECD国家；房屋价格

一、引言

房产税自2011年在上海、重庆两地试点以来，这项税收的具体目的究竟是抑制房价上涨还是为地方政府创收尚不明朗。在许多发达国家，房产税是一项比较传统的税种，其税收是地方政府的主要税收来源，可以通过研究OECD国家的房产税、实际住房价格、政府财政收入、CPI、人口、可支配收入、公共支出等指标，在1993—2005年时间序列基础上，建立房价的计量模型，进而得出房产税在适当税基下对房地产市场的作用，为中国的房地产市场提供参考。

二、国内外相关研究综述

国内外相关研究主要从房产税的性质、房产税对房价的影响及房价的影响因素展开。

关于房产税的性质，George R. Zodrow（2007）阐明了房产税的三种观点，“传统观点”认为房产税以更高房价转嫁给消费者，“收益观点”认为房产税收入用来支付公共服务，不影响住房资源配置。“新观点”由Mieszkowski（1972）和Zodrow（1989）提出，他们认为收益论的局限在于假设社会公共支出均由房

* 邓达，教授，中国政法大学商学院。

产税收入提供，各地房产税无差别，若地区间存在房产税税负的差别，资本会从高税区流向低税区，结果是低税区房价高、公共支出高，而高税收地区公共支出低，导致税收资源配置错误。

关于房产税对房价的影响，Wallace E. Oates（1969）通过研究新泽西州34个市的数据，发现房产税对房价有显著负影响，而公共服务对房价有显著正效应。Christophe André（2010）认为，在OECD国家，低房产税会鼓励持有房产，房价与房产税率几乎不相关。Andrews（2011）发现，在OECD国家计税的房屋价值不是每年都调整，许多政策如国家买房贷款免税、税收信用贷款等导致房产税对房价的影响模糊。Todd Sinai（2008）考虑到税收优惠、房产税减免和贷款利率对买房者的影响与年龄和收入有关，25~35岁的高收入者享受更多优惠政策。Paul Hilbers（2008）发现，20世纪80年代后期欧盟房产税占GDP和总税收比重上升，后期平稳。高房价地区如法国和英国房产税较高，而德国和奥地利房产税收入最低，但德国房产税税率较高且不允许贷款利息减免。

关于房价的动态均衡，一般是考虑供给和需求函数。Balázs Égert（2007）提出住宅需求主要与预期房价、人均收入、贷款利率、金融资产、人口因素、劳动力和预期住房回报率和其他考虑位置、年龄、住房特点和政策因素的向量有关。供给端考虑房价和成本，成本包括土地成本、工人工资和材料成本。James M. Poterba（1991）认为，房地产供给市场分为现存住宅市场和新建市场，其波动影响房价，现存市场的房价均衡在于房屋所有者的房产与其他资产投资收益回报相等。Dan Andrews（2010）研究1980—2005年OECD国家数据发现，实际房价随着实际收入上升而增加，结构性失业率和实际利率下降导致房价上升。贷款市场的放宽监督推动需求提高实际房价，而房产税对贷款的优惠增加实际房价的波动。

关于房产税性质，笔者认为，OECD国家房产税有高有低，实证研究中更倾向于新观点。基于房产税对房价带来了增加成本效益和公共支出效益，以Balázs Égert和James M. Poterba构建的房价模型为基础，需求端考察住房和投资需求，供给端考虑现有和新建市场。文献对房产税的分析主要通过房产税率的确定计算房产的使用成本，借此与房价对比判断房价的高估或低估。在本文中，房产税作为使用成本的一个因素，通过回归系数得到对房价的影响程度。

三、实证研究

本文通过房价供求平衡模型及对OECD国家的实证分析得到房产税对房价的影响因子，从而得出房产税对房价是抑制投机还是提升房价的结论，对实施房产税的影响机制形成理性的判断。OECD国家中有效国家样本数据为30个，共计573个样本数据集，取最近的一个房价上升周期1993—2015年为研究时间，主要采用Eview软件，考虑内生性、伪回归、协整关系，引入工具变量，对样本采取单位根检验和协整检验后，对总体进行回归，然后根据显著效果将样本依税率分类分析，根据回归系数稳定性改进模型，为结果找出合理的猜想和理由。

（一）房价均衡模型

假设投资者和消费者的扩大生产和买房方式都是银行贷款；下一期新增住房量与本期房价上升使房产商更有动力投资房地产有关；住房有消费需求和投资需求。

对样本 i 而言，在 t 时刻，住房的消费性需求和投资性需求如下：

$$\text{Consumption Demand}=C_1P(i,t)+C_2Y(i,t)+C_3Plan(i,t)+C_4\tau(i,t)S(i,t)\quad(C_1>0,\ C_2>0,\ C_3>0,\ C_4>0) \tag{1}$$

$$\text{Investment Demand}(i,t)=C_5R(i,t)+C_6[1-\tau(i,t)-I(i,t)-m(i,t)-d(i,t)]\Delta P^e(i,t+1)\quad(C_5>0,\ C_6>0) \tag{2}$$

$P(i,t)$ 表示 i 样本 t 时刻的房价，$Y(i,t)$ 表示对应的人均可支配收入，$Plan(i,t)$ 表示人口数，$\tau(i,t)$ 表示房产税率，$S(i,t)$ 表示公共服务。$R(i,t)$ 表示租金收入，$l(i,t)$ 表示 t 时刻长期利率，$m(i,t)$ 表示维修成本，$d(i,t)$ 表示折旧成本。

将总需求函数看作消费和投资函数相加，得到

$$D(i,t)=C_1P(i,t)+C_2Y(i,t)+C_3Plan(i,t)+C_4\tau(i,t)S(i,t)+C_5R(i,t)+C_6[1-\tau(i,t)-I(i,t)-m(i,t)-d(i,t)]\Delta P^e(i,t+1) \tag{3}$$

对样本 i 而言，t 期开发的新住房量

$$\text{New Dwelling}(i,t)=W_1P^e(i,t)+W_2\text{cost}(i,t-1)+W_3I(i,t-1)\quad(W_1>0,\ W_2>0,\ W_3>0) \tag{4}$$

$P^e(i,t)$ 表示 i 样本 t 期的预期房价，Cost $(i,t-1)$ 表示 i 样本 $t-1$ 时期的成本，$I(i,t-1)$ 表示 $t-1$ 时期的长期利率。假设 t 期住房空置率为 $v(i,t)$，

$$S(i,t)=[1-v(i,t-1)]S(i,t-1)+\text{New Dwelling}(i,t)=[1-v(i,t-1)]S(i,t-1)+W_1P^e(i,t)+W_2Cost(i,t-1)+W_3I(i,t-1) \tag{5}$$

则住房需求由住房供给均衡，得到 $D(i,t)=S(i,t)$

假设

$$P^e(i,t)=P(i,t),\ \Delta P^e(i,t+1)=P^e(i,t+1)-P(i,t)=P(i,t+1)-P(i,t)$$

得到均衡房价

$$*P(i,t)=[C_2Y(i,t)+C_3Plan(i,t)+C_4\tau(i,t)S(i,t)+C_5R(i,t)+C_6AP(i,t+1)-[1-v(i,t-1)]S(i,t-1)-W_2\text{Cost}(i,t-1)-W_3I(i,t-1)]/(W_1+AC_6-C_1)$$

$$A=1-\tau(i,t)-I(i,t)-m(i,t)-d(i,t) \tag{6}$$

为得到均衡房价随着人均收入、人口、税率等变量的变化，求其偏导：

$$\frac{\partial P}{\partial Y}>0,\ \frac{\partial P}{\partial Plan(i,t)}>0$$

人均收入和人口增多使房价上升。

$$\frac{\partial P}{\partial cost}>0,\frac{\partial P}{\partial S}>0,\frac{\partial P_t}{\partial P_{t+1}}>0,\frac{\partial P_t}{\partial I_t}<0,\frac{\partial P_t}{\partial I_{t-1}}>0$$

住房成本、社会福利、预期房价及上期长期利率上升对房价有正影响，本期利率为负影响。因本期长期利率上升增加购房成本，上期长期利率上升则增加住房供给成本。

$\frac{\partial P}{\partial \tau}$ 符号不能确定。τ 增加会降低投资需求，但增加周边公共服务会提升需求。

根据公式（6），初步确定模型

$$P_t = c+\alpha_1 P_{t+1}+\alpha_2\tau_t+\alpha_3 i_t+\alpha_4 i_{t-1}+\alpha_5 lnY_t+\alpha_6 \ln Plan_t+\alpha_7 cost_{t-1}+\alpha_8 S_t+\varepsilon \qquad (7)$$

所需数据有房价、房产税税收、长期利率、人均可支配收入、人口数、住房成本、社会福利占 GDP 支出，均来自 OECD 数据库（http：//stats. oecd. org/）。

特殊处理如下：

（1）对人均可支配收入/美元和人口数量级/百万采用对数平滑化处理。

（2）房价指数以 2010 年为基期，以真实房价指数表示 P_t。

（3）名义房产税税率以实际房产税税率估计，而本期实际房产税税率以本期实际人均房产税税收除以上期实际房价确定。

（4）由于研究对象数据不足，且况伟大（2012）① 得出降低建造成本不能有效降低房价的结论，故本文删去住房成本变量。

最终得到模型如下：

$$P_t = c+\alpha_1 P_{t+1}+\alpha_2\tau_t+\alpha_3 i_t+\alpha_4 i_{t-1}+\alpha_5 \ln Y_t+\alpha_6 \ln Plan_t+\alpha_7 S_t+\varepsilon \qquad (8)$$

（二）税率与房价的内生性

房产税可能通过公共支出影响房价，因此要考虑税率与房价、公共支出的内生性。由于税率对房价的影响未知，而房价增高可能会对税率调整有潜在影响，因此引入工具变量——企业信心指数②。有的国家根据经济景气度反向调整税率，房价高低不会对企业信心指数有决定作用。

计算得 1993—2015 年 OECD 国家房产税税率均值为 2. 746%，房产税占税收比值为 5. 507%，房产税占 GDP 比值为 1. 766%。由图 1 可知，税率除英国很高外其他呈明显的集群分布模式。但房产税税率直接就房产价值的比例核算，可排除税率对社会福利的影响。

图 2 中，社会福利主要集中在 5%，10%，15%，20%附近，而对应房产税率有高有低，侧面印证了房产税率和社会福利的不相关性。

考虑到税率的集群分布，可能不同国家税收政策不同。先进行总样本回归，

---

① 况伟大、朱勇、刘江涛：《房产税对房价的影响：来自 OECD 国家的证据》，《财贸经济》，2012 年第 5 期，第 121～129 页。

② 数据来自 OECD 国家数据库：http：//stats. oecd. org/。

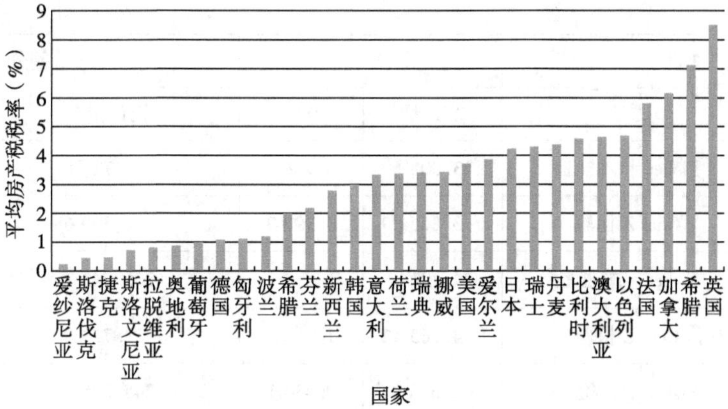

图 1　1993 年以来不同国家的平均房产税税率

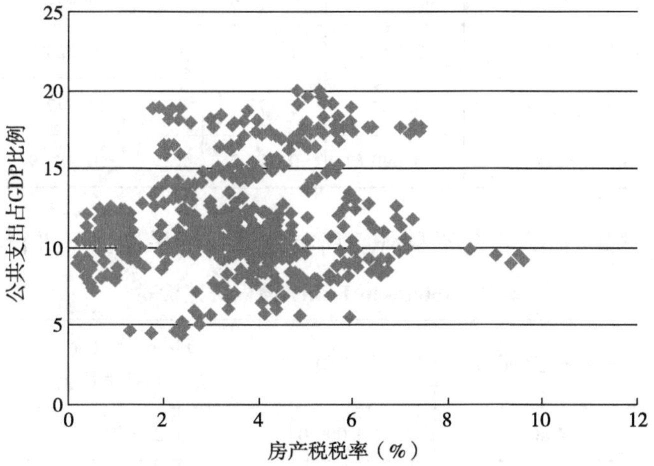

图 2　社会公共支出占 GDP 比例与房产税率的散点图

根据样本回归结果探讨是否改进模型，以税率分组分别回归。

（三）样本回归

1. 总体样本回归

单位根检验。样本为非平衡面板数据，采用 ADF 检验。

表 1　面板数据单位根检验

变量		水平		一阶差分	
	方法	统计量	P 值	统计量	P 值
τ_t	Fisher 卡方检验	69.062 5	0.251 1	241.507	0**
	Choi Z 检验	−1.456 68	0.072 6	−10.323 3	0**

续表

变量		水平		一阶差分	
	方法	统计量	P 值	统计量	P 值
Pt	Fisher 卡方检验	43.008	0.968 4	87.727 8	0.0175 *
	Choi Z 检验	3.866 09	0.999 9	-2.300 68	0.010 7 *
i_t	Fisher 卡方检验	24.4914	1	266.043	0 **
	Choi Z 检验	4.965 42	1	-11.723 8	0 **
$\ln Y_t$	Fisher 卡方检验	62.618 9	0.454 1	245.205	0 **
	Choi Z 检验	0.818 05	0.793 3	-10.140 2	0 **
$\ln Plan_t$	Fisher 卡方检验	89.041 3	0.013 8 *	76.885	0.096 6
	Choi Z 检验	7.381 61	1	-0.323 51	0.373 2
S_t	Fisher 卡方检验	70.192 9	0.173	242.447	0 **
	Choi Z 检验	0.690 81	0.755 2	-10.386 9	0 **

由表1得，除人口为零阶平稳外，所有变量一阶平稳，可进行协整检验。

表 2　Johansen Fisher 面板协整检验

原假设	Fisher 检验量检验	P 值	Fisher 检验量最大特征值检验	P 值
没有协整方程	408.30	0.000 0	239.30	0.000 0
最多1个	554.40	0.000 0	440.80	0.000 0
最多2个	331.60	0.000 0	283.80	0.000 0
最多3个	118.70	0.000 0	113.70	0.000 0
最多4个	33.74	0.089 4	28.50	0.239 3
最多5个	30.64	0.164 5	30.64	0.164 5

由表2可知，变量间存在协整关系，可继续进行回归分析。

拟合结果如表3所示，R 方为0.279，调整过的 R 方为0.268 5，比较稳定的回归系数有预期房价和人均可支配收入。本期和上期长期利率影响相反，上期长期利率对房价的影响更重要，该利率结果与社会福利负相关的结论与笔者的思路有所不同，可能与自变量数目较多、样本量不够有关。就地区而言，公共服务提供多的地方，其福利体现在周边地区房价，因此应为正相关。税率正影响说明税收上涨带来的对公共服务的需要超过税收上涨带来的房价成本，但 P 值不够稳定。

表 3　总样本回归结果

变量	参数	标准误差	T 统计量	P 值
D（*PT*_ 1）	0.403 024	0.112 296	3.588 942	0.000 4
TT	1.963 090	1.854 436	1.058 591	0.290 3
D（*LNYT*）	66.534 91	7.444 263	8.937 743	0.000 0
*LN*_ *POPT*	−0.666 414	0.644 781	−1.033 549	0.301 9
D（*IT*）	0.067 903	0.236 317	0.287 338	0.774 0
D（*IT*_ 1）	−0.408 638	0.220 187	−1.855 867	0.064 1
D（*ST*）	−0.758 192	0.851 148	−0.890 787	0.373 5
C	−6.386 829	4.603 477	−1.387 392	0.166 0

为了更好地分析税率、社会福利及长期利率对房价带来的效应，本文对样本国家进行分类。英国作为税率最高的异常点被剔除，并通过税率接近的特征将国家进行分类。低税率国家为爱沙尼亚、韩国、捷克、奥地利、斯洛伐克、葡萄牙、拉脱维亚、斯洛文尼亚、匈牙利、波兰、德国、新西兰、希腊、挪威、芬兰、日本、瑞典，高税率国家为爱尔兰、西班牙、意大利、法国、美国、瑞士、比利时、以色列、荷兰、澳大利亚、加拿大、丹麦。

2. 低税率样本回归

对两组分别引入工具变量，进行单位根与协整检验、多元回归分析。

低税率样本回归结果如表 4 所示，R 方是 0.155 6，调整后的 R 方是 0.128 8。本期和上期利率对房价的影响仍相反；社会福利上升仍导致房价下降；税率增加对房价有负影响。在变量引入正确时，公共服务增加反而对房价产生负影响是因该样本国家公共服务程度较高，公民不需要更多福利在房价上体现。

表 4　税率低样本回归结果

变量	参数	标准误差	T 统计量	P 值
D（*PT*_ 1）	0.452 292	0.067 564	6.694 316	0.000 0
D（*TT*）	−10.200 53	9.437 546	−1.080 845	0.280 9
D（*IT*）	−0.190 853	0.316 172	−0.603 637	0.546 7
D（*IT*_ 1）	0.104 549	0.472 406	0.221 311	0.825 1
D（*LNYT*）	76.986 34	16.939 49	4.544 785	0.000 0

续表

变量	参数	标准误差	T 统计量	*P* 值
LN_ POPT	-0. 462 244	0. 363 426	-1. 271 908	0. 204 7
D（*ST*）	-2. 768 628	1. 532 748	-1. 806 316	0. 072 2
C	-1. 052 341	1. 242 036	-0. 847 271	0. 397 8

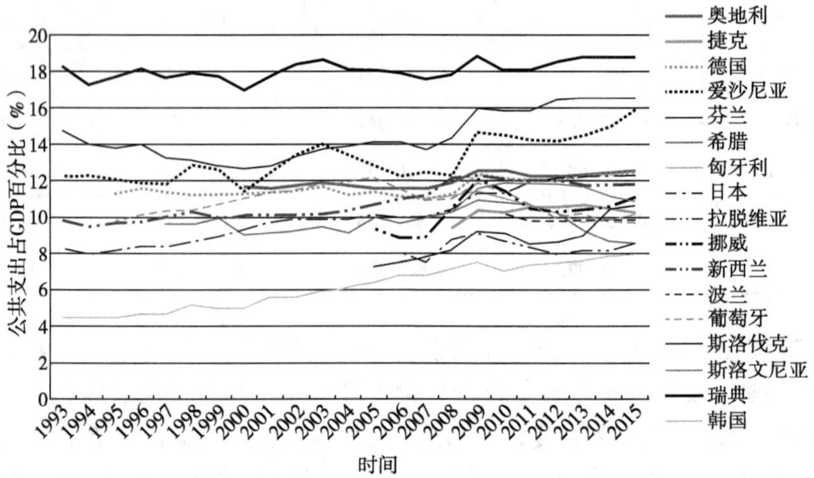

图 3 税率低样本国家的公共支出占 GDP（1993—2015）

样本平均公共服务支出占 GDP 的比值[①]如图 3 所示，比值约分布在 4%~19%，自 1993 年，每个国家都出现不同程度的上升，公共支出占比最少的是韩国，占比最高的瑞典自 1993 年围绕 18%波动，略有上升。其他国家多集中于 8%~12%。

在比较国民对公共支出的满意度时，笔者选取可支持网络、学历、教育年限、空气污染和水质，结果如图 4 所示，发现大多数国家在网络支持、教育年限及学历上都表现很好。

这五项从不同方面显示了环境影响，取空气质量的负值并加以平均，得到图 5。整体居民满意度较高，集中在 50~60，因此公共支出没有表现出对房价的正效应可能合理，但要结合税率大样本公共支出对房价的效应、公共支出比例及居民满意度来判断存不存在国家整体公共服务满意度较高，所以居民不需要将公共支出的收益反映到房价上的可能。

3. 高税率样本回归

由表 5 可知，本期利率比上期利率对房价的影响因子更大，房产供给相对缺

① 平均公共服务支出占 GDP 比值和国民对公共支出的满意度数据来源于 OECD 数据库，http://stats.oecd.org/。

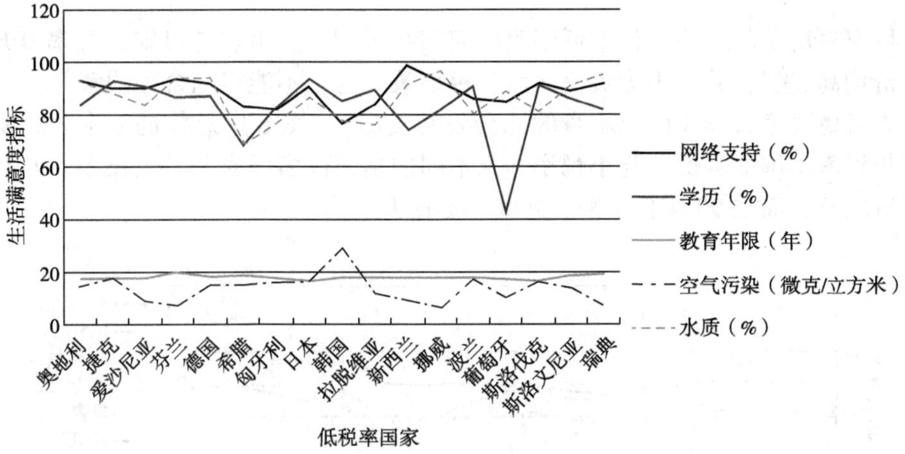

图 4　税率低国家生活满意度指标

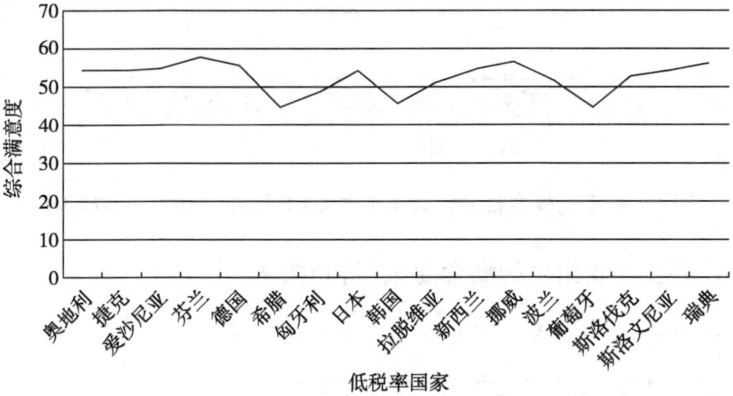

图 5　税率低国家综合满意度

乏弹性，可能与国家土地供给相对缺乏弹性有关。

表 5　税率高样本回归结果

变量	参数	标准误差	T 统计量	*P* 值
D（*PT*_ 1）	0.622 451	0.076 889	8.095 415	0.000 0
D（*TT*）	5.808 290	4.230 600	1.372 923	0.171 2
D（*IT*）	1.089 734	0.450 576	2.418 534	0.016 4
D（*IT*_ 1）	−0.121 637	0.433 393	−0.280 662	0.779 2
LN_ POPT	0.073 203	0.261 458	0.279 979	0.779 8
D（*LNYT*）	49.680 26	26.217 39	1.894 935	0.059 4
D（*ST*）	−0.888 342	0.762 940	−1.164 367	0.245 6

税率对房价的影响与税率低国家的回归结果相反。由表 5 可知，税率上升导致房价增高，但公共支出为负值而房产税率效应为正不能得到合理的解释。

先考虑税率大样本国家本身的社会公共支出①，图 6 中总体的社会公共支出福利与税率小国家类似。与小税率国家不同的是，许多国家公共支出不是从1993年一直增长，而在 90 年代下降，2000年后回升。

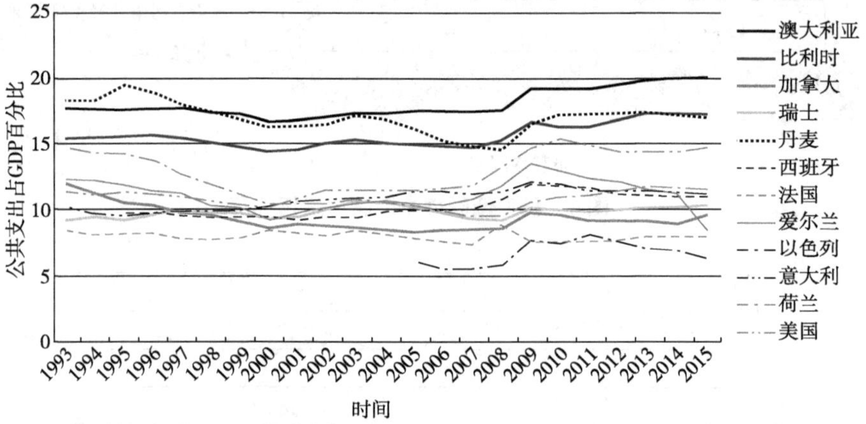

图 6 税率高样本社会公共支出占 GDP 比重（1993—2015年）

验证居民在公共支出中的满意度②，得到图 7。

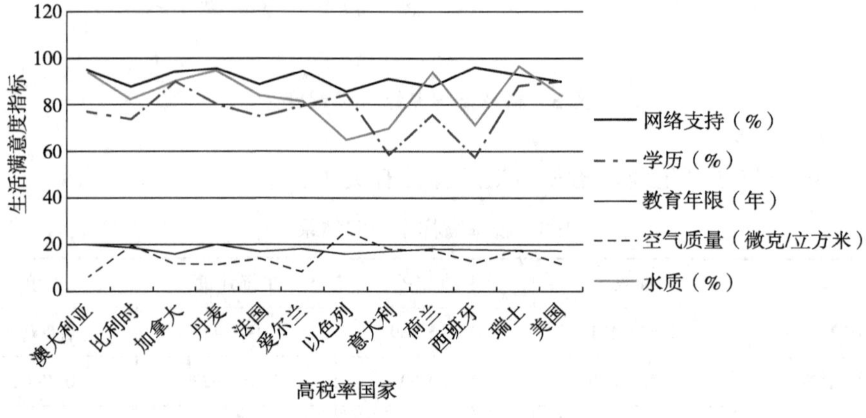

图 7 税率高国家生活满意度指标

以空气质量为负值得五个指标平均值见图 8，税率大国家满意度处在 50~60，

① 数据来源为 OECD 数据库，http：//stats. oecd. org/。
② 数据来源同上。

与税率小国家类似。

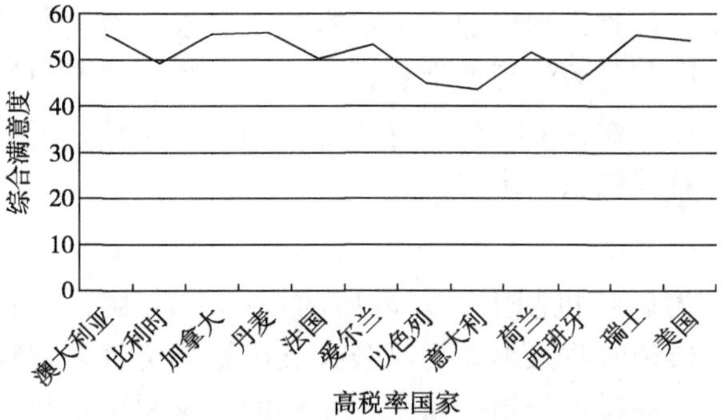

图 8　税率高国家综合满意度

综上，这些国家不论税收高低，公共支出占 GDP 的比例可能更多取决于房产税之外的因素，居民对公共服务的满意度较高。特例的是以色列、西班牙、意大利、新西兰和斯洛伐克，这些国家在公共支出上仍有提升空间，且房产税通过影响公共服务来增长房价的效应更明显。此外，瑞典和芬兰房产税税率低，但社会公共支出高；以色列、加拿大房产税税率较高，但社会公共支出较低。可见房产税只是税收收入的组成部分，不能将房产税的高低等同于公民享有的公共支出。

4. 改进模型样本回归

高税率样本中公共支出对房价效应为负而对应的税率效应为正不能很好地由税收的效应解释，笔者猜想可能是社会福利就国家房价研究不适合，公共支出不能很好地体现与房价的关系，因此考虑对模型继续改进，剔除公共支出后对变量进行回归，经过单位根检验、协整检验和引入内生工具变量后，结果如下：R 方为 0.380，调整后 R 方为 0.372。

表 6　改进模型样本回归结果

变量	参数	标准误差	T 统计量	P 值
D（PT_1）	0.518 368	0.041 035	12.632 260	0.000 0
D（TT）	3.405 186	4.263 119	0.798 755	0.424 8
D（IT）	0.102 815	0.206 184	0.498 658	0.618 3
D（IT_1）	−0.448 950	0.202 614	−2.215 791	0.027 2
D（$LNYT$）	74.924 400	13.853 210	5.408 449	0.000 0
LN_POPT	−0.004 779	0.192 014	−0.024 890	0.980 2
C	−1.874 078	0.768 699	−2.437 986	0.015 1

由表6得，预期房价与人均收入对房价有显著的正影响。去掉社会公共支出，其他项回归系数符号没有变，但改进模型的房产税的系数为正。笔者认为税率带来了两个效应，税收成本增加住宅成本减少需求，而税收带来好的公共服务增加了住宅需求，回归系数为正使笔者认为 OECD 国家房产税的实施给住宅居民带来了正向影响。房产税在 OECD 国家作为一项传统税种，主要作用不是抑制投机，而是为公共服务提供收入来源。

（四）实证小结

在税收对房价的影响机制上，原模型的税率系数为正，而公共支出系数为负，不能以税率提供税收收入继而提高公共支出影响房价来解释。考虑到不同国家房产税比重不同，按税率分组，得到税率小的国家税率系数为负，并且公共支出系数也为负；税率大的国家税率系数为正，公共支出系数仍为负。虽存在 OECD 国家普遍公共服务较好，居民已不需要通过更好的公共支出来提高房价的可能，但这个猜想解释税率大的国家的税率系数为正是行不通的，且两个样本集的公共服务和社会满意度差别不大。因此进一步猜想公共支出在比较国家间的房价时，不能很好地反映福利。因此去除公共支出变量，以税率的回归系数体现增加成本和提升公共服务两个效应的总和。改进模型后税率的回归系数为正，因此在 OECD 国家，房产税对房价更多的影响是提供政府收入和提高地区公共服务，不是增加成本、降低房价。

人均收入和预期房价对房价有显著的正影响。利率和人口没有得到明确的结果。本期和上期长期利率虽效果相反，却不是预期结果，应还有其他政策和结构性因素没有考虑，如 OECD 国家的优惠政策，诸如房产贷款项免税、房产税信用贷款。人口的回归系数一直接近于 0 或为负值。一方面，由于对数处理忽略了 OECD 国家不都是人口大国；另一方面，不同人口情况有所中和，关于人口的变量，应具体为年龄占比的人口结构和移民比重分别探讨，直接研究 OECD 国家的人口对房价的关系比较模糊。

四、结论与建议

房产税对房价影响的研究，大多学者都将税率看作常数，并将税率引入计算房产成本，判断房产的当前价值是否被高估或低估。因跨国间的房产税基计价不同，税率调整方式也不一样，在房产相关税时，还有税收减免、交易成本税、税收贷款种种政策因素，加之房产税作为研究房价的一个要素，对房价的影响不如基本面和收入、人口、土地供给、银行政策等因素容易凸显。

本文将税率引入房价的需求函数，以 OECD 国家为研究对象，以 1993—2015 年为最近的房价上升周期，研究房产税占税收的比例及房产税对房价的影响。经过计算，OECD 国家 1993 年以来的房产税税率均值为 2.746%，房产税占税收比值为 5.507%，房产税占 GDP 比值为 1.766%。回归得到人均收入与预期收入对房价有正影响外，房产税对房价有显著的正效应。合理解释是税收通过周边的公共服务增加了房价，所以，OECD 国家房产税对房价不会有抑制作用，更多的是为地方政府提供收入和用于公共支出。本文与况大伟（2012）针对 OECD 国家房产税对房价影响的实证分析结果不一致，他们得出房产税对房价具有显著的负效应。究其原因，笔者认为有以下几点：首先，况伟大选择的是 1980—2010 年的数据，而笔者选取的是 1993—2015 年的数据，是房价新上涨的周期。其次是由于去掉了住房成本，虽然况伟大得出住房成本对房价正影响较小，但房价仍未脱离基本面，有可能住房成本的效应转到了房产税率的效应中。

关于房产税效应对中国的借鉴，笔者倾向于房产税会对房价产生正向影响，因此房产税不会只造成增加住房成本而减少购买导致房价变低的现象，单单依靠实施房产税来打压房价是无效的。在实施房产税时，要充分考虑到通过公共支出对房价带来的正影响，还要结合房产税占总税收的比例以及国家的公共支出占比综合分析。

参考文献

[1]白彦锋．房产税未来能成为我国地方财政收入的可靠来源吗[J]．北京：经济理论与经济管理，2012(5)：57-64.

[2]范子英，刘甲炎．为买房而储蓄：兼论房产税改革的收入分配效应[J]．北京：管理世界，2015(5)：18-27，187.

[3]黄璟莉．国外房产税的征收经验及对我国的启示[J]．北京：财政研究，2013(2)：66-71.

[4]况伟大．开征房产税对预期房价的影响：来自北京市调查问卷的证据[J]．北京：世界经济，2013(6)：145-160.

[5]刘甲炎，范子英．中国房产税试点的效果评估：基于合成控制法的研究[J]．北京：世界经济，2013(11)：117-135.

[6]姚海放．宏观调控抑或税收法治：论房产税改革的目标[J]．北京：法学家，2012(3)：51-61，177.

[7]ANDREWS D, SÁNCHEZ A C , JOHANSSON A. Housing markets and structural policies in oecd countries [R]. OECD Economics Department Working Papers, No. 836,2011, OECD Publishing

[8]ANDREWS D. Real house prices in oecd countries: the role of demand shocks and structuraland policy factors[R]. Economics Department Working Paper, No. 831,2010.

[9]ÉGERT, BALáZS, MIHALJEK, et al. Determinants of house prices in Central and Eastern Europe [R]. CESifo working paper, No. 2152,2007.

[10]ZODROW G R, BAKER J A. The Property tax as a capital tax: a room with three views[D]. Huston: Rice University,2007.

[11]MIESZKOWSKI P. The property tax: an excise tax or a profits tax[J]. Journal of public economics 1972,1(1):73-96.

[12]MIESZKOWSKI P. ZODROW G R. Taxation and the tiebout model: the differential effects of head

taxes, taxes on land rents, and property taxes [J]. Journal of economic literature, 1989(27): 1098-1146.

[13] SINAI T, POTERBA J. Tax expenditures for owner-occupied housing: deductions for property taxes and mortgage interest and the exclusion of imputed rental income [R]. U.S. Fiscal Institutions: Reforming Tax Expenditures, 2008.

棕地治理：美国经验及启示*

黄立君　周　阳**

摘要：工业化进程在提高生产力、促进经济进步的同时，也产生了大量工业废弃物，造成了严重的工业污染问题。水、空气和土壤都受到了不同程度的污染。其中，工业污染用地即棕地，隐蔽性强，污染情况复杂，清理难度大。在如何治理棕地问题上，美国从单独立法到逐步建成多方联动的棕地治理体系，整个过程兼顾生态效益及经济效益的可持续发展。本文选用美国环保署的棕地相关文献及数据，分析其棕地治理现状、治理措施、取得成就等，并结合中国棕地污染概况，总结相关治理经验，从立法、监管等多方面提出棕地治理的政策建议。

关键词：棕地治理；第三方治理；超级基金法案

一、引言

棕地（brownfield）概念的提出要追溯到20世纪90年代初期的欧美地区，1980年美国国会通过的《环境、赔偿和责任综合法》（或称《超级基金法案》）（*The Comprehensive Environmental Response, Compensation and Liability Act*, CERCLA），这一法案首次对"棕地"有了一个较为明确的定义，即由于有害危险物而使其受到现实或潜在污染的不动产。① 同年，英国官方也首次用"brownfield"来统称存在一定程度污染、已经废弃或因污染而没有得到充分利用的土地及地上建筑物，但并未将棕地的范围限定于城市用地。随后，2002年1月美国通过的《小企业责任减免及棕地再生法》（*The Small Business Liability Relief and Brownfield Revitalization Act*）② 进一步厘清了"棕地"的定义，即棕地是受污染的工业或商业用地，这些土地往往是具有经济开发潜力的，经过治理以及合理

---

* 基金项目：本文感谢国家社科基金后期资助项目（19FJLB006）的资金支持。本文为中国政法大学第一批"课程思政示范课"（2019）阶段性研究成果。

** 黄立君，副教授，中国政法大学商学院；周阳，硕士生，中国政法大学商学院。

① Summary of the Comprehensive Environmental Response, Compensation, and Liability Act（Superfund）, https：//www.epa.gov/laws-regulations/summary-comprehensive-environmental-response-compensation-and-liability-acte，2020年6月3日访问。

② Benefits of Brownfields Legislation — Summary of Public Law 107-118，https：//www.epa.gov/brownfields/benefits-brownfields-legislation-summary-public-law-107-118，2020年8月6日访问。

规划、开发后的棕地很大程度上缓解了城市用地紧张以及生态环境污染的问题。而加拿大则是在 2003 年全国环境与经济圆桌会议（The National Round Table on the Environment and the Economy's 2003）的会议文件里，把“棕地”定义为被遗弃的、闲置的或者未充分利用的商业或工业不动产，虽然这些不动产由于之前的利用含有或可能含有环境污染物，但这些房地产具有巨大的潜在开发价值。① 虽然各国对棕地界限的划分各不相同，但是不难看出，其中具有一致性的是，棕地一定是具有一定潜在经济开发价值的。在后续规划治理中，无论是被划分为重建住宅用途、工业园区用地或是还原至原始生态环境，棕地的利用开发都具有重大意义。与普通的土地污染相比，棕地更多针对的是城市用地的污染，不包括农业用地即耕地的污染，也往往与城市发展规划联系在一起。

目前，我国并未在相关法律文件中对棕地有明确的定义，但是在 2010 年 2 月环保部（即今生态环境部）制定发布的《污染场地环境检测技术导则（征求意见稿）》和 2016 年 12 月的《污染地块土壤环境管理办法（试行）》中均提到了“污染场地”这一概念，一开始对“污染场地”的定义是因从事生产、经营、处理、贮存有毒有害物质，堆放或处理处置危害废弃物，以及从事矿山开采等活动造成污染，且对人体健康或生态环境产生危害的场地。② 后来增加了为从事过有色金属冶炼、石油加工、化工、焦化、电镀、制革等行业生产经营活动的用地。③ 综合来看，我国关于城市污染地块的定义与美国关于棕地的定义相似，因此，接下来的分析将棕地定义为具有经济开发潜力的、受到污染的工业或商业用地。本文选用美国环保署的棕地相关文献及数据，分析美国棕地治理现状、治理措施、取得成就等，并结合中国棕地污染概况，总结相关治理经验，从立法、监管等多方面提出棕地治理的政策建议。

二、美国土地污染现状

作为第二次世界大战后世界头号经济强国，美国经济在蓬勃发展的同时也滋生了环境污染这一棘手问题。一方面是由于传统产业衰败与经济结构转型，传统行业如钢铁产业等的主导地位逐步被新兴产业所取代，这使传统产业逐渐被关闭或废弃④；另一方面，由于城市无序扩张导致相关地区衰落，低密度的郊区化进程导致城市中心区的离心化和城市空间结构的多元化与分散化发展，即城市蔓延

---

① National Round Table on the Environment and the Economy Act 2003, http://publications.gc.ca/collections/collection_2012/ec/En130-2003-eng.pdf, P7。

② 环办函〔2010〕99 号《污染场地环境监测技术导则》（征求意见稿），http://www.mee.gov.cn/gkml/hbb/bgth/201002/t20100208_185580.htm，P2，2020 年 6 月 5 日访问。

③ 原环境保护部令第 42 号《污染地块土壤环境管理办法（试行）》，http://www.gov.cn/gongbao/content/2017/content_5213197.htm，2020 年 6 月 5 日访问。

④ 王慧、江海燕、肖荣波等：《城市棕地环境修复与再开发规划的国际经验》，《规划师》，2017 年第 3 期，第 19~24 页.

(urban sprawl)。[①] 这两方面原因集中发生于20世纪50年代之后并在时空上交替进行，使得原有城郊废弃工业地带变成了城市中心区，并造成废弃污染用地的积累。后一类污染废弃用地被统称为棕地。对于美国国境内的棕地，美国环保署对其进行了初步分区，以州为单位将棕地划分为十个区域。截至2020年8月，美国累计评估棕地地块32 292项。美国棕地主要污染物为铅、石棉、二恶英、重金属以及辐射类污染物等。[②]

三、美国棕地治理措施及其效果

美国棕地治理最早的案例是1978年“拉夫运河事件”。拉夫运河（Love Canal）位于纽约州的西北部，是19世纪为修建水电站而挖成的人工运河。20世纪40年代因干涸与资金不足等问题遭废弃，成为当地倾倒废弃物的垃圾场。1942年，胡克化学公司收购了这条废弃运河，用于倾倒工业废弃物，此后11年内，河道内被倾倒了2万多吨二恶英、氯苯、卤代有机物等多种化学废物。后来，污染严重的拉夫运河再一次被卖出，并建起了住宅、学校等。土壤中残留的化学物导致了一系列极为严重的居民健康问题，最终引发了美国环境史上具有里程碑意义的“拉夫运河事件”。

（一）美国棕地治理措施

1. 建立并完善相关法律法规与棕地评估系统

由于在“拉夫运河事件”中无法找到为污染负责的利益代表，美国国会于1980年通过了“超级基金法案”（*The Comprehensive Environmental Response, Compensation and Liability Act*, CERCLA），确立了“污染者付费”的重要法则，从法律上厘清了棕地治理的责任。后续发展过程中，为弥补《超级基金法》在棕色地块治理方面的不足，美国国会渐次出台了一系列法案，包括1997年的《纳税人减税法》，以及为了减少未来小规模项目开发商潜在责任的不确定性，于2002年通过的《小企业责任减免棕地复兴法》（*The Small Business Liability and Brownfields Revitalization Act*）[③]。《小企业责任减免棕地复兴法》的目标主要是降低开发商和投资者在考虑受污染财产时面临的相关负债风险。美国各州政府也实施了自己的财政拨款规则和治理方法，以减少与这些财产的污染和责任相关的不确定性，如自愿清理计划（VCP）。自愿清理计划通过引入国家监督和协调机制，

① 高洁、刘畅、陈天：《从“永久清理”到“全局规划”——美国棕地治理策略演变及对我国的启示》，《国际城市规划》，2018年第4期。

② U. S. Environmental Protection Agency, Contaminants at Superfund Sites, https://www.epa.gov/superfund/contaminants-superfund-sites, 2020年8月5日访问。

③ U. S. Environmental Protection Agency: Summary of the Small Business Liability Relief and Brownfields Revitalization Act, Available online: https://www.govinfo.gov/content/pkg/PLAW-107publ118/html/PLAW-107publ118.htm, 2020年6月19日访问。

帮助私人方在清理过程中导航，进而降低责任风险。① 此外，密歇根州等已经开始制定投资于棕地重建的计划，其理念是未来增加的税收将支付该计划的成本。②

为了更好地推进治理计划，美国环保署建立了棕地评估系统（Targeted Brownfields Assessments，TBA）。这个系统由美国环保署直接管理，对受污染财产有重建计划的申请人可以提交相关申请。TBA 计划与申请人所在州的环境机构紧密合作，其目标是在必要时"无缝"过渡到申请人所在州的治理计划中。美国环保署会对申请成功的地块进行实地评估，并指定相应的再开发计划，申请人只需支付较低的费用即可。③ 并且，申请人可以在美国环保署找到污染治理的技术援助、培训和相关研究成果，对后续污染治理提供一定的技术支持，加快污染治理进程。

2. 划分监管区域并结合实地情况制定治理计划

鉴于国土面积较大，统一监管较为困难，美国环保署将美国划分为十个区域。各区域内经 TBA 系统评估认定的棕地受各部门实时监管，各级政府的相关部门按规定在环保署官网上定期披露治理状况的各项数据以及治理经验，以供参考。并且在棕地治理过程中，土壤恢复标准最初采用"一刀切"，即所有土地都需要恢复至污染前的标准。但这种治理方式效率低、成本高、耗时长，还面临因无法恢复至原有标准而需承担相应法律责任的风险。因此，20 世纪 90 年代，美国环保署引入了基于未来土地使用（future-land-use-based，FLUB）的用地规划协调机制。FLUB 用地规划协调机制的运行原理主要是根据不同土地的不同用途来制定不同的环境治理标准，进而得出最适合土地自身情况且可操作性强的治理方案。自此，治理效率得到较大提升。

3. 针对顽固地区成立专项工作组

2017 年，美国建立超级基金专责小组（Superfund Task Force），针对拥有不良贷款或坏账的棕地地块进行治理。该小组在加快治理进程、明晰负责方的同时，还鼓励私人投资，以促进第三方投资于符合法定权限的受污染地块的清理和再利用。例如，在密苏里州弗雷德里克敦的麦迪逊县矿区，环境环保署与密苏里矿业投资有限责任公司（Missouri Mining Investments）达成了一项行政和解协议，以便在该矿进行清除行动。这将导致现场矿山废物的整合和封顶，并允许重新开发约 1 750 英亩的土地，以便将来开采钴和其他金属 。该小组还制定了一项计划，以在超级基金地块治理的长期管理中改善风险沟通和促进社区参与实践。从

① P. B. Meyer, T. S. Lyons: Lessons from Private Sector Brownfield Redevelopers, J. Am. Plan, Assoc, 2000, pp. 66, 46~57.

② Michael Trouw, Stephan Weiler, Jesse Silverstein: Brownfield Development: Uncertainty, Asymmetric Information, and Risk Premia, Sustainbility, 2020, 12 (5).

③ Environmental Protection Agency: Targeted Brownfields Assessments (TBA), Available online: https://www.epa.gov/brownfields/targeted-brownfields-assessments-tba, 2020 年 6 月 20 日访问。

实施该计划中吸取的经验教训将应用于超级基金流程的整个生命周期。

（二）美国棕地治理成就

通过近40年的治理，美国棕地情况有了较大改善，不仅生态环境发生了较大变化，还重振了棕地及其周边地区的经济发展，并一定程度上维护了社会稳定。2017年的一项研究发现，清理棕地使得在1.29英里范围内住宅物业价值增加了5%~15.2%。① 另一项研究分析了其中48个棕地周围区域的数据后，发现清理后的一年中，地方政府预计会增加29万至9 700万美元的税收收入，而美国环保署清理这些棕地的费用为1 240万美元，地区增收税收是治理费用的2至7倍。② 初步调查表明，最近恢复生产力的棕地地区的犯罪率也有所下降。同时，在2019财年，美国环境保护署（EPA）从国家优先事项列表中清理了全部或部分27个超级基金地块，这是自2001财年以来单个年份中清理数量最多的；通过EPA的“棕地和土地振兴计划”向151个社区提供赠款，以进行清理和再开发，在机会区内超过70%的地点创造了就业机会和经济机会。

超级基金具体经济成就数据见表1，据美国环境保护署2019年公布的相关数据，剔除用来建设联邦公共设施的地块后，2018年共有529个“超级基金”地块有可用的经济数据，是2011年的4倍；企业数量是2011年的32倍；2018年就业数量为195 465人次，就业收入为133亿美元，分别为2011年的8倍和11倍。

表1 “超级基金”修复土地经济收益数据

年份	有经济数据的再利用土地数	企业数量	年销售额（十亿美元）	就业数量	年就业收入（十亿美元）
2011	135	271	9.8	24 308	1.8
2012	276	972	21.8	46 475	3.6
2013	363	2 126	35.2	70 270	5.3
2014	450	3 474	33.4	89 646	6.4
2015	454	3 908	30.8	108 445	8.3
2016	458	4 720	35.6	131 635	9.6
2017	457	6 622	44.7	156 352	11.4
2018	529	8 690	52.4	195 465	13.3

资料来源：U. S. Environmental Protection Agency（EPA），Reusing Superfund Sites. Washington，D. C.：Redevelopment Economics at Superfund Sites，https：//www. epa. gov/superfund/superfund - remedial - annual - accomplishments，2020-08-05.

① K. Haninger，L. Ma，C. Timmins：The Value of Brownfield Remediation，*Journal of the Association of Environmental and Resource Economists*，2017，4（1）：197-241.

② K：Sullivan Brownfields Remediation：Impact of Local Residential Property Tax Revenue，*Journal of Environmental Assessment Policy and Management*，2017，19（3）.

截至2020年8月，棕地治理成就见表2。新增就业人数和新增地区收入都有较大提升。棕地治理带来的经济效益远超治理成本，实现了棕地区域的二次发展。

表2　棕地计划主要成就（截至2020年8月1日）

性能指标	2020财年目标	2020财年成就	累计完成
评估（项）	1 300	1642	32 292
已清理数量（项）	130	162	2 094
新增就业（人）	7 000	12 453	168 494
新增收益（亿美元）	13	45.46	333.27
可再开发地块数量	684	701	8 438
预期可再利用面积（英亩）	—	42 226	130 099

资料来源：U. S. Environmental Protection Agency（EPA），Brownfields Program Accomplishments and Benefits Leveraging Resources to Revitalize Communities，https：//www. epa. gov/brownfields/brownfields - program - accomplishments-and-benefits，2020-8-10.

四、美国棕地治理经验

（一）完善相关法律法规与棕地监管系统

从最初为界定污染责任方而制定的《超基金法案》，到涵盖范围更广的《小企业责任减免棕地复兴法》，美国棕地治理相关法律法规日趋完善。同时，美国环保署以划分的十个地区为单位，建立了完善的棕地治理系统，在环保署的官网上可以查到不同地区棕地地块的具体信息，包括建档时间、污染治理情况、与社区对接情况等，并以固定频率进行更新。在治理系统中，针对不同的污染源有不同的治理方法，最新的污染处理方法会定期公开，为污染物清理起到了良好的指导作用。另一方面，划区域监管棕地的方式也十分有效，从地块社区到所属市州再到对应的十个区域，分级监管信息透明公开，值得借鉴。

（二）整体规划与多部门联动治理

鉴于污染涉及范围广、情况复杂，美国在对棕地再开发进行整体规划时通常采用多部门联动机制，多个机构和组织共同参与棕地治理。在早期“超级基金”制度的基础上引入未来规划，并在政府、开发商、业主、环境服务企业和当地社区之间建立起多方协作制度，推动土地治理和再开的利用的进程。这一协调机制一方面能够解决土地污染给周边居民以及原有生态环境带来的危害，确保人类生活和环境的长久健康；另一方面，通过土地修复后的开发再利用，给当地政府和社区居民带来了丰厚的经济效益和回报，一定程度上缓解了就业与住房压力。

五、中国棕地现状

（一）棕地类型

2004年4月，北京“宋家庄地铁案”让城市土地污染走进人们的视野，原国家环保总局发出通知，要求重视土壤污染问题，一旦发现污染，要及时报备，并尽快制定治理方案，棕地治理正式提上日程。2006年武汉“长江明珠小区毒地案件”以及2009年“苏州苏化厂旧址污染案”让人们更加重视棕地治理的重要性。

事实上，我国棕地产生的历史可追溯至1953年的第一个五年计划时期。1957年的工业总产值超过原计划21%，比1952年增长128.5%，而原定的工业总产值年平均增长率也大大超出计划指标。“一五”计划结束后，我国钢产量、发电量以及机床产量等较1952年有成倍增长，与此同时也新建了大量高污染工厂。随后的“大跃进”时期同样建立了较多高污染工厂。早期大力发展重工业时，在进行整体规划时，由于环境保护意识欠缺和对工业污染的认识不足，众多高污染的工厂都建在各个城市的中心地带或是经济发展较好的地区。同时，由于我国发展初期生产技术落后，工厂多为粗放型经营，且基本都未配置相应的污水处理设施和废弃物处理设施，工业污染物直接排进河水流域或是直接被掩埋，造成十分严重的土壤污染问题，遗留下来的污染土地成为棕地。世界银行2005年5月份发布的报告中提到，我国约有至少5 000处“棕地”。[①] 但是由于国内并没有明确的“棕地”概念，因此各项相关报告中并未明确记录“棕地”数量。

目前，棕地主要有以下类型：第一，以重金属污染为代表的无机污染地块。此类污染主要源于堆积物污染，例如钢铁冶炼企业、尾矿以及化工行业的固体废物的堆存场，包括粗放的电子垃圾拆解和回收过程等。[②] 这些场所土壤直接被污染，主要污染源是重金属，自然条件下的二次扩散会形成更大范围的污染。[③] 其次是工业排放二氧化硫、二氧化氮等有害气体，在大气中发生反应形成酸雨，以自然降水的形式进入土壤，造成土壤酸化。冶金工业烟囱排放的金属氧化物粉尘则在重力作用下以降尘形式进入土壤，形成以排污工厂为中心、半径为2至3公里范围的点状污染。第二，有机污染场地，此类污染物以有机溶剂类、持续性有机污染物（POPs）以及氯化联苯（PCBs）为代表。有机溶剂类污染源常见于石油、化工、焦化等污染场地，而持续性有机污染物则是指目前已禁止使用的滴滴涕、六氯苯、氯丹及灭蚁灵等农药，这些农药的存在时间长，尽管禁用多年，但

---

① Jin-Bao Wei, Jan-Dirk Herbell, Shuo Zhang: Solid Waste Disposal in China-Situation, Problems and Suggestions, https://doi.org/10.1177/0734242X9701500603.

② 邱孺、康雅楠、胡昆等：《浅谈土壤重金属污染现状及治理措施》，《内蒙古林业调查设计》，2017年第5期。

③ 王凯来、苗峰、史柯等：《土壤污染生态毒理诊断方法研究进展》，《土壤》，2019年第5期。

是依然对土壤产生持续性污染。[①] 电力设备的封存和拆解场地也存在同类有机污染物。第三，复合型污染场地。此类污染地块主要为非正规的填埋场。非正规填埋场往往设施配置未达标准，生活垃圾、工业废料、建筑垃圾等都是一同回收，无法进行分类，并且没有配备相关防渗及处理措施。处理污染物的方法多为填埋及焚烧，污染波及范围较广，治理风险高、难度大。

（二）污染源现状

为对污染源进行全面彻底的掌握，我国前后进行过两次污染源全国普查，第二次全国污染源普查从 2017 年开始，全面对污染源进行了调查。2020 年 6 月发布的《第二次全国污染源普查公报》中指出，2017 年末，工业企业或产业活动单位 247. 74 万个，与 2007 年相比新增了 90. 19 万个。在工业固体废弃物的统计中，一般工业固体废物产生量 36. 68 亿吨，与第一次普查相比减少了 1. 84 亿吨，约为 5%，且倾倒丢弃量仅为 158. 98 万吨，较 2007 年末，减少 4 755. 95 万吨[②]，在工业企业增加的情况下，固体废物减少说明工业技术有较大进步，增加了原料利用率。同时，2017 年末的固体废物综合利用量 20. 62 亿吨（其中综合利用往年贮存量 3 497. 84 万吨），相比 2007 年末，综合利用量增加了 2. 58 亿吨[③]，对固体废物的利用率有显著提高。2017 年，危险废物产生量 6 581. 45 万吨，综合利用和处置量 5 972. 78 万吨，与第一次普查结果相比，危险废物产生量增加了 2 007. 76 万吨；综合利用量增加了 4 327. 97 万吨，提升了 263%。从各项指标不难看出，总体来看，工业固体废物的产量呈减少趋势，对废弃物的利用率却一直提高。一方面是因为生产技术提升，减少了生产时的废弃物产量，另一方面是相关政策法规的完善以及社会普遍环境意识的提高，政府与企业都采取了一系列措施，使得废弃物回收利用率升高。

与第一次污染源普查相比，第二次污染源普查对生活垃圾方面做了更详尽深入的调查，截至 2017 年末，生活垃圾集中处理处置单位达 4 449 个，危险废物集中利用处置（处理）单位 1 467 个，而在 2007 年末，危险废物处理厂仅为 159 座。[④] 第二次普查结果中垃圾处理和危险废物（医疗废物）处置废水（渗滤液）污染物排放量：化学需氧量 2. 45 万吨，与 2007 年相比减少了 30. 01 万吨，减少了 92. 5%；氨氮 0. 36 万吨，减少了 2. 86 万吨；总磷 113. 10 吨，减少了 343. 75 万吨，仅为 2007 年的 27. 63%；重金属 6. 14 吨；垃圾焚烧、危险废物（医疗废

---

① 吴密根：《土壤的污染及其治理方法》，《天津化工》，2010 年第 3 期。

② 公告 2020 年 第 33 号，关于发布《第二次全国污染源普查公报》的公告，http：//www. mee. gov. cn/xxgk2018/xxgk/xxgk01/202006/t20200610_ 783547. html

③ 中华人民共和国环境保护部、中华人民共和国国家统计局、中华人民共和国农业部《第一次全国污染源普查公报》，http：//www. mee. gov. cn/ywdt/hjnews/201002/t20100210_ 185661. shtml。

④ 公告 2020 年 第 33 号，关于发布《第二次全国污染源普查公报》的公告，http：//www. mee. gov. cn/xxgk2018/xxgk/xxgk01/202006/t20200610_ 783547. html。

物）焚烧废气污染物排放量：二氧化硫 0.44 万吨，氮氧化物 1.52 万吨，颗粒物 0.42 万吨。

（三）相关政策法规

当下我国已经出台了一系列关于棕地治理问题的法律法规。最早可追溯至国务院在 2005 年 12 月发布的《关于落实科学发展观加强环境保护的决定》（国发〔2005〕39 号），当时已经明确提出“以防治土壤污染为重点，加强环境保护”，决定“健全环境法规和标准体系，要抓紧拟订有关土壤污染等方面的法律法规草案”①。2008 年 1 月 8 日，国家环保总局在京召开第一次全国土壤污染防治工作会议，环保总局局长指出，要充分认识加强土壤污染防治的重要意义，加大投入力度，切实解决当前突出的土壤环境问题，把土壤污染防治摆到更加重要的位置，为全面建设小康社会做出新的贡献。② 随后在 2009 年 12 月 15 日，环境保护部发布了《污染场地土壤环境管理暂行办法（征求意见稿）》；2011 年 3 月 25 日，环保部审议通过了《污染场地土壤环境管理暂行办法》；2012 年 11 月 26 日，环境保护部、工业和信息化部、国土资源部、住房和城乡建设部联合发布了《关于保障工业企业场地再开发利用环境安全的通知》。2013 年 1 月 23 日，国务院办公厅发布了《近期土壤环境保护和综合防治工作安排》。早期的政策法规在污染责任界定方面都有所欠缺，并且对土壤污染的管理力度局限性较大。直到 2016 年 5 月 28 日，国务院颁布《土壤污染防治行动计划》（简称“土十条”），这一计划从土壤环境调查、建立健全相关法规体系、对工业和农业用地分别制定治理标准到严格责任追究都有涉及。③

2018 年 6 月 22 日，国家制定的《建设用地土壤环境污染风险管控标准（试行）》首次全面且较为完善的对建设用地污染防治标准做出明确规定，建立了第一个相对健全的土壤污染防止相关标准和技术规范；同年 8 月 31 日，十三届全国人大常委会第五次会议全票通过了《土壤污染防治法》，这是我国第一部关于土壤污染的专门法案，具有里程碑意义。2019 年 12 月 17 日，生态环境部办公厅、自然资源部办公厅发布了《建设用地土壤污染状况调查、风险评估、风险管控及修复效果评估报告评审指南》，对建设用地的污染情况评估给出了明确标准，并对住宅用地、公共管理与公共服务用地的地块给出了明确标准，对后续的治理规划起到了指导性作用。

值得一提的是，在《土壤污染防治法》出台之后，我国对于土壤污染责任做出了明确界定，《土壤污染防治》第四十五条指出：“土壤污染责任人负有实

---

① 国发〔2005〕39 号，国务院关于落实科学发展观加强环境保护的决定，http：//www.mee.gov.cn/zcwj/gwywj/201811/t20181129_ 676393.shtml。

② 环保总局在京召开首次全国土壤污染防治工作会议，http：//www.gov.cn/gzdt/2008 - 01/08/content_ 852837.htm。

③ 《国务院关于印发土壤污染防治行动计划的通知》（国发〔2016〕31 号），2016 年 5 月 28 日发布。

施土壤污染风险管控和修复的义务。土壤污染责任人无法认定的，土地使用权人应当实施土壤污染风险管控和修复。地方人民政府及其有关部门可以根据实际情况组织实施土壤污染风险管控和修复。”并在第四十六条和第四十七条中对土壤污染治理所需费用的承担者进行了明确界定。而对于土壤污染责任人不明确或是存在争议的情况也做出了较为明确的解决方法，即农用地和建设用地分别由当地政府与生态环境主管部门来认定。此外，各省市对于棕色地块治理的重视度也日渐提高，在贯彻落实国家层面相关法律规定的基础上，也纷纷制定了符合地方特点的地方规定。

（四）责任相关方与利益关系

在棕地再开发利用的过程中，责任相关方包括直接责任相关方和间接利益相关方。在早期，直接责任相关方包括当地政府、社区居民企业和开发商。这一时期遵循的是“谁污染，谁治理”的模式，但是自从引入第三方治理模式后，污染企业可以将污染治理承包给第三方污染治理公司。第三方的引入提高了污染治理效率，原污染企业不需要另外购入污染处理设备，一定程度上减少了污染企业的治理成本。因此，直接责任相关方应包括第三方治污企业、污染企业、当地政府、社区居民以及开发商。间接相关群体则包括社会公众、居民后代、银行等金融机构、仲裁或诉讼机构等。各直接责任相关方之间的责任与利益关系见图 1。

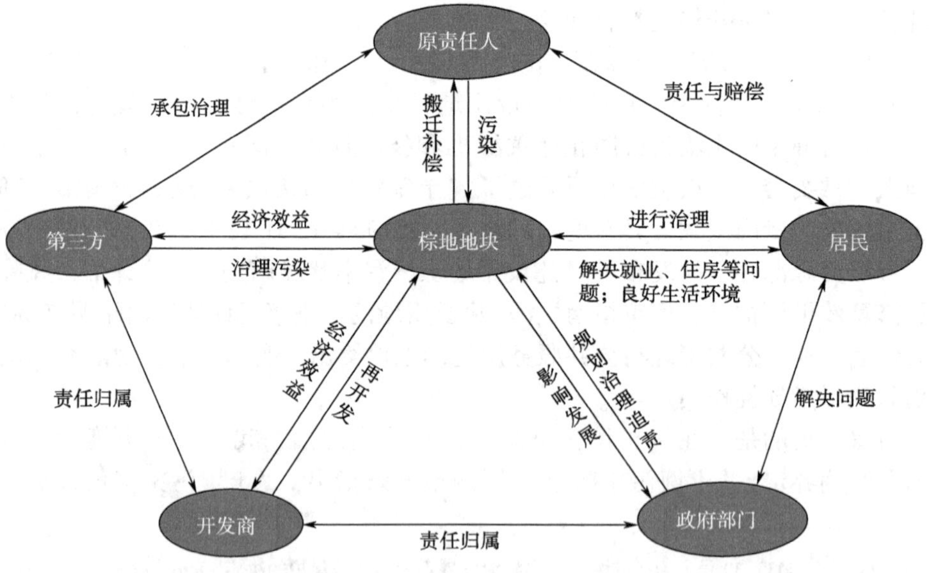

图 1　各方责任和利益相关关系

六、中国棕地治理改进建议

2020年是“十三五”的收官之年，同时也是打赢蓝天保卫战三年行动计划的决胜之年，是全面建成小康社会的决胜之年，是全国人民齐心协力、共同抗击新冠疫情的特殊一年。虽然同之前相比，我国生态环境治理有了较大进步，但是我们必须认识到环境污染和生态保护所面临的严峻形势没有根本改变。① 基于上文提及内容，结合国外治理经验，本文提出以下治理建议。

（一）完善有关棕地治理的相关法律法规

上文提到虽然各省市也建立了相关法律法规，但是年代都相对久远，且与实际情况脱节严重，可操作性弱，对于目前棕地的有效治理起不到应有的作用，需要结合现实情况进一步完善。我国已经颁布了《土壤污染防治法》，一定程度上填补了对于污染责任界定的空白，但是目前的污染治理模式已经发生改变，不再是“谁污染，谁治理”的低效率模式，而是引入了第三方治理公司。在引入第三方治理模式后，污染的责任界定还有待进一步明确。到底是由原污染企业去找寻第三方治理，还是由后续的开发商寻找，或是由政府公开招标来找寻第三方，都是需要明确的问题。同时，也需要持续完善土壤环境质量标准，进一步细化不同用途土地的治理标准，加快治理进程。

（二）建立全面的土壤监督体系

不同于水污染和大气污染，土壤污染具有极强的隐蔽性，人们不能直接通过视觉或听觉感受到，往往需要专业的测量手段才能得知土壤真实的污染情况。因此，摸清我国土壤具体的污染状况是棕地治理的第一步。为了摸清各地污染情况，各地各级环境保护部门应根据工厂变迁经历对辖区内可能出现的污染或已经出现污染的土壤进行实时监测，并将相关数据逐级上报，尽量做到每个污染地块都有对应检测负责人员，给每一块棕地建立对应档案，并定期更新相关数据。而对于已经治理完成并再开发的地块，仍应继续检测，防止二次污染。

（三）完善现有土壤污染信息数据库

基于棕地调查进程较慢、调查困难的现状，我国2016年建立了“棕地云”平台②，平台采用云计算、SaaS服务的方式，基于高性能地理空间可视化平台，全面系统汇集展示污染场地生态治理的相关数据。③ 但遗憾的是，平台建立时间

---

① 生态环境部部长黄润秋在两会“部长通道”接受媒体采访，载新华网，www.xinhuanet.com/energy/2020-05/26/c_1126034030.htm，2020年6月19日访问。

② 建设用地土壤环境信息公式平台，http://test.guopengkj.com/index/index.html，2020年6月20日访问。

③ 中国棕地生态大数据平台“棕地云”发布，载科学网，http://news.sciencenet.cn/htmlnews/2016/10/359718.shtm，2020年6月19日访问。

较短，公众认知度较低，平台内公示的治理案例也相对较少。目前而言，一般企业或民众很难对全国的棕地污染实况进行查询。因此在后续的工作中，需要加强对各地棕地污染状况的数据收集，完善棕地污染状况数据库建设。

（四）完善资金支持制度

除却中央政府的统一财政拨款外，各地也应当制定相应的防治基金制度，美国的“超级基金”制度中所创立的“有害物质信托基金”值得学习与借鉴。值得一提的是，2020 年 2 月 28 日，中央六部联合印发《土壤污染防治基金管理办法》（简称《办法》），鼓励土壤污染防治任务重、具备条件的省设立基金，积极探索基金管理有效模式和回报机制。中央财政通过土壤污染防治专项资金对本办法出台后一年内建立基金的省份予以适当支持。这一政策的颁布在一定程度上完善了资金保护制度，同时也可以从治理后进行再开发利用的土地收益中抽取一定比例，放入地方污染防治基金中。

（五）提高决策人员素质

公共决策者和管理人员有必要了解涉及减少棕地面积的一系列不同方面，污染的棕地以最终状态为再开发起点，启动补救和缩小棕地面积的过程，对于无污染责任人的土地，修复过程至关重要。要考虑不同的土地使用用途，制定长期管理计划，包括实施体制管制，以确保未来的人类和生态健康。同时，需要相关部门对污染土壤进行检测与污染控制，以确保实施补救和管理计划，实现风险降低，并制定有效的生物监测计划，对遗留在原地的任何污染提供早期预警。治理过程中，应增加跨学科和机构间合作，提升治理效率。

参考文献

[1]吴密根:土壤的污染及其治理方法[J]. 天津化工,2010,24(3):55-57.

[2]环境保护部,国土资源部. 全国土壤污染状况调查公报[J]. 中国环保产业, 2014, 36(5): 10-11.

[3] Summary of the comprehensive environmental response, compensation, and Liability Act (Superfund) [EB/OL]. https://www.epa.gov/laws-regulations/summary-comprehensive-environmental-response-compensation-and-liability-act.

[4]Benefits of brownfields legislation: summary of public law 107-118[EB/OL]. [2020-01-08]. https://www.epa.gov/brownfields/benefits-brownfields-legislation-summary-public-law-107-118.

[5]National round table on the environment and the Economy Act 2003[EB/OL]. [2019-12-30]. http://publications.gc.ca/collections/collection_2012/ec/En130-2003-eng.pdf.

[6] U.S. Environmental Protection Agency, Reusing Superfund Sites [R]. Washington, D.C.: Redevelopment Economics at Superfund Sites, U.S. Environmental Protection Agency, 2019.

[7]环办函〔2010〕99 号《污染场地环境监测技术导则》(征求意见稿)[EB/OL]. [2019-08-30].

http://www.mee.gov.cn/gkml/hbb/bgth/201002/t20100208_185580.htm:2.
[8]原环境保护部令第42号《污染地块土壤环境管理办法(试行)》[EB/OL].[2018-11-12]. http://www.gov.cn/gongbao/content/2017/content_5213197.htm.
[9]JIN-BAO WEI, JAN-DIRK HERBELL, SHUO ZHANG. Solid waste disposal in China-Situation [J/OL].[2019-04-06]. https://doi.org/10.1177/0734242X9701500603.
[10]邱孺,康雅楠,胡昆,等. 浅谈土壤重金属污染现状及治理措施[J]. 内蒙古林业调查设计, 2017,40(5):1-3.
[11]王凯来,苗峰,史柯,等. 土壤污染生态毒理诊断方法研究进展[J]. 土壤,2019,51(5): 854-863.
[12]公告2020年第33号,关于发布《第二次全国污染源普查公报》的公告[EB/OL].[2017-12-12]. http://www.mee.gov.cn/xxgk2018/xxgk/xxgk01/202006/t20200610_783547.html.
[13]中华人民共和国环境保护部,中华人民共和国国家统计局,中华人民共和国农业部. 第一次全国污染源普查公报[EB/OL]. http://www.mee.gov.cn/ywdt/hjnews/201002/t20100210_185661.shtml.
[14]关于发布《第二次全国污染源普查公报》的公告[EB/OL].[2019-07-30]. http://www.mee.gov.cn/xxgk2018/xxgk/xxgk01/202006/t20200610_783547.html .
[15]国务院关于落实科学发展观加强环境保护的决定(国发〔2005〕39号)[EB/OL].[2020-03-18]. http://www.mee.gov.cn/zcwj/gwywj/201811/t20181129_676393.shtml.
[16]《国务院关于印发土壤污染防治行动计划的通知》(国发〔2016〕31号).
[17]《土壤污染防治法》,2018年8月31日十三届全国人大常委会第五次会议通过。
[18]U.S. Environmental Protection Agency. Summary of the Small Business Liability Relief and Brownfields Revitalization Act.
[19]MEYER P B, LYONS T S. Lessons from Private Sector Brownfield Redevelopers. J. Am. Plan. Assoc. 2000,66:46-57.
[20]MICHAEL TROUW, STEPHAN WEILER, JESSE SILVERSTEIN. Brownfield Development: Uncertainty, Asymmetric Information, and Risk Premia[J]. Sustainbility. 2020,12(5):2046.
[21]Environmental Protection Agency. Targeted Brownfields Assessments(TBA)[EB/OL].[2021-01-04]. https://www.epa.gov/brownfields/targeted-brownfields-assessments-tba.
[22]U.S. Environmental Protection Agency, Reusing Superfund Sites. Washington, D.C.: Redevelopment Economics at Superfund Sites, U.S. Environmental Protection Agency,2019.
[23]U.S. Environmental Protection Agency. Brownfields Program Accomplishments and Benefits Leveraging Resources to Revitalize Communities[EB/OL].[2019-07-30]. https://www.epa.gov/brownfields/brownfields-program-accomplishments-and-benefits.
[24]JIAN XIE, FASHENG LI. Overview of the Current Situation on Brownfield Remediation and Redevelopment in China[R]. Washington D.C, 2011.
[25]牛慧恩. 美国对"棕地"的更新改造与再开发[J]. 国外城市规划,2001,(2):30-31,26.
[26]林慧颖,宋飏,王士君. 城市棕地信息识别及数据库建设方法研究:以长春市为例[J]. 中国土地科学,2016,30(7):80-87.
[27]郭凡. 棕地治理研究文献综述[C]//中国法学会环境资源法学研究会、桂林电子科技大学. 生态安全与环境风险防范法治建设——2011年全国环境资源法学研讨会(年会)论文集

(第二册). 中国法学会环境资源法学研究会,桂林电子科技大学,2011:5.

[28]周聪惠. 美国“超级基金”制度研究:探索污染土地修复中的用地规划协调途径[J]. 国际城市规划.2013,28(6):89-96.

[29]高洁,刘畅,陈天. 从“永久清理”到“全局规划”:美国棕地治理策略演变及对我国的启示[J]. 国际城市规划,2018,33(4).

[30]王慧,江海燕,肖荣波等. 城市棕地环境修复与再开发规划的国际经验[J]. 规划师,2017(3):19-24.

[31]HANINGER K, MA L, TIMMINS C: The value of brownfield remediation[J]. Journal of the association of environmental and resource economists,2017, 4(1):197-241.

[32] SULLIVAN K. Brownfields remediation: impact of local residential property tax revenue[J]. Journal of environmental assessment policy and management,2017, 19(3).